成语串起中国史

三国—唐朝

安中玉　林雅萍　张宇静　著

哈尔滨出版社
HARBIN PUBLISHING HOUSE

图书在版编目（CIP）数据

成语串起中国史. 三国—唐朝 / 安中玉，林雅萍，张宇静著. -- 哈尔滨 : 哈尔滨出版社，2024. 12.

ISBN 978-7-5484-8343-4

Ⅰ. H136.31-49；K209

中国国家版本馆CIP数据核字第202404G2P6号

书　　名：成语串起中国史. 三国—唐朝
CHENGYU CHUANQI ZHONGGUOSHI.SANGUO—TANGCHAO

作　　者：安中玉　林雅萍　张宇静　著
责任编辑：李金秋
装帧设计：李东杰

出版发行：哈尔滨出版社（Harbin Publishing House）
社　　址：哈尔滨市香坊区泰山路82-9号　　邮编：150090
经　　销：全国新华书店
印　　刷：德富泰（唐山）印务有限公司
网　　址：www.hrbcbs.com
E-mail：hrbcbs@yeah.net
编辑版权热线：（0451）87900271　87900272
销售热线：（0451）87900202　87900203

开　　本：787mm × 1092mm　1/16　印张：48　字数：634千字
版　　次：2024年12月第1版
印　　次：2024年12月第1次印刷
书　　号：ISBN 978-7-5484-8343-4
定　　价：168.00元（全6册）

目录

三国

两晋

三国
两晋
南北朝
隋唐

才高八斗

基本信息

历史事件

三国初年，曹丕称帝后，担心曹植与他争夺皇位，便命令他在七步之内做出一首诗。才华横溢的曹植果然在七步之内作出了《七步诗》，真可谓才高八斗。

事件主角

曹植

历史坐标

三国时期

成语出处

《释常谈》：“文章多，谓之‘八斗之才’。”谢灵运尝曰：“天下才有一石，曹子建独占八斗，我得一斗，天下共分一斗。”

成语释义

原用来形容曹植文才出众，天下文才总共一石，他自己就独占了八斗；后用来比喻一个人才学极高。

成语故事

东汉末年，天下被分为东吴、曹魏、蜀汉三个政权，它们你争我夺，形成了三足鼎立的局面。由于当时的曹操年事已高，于是开始准备选定自己的接班人。据说，曹操有二十五个儿子，到底应该由谁来继承自己的位子呢？对此，曹操始终犹豫不决。

晚年的曹操认为，在众多的儿子中，有能力争夺接班人的似乎只有曹丕和曹植。他们二人是同一个母亲所生，属于同胞兄弟。曹丕的性格比较成熟、稳重，在曹操的长子曹昂死后，二儿子曹丕就成了嫡长子，也算是名正言顺的接班人。而曹植的性格自由任性、狂放不羁，喜欢吟诗作赋，颇有父亲曹操的风骨。

曹植思维敏捷，颇有才华。十多岁时，曹植就能诵读《诗经》《论语》及先秦两汉辞赋，诸子百家也广泛涉猎。每次去给曹操请安时，曹操都会借机提问，但他总能够应声而对，出口成章。渐渐地，曹操开始把关注点转移到了曹植身上。有一段时间，曹操曾想过“废长立幼”，让曹植当自己的接班人。

然而，金无足赤，人无完人。没过多久，曹植就失去了曹操对他的恩宠。原来，曹植饮起酒来毫无节制，肆意妄为，出了不少差错。不仅如此，他还总是将曹操交代的事情当作儿戏，这更让曹操心生不满，无法容忍。

有一次，曹植趁曹操外出，又跑出去喝酒。喝得酩酊大醉之后，曹植竟然私自乘坐王室马车，闯进了王宫大门，在只有举行典礼才能通行的禁道上放纵驰骋，一直飙到了金门。曹操得知此事十分恼火，对曹植彻底失去了信心。

相对而言，曹丕却与曹植完全不同，他善于察言观色，笼络人心，对朝中的每个人都毕恭毕敬，还屡建战功。于是，曹操又将接班人的希望放在了曹丕身上。很快，曹操就下令立曹丕为世子。曹操去世后，曹丕继承了曹操的丞相之位。在同一年，曹丕便设法废黜汉献帝刘协，当上了曹魏的开国皇帝。

曹丕当了皇帝之后，便开始设法整治当初的对手，曹植首当其冲。因为当时还有很多人是支持曹植的，曹丕担心曹植日后会有谋反之心，于是决心除掉曹植，但一直都没有找到合适的机会加罪于曹植。

有一次，曹丕命令曹植在七步之内做出一首诗。如果做不出，就要被处死。曹植听后，当场便愣住了，幸好他才思敏捷，很快就在七步之内留下了千古名句："煮豆燃豆萁，豆在釜中泣。本是同根生，相煎何太急？"

曹丕心中知晓，曹植在这首诗里用"豆萁""燃豆"等字眼，就是暗指他们同胞兄弟骨肉相残。曹植的言外之意就是：我们二人原本是亲兄弟，哥哥为什么非要杀死弟弟呢？曹丕虽然十分恼火，但也只好暂时作罢，不再为难曹植。

其实，曹植素来文思敏捷，出口成章。到了南北朝时期，曹植的作品就被推尊为文章之典范。南朝宋诗人谢灵运，出身名门，生性高傲。对于一般的文人，他根本不放在眼里，唯独对曹植十分欣赏。他曾说：“天下才有一石，曹子建独占八斗，我得一斗，天下共分一斗。”如此可以看出曹植的才华有多高。

文化卡片

建安“三曹”

曹操 字孟德。曹操二十岁时举孝廉为郎，后来建立了一支千余人的武装部队。汉献帝建安五年（200年），曹操在官渡一战中击败袁绍，逐步统一北方，成为北方的实际统治者。

曹植 字子建，曹操第三子。曹植作为建安文学的代表人物之一，其作品曾被推尊到文章典范的地位。他的诗以笔力雄健和词采华美见长，其代表作有《洛神赋》《白马篇》《七哀诗》等。

曹丕 字子桓，是三国时期的政治家、文学家。曹丕不仅文武双全、博览经传，而且通晓诸子百家学说。汉献帝建安二十五年（220年），曹丕继任丞相、魏王。同年即位，结束了汉朝四百多年的统治，建立了魏国。

有问必答

曹植的《七步诗》有几个版本？如何评价七步成诗呢？

曹植的《七步诗》有两个版本：《世说新语》中所记录的《七步诗》共有六句：“煮豆持作羹，漉菽以为汁。萁在釜下燃，豆在釜中泣。本自同根生，相煎何太急！”后来的《漫叟诗话》和《三国演义》中，将《七步诗》浓缩为四句：“煮豆燃豆萁，豆在釜中泣。本是同根生，相煎何太急！”

虽然曹植作《七步诗》救了自己一命，但他的处境并没有因此得到好转。魏国仍然奉行对宗室严格限制的政策，曹植最终在郁郁寡欢中死去，享年 40 岁。

国学大闯关

请将“才高八斗”作为开头，并在最短的时间内完成下面的成语接龙。

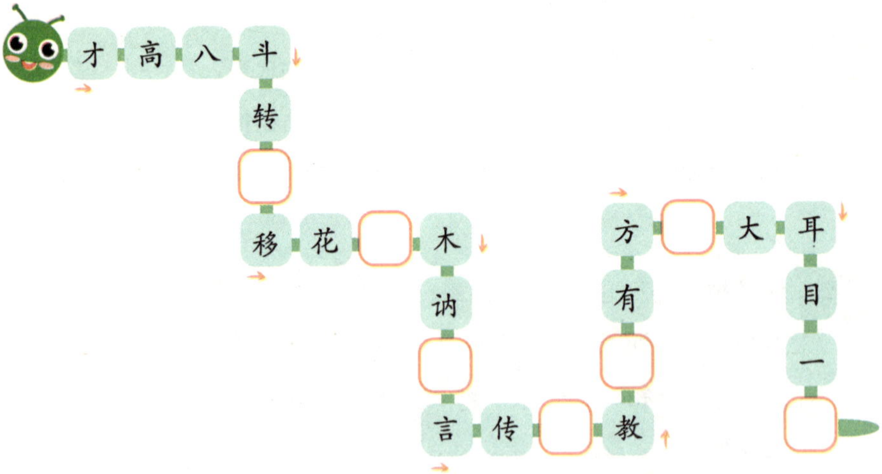

答案 斗转星移；移花接木；木讷寡言；言传身教；教导有方；方面大耳；耳目一新

乐不思蜀

基本信息

历史事件

三国时期，蜀汉后主刘禅投降司马昭后，被安置在洛阳，每天过着荒淫的生活，在洛阳快乐得不想回到蜀国。

事件主角

刘禅

历史坐标

三国时期

成语出处

《三国志·蜀志·后主传》裴松之注引《汉晋春秋》："司马文王与禅宴，为之作故蜀技，旁人皆为之感怆，而禅喜笑自若……他日，王问禅曰：'颇思蜀否？'禅曰：'此间乐，不思蜀。'"

成语释义

原指快乐得不想回国；后用来比喻乐而忘返或乐而忘本。

成语故事

三国时期，蜀汉的开国皇帝刘备去世后，丞相诸葛亮辅佐十六岁的刘禅即位。刘禅是个胸无大志、才疏学浅的人，他即位后，就将一切政事交给诸

葛亮处理，自己则每天吃喝玩乐。当时的刘禅虽然有诸葛亮等人全力辅佐，但依然不能振兴蜀国。后来，诸葛亮五次率军北伐，最后病死在了兵营。自此之后，刘禅宠信宦官黄皓，朝政日趋腐败混乱。

当时的魏国，虽然实力强大，但朝中大权都掌握在司马昭一人手中，魏主曹奂只是个空壳皇帝，并无任何实权。后来，司马昭见姜维在外率兵作战，蜀地内部空虚。司马昭认为，这是灭掉蜀国的大好机会。公元 263 年，司马昭兵分几路征伐蜀国。很快，他们就打到了成都城外。刘禅见大势已去，便主动开城投降。

司马昭接受了刘禅的投降，并迫令他带着一家老小离开蜀国，迁往魏都洛阳。一路上，刘禅都心惊胆战，他担心司马昭会杀了他。谁知，当他到达洛阳时，司马昭不仅没有为难于他，还封他为安乐公。不仅如此，司马昭还赏赐给刘禅住宅和奴婢。刘禅受宠若惊，自此安心享乐，在异国他乡过着荒淫的生活。即便如此，司马昭对刘禅还是不放心。他担心刘禅只是表面上顺从，暗地里有东山再起的决心。于是，司马昭想试探一下刘禅，看他是否有复国之心。

有一次，司马昭在府中大摆宴席，将刘禅和他的旧部下都请来参加宴会。席间，司马昭还特意叫来舞技表演蜀地的歌舞。刘禅的旧部下听到熟悉的乡音，纷纷触景生情，有的还掉下了眼泪。只有刘禅一人看得津津有味，在那儿谈笑饮酒，似乎没有一点儿亡国之恨。司马昭看到这样的情形，私下对旁边的官员说："你看，一个人竟然可以无情到如此地步，真是令人不可思议。像他这样的人，即使诸葛亮还活着，也依然保不住他的江山，更何况是姜维呢！"

宴席进行到一半时，司马昭来到刘禅身边，用关切的语气问他："你是不是也跟他们一样，很想念蜀国呢？"刘禅想都没想，立即脱口而出："我在这儿生活得很快乐，我一点儿也不想念蜀国啊。"他的旧部下郤正听到刘禅的这番话后，为他感到着急的同时，也有些莫名的伤心。

过了一会儿，刘禅起身离席出去方便。郤正见状，立即跟了出去。郤正拦住刘禅的去路，说："您怎么能说不想念蜀国呢？如果司马昭以后再这样问你，你应该哭着说：'祖先的坟墓都在蜀地，这令我十分想念'。"刘禅听后点了点头，并将郤正的话牢牢地记了下来。之后，刘禅再次回到酒席上。

几天后，司马昭果然又问了刘禅同样的问题。这次，刘禅按照郤正之前叮嘱他的话，背书似的对着司马昭说了一遍。说完，刘禅还装出一副悲痛欲绝的神情。司马昭见状，忍不住大笑起来，故意问道："你这番话怎么和郤正说得一模一样呢？"刘禅惊讶地说："你说得对，正是郤正教我说的，你是怎么知道的呢？"周围的人听后，都哄堂大笑起来。

文化卡片

三国时期易读错的历史人名

刘禅 小字阿斗，生于荆州，蜀汉昭烈帝刘备之子，母亲是昭烈皇后甘氏。章武三年，刘禅继位为帝，年号建兴，信任相父诸葛亮，支持北伐战争。后期，刘禅不理朝政，宠信宦官黄皓，国力逐渐衰弱，直至蜀汉灭亡。

华佗 字元化，东汉末年著名的医学家。华佗与董奉、张仲景并称为“建安三神医”。在医术方面，他尤其擅长外科，精于手术，并精通内、外、妇、儿、针灸各科，被后人称为“外科圣手”“外科鼻祖”“华佗再世”等。

荀彧 字文若，东汉末年政治家、战略家，曹操统一北方的首席谋臣和功臣。在战略上，荀彧为曹操规划制定了统一北方的蓝图和军事路线；在政治上，为曹操举荐了钟繇（yáo）、荀攸、陈群、杜袭、戏志才、郭嘉等大量人才，被曹操称为“吾之子房”。

有问必答

“司马昭之心，路人皆知”这句话是谁说的？它的意思是什么？它的历史背景又是什么？

“司马昭之心，路人皆知”出自魏帝曹髦之口。比喻阴谋、野心非常明显，大家都看得出来。人们常用它来形容某人政治方面的阴谋和野心。

曹髦十三岁时，就被司马昭的哥哥司马师扶上了皇位。之后，朝中大权就掌握在了司马家手中。后来，司马昭从哥哥手中接过司马家后，更是野心勃勃。朝中大臣都知晓司马昭图谋夺取帝位之心，但没有一个人敢出来反对。

国学大闯关

下面是一些有关刘禅的歇后语，请你试着填空，将内容补充完整。

①阿斗当皇帝——

②对着赵云摔阿斗——

③阿斗的江山——

④司马昭试探刘禅——

⑤阿斗炒年糕——

⑥抱不上树的刘阿斗——

答案 1.软弱无能；2.收买人心；3.白送；4.乐不思蜀；5.吃力不讨好；6.白费心

七擒七纵

基本信息

历史事件

三国时期，诸葛亮率兵出征南中，巧用计谋将孟获捉住了七次，又放了七次，最终使他真心降服于蜀汉。

事件主角

诸葛亮

历史坐标

三国时期

成语出处

《三国演义》第九十回：孟获垂泪言曰：“七擒七纵，自古未尝有也。吾虽化外之人，颇知礼义，直如此无羞耻乎？”遂同兄弟妻子宗党人等，皆匍匐跪于帐下，肉袒谢罪曰：“丞相天威，南人不复反矣！”

成语释义

原指三国时期诸葛亮七次捉孟获，又放了他七次；后用来比喻运用策略，使对方心服口服。

成语故事

公元225年，为了巩固蜀汉的后方，诸葛亮决定出兵南中平叛。可喜的是，这次南征进行得十分顺利。正当诸葛亮准备撤兵时，南中夷人的首领孟获带着一群被打败的散兵来袭击蜀军。他们这一捣乱，诸葛亮只好临时改变计划，立即命人前去应战。

俗语说，“知己知彼，百战百胜”。很快，诸葛亮从部下口中得知了孟获这个人，他不但作战勇猛，而且待人忠厚，在夷人中建立了很高的威望。诸葛亮向来赏识这样的人，决定把孟获争取过来，给自己当个帮手。但是诸葛亮认为，要想争取孟获，让他心服才是最重要的。

不过，孟获虽然作战勇敢，但他最大的缺点就是不太擅长用兵。于是，诸葛亮决定用计谋将孟获擒获。当两军第一次交锋时，诸葛亮故意败下阵来。孟获看到蜀军节节败退，认为蜀军的实力不过如此，便下令奋起直追。结果，孟获中了诸葛亮的计，率兵闯进了蜀军早已为他准备好的埋伏圈。就这样，孟获被诸葛亮擒拿了。

当孟获被士兵押到诸葛亮的大营时，他猜想自己肯定难逃一死，便告诉自己说：“即使死，也要死得像个好汉。”然而，让孟获没想到的是，诸葛亮不仅没有杀他，还亲自为他松绑，并用好酒好菜招待了他。席间，诸葛亮好言劝他归顺蜀国。孟获听后，心中自是不服，便用傲慢的口气说：“我堂堂七尺男儿，怎么可能说降就降？”诸葛亮听后只是笑了笑，并没有勉强他留下来。

宴席结束后，诸葛亮亲自带领孟获观看了已经布置过的军营。诸葛亮问孟获：“你看我这军营布置得怎么样？”孟获是一个心思细腻的人，他发现蜀军大营里都是一些老弱残兵，便直截了当地说：“以前是因为我不知道你们的虚实，才让你侥幸赢了一次。现在我观看了你们的军营，发现你们的阵法也不过如此。如果你放了我，下次我一定能战胜你们！”

诸葛亮没有做任何解释，而是下令放孟获回去。孟获离开后，诸葛亮料定他会在当天晚上来偷袭军营。于是，诸葛亮立即布置好了埋伏。果然如诸葛亮所料，孟获回去后，对士兵们说："我看了蜀军的军营，他们都是一些老弱残兵，实在是不足为惧，而且我对他们军营的布置情况也已了如指掌。今夜三更时分，我们出发去偷袭蜀军，一定可以大胜而归。"

当天夜里，孟获带领五百名刀斧手冲进了蜀军大营。一路上，他们没有遇到任何阻碍，孟获暗自窃喜："果然是一群老弱残兵。"就在这时，蜀军伏兵四起，打了孟获一个措手不及。很快，孟获就被擒住了。诸葛亮笑着问孟获："这一次，你服吗？"孟获摇摇头，依然表示不服。诸葛亮再次将孟获释放，让他回去重新组织力量再来决战。

对于诸葛亮的这种做法，当时有诸多将士不太理解，认为他对孟获实在太过仁慈了。诸葛亮解释说："我要彻底平定南中，就必须重用孟获这样的人。如果他

能够心悦诚服地归顺我们，帮我们联络南人报效朝廷，可以抵得上十万大军。”将士们听后，不得不从心里佩服诸葛亮的智谋。

后来，孟获又接连战了几次，结果都被诸葛亮活捉了。当诸葛亮第七次擒到孟获后，孟获心服口服地说：“如今我彻底服了，以后我们南人再也不会反叛了！”就这样，孟获表示自愿顺服蜀汉，成为蜀汉的大臣之一。

文化卡片

诸葛亮指挥的战役

魏蜀战争 发生于三国时期曹魏与蜀汉的长期战争。从公元228年开始，诸葛亮发动五次北伐，虽然战果颇丰，但终因各种原因而退军；曹魏也曾向蜀汉发动过反击战，但因受蜀国地形的影响而退军。直至蜀汉灭亡，魏蜀战争才正式结束。

益州之战 是刘备为夺取益州与刘璋发生的战争。自赤壁之战后，刘备占据荆州，决定进攻益州。刘璋请刘备入蜀，以增强自己的实力。汉献帝建安十七年（公元212年）十二月，刘备与刘璋决裂，一路直逼成都。直至建安十九年（公元214年）五月，刘备围困成都，刘璋才向刘备投降。

陈仓之战 是诸葛亮第二次北伐时与曹魏的一场战役。魏明帝太和二年（公元228年）十一月，诸葛亮听说曹休战败，魏军东下，关中虚弱，便发动了陈仓之战。魏将郝昭、王生等人以千余之兵抵抗诸葛亮数万大军。双方相持长达二十余日，诸葛亮粮尽，无计可破，只好退兵。

有问必答

在“七擒七纵”的故事中，有一个“火烧藤甲兵”的故事主要讲述了什么内容？它是真实存在的故事还是虚构的呢？

“火烧藤甲兵”讲述的是孟获为了抗拒蜀军，派遣刀枪不入的藤甲兵助战，结果诸葛亮用火攻灭了藤甲兵。

根据考古专家研究发现，在制作藤甲时需要经过多重油渍浸泡和晾晒，藤甲制成后几乎不怕火烧。此外，藤甲制作的周期也十分漫长，一旦被损坏也不好在短时间内修复。所以，在实际的战斗过程中，藤甲是很少使用的。由此可以推断，“火烧藤甲兵”的故事并不是真实存在的，而应该是虚构的。

国学大闯关

把下列成语补充完整。

□擒□纵	□曝□寒
□音□律	□贞□烈
□光□色	□海□州
□鼎□钟	□跪□叩

答案 七擒七纵；一曝十寒；五音六律；三贞五烈；五光十色；四海九州；五鼎万钟；三跪九叩

鞠躬尽瘁

基本信息

历史事件

三国时期，为了辅佐刘禅统一天下，诸葛亮一面联吴伐魏，一面南征孟获。在最后一次北伐前，他向刘禅上奏表，表示自己为国鞠躬尽瘁、死而后已。

事件主角

诸葛亮

历史坐标

三国时期

成语出处

《后出师表》：臣鞠躬尽力，死而后已；至于成败利钝，非臣之明所能逆睹也。

成语释义

原指不辞辛劳、恭敬谨慎，竭尽心力于国事；后用来形容做事小心谨慎，贡献出了自己的全部精力。

成语故事

东汉末年，由于统治者的昏庸和官员的腐败，各地诸侯纷纷割据自立，一时间，天下大乱，局势动荡不安。曹操趁势崛起，在官渡之战中打败了袁

绍，成功统一了北方。而胸怀天下的刘备，为了请诸葛亮帮助自己打天下，曾三次到茅庐中拜请诸葛亮。诸葛亮深受感动，答应出山辅助刘备建立蜀汉政权。

公元220年，六十六岁的曹操因病去世，他的儿子曹丕废汉献帝刘协，自己做了皇帝，改国号为魏，是为魏文帝。这时，占据四川一带的刘备也正式登基称帝，是为“先主”。刘备即位后，立即任命诸葛亮为丞相，定都成都。公元229年，孙权也在武昌称帝，改元黄龙，立国号为吴。于是，魏、蜀、吴形成了三国鼎立的局面。

在诸葛亮的全力辅佐下，刘备把蜀汉治理得很好，百姓吃喝不愁，安居乐业。公元223年，刘备因病去世，他的儿子刘禅继位，是为“后主”。刘禅继位后，诸葛亮仍任丞相一职，并受封为武乡侯。其实，刘备早就知道刘禅平庸，因此在临终之前刘备就将刘禅托付给了诸葛亮，让诸葛亮竭尽所能辅佐刘禅。

果真如刘备所料，刘禅继位之后每天只知享乐，对国家大事置之不理。后来，刘禅干脆把蜀汉的一切军政大权都交给了诸葛亮。为了替刘备完成统一天下的心愿，诸葛亮一面与东吴结盟，一面南征孟获，以消除后顾之忧。与此同时，诸葛亮还操练兵马，积极准备北伐魏国。

为了匡扶汉室，统一中原，诸葛亮养精蓄锐了很长一段时间。公元 228 年，诸葛亮决定出祁山北伐魏国。在出师之前，诸葛亮亲自给刘禅上表，一再劝谏他要听信忠言，只有任用贤臣，才能富国强兵。这道奏表便是历史上有名的《前出师表》。遗憾的是，这次北伐并没有如诸葛亮所愿取得成功。兵败以后，诸葛亮只得退兵回到蜀地。

几年后，诸葛亮决定再次北伐。当时，对于诸葛亮提出的北伐建议，蜀汉的大多数大臣都持反对态度。无奈之下，诸葛亮再次上表刘禅，他不仅详细分析了当时的敌我形势，还清晰地说明了蜀汉和魏国势不两立的局面：即使你不讨伐他，他也会讨伐你。刘禅看过奏表后，虽然不明白诸葛亮所言之意，但他深知拗不过诸葛亮，只好同意诸葛亮率兵北战。这第二道奏表就是历史上有名的《后出师表》。

然而，由于蜀汉和魏国的力量相差太大，在这次北伐中诸葛亮依然未能获胜。即便如此，诸葛亮也没有灰心，他仍然在寻求各种机会讨伐魏国。经过五次北伐魏国，诸葛亮还是以失败而告终。直到最后病死在军中，他践行了自己为国家“鞠躬尽瘁，死而后已”的誓言。

文化卡片

赞美诸葛亮的诗词

1 三顾频烦天下计，两朝开济老臣心。

2 讨贼祁山声大义，于今史册播丹忠。

3 梁父吟成高士志，出师表见老臣心。

4 周瑜决策取荆州，诸葛先知第一筹。

5 羽扇纶巾拥碧幢，七擒妙策制蛮王。

6 出师一表真名世，千载谁堪伯仲间！

有问必答

诸葛亮一生，对曹魏共发动了五次北伐，分别是哪五次？哪一次北伐受到的损失最大呢？

第一次北伐：诸葛亮命赵云率兵牵制魏军，曹魏军队兵败后投降了蜀军。到达街亭时，诸葛亮错用马谡守卫街亭，被张郃打得大败，只得退回汉中。

第二次北伐：为了配合东吴作战，诸葛亮率领蜀军出散关，攻打陈仓。最后诸葛亮粮尽，蜀军被迫撤军。

第三次北伐：诸葛亮派陈式夺取了曹魏的武都、阴平两郡。

第四次北伐：诸葛亮兵出陇右时遇到了强敌司马懿。诸葛亮在木门道设置埋伏，射杀了魏军名将张郃。

第五次北伐：诸葛亮联络东吴，率领十万蜀军来到渭南。与司马懿相持百余日后，诸葛亮病逝于五丈原。

在这五次北伐中，除了第一次北伐遭受了街亭惨败损失严重，其他四次北伐都没有遭受太大的损失。

国学大闯关

你知道下列成语的释义吗？请试着连一连。

鞠躬尽瘁	形容十分忠诚。
呕心沥血	指投入全部精力，毫无保留。
死而后已	比喻费尽心血，用尽心思。
赤胆忠心	指不辞辛劳，尽力于国事。
全心全意	形容为完成一种责任而奋斗终身。

答案

鞠躬尽瘁　指不辞辛劳，尽力于国事。
呕心沥血　比喻费尽心血，用尽心思。
死而后已　形容为完成一种责任而奋斗终身。
赤胆忠心　形容十分忠诚。
全心全意　指投入全部精力，毫无保留。

单刀赴会

基本信息

历史事件

三国时期，鲁肃设计邀请关羽过江赴宴，欲趁机索要荆州。关羽带着少数随从单刀赴会，最后全身而退。

事件主角

关羽

历史坐标

三国时期

成语出处

《三国志·吴志》：备既定益州，权求长沙、零、桂，备不承旨，权遣吕蒙率众进取。备闻，自还公安，遣羽争三郡。肃住益阳，与羽相拒。肃邀羽相见，各驻兵马百步上，但请将军单刀俱会。

成语释义

原指蜀将关羽携带单刀和少数随从赴东吴宴会；后泛指独自前往。

成语故事

公元201年，曹操亲自率兵到汝南进攻刘备。由于当时袁绍对刘备还不完全信任，没有给他任何的指挥权，所以才导致汝南之战大败。之后，刘备决定去投奔同宗兄弟刘表。刘表得知消息后，亲自驾车到郊外迎接刘备，并以上宾之礼相待。

刘备投靠刘表后，刘表便让刘备屯驻在荆州的一个边陲之地——新野。这时，作为军师的诸葛亮劝说刘备趁机夺取荆州。刘备不忍心同宗相争，当即拒绝了诸葛亮的提议。不久，刘表因病卧床不起，自知将不久于人世，便将刘备请来托孤。

没想到，刘表的儿子刘琮在曹军杀来时，不仅投降了曹军，还把荆州献给了曹操。于是，孙权与刘备商议，准备联合对抗曹操，一举夺取荆州。在赤壁之战中，孙权便将荆州夺了过来，并将荆州暂借给刘备。其实，他们二人在结盟之前就做了约定：等刘备攻取益州后，就把荆州还给东吴。谁知，刘备从一开始就没打算归还荆州，总是以各种借口推托。如此一来，孙权和刘备之间的矛盾就日益加深了。

直到东吴的大都督周瑜去世后，为了与东吴重新交好并联合，刘备才答应孙权，说等他攻占益州后，就立刻把荆州还给东吴。这时，刘备的实力早已不容小觑了，他的军队很快就攻下了益州。随后，刘备在益州建立了蜀汉政权，并派关羽和他的儿子关平去驻守荆州。当孙权听说刘备占领了益州的消息后，就派使臣到益州向刘备讨要荆州。

正当刘备不知如何是好时，诸葛亮为他献计，建议他亲自写一封信交给东吴使臣，让使臣拿着书信去荆州找关羽。东吴使臣以为，只要有刘备的书信在，要回荆州就不难了。于是，使臣拿着书信，日夜兼程地赶到荆州。没想到，关羽看过信后，说："区区一封信，我怎么能够当真呢？"

东吴使臣无计可施，只好暂时回去复命。孙权听后勃然大怒："刘备竟然如此捉弄我，真是太过分了。"正在这时，鲁肃站出来说："主公，我有一个妙计，说不定可以助您要回荆州。”孙权示意鲁肃尽快说出妙计。鲁肃说：“我们不如借议事之由，将关羽请到这里，并摆下宴席。席间，我们可以逼迫他交出荆州。如果他不答应，就杀之。”孙权沉思了片刻，同意了鲁肃的提议。

很快，关羽就接到了东吴的邀请信。久经沙场的关羽早就猜出这是东吴的计策。关羽手下的将领也纷纷劝他不要前去，关羽却笑着说：“这有什么好怕的？我必须亲自去看看，看他们能把我怎么样？”为了显示自己并无畏惧之心，关羽准备只带部将周仓等十几个随从赴会。

第二天，关羽乘船来到东吴。鲁肃早已摆下宴席，并提前埋伏好了刀斧手，让他们伺机而动。席间，鲁肃试着提出归还荆州之事。关羽听后说：“宴会上不是应该喝酒吗？怎么还谈起国家大事了呢？”鲁肃仍不甘心，说：“就是因为我们主公大度，才把荆州借给刘备。如今他怎么可以失信于天下呢？”

关羽听后，装着一副醉酒的样子，拉着鲁肃的手说：“荆州的事我们以后再商量吧。”说完，关羽就拉着鲁肃向江边走去。刀斧手担心此时动手会误伤鲁肃，只好眼睁睁地看着关羽走出去。到了江边，关羽才放开鲁肃的手。等东吴军队追来时，关羽的船早已开出很远了。

文化卡片

与关羽相关的典故

许田围猎 刘备与曹操在许昌围猎时，关羽劝刘备杀掉曹操。刘备认为，在当时的形势下，曹操对国家有利，杀了实在可惜，因此没有听从。

乞纳杜氏 刘备和曹操联合围攻吕布于下邳，曹操答应关羽城破之后让他迎娶杜氏，结果城破之后，曹操却将杜氏占为己有。

梦猪啮足 关羽在北伐之前，曾梦到猪在啮咬自己的脚，自知不祥，便对儿子关平说自己可能会遭遇噩运。到了年末，关羽果然被吴将吕蒙部下杀害。

刮骨疗毒 关羽曾被流矢射中，箭头穿透左臂，臂骨疼痛不已。名医华佗为关羽开刀治病。只见臂上刀口鲜血淋漓，关羽却在割肉把酒，与大家谈笑自若。

有问必答

单刀赴会却能够全身而退，关羽到底是如何脱身的？

赤壁之战以后，诸葛亮智取荆州。荆州是当时的军事要地，东吴屡次向诸葛亮讨要荆州未果，于是请关羽过江赴宴。关羽早知是东吴的计策，便有所准备。他带着十几个随从，轻驾小舟，单刀赴会。席间，东吴埋伏好的刀斧手一直在找机会刺杀关羽。关羽却以与鲁肃多年未见为由，拉着鲁肃不放手，互相敬酒，实则是以鲁肃为人质。埋伏的刀斧手见鲁肃被困，不敢轻易下手。因此，关羽才得以安全脱身。

国学大闯关

在下面的方框中分别填入一个字，使它横竖都能组成一个成语，写完后再认真读一读吧。

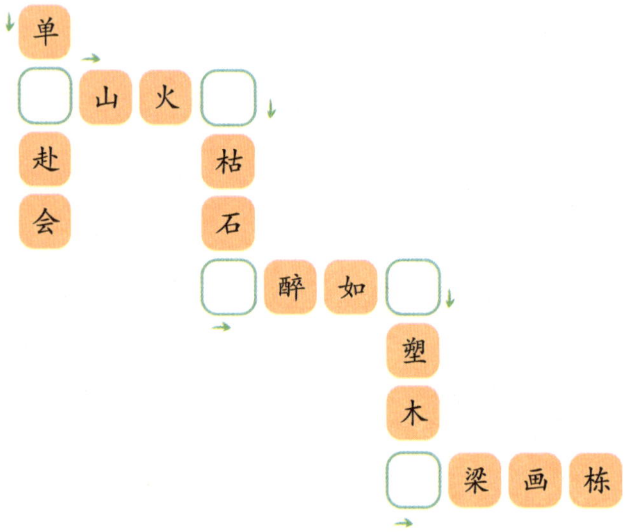

答案 单刀赴会，刀山火海，海枯石烂，烂醉如泥，泥塑木雕，雕梁画栋

步步为营

基本信息

历史事件

三国时期，刘备派黄忠领兵进攻定军山。在与魏国大将夏侯渊的对战中，黄忠小心谨慎，步步为营，占据了地理优势。

事件主角

黄忠

历史坐标

三国时期

成语出处

《三国演义》第七十一回："可激劝士卒，拔寨前进，步步为营，诱渊来战而擒之。"

成语释义

原指军队每向前推进一步，就设下一道营垒；后用来形容进军谨慎，也比喻一个人在行动、办事方面十分谨慎。

成语故事

三国时期，刘备派大将黄忠领兵进攻定军山。当时，驻守在定军山的是曹魏大将夏侯渊。当他得知黄忠前来讨伐的消息后，便立即差人报知曹洪。曹洪又连夜派人赶到许都（今河南省许昌市）向曹操禀报，曹操听后大惊，立即率兵前去迎敌。

得知曹操大军即将赶到，夏侯渊决定暂时固守定军山。尽管黄忠多次向夏侯渊发起挑战，但夏侯渊依然坚持据守不出。由于定军山地形复杂，对于敌军的详细情况，黄忠尚未得知，也深知胜算不大，就不再主动挑衅曹军了。于是，黄忠下令在这里安营扎寨，再做下一步的打算。

曹操认为，夏侯渊采用不出战的方式与黄忠进行较量，其实是一种怯懦的行为，是在给曹军丢脸。于是，他命令夏侯渊主动出击，并写信告诫夏侯渊：一要刚柔结合，二要有勇有谋。经过反复琢磨，夏侯渊终于想出了一条计策：他先派夏侯尚带领三千军马前去引诱黄忠，他自己可以趁机来个伏击。

黄忠见曹军主动前来叫阵，就派牙将陈式出战迎敌。夏侯尚与陈式交战没几个回合，便准备诈败而走。然而，陈式并不知晓曹军的底细，于是急忙追赶上去。当他冲到半路时，却突然被从山上滚下来的滚木檑石挡住了去路。正当陈式准

备原路返回时，夏侯渊突然从背后发起攻击。陈式无力反抗，被夏侯渊生擒了。

焦急万分之时，黄忠去找随行的法正商议计策。法正说：“夏侯渊为人轻浮急躁，虽然英勇却无计谋。您可以借机激励士兵，拔寨前进，步步为营，引诱夏侯渊前来决战，然后伺机生擒他。这是一种‘反客为主’的战术。”黄忠听后，认为这一计谋十分可行，便立即采纳了这一建议。

之后，黄忠便将军中的所有物资赏赐给了手下的士兵。很快，士兵们的士气大振，斗志昂扬，决心与曹军死战到底。就在当天，黄忠带领士兵启程前进。每走一段路程，黄忠就设下一道营垒，然后又继续向前推进。一路上，黄忠行军小心谨慎，防备也很严密。就这样，他们一步步地逼近了定军山。

夏侯渊见状，立即派夏侯尚下山迎击黄忠，结果被打得大败，夏侯尚也被黄忠活捉。为此，夏侯渊怒火中烧，扬言要立即出战讨伐黄忠。张郃劝谏夏侯渊说：“这是法正的计谋，将军不可出战，只宜坚守。”夏侯渊不听，率兵拦住了黄忠，并命人在阵前叫骂。这一次，黄忠同先前的夏侯渊一样，任凭他们如何辱骂，都坚决不出战。

直到下午时分，法正听闻曹兵的叫骂声已经逐渐远去，这才命令士兵们鼓角齐鸣。一时间，喊声大震，黄忠一马当先，犹如天崩地裂之势。遇到前来迎战的夏侯渊，眼疾手快的黄忠顺势挥起大刀，将夏侯渊砍为两段。曹兵顿时陷入了混乱，跑的跑，散的散，都各自逃生去了。最终，黄忠的部队顺利地向前推进，不仅夺取了定军山对面的高山，还占据了有利地形，让曹兵陷入了被动的局面。

文化卡片

五虎上将

关羽 字云长，本字长生，河东解县人。汉末与张飞从刘备起兵。曹操入荆州，刘备率众南逃，关羽与之共至夏口。后来，关羽被东吴围困在麦城，被东吴军俘杀。

张飞 字翼德，涿郡人，三国时期蜀汉名将。他勇武过人，与关羽并称为“万人敌”。刘备称帝后，张飞晋升为车骑将军。同年，张飞因为暴而无恩，被部将杀害。

赵云 字子龙，常山真定人。他与关羽、张飞并称“燕南三士”。赵云跟随刘备先后参加过博望坡之战、长坂坡之战、江南平定战，都取得了非常好的战果。

马超 字孟起，马腾之子，扶风茂陵人。他少年成名，曹操曾多次征召马超入京为官，但都被马超拒绝。后来马腾入京被封为卫尉，马超随之统领了马腾的部队。

黄忠 字汉升，南阳人。东汉末年名将。在定军山之战中，黄忠阵斩曹操部下名将夏侯渊，拜征西将军。刘备称汉中王后，加封后将军，赐关内侯。次年，黄忠病逝。

有问必答

勇武过人的黄忠是刘备麾下杰出的将领，但忠勇的黄忠最后是怎么死的呢？他有没有留下子嗣呢？

公元 219 年，在定军山一战中，黄忠杀了身经百战的曹营老将夏侯渊，并因此名声大振。在《三国演义》中，黄忠跟随刘备去征讨吴国，因中了马忠的埋伏，被流箭射中而死。但是，根据历史记载，黄忠是因病去世，享年七十五岁。

黄忠有一个儿子，名叫黄叙，因在年少时感染了风寒，之后一直体弱多病，先于父亲黄忠去世，没有留下子嗣。

国学大闯关

下面的成语中出现了五个错别字，请你把它们一一找出来，并将正确的汉字写在后面的□里。

乐不思薯□　　草木皆兵□　　死灰复苒□　　运筹帷握□

前车之鉴□　　暗度陈苍□　　乘人之危□　　长躯直入□

答案　薯→蜀；苒→燃；握→幄；苍→仓；躯→驱

出言不逊

基本信息

历史事件

汉末三国时期，袁绍手下的谋士郭图设法陷害张郃，并说他曾对袁绍出言不逊。无奈之下，张郃离开袁绍，转而投奔曹操，并为曹操立下了赫赫战功。

事件主角

张郃

历史坐标

汉末三国时期

成语出处

《三国志·魏书》：“图惭，又更谮郃曰：‘郃快军败，出言不逊。’郃惧，乃归太祖。”

成语释义

原指说话傲慢无礼，伤人；比喻说出的话不谦恭，含贬义。

成语故事

汉末三国时期，袁绍手下有一个将领名叫张郃。早年时，他曾参与镇压黄巾起义。投靠袁绍后，他因击破公孙瓒有功，被迁升为宁国中郎将。

建安五年（公元 200 年），袁绍和曹操在官渡进行了一场争夺中原地区的决战。双方对阵数日，袁绍兵多粮足，而曹操兵少粮缺。十月，袁绍命令淳于琼等五人将大军的粮草押运到乌巢囤积。当张郃得知袁绍的这一决定后，心想：若是将我军的粮草囤积在乌巢，这个地方距离我军大本营有四十多里，现在又让淳于琼带着区区一万兵士去守护。很显然，这里会成为我军的一个薄弱环节。

想到这里，张郃便对袁绍说："虽然曹军的兵力很少，但是他们的战斗力十分强大，我们绝对不可以轻视。加之曹操深谋远虑，他深知粮草对大军的重要性。如果他知道了这件事，一定会派兵攻打我们的囤粮基地乌巢。到时候，淳于琼肯定抵挡不住。一旦乌巢失守，粮草被劫，战局就将对我们很不利了。现在我们最应该做的是马上派人前去增援乌巢。"

然而，袁绍的心腹谋士郭图却说："我认为张郃的建议并不可取，我们应该先下手为强，派兵攻击曹操的大本营。这样一来，即使曹操前来进攻乌巢，到时候也必然会撤兵回营。如此就可以不支援乌巢却能够解乌巢之围。"张郃立即反驳说："曹操的兵营防守十分严密，现在进攻肯定会无功而返。如果淳于琼被曹操活捉的话，很快我们也会变成曹操的俘虏。"

听完他们二人的建议后，袁绍有些犹豫不决。他思虑了半天，最后采取了一种折中的办法：先派一小队轻骑兵支援淳于琼，然后又命张郃和高览进攻曹操的大本营。果真如张郃所料，他们的进攻遭受挫折。而曹操击败了淳于琼等人，攻破了乌巢，烧了袁军的粮草，这样一来，袁绍军心动摇，彻底崩溃了。

郭图得知战情后，感到十分惭愧。这一战的失败，完全是由于自己的错误主张导致的。但是，郭图又担心张郃回来后会争个谁是谁非，到时候袁绍肯定会怪罪自己。于是，他决定来个恶人先告状。他便在袁绍面前诬陷张郃："这次战败，肯定是因为张郃进攻不尽力，才导致我军惨败。听说我军吃了败仗后，他还说了很多难听的话，态度傲慢，毫无礼貌，每一句话都在表示对您的不满。"

袁绍听后勃然大怒，立即派人去叫张郃、高览二人回来问罪。郭图又趁着袁绍派去的人还未到张郃营中之际，派人提前告诉张郃说："你们快跑吧，袁绍准备要杀你们了！"张郃看到自己受到诬陷和猜疑，便和高览一起带着部队投降了曹操。张郃对曹操说："郭图对袁绍说我幸灾乐祸，出言不逊，所以我只能来投奔您了。"曹操大笑着说："你能够选择投奔我，就像韩信选择投奔刘邦一样，是明智之举。"后来，张郃立下了赫赫战功，成为曹操手下的一名得力战将。同时，张郃也成为曹魏的"五子良将"之一。

文化卡片

五子良将

张辽 字文远。下邳之战结束后，张辽正式归顺曹操。后来，张辽在镇守合肥时成功击退孙权，被封为征东将军。曹丕继位后，张辽转任前将军。

乐进 字文谦。他从曹操起兵开始，跟随曹操南征北伐，屡立战功，在后来的青泥之战中一举击败关羽。曹操称王后，因数有战功，乐进被拜为右将军。

于禁 字文则。原属鲍信，后归顺曹操。曹操称王后，于禁被拜为左将军。在后来的襄樊之战中，于禁被关羽击败、俘虏，被迫投降。

张郃 字儁（jùn）乂。他在官渡之战时归降曹操。曹丕继位后，张郃被封为左将军。在街亭之战中，张郃大破马谡，迫使诸葛亮退回汉中，累迁征西将军、车骑将军。

徐晃 字公明。他曾在襄樊之战中击败关羽，后被曹操称赞为有“周亚夫之风”。曹丕继位后，徐晃被封为右将军。

有问必答

身经百战的张郃何许人也？为什么连刘备和诸葛亮等人都对他忌惮三分？请试着分析一下。

第一，当刘备顺利攻取益州后，开始进攻曹军据守的汉中。曹军将领夏侯渊、张部密切配合，令刘备毫无进展，这让刘备感到十分苦恼。后来，夏侯渊所部被黄忠击败后，张部在汉水以北列阵，迫使刘备便放弃渡江。

第二，诸葛亮的第一次北伐以失败告终，主要原因是诸葛亮误用了马谡。由于马谡的对手正是身经百战的张部，这就为他丢失街亭埋下了伏笔。

第三，五虎将军相继去世后，张部几乎成了无敌。尤其是蜀汉到了诸葛亮北伐之时，张部已立于不败之地。军营中没有一个人能打败张部，就连后期的大将魏延也有点儿惧怕张部。

国学大闯关

以下成语都与三国时期的历史人物有关，请你试着把左右两边相对应的词语连起来。

出言不逊	关　羽
集思广益	张　部
后患无穷	赵　云
望梅止渴	刘　备
一身是胆	诸葛亮
过五关斩六将	曹　操

答案 出言不逊——张部；集思广益——诸葛亮；后患无穷——刘备；望梅止渴——曹操；一身是胆——赵云；过五关斩六将——关羽。

魏晋服饰特点

总体来说，魏晋时期的服饰就四个字“褒衣博带”。“褒衣”指衣裙宽大，“博带”形容衣带长而繁多。男子衣着一般上身宽博，衣袖宽大，领口宽松。女子着装多上紧下松，衣身合体，对襟直领，衣袖上窄，自肘部以下衫袖加宽，配曳地长裙，裙多褶而宽松。

两晋

信口雌黄

基本信息

历史事件

晋朝大臣王衍喜欢老子和庄子的玄理。每次清谈时，他总是前后矛盾，漏洞百出。若有人发出质疑，他便随口更改。于是，人们嘲讽他“口中雌黄”。

事件主角

王衍

历史坐标

两晋时期

成语出处

《晋阳秋》：“王衍，字夷甫，能言，于意有不安者，辄更易之，时号‘口中雌黄’。”

成语释义

原指古时写字用黄纸，写错了就用雌黄涂抹后再重新写；后用来比喻一些人不顾事实，随口乱说。

成语故事

魏晋时期，都城洛阳名士云集，人才辈出，上层社会盛行“清谈玄学”之风。然而，有一些人总是脱离现实，空谈玄学，嘴里高谈虚无，实际上却见风使舵，四处钻营，想尽办法攀附权贵，只为了求得高官。于是，他们的官职越升越高，有的人身兼三四职，有的人身兼十几职，也有一些人表面上清高自持，私下里却贪财纳贿，广积私产。可以说，当时的学风十分不正，盛行奢侈淫靡之风。

西晋大臣王衍也是当时有名的清谈家。他出身士族，是琅琊临沂（今山东临沂北）人。他是曹魏幽州刺史王雄之孙、平北将军王乂之子。他的堂兄王戎是大名鼎鼎的“竹林七贤”之一，他的弟弟王澄是当时的大名士，此二人都崇尚清谈。他的妻子郭氏，与西晋惠帝的贾皇后是亲戚，他的妹妹是东海王司马越的宠妃。他还有三个女儿，大女儿当了晋惠帝的宠妃，二女儿嫁给了当时权势显赫的贾谧，小女儿嫁给了出身山西的望族裴遐。

就这样，王衍依靠联姻后的各种亲戚关系，历任黄门侍郎、尚书令、中书令、太尉等职，一时间权倾朝野。虽然当时的王衍位高权重，但是他为人自私，从来不为国家考虑。他一心只为自己做打算，为了能够保全自己的权势，他还让弟弟王澄、族弟王敦分别担任荆州、青州刺史。

王衍外表俊秀，风姿文雅，算得上是一位美男子。据说，他在幼年时就伶牙俐齿。有一次，王衍去拜访文学名家山涛。山涛见到他后，端详了许久，还忍不住感叹了几声。等王衍离开后，山涛目送他走出很远。随后，山涛对身旁的人说：“也不知道是哪位妇人，生出了这样的儿子。日后耽误天下的人，未必不是此人啊。”

王衍从小博览群书，才华出众。等到成年后，他又担任元城县令一

职，但他很少办公事，而是经常与一群人聚在一起闲聊。受当时社会风气的影响，王衍也喜欢上了老子、庄子的学说，且善于用老庄的思想讲授玄理。每次清谈时，王衍都身穿一件宽袍大袖的衣服，手里拿着玉柄拂尘，嘴里说着一些空虚的怪话。虽然他讲话时总是轻声慢语，但总是讲得前后矛盾，漏洞百出。当别人指出他的错误时，他也满不在乎，甚至不假思索，随口更改。于是，人们便嘲讽他是“口中雌黄”。

当然，王衍不只是讲授玄学时信口雌黄，在为人处世方面，他也总是随意更改，不顾礼仪。据说，他的大女儿嫁给太子为妃没多久，太子遭人陷害，身处险境，写信向王衍求助。王衍收到信后，非但没有帮太子辩白，反而因为怕受连累而请求解除女儿与太子的婚约。等太子的冤案真相大白后，王衍便因为此事而被判禁锢终身。

直到西晋后期，皇族之间的斗争愈演愈烈，最终酿成了历史上著名的“八王之乱”。在战乱中，王衍被两位得势的王爷看中，又封他做了大官。当他身居要职时，依然不以天下为念，一心只顾着扩大自己的权势，从来不管百姓的死活。

在西晋灭亡时，王衍被羯人首领石勒俘虏，还不以为然地说："我从来不干预朝政，所以罪不在我。"很显然，王衍还是想苟全性命。不仅如此，王衍还劝石勒建国称帝，石勒并不听从，下令活埋了王衍。

文化卡片

人物简介

王衍

琅琊临沂（今山东省临沂市）人。他是曹魏幽州刺史王雄之孙、平北将军王乂之子、司徒王戎堂弟。王衍外表俊秀，风姿文雅。步入仕途后，王衍历任黄门侍郎、中领军、尚书令、尚书仆射等职。

公元308年，王衍升任司徒。公元311年，在永嘉之乱中，王衍被羯人石勒所俘获。在与石勒交谈时，王衍一再推托责任，并劝其立即称帝。石勒听后勃然大怒，将其与西晋旧臣一同活埋。王衍死时，享年五十六岁。

有问必答

从字面来看，“信口雌黄”与“信口开河”只有两个字不同，但二者含义却有不同之处。请试着说一说它们各自的侧重点是什么？

虽然“信口雌黄”与“信口开河”都含有随口乱说之意，但它们在本质上有一定的区别：“信口开河”是指随便乱说；“信口雌黄”则是指妄下论断，随便诬蔑乃至乱造谣言。“信口雌黄”是一个含有贬义的成语，通常用于坏人或敌对的人；“信口开河”是一个中性成语，往往用在自己人身上。

国学大闯关

下面这些成语都与“信”有关，请你试着将下列成语补充完整，看谁能在最短的时间内完成填空。

___信弃义	___风报信	偏信则___	推___布信
___信雁书	纳忠___信	信___好古	赏信___明

答案 背信弃义；通风报信；偏信则暗；推诚布信；鱼信雁书；纳忠效信；信而好古；赏信罚明

东山再起

基本信息

历史事件

东晋人谢安，年轻时曾做过官，后来辞去官职，隐居在会稽东山吟诗作画，游山玩水。直到 40 岁时，谢安应召入朝，再度做官，东山再起，官至宰相。

事件主角

谢安

历史坐标

两晋时期

成语出处

《晋书·谢安传》："隐居会稽东山，年逾四十复出为桓温司马，累迁中书、司徒等要职，晋室赖以转危为安。"

成语释义

原指隐退后再度出任要职；后用来比喻失势之后又重新得势。

成语故事

东晋时期有一个名叫谢安的人，他出身贵族，天资聪慧，自幼才学过人。到了少年时期，他不仅学识颇高，而且擅长书法，写得一手漂亮的字。

一次偶然的机会，他还结识了王羲之，并与之成为好友。

在当时的士大夫阶层中，谢安颇有名望。人们都认为，他是一个很有才干的人，应该入朝为官，为朝廷效力。但是，年轻时期的谢安并不这么想，他宁愿隐居在东山，也不愿意做官。

曾经有一位友人推举谢安去朝中做官，他不好直接拒绝其好意，只好答应去任职。可是，他在司徒府里担任著作郎不到一个月时间，就不想继续干下去了。他觉得当官实在无趣，便以生病为借口辞官回家。

自此之后，谢安便隐居在浙江会稽的东山，与王羲之、许询等人一起游山玩水、吟诗作赋，从来不谈朝廷，过着悠闲自在的生活。他常常坐在山中的石窟中，面对着峡谷大川，悠然地慨叹道："我这样的生活，离古代的隐士伯夷又会有多远呢？"

有一次，谢安和一群人坐船出海打鱼。突然，海面上刮起了一阵大风，大海顿时波涛汹涌。船上的人吓坏了，都担心自己会掉进海里，唯有谢安表现得十分镇定。他大呼疾声，告诉船上的人不要自乱阵脚，更不要惊慌失

措。在谢安的帮助下，船夫终于安全驶返了。人们刚一下船，就纷纷向谢安竖起了大拇指，赞叹他的胆略和胸襟。

朝廷听闻谢安很有才干，征召他做吏部郎，他当即就拒绝了。同年，谢安的弟弟谢万受到了朝廷的重用，任职西中郎将一职。但是论及名气，他还是比不上谢安。当时的人们都认为，谢安才是治国平天下、有能力辅佐君王的栋梁之材。

当谢安的妻子得知谢万当了官后，不禁心生羡慕。她看到谢安总是安于平淡的生活，就嘲讽他说："大丈夫不求功名，不求富贵，还求什么呢？"即便妻子如此暗示谢安，谢安依然不为所动。

几个月后，谢万不知何故被朝廷罢官了。看到谢家日渐衰微，为了挽回家族往日的地位和声誉，谢安这才萌生了仕进之意。正在这时，征西大将军、东晋明帝司马绍的女婿桓温又邀请谢安做司马。谢安便立即答应前去赴任，那时的他已经四十多岁了。

就在谢安收拾行装，准备前去赴任的那一天，当地的许多官员都来为他送行。有个叫高崧的官员趁机逗他说："你过去高卧东山，屡次违背朝廷的旨意，不肯出来做官。真是想不到，你今天终于肯出山了！"谢安听了这话之后，虽然内心已感到十分羞愧了，但他依然装出一副不以为意的样子。

从那以后，谢安一路高升，官至宰相一职。在前秦与东晋的淝水之战中，谢安决胜千里，派他的侄子谢玄统军出战。当时，虽然东晋兵力不足，但还是一举战胜了苻坚号称上百万之众的大军，保住了东晋的半壁江山。可以说，谢安任职期间，在朝中建立了卓越的功绩。

晋孝武帝司马曜继位后，整天饮酒作乐，不理朝政，使得朝廷内部出现了危机。后来，晋孝武帝还重用了同母弟会稽王司马道子。司马道子这个人向来专横跋扈，看到谢安在朝中威望很高，便设法陷害谢安。孝武帝听信其谗言，对谢安心生猜忌。被逼无奈之下，谢安只好外出镇守广陵，以躲避灾祸。

文化卡片

书法"三谢"

谢尚 字仁祖，豫章太守谢鲲之子、太傅谢安从兄。年轻时的谢尚才智超群，精通音律，工于书法。谢尚富有声誉，有"镇西妖冶故"之说。在北伐战争中，他得到传国玉玺，并在牛渚采石制为石磬，为江表钟石之始。

谢奕 字无奕，太常卿谢裒（póu）之子、太傅谢安长兄、车骑将军谢玄和东晋才女谢道韫之父。谢奕年轻时就颇有名誉，初任剡县县令，后入朝为吏部郎，又出任晋陵太守，官至安西将军、豫州刺史。

谢安 字安石，太常谢裒第三子、镇西将军谢尚堂弟。少年时期的谢安以清谈知名，屡辞官职。在谢氏家族日渐衰落之时，他才东山再起。在淝水之战中，谢安以八万兵力打败了号称有八十万精兵的前秦军队，使晋室得以延续。

有问必答

人们常说"东山再起"，那么"东山"具体指的是哪座山？为何这样说呢？

"东山再起"中的"东山"指的就是会稽东山，在浙江绍兴境内的上虞区。因为这座山曾是东晋名士谢安隐居的地方，所以，这座山又被称为"谢安山"。

谢安出身于世家贵族，不仅多才多艺、精通音律古籍，而且性情温和儒雅。他一心只游山玩水，作诗闲吟，不愿入朝当官，便躲到会稽东山过起了隐居生活。就在他 41 岁时，因谢家逐渐衰落，谢安这才不得不出山重振家声。

国学大闯关

“东山再起”的“东”表示方位。下面成语所缺的字都与方位有关，请你试着在下面的方框里写出正确的汉字，并认真读一读。

鞍□马□	□顾□盼	□腔□调	□蹿□跳
□赴□继	□东击□	瞻□顾□	□斩□奏

答案 鞍前马后；左顾右盼；南腔北调；上蹿下跳；前赴后继；声东击西；瞻前顾后；先斩后奏

草木皆兵

基本信息

历史事件

东晋时期，前秦一直想吞并东晋，前秦皇帝苻坚率秦军与东晋军队在淝水决战。前秦军队以多战少，竟将山中草木看作是晋军，进而自乱阵脚，最终战败，溃不成军。

事件主角

苻坚

历史坐标

两晋时期

成语出处

《晋书·苻坚载记下》："坚与苻融登城而望王师，见部阵齐整，将士精锐；又北望八公山上草木，皆类人形，顾谓融曰：'此亦勍（qíng）敌也，何谓少乎？'怃然有惧色。"

成语释义

原指把山上的野草和树木当作敌兵；后用来形容内心极度恐惧，疑神疑鬼。

成语故事

东晋时期，前秦王朝统一了北方的大部分地区。前秦皇帝苻坚野心勃勃，一心想要建立一番功业。他继位之后，就和宰相王猛一起提拔那些有才能的人。十年后，前秦在苻坚的精心治理下，富裕了起来，地盘也扩大了，成为北方最大的国家。看着自己的势力日渐强大，苻坚便想趁机统一天下。

公元 383 年，苻坚率领八十万大军浩浩荡荡地朝东晋进发。一开始，苻坚的军队进展十分顺利，长驱直入。苻坚下令兵分两路：一路由大将苻融率领，前去攻克寿阳（今安徽省寿县）一带；另一路由大将梁成率领，奔赴洛涧并摆下阵势，准备阻挡晋军的反击。由此一路进逼，东晋到了生死存亡的危急关头。但是，东晋以宰相谢安为首的主战派奋起抵御。当时，晋军的三大将领分别是谢石、谢玄和刘牢之，能够调集的军队只有八万人。

谢安自知兵力不足，决定运用计谋，战胜比自己人数多几倍的秦军。于是，他先让人四处散布晋军兵少、粮草将尽的消息。很快，苻融就得知了这个消息，派人给苻坚带话：“晋军兵少缺粮，又不善战，恐怕他们会逃

跑。我们应该快速进军，一举抓住他们的统帅。到时候，晋军就会不攻自溃了。”苻坚觉得十分有道理，自己率领八千精兵日夜兼程赶到了寿阳。

就在这时，晋军的大将刘牢之借着夜色，率领五千名英勇善战的士兵前去突袭驻守在洛涧的秦军。由于秦军根本没把晋军放在眼里，更没想到晋军会偷袭。当睡梦中的秦军看到晋军闯入时，顿时陷入了混乱。在这次偷袭战中，秦军损失了近一万五千人，大将梁成被杀死。这一战，使得晋军士气大振，他们又乘胜向寿阳方向进军，并驻扎在与寿阳城隔河相对的八公山下。

当苻坚得知晋军攻占了洛涧的消息，才意识到自己上当了。很快，他又听闻晋军正向寿阳赶来，一时间大惊失色，不知如何是好。为了察看淝水对岸晋军的动静，他和苻融登上了寿阳城墙。当时正是隆冬季节，恰遇阴雨天气，远远望去，淝水上空灰蒙蒙一片。苻坚站在城楼上，隐隐约约看到了晋军的营帐，一座座营帐排列得整整齐齐。苻坚定睛一看，看到手持刀枪的晋兵在来回巡逻，阵容严整威武。他不禁暗暗称赞：“晋兵真是布防有序、训练有素啊。”

苻坚又继续向北望去，只见那里横着一座八公山，山上有八座连绵起伏的峰峦，地势险要。正在这时，一阵西北风呼啸而过，八公山上晃动的草木，就像是无数的士兵在那里巡逻。苻坚看到眼前的景象后，顿时满脸惊恐，他对身旁的苻融说：“晋军哪里是一支弱旅？在我看来，他们分明是一支劲旅啊！”

不久，苻坚再次失算，他下令军队向后退，让晋军渡过淝水决战。结果，秦军后退时秩序突然失控，晋军渡河后乘机进攻，于是，前秦士兵拼命逃跑，苻坚也在战乱中被箭射伤，只带了十多万人逃回了长安。这就是历史上有名的以少胜多的淝水之战。淝水之战后，前秦统治瓦解，北方又陷入分裂之中。

文化卡片

人物简介

王猛 字景略，他出身贫寒，文武双全，善于谋略和用兵。他与东海王苻坚一见如故，苻坚继位后，成为苻坚的股肱大臣，官至丞相、大将军、冀州牧。他任职十八年，鞠躬尽瘁，励精图治。在他执政期间，北方呈现出一片繁荣的景象。

王猛的成绩，政治方面：抵制权贵，整肃吏治，强化中央集权。军事方面：军纪严明，平定五公之乱，统兵攻占前燕都城。经济方面：劝课农桑，开放山泽，兴修水利，实现田畴开辟。

王猛积劳成疾，于建元十一年（375年）病逝，享年五十一岁。后名列“唐朝武庙六十四将”“宋朝武庙七十二将”之中。

有问必答

苻坚与王猛是东晋时期的北方的传奇人物，堪称新版的“刘备与诸葛亮”。王猛任职后立刻点了“三把火”。这“三把火”分别指的是什么？最终结果怎样？

第一是整顿吏治，使前秦的官场为之一清；第二是发展农业经济，打好经济基础，让前秦老百姓过上丰衣足食的生活；第三是扩军备战，打造出一支精锐的军队。

王猛依靠这三项举措，不仅提高了前秦的国力，还统一了北方。但是，还没来得及享受这些胜利成果，王猛却病倒了。临终之前，王猛一再告诫苻坚首先要整顿内部，然后再考虑攻打东晋。可是野心勃勃的苻坚不肯听劝，犯了冒进主义错误，结果在淝水一战中被晋军击败。

国学大闯关

在下面的方框中分别填入一个字，使图示横竖都能组成正确的成语。写完后读一读，看看是否准确无误。

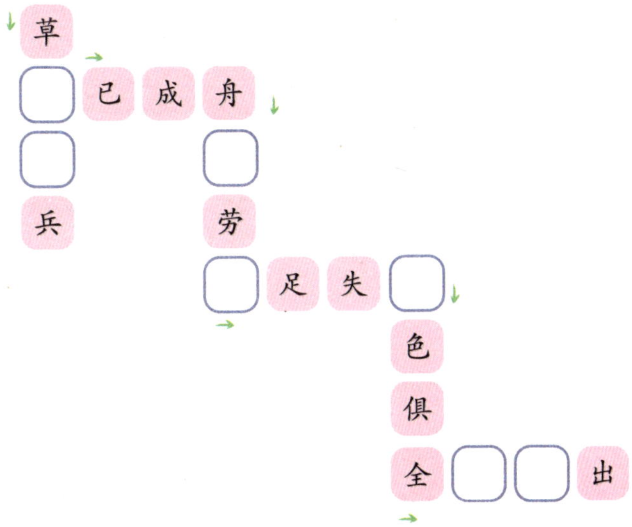

答案 草木皆兵；木已成舟；舟车劳顿；顿足失色；色色俱全；全盘托出

骑虎难下

基本信息

历史事件

东晋时期，苏峻起兵反叛朝廷，温峤组织联军讨伐叛军。由于叛军力量强大，联军不能一时取胜。在温峤的激励之下，陶侃重新振作精神，最终打败了叛军。

事件主角

温峤

历史坐标

两晋时期

成语出处

《晋书·温峤传》："峤曰：今之事势，义无旋踵，骑猛兽安可中下哉？"

成语释义

原指骑在老虎背上下不来；后用来比喻做一件事情虽然进行下去有困难，但情况又不允许中途停止，陷入进退两难的境地。

成语故事

东晋时期，负责镇守历阳的是苏峻和祖约这两员大将。此二人一直心怀

不轨，他们借着诛杀朝廷奸臣的名义，率领自己的部队进入都城建康。进城之后，他们挟持了晋成帝，把持了朝中大权。

镇守武昌的温峤听闻都城有人起兵造反，决定挺身而出。温峤是何许人也？他出身太原温氏，是司徒温羡的侄子。他不仅博学孝悌，而且善于清谈。苏峻和祖约造反的事情一经传出后，温峤便立即拥戴征西大将军陶侃为首领，共同起兵讨伐叛军。

陶侃出身南方寒门，早年仕途不顺，官位不显。直到“八王之乱”时，他凭借自身才干，深得荆州刺史刘弘信任，被其重用。后来，陶侃又投靠琅琊王司马睿，被授为荆州刺史。平息王敦之乱后，陶侃又被任命为征西大将军。

苏峻、祖约二人带兵造反，陶侃率兵前去讨伐。两军对阵，陶侃接连打了几次败仗，最后，军营中粮草供应不足。看到士兵们军心动摇，陶侃有些沉不住气了。因此，他开始埋怨温峤高估了自己的实力，并责备温峤说：“开始起兵时，您说您那里兵多将广，粮草充足，只要我出来当个首领就可以了。可是现在将在哪里，粮又在哪里呢？如果粮食再不能及时补给，我只能先撤兵了，等以后有了粮草再来攻打吧！”

温峤开诚布公地劝陶侃说：“我认为你的看法不对，战胜叛军的关键在于精诚团结。如果一支队伍成为一盘散沙，自是不可能有机会取胜的。当年，刘秀救昆阳、曹操战官渡，不都是因为他们做到了团结一致，才能以少胜多吗？现在皇上蒙难，国家危如累卵之际，我们更应该仗义讨伐叛军。顺人心、合民意，乃是正义之师，我们绝对不能在这关键时刻选择退缩。如今叛军只是凭借一时气盛攻占了都城，只要我们团结努力，一定可以战胜他们。这就好比你骑在老虎身上，如果不想办法把老虎打死，你又怎么能在中途从老虎身上跳下来呢？如果你现在撤兵，一定会影响士兵们的士气，最终只会功亏一篑，你好好考虑一下吧！”

陶侃听了温峤这一番实事求是的话，觉得的确有道理。于是，他决定激励士兵休整队伍，重新树立作战的信心。之后，陶侃与温峤仔细商议对策后，决定从水、陆两路同时发起对叛军的进攻。经过一番恶战，陶侃等人终于打败了叛军。

文化卡片

与温峤相关的典故

不越雷池 苏峻与祖约举兵造反，温峤得知后，立即入京护卫都城。庾亮给温峤写信：“吾忧西陲过于历阳，足下无过雷池一步也。”

温公喜慢语 温峤向来喜欢说一些轻慢放肆的话，卞壸（kǔn）以礼法之士自居。有一次，他们二人在庾亮处互相抨击。温峤言语粗俗，庾亮慢吞吞地说：“太真终日无鄙言。”

卿可赎我 温峤官职低下时，经常与商人赌博。有一次，他输得回不了家。于是，他站在船上大声喊庾亮：“卿可赎我！”庾亮听到后立刻送去赎金，温峤才得以脱身。

庾敳之赞 庾敳性喜敛财，遭到了温峤的弹劾。他却盛赞温峤：“森森如千丈之松，虽磊砢有节目，施之大厦，有栋梁之用也。”

有问必答

什么是“五胡乱华”？“五胡”真正的含义是什么？

“五胡乱华”，是指在西晋时期，北方的众多游牧民族趁西晋“八王之乱”，公然入侵西晋，烧杀掠夺，瓜分了不少西晋的国土，并先后建立了数十个割据政权，形成了与南方政权的对峙。

“五胡”，从字面上来理解，主要指的是匈奴、鲜卑、羯、羌、氐五个胡人大部落。“五胡”是西晋末期进入中原地区割据混战的北方游牧民族代表，数目并非只有五个。

国学大闯关

1. 温峤何以见水怪【打一成语】
2. 盆地截流日，山川大变样【打一晋人】
3. 温峤府试举秀才【打一诗词句】

答案 1.一点灵犀；2.温峤；3.中有一人字太真

身无长物

基本信息

历史事件

东晋时期的王恭为官清廉，生活简朴，家中连自己坐的竹席都没有多余的。后来，他从会稽山带回一张席子并将它赠予叔父王忱。之后，他便只能坐在一张草席上读书。

事件主角

王恭

历史坐标

两晋时期

成语出处

《世说新语·德行》：“丈人不悉恭，恭作人无长物。”

成语释义

原指生活俭朴，身边没有多余的东西；后用来比喻生活穷困，一无所有，有时也比喻为官清廉。

成语故事

东晋时期，有一个叫王恭的人。他在年少时就有美誉，情操过人，心怀宰辅之志。他是司徒左长史王濛之孙，光禄大夫王蕴之子。他的妹妹是王法慧，嫁给晋孝武帝司马曜为妃，后来一跃成了一国之后。因此，王恭就成了皇帝的大舅子，深得皇帝的器重和厚爱。他先后担任过将军、刺史等高官，还担任过太子的老师。

在当时看来，能够和皇帝成为亲家，肯定每天过着锦衣玉食的日子。但是，王恭却不一样，他的家境并不富裕，生活相当俭朴。当时有不少人主动给他送去钱财，但都被他一一拒绝了。

有一年，王恭跟随父亲来到会稽办事。因为会稽盛产竹子，所以王恭在回都城建康（今江苏南京）之前，特意去市场挑选了一张精美的竹席。

回到建康后，王恭的叔父王忱去看望他，正好看见王恭屋里铺着一张六尺长的竹席，旁边还放着一摞书籍。这张竹席看起来既舒适又美观，王忱心里非常喜欢，便对王恭说：“你从盛产竹子的地方回来，一定买了不少这样的好席子吧？是不是可以送给我一张呢？”王恭笑了笑，很爽快地答应

了他。

他们叔侄二人在屋里闲谈了好一阵子，眼看马上就到午饭时间了。王忱想到还要回家陪夫人吃饭，这才起身告辞而去。随后，王恭便命人将自己坐的那张竹席给王忱送了过去。因为仅有的一张竹席送给了王忱，王恭没有了多余的竹席，只好每天坐在草席上读书、吃饭。

过了没多久，王忱无意中听说了这件事，他感到十分吃惊，于是找到王恭，非常抱歉地对他说："我原以为你有好几张这样的席子呢，所以才主动开口向你要的，没想到你只有那一张席子。"王恭笑了笑，说："看来你还是不怎么了解我，在生活方面，我从来都没有一件多余的东西。"

公元 396 年，晋孝武帝去世，晋安帝继位。于是，朝政大权就落在了司马道子手中。当时，司马道子宠爱王国宝，便将重要权力都交给王国宝一人办理。这便引起了王恭的不满，他总是直言指斥。如此一来，司马道子便更加忌惮和怨恨王恭。

公元 398 年，王恭奉命起兵讨伐叛军。因为属下刘牢之背叛了他，导致讨伐惨败，王恭因此而获罪。王恭在临受刑时，一边吟诵佛经，一边还在理顺胡须鬓发，毫无惧色，他对监刑者说："我王恭愚昧无知，过于相信他人，以致有今日败局，但我的内心，岂是不忠于国家社稷！百代之后人们是知道我王恭这个人的。"随后，王恭与子弟和党众被一一处死。

后来，朝廷人员在查抄王恭家的财产时，发现他们家除了有一大堆读不完的书籍，没有任何金银财宝。当时所有在场的人看到这一切，都难以置信并充满感伤。

文化卡片

来自太原王氏的宰相（一）

王湛 字处冲，曹魏司空王昶之子，王浑、王深、王沦之弟。他历任秦王文学、太子洗马、尚书郎、太子中庶子、汝南内史。元康五年（295年）去世，享年四十七岁。

王济 字武子，曹魏司空王昶的孙子，司徒王浑的儿子，西晋武帝的女婿。他才华横溢，风姿英爽，气盖一时。后迎娶常山公主为妻，由中书郎累迁侍中。

王述 字怀祖，东海太守王承之子。王述年少丧父，袭爵蓝田侯。他凭借门荫入仕，行政清正严明。永和十年（354年），他出任扬州都督，加号卫将军。

王恭 字孝伯，小字阿宁，司徒左长史王濛之孙，光禄大夫王蕴之子，孝武定皇后王法慧之兄。王恭少有美誉，情操过人，心怀宰辅之志。后因刘牢之叛变，战败后被杀。

王恺 字茂仁，中书令王坦之子。太元年间，他历任侍中、右卫将军，出任吴郡太守、丹阳尹。卒于任上，获赠太常卿。

有问必答

什么是士族门阀制度？它的弊端是什么？

在魏晋南北朝时期，士族门阀制度是当时最具鲜明时代特色的一种制度。它主要是按照门第等级来区别士族与庶族的不同地位。在这种制度下，个人的出身背景远比自身的才能重要，士族子弟成年后一般都能当官。

它的弊端是朝廷的重要官职都被少数士族占据，这对广大庶族来说极其不公平。由于一些庶族不能靠正常途径当官，因此只能靠获得军功上位，然后与士族集团争权夺利，导致士族势力日渐衰落。

国学大闯关

以下成语都与两晋时期的历史人物有关，请把左右两边相对应的词语连起来。

洛阳纸贵	陶渊明
信口雌黄	温　峤
草木皆兵	左　思
骑虎难下	司马伦
狗尾续貂	王　衍
不为五斗米折腰	苻　坚

答案 洛阳纸贵——左思；信口雌黄——王衍；草木皆兵——苻坚；骑虎难下——温峤；狗尾续貂——司马伦；不为五斗米折腰——陶渊明

狗尾续貂

基本信息

历史事件

西晋惠帝时期，司马伦废了晋惠帝，自称皇帝。为了笼络朝臣，大肆封官授爵，致使做官帽的貂尾不够用。于是，人们便用狗尾来代替貂尾。

事件主角

司马伦

历史坐标

两晋时期

成语出处

《晋书·赵王伦传》："奴卒厮役，亦加以爵位。每朝会，貂蝉盈坐，时人为之谚曰：'貂不足，狗尾续。'"

成语释义

原指古代官员以貂尾为冠饰，貂尾不足，便以狗尾代替貂尾；后多用于形容续写的文学作品不如原来的好。

成语故事

西晋时期的宗室大臣司马伦，是河内温县（今河南省温县）人士。他的父亲是曹魏后期权臣司马懿，母亲是柏夫人。他的叔叔是晋武帝司马炎。

司马伦初仕曹魏，被封为安乐亭侯。西晋建立之后，司马伦又被封琅琊郡王，授宣威将军。后改封为赵王。可以说，司马伦的仕途十分顺利，一直都在不断升迁。久而久之，司马伦的野心变得越来越大。

晋武帝司马炎去世后，他的嫡次子司马衷继承了帝位，是为晋惠帝。可是晋惠帝对朝政一窍不通。于是，大权顺其自然地落到了贾南风的手中。贾南风是曹魏豫州刺史贾逵孙女，西晋太宰贾充之女，后来成为晋惠帝司马衷的皇后。贾南风这个人貌丑善妒，而且生性凶狠，为人狡诈，因晋惠帝懦弱而一度专权，引起了朝中大臣们的强烈不满。

公元300年，司马伦的谋士孙秀为其出谋划策，建议其使用离间计。于是，司马伦私下里多次暗示贾南风，说等太子司马遹（yù）继承皇位后，肯定会对她有所不利，不如先下手为强。贾南风听信司马伦之言，设法害死了太子司马遹。很快，蠢蠢欲动、野心勃勃的司马伦便以贾南风谋害太子为由，公开讨伐贾南风。

此时的贾南风独断专行，早已众叛亲离。因此，司马伦不费吹灰之力便将贾南风废黜并杀死，并自封为相国。司马伦入宫以后，才彻底明白了权力的诱惑和可怕。于是，他又借掌管宫中禁军之机，发动了政变，逼迫晋惠帝退位，自称为皇帝，年号建始。由于他的皇位来得名不正言不顺，他总是担心朝野上下对他有所不服。所以，刚即位的那段时间里，司马伦都是一副忧心忡忡的样子。

为了进一步笼络朝臣，稳固自己的帝位，司马伦不断扩大自己的势力范围。即位后，他开始大肆封赏文武百官，包括孙秀、张林等帮助他成功篡位的人。为了感谢这些追随者，司马伦给他们一一封了官，就连身边赶马车的、做饭的都被他封了官位。比如在皇帝左右的侍中、散骑、常侍等官职，通常宫廷人事编制中只有四个人。可是，在司马伦当皇帝时，这些职位的任职人员数量竟然达到了上百人。由于当时朝中的官员实在太多，每次上朝的时候，殿上都挤满了大臣。

按照当时的规定，但凡王侯大臣在上朝时，都必须戴用貂尾装饰的帽子。帽子上插着貂尾做装饰，不同官职，插的位置也会有所不同。如果是侍中，就插在左边；如果是常侍，就插在右边。因为司马伦大肆封官，一时之间貂尾都不够用了。无奈之下，人们只好用颜色和形状与貂尾相似的狗尾来替代貂尾。对此，百姓议论纷纷，还编了句民谣：“貂不足，狗尾续。”

没过多久，齐王司马冏、河间王司马颙（yóng）、成都王司马颖便起兵讨伐。司马伦屡战屡败，最后只好宣布退位，将皇位还给了晋惠帝司马衷，自己则退居在金墉城。即便如此，梁王司马肜（róng）依然上表论罪，朝廷便派遣使者将司马伦赐死了。就这样，司马伦的政权宣告结束。

文化卡片

来自太原王氏的宰相（二）

王愉 字茂和，蓝田侯王坦之之子。他历任江州刺史、会稽内史、尚书左仆射。公元404年，他反对太尉刘裕擅权，图谋作乱，子孙十余人皆被杀。

王蕴 字叔仁，司徒左长史王濛第三子，东晋武帝的皇后王法慧之父。他门荫入仕，历任尚书左仆射、散骑常侍，出任镇军将军、会稽太守。

王坦之 字文度，东晋尚书令王述之子。他出身太原王氏，年轻时与郗超齐名。后投靠会稽王司马昱，出任从事中郎，迁大司马长史，袭封蓝田侯。

王国宝 字国宝，中书令王坦之第三子，太保谢安的女婿。王国宝凭借姻亲关系，投靠于琅琊王司马道子门下。公元397年，他被逮捕入狱并赐死。

有问必答

什么是“八王之乱”？“八王”分别指的是谁？最终的结局是什么？

“八王之乱”，是发生在西晋时期的一场皇族为争夺中央政权而引发的内乱。

“八王”分别指的是汝南王司马亮、楚王司马玮、赵王司马伦、齐王司马冏、长沙王司马乂、成都王司马颖、河间王司马颙、东海王司马越。

“八王之乱”的结局是皇后贾南风在这场战乱中被杀，进一步加速了西晋的灭亡。

国学大闯关

“狗尾续貂”中的狗是十二生肖之一。下面的成语都与十二生肖有关，请试着把成语补充完整吧。

投□忌器	□鬼蛇神	龙争□斗	□死狐悲
叶公好□	虎头□尾	牛头□面	□落虎口
尖嘴□腮	□飞蛋打	□急跳墙	□朋狗友

答案 投鼠忌器；牛鬼蛇神；龙争虎斗；兔死狐悲；叶公好龙；虎头蛇尾；牛头马面；羊落虎口；尖嘴猴腮；鸡飞蛋打；狗急跳墙；猪朋狗友

南北朝

画龙点睛

基本信息

历史事件

南北朝时期，梁朝画家张僧繇奉命去安乐寺的墙壁上画四条龙。完成绘画后，众人觉得美中不足的是龙没有眼睛。张僧繇只好给龙画了眼睛，龙瞬间腾空而飞。

事件主角

张僧繇

历史坐标

南北朝时期

成语出处

《历代名画记·张僧繇》：张僧繇于金陵安乐寺画四龙于壁，不点睛。每云："点之即飞去。"人以为妄诞，固请点之。须臾，雷电破壁，二龙乘云腾去上天，二龙未点眼者皆在。

成语释义

原形容南朝梁画家张僧繇画作神妙；后比喻写文章或讲话时，在关键处加几句精辟的话，使内容更加生动。

成语故事

南朝梁有一位名叫张僧繇的大画家。他的绘画技术十分高超，其绘画成就对南北朝后期和隋、唐两代的绘画艺术产生了极其深远的影响。当时的皇亲贵族、富商大贾都争抢着索求他的画。

张僧繇最擅长画龙，据说在苏州昆山的华严寺里，就有张僧繇画的龙。每当风雨交加之时，画上的龙便会腾跃。人们担心龙会飞出去，就赶紧请来张僧繇，希望他能够想出一个好办法。张僧繇思索了片刻后，便命人取来一支笔，在龙身上加画了一把锁。后来，那条龙竟然真的不再腾跃了。

有一年，张僧繇接到了梁武帝的旨意，命他前去金陵安乐寺，在墙上画四条龙。他领了旨意后，便立即行动了。让人们感到惊讶的是，他竟然只用了三天的时间，就在墙壁上画出了四条活灵活现、威风凛凛的龙。这四条龙看起来栩栩如生、惟妙惟肖，与真龙比起来简直相差无几。张僧繇画好龙后，很快就有好多人前来观看。人们看到墙壁上的四条龙后，纷纷称赞张僧繇画得太逼真了。

然而，当人们凑近细看时，却发现了画的美中不足：这四条龙全都没有眼睛。正在这时，人群中有一个大胆的人问张僧繇："你为什么不给龙画上眼睛呢？"其他人听到后，也都纷纷请求张僧繇为龙画上眼睛。只见张僧繇满脸严肃地说："给龙画上眼睛并不是什么难事，但是眼睛也不能随随便便去画。我一旦给这些龙画上眼睛，龙就会活了，随后就会破壁飞走的。"

人们听到张僧繇的这番话，纷纷大笑起来，都觉得他的解释实在太过荒谬了。那个大胆的人又继续问："画在墙上的龙怎么会飞走呢？你这分明是在说谎吧？"所有人都不相信，认为张僧繇就是在说谎。他们认为，没有眼睛的龙，总感觉缺点什么。于是，他们请求张僧繇为龙画上眼睛。

后来，张僧繇在人们的一再请求下，决定先给其中的两条龙画上眼睛。当着众人的面，张僧繇提起画笔，轻轻地给两条龙画上了眼睛。他刚放下手中的笔，不可思议的事情就发生了：天空中突然乌云密布，紧接着就是一阵电闪雷鸣，在狂风暴雨中，人们看见那两条被画上眼睛的龙竟然破墙凌飞，冲天而去。只见它们张牙舞爪、相互缠绕着飞向天空，最终消失在云层中。

过了一会儿，云散天晴了，在场的人们都被刚才的景象吓得目瞪口呆。只见他们一个个都震惊地张大了嘴巴，却说不出一句话来。他们又转头看了

看墙上的画，墙壁上只剩下两条没有被画上眼睛的龙了。

张僧繇只是站在一旁，笑而不语。从那以后，张僧繇的名气更大了。

文化卡片

六朝“四大家”

曹不兴 亦名弗兴，三国时期著名画家。东吴黄武年间，他享有很大的声誉，被称为“佛画之祖”。他善画龙、虎、马及人物，有“落墨为蝇”等传奇故事，其佛画成就对后世影响很大。

张僧繇 著名画家。他苦学成才，长于写真，并擅画佛像、龙、鹰，多作卷轴画和壁画。他的绘画艺术对后世有着极大的影响。

陆探微 南朝宋画家。宋明帝时期，他是最受宠信的宫廷画家，多为帝王、权贵、功臣等写照。

顾恺之 字长康，小字虎头。顾恺之博学多才，擅诗赋、书法，尤善绘画。精于人像、佛像、禽兽、山水等，世人称其为“三绝”（指画绝、才绝和痴绝）。

有问必答

历史上唯一被人们称为“菩萨皇帝”的人是谁？他为何会被人们称为“菩萨皇帝”？

“菩萨皇帝”就是南朝梁的开国皇帝萧衍，也就是梁武帝。他不仅才思敏捷，而且博通文史，是“竟陵八友”之一。

梁武帝笃信佛教，是一名虔诚的佛教徒。他曾参与佛经典籍的修撰、营建佛寺，同时还开创了汉传佛教沙门比丘茹素不沾荤腥、丛林持戒的规定。他在位期间，曾三度出家，文武臣僚三次花重金将其从寺庙赎出。由此，萧衍被人们称为“菩萨皇帝”。

国学大闯关

下面的成语中有五个错别字，请把它们一一找出来，并在后面的方框里写出正确的汉字。

金壁辉煌□	乐不可严□	一箭双雕□	死而后己□
一尘不染□	马革裹尸□	长此以王□	画龙点睛□

答案 壁→碧；严→言；己→已；革→裹；王→往

扑朔迷离

基本信息

历史事件

北朝时期，花木兰替父从军，她骁勇善战，聪明果敢，立了很多军功。荣归故里后，战友们才知道她是一位女子。

事件主角

花木兰

历史坐标

南北朝时期

成语出处

《乐府诗集·木兰诗》：“雄兔脚扑朔，雌兔眼迷离；双兔傍地走，安能辨我是雄雌。”

成语释义

原形容难以辨别兔的雄雌；后用来形容事物错综复杂，不容易看清真相。

成语故事

北朝时期，有一户姓花的人家。这家的男主人名叫花弧，原来是朝廷的一名武将。后来因为年纪大了退休在家。花弧有一个女儿，名叫木兰。她从小就喜欢舞枪弄棒，每天跟着父亲习武，十八般武艺样样精通。

有一年，北方游牧民族又来侵犯边境。为了能够彻底消灭入侵者，朝廷连年发起战争，双方各有损伤。国家一打仗，百姓就跟着遭殃。为了快速增加兵力，朝廷开始大力征召百姓为国效力。为此，朝廷贴出了一封告示：每个家庭都必须出一名男丁上战场打仗。

花木兰家的情况十分特殊。花木兰的父亲虽然退休了，但是他年轻时打仗落下了残疾，加之年事已高，身体也不好。花木兰不忍心看着年迈的父亲再次走上战场。而花木兰的弟弟年龄还很小，更不能替父亲从军，即使去了也是白白送命。看到父亲愁眉苦脸的样子，花木兰突然萌生了一个想法——女扮男装替父亲从军。

要知道，在当时，女子是不允许出现在军营的。一旦被发现，就是死路一条。如果花木兰不去，那她的父亲和弟弟就难逃一死。在花木兰看来，自己穿着男装去从军，肯定不会被发现，还有可能会立功。当她把自己的真实想法告诉父母后，父亲起初坚决不同意。后来，在花木兰的说服下，父亲也意识到没有其他办法了，只好同意花木兰替自己从军。

下定决心后，花木兰就去街市买好马鞍和战袍，然后辞别了父母亲，踏上了替父从军的路程。在苍茫的夜色中，在黄河的轰鸣和战马的嘶叫中，花木兰做好了奋勇报国的准备。但是，她毕竟是一个女子，一开始上战场时，内心的确非常害怕。但是经过长期刻苦的训练，她凭借自己的聪明机智，在战场上接连打了胜仗，为朝廷立下了赫赫战功。

一转眼，十多年过去了，朝廷终于击败了入侵的敌人，花木兰胜利归来。在那场漫长的战争中，花木兰的功劳最大。皇帝在封赏有功人员时，将花木兰封为兵部尚书。可是，花木兰却再三辞谢，说："谢谢皇上的恩典，但是我不想做兵部尚书，只求皇上赐给我一匹好马，让我早日回家，和我的父母、姐弟团圆吧。"皇帝答应了花木兰的请求。

听说花木兰要回来了，她的父母亲很早就去村口迎接了。花木兰终于回家了，亲人们见面，先是抱头痛哭了一番。随后，花木兰来到自己的房里，换上了女孩穿的衣服，梳好辫子，戴上花，把自己打扮成了女孩的模样儿走出来。当她掀起门帘走出门外时，送花木兰回来的战友们看到后，都十分惊奇地说："哎呀，与我们并肩作战十多年的花木兰，竟然是一个漂亮的女孩，我们怎么就没发现呢？"

花木兰笑着解释说："你们可能不知道吧，雄兔被人拎起来的时候，两只前脚会不停地动弹，而雌兔则会眯着眼睛，所以我们能分辨出雌雄。

可是，如果两只兔子贴着地面并排跑，谁能分辨出哪一个是雄兔，哪一个是雌兔呢？”那些战友听到这番话后，对这位爱祖国、孝父母的女英雄更加敬佩了。

文化卡片

文学史上的巾帼英雄

花木兰 巾帼英雄之一，她忠孝节义，代父从军，因击败入侵民族而流芳千古。花木兰故事的流传，应归功于《木兰诗》这一乐府民歌。

穆桂英 穆桂英为穆柯寨穆羽之女，嫁杨宗保为妻，是杨门女将中的杰出人物。穆桂英中年犹挂先锋印，深入险境，大获全胜，后又挂帅平南，是中国通俗文学中典型的巾帼英雄形象。

樊梨花 她是一个敢爱敢恨、胸怀宽广的大唐奇女子，是神通广大、文武全才的兵马大元帅。她与丈夫薛丁山沙场挥戈与共、平定西北边乱的故事家喻户晓，对后世影响深远。

梁红玉 她是抗金女英雄，原为京口营妓，后结识韩世忠，以身相许。后韩世忠在楚州创立军府，当时满地荆棘，她亲自织帘为屋，鼓舞士气。

有问必答

我国古代的“乐府双璧”指的是哪两个？它们有什么共同点？“乐府”指的是什么？

汉乐府诗《孔雀东南飞》和北朝民歌《木兰诗》，合称为“乐府双璧”。

这两首诗的共同点是：它们都属于叙事长诗，具有深刻的社会意义和极高的艺术成就，被历代文人所推崇。

“乐府”指的是汉武帝设立的一个音乐机构，主要职责是训练乐工、制定乐谱、采集歌词。

国学大闯关

完成下面的成语接龙。

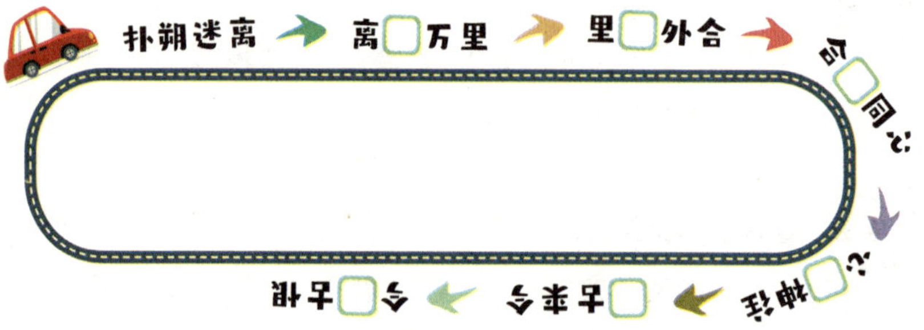

答案 离题万里；里应外合；合胆同心；心驰神往；往古来今；今愁古恨

一箭双雕

基本信息

历史事件

南北朝时期，北周武将长孙晟不仅智勇过人，而且擅长射箭。在突厥首领摄图的要求下，长孙晟拉弓射出一箭，竟然射穿了两只大雕的身体。

事件主角

长孙晟

历史坐标

南北朝时期

成语出处

《北史·长孙晟传》："尝有二雕，飞而争肉，因以箭两只与晟，请射取之。晟驰往，遇雕相攫，遂一发双贯焉。"

成语释义

原指射箭技术高超，一箭射中了两只雕；后用来比喻做一件事达到了两个目的。

成语故事

南北朝时期的长孙晟，是北周的一员武将。他是河南洛阳人士，他的曾祖父是北魏上党文宣王长孙稚，他的父亲是北周开府仪同三司长孙兕。他的儿子是唐朝开国功臣长孙无忌，女儿则是唐太宗李世民的妻子文德皇后。而长孙晟正是遗传了家族基因，不仅聪敏机智、勇武过人，有过人的军事本领，还擅长使用弹弓和射箭。他凭借自己的一身本领，在十八岁时就当上了禁卫东宫的武官。

那时候，在北周都城长安（今陕西西安）的北部，有一个游牧民族叫突厥。对于当时的北周来说，最大的威胁就是突厥。从表面上看，突厥与北周和平相处，并互派使节保持往来。实际上，两国各有异心，早就面和心不和了。

然而，他们为了炫耀各自的实力，在互派使节这件事情上总是暗自较劲。每一次，他们都精挑细选一些智勇双全的人充当使者。当时的突厥可汗叫摄图，为人十分傲慢，对于北周派来的大多数使者，他总是表现出一副蔑视的态度。久而久之，摄图的手下也以同样的态度对待北周使者。

有一年，北周的皇帝为了两国交好，决定将一位公主嫁给摄图。公主出

嫁那天，为了安全起见，皇帝便派长孙晟率领一批将士护送公主到突厥。他们一行人一路跋涉，翻山越岭，历经千辛万苦，终于来到了突厥。摄图早就听说过长孙晟是个神射手，这次看见真人前来，于是大摆酒宴招待他。酒过三巡之后，按照突厥的习惯，在席上是要比武助兴的。

摄图也想借机见识一下长孙晟的箭法，就大声说道："早就听闻长孙兄武艺非凡，箭术更是出神入化，今天能否让我们突厥人开开眼呢？"说完，摄图命人拿来一张硬弓，要长孙晟射百步以外的铜钱。长孙晟大步走上去，接过硬弓，使出浑身力气，将硬弓拉成了弯月状，只听"嗖"的一声，那支箭不偏不斜正好射进了铜钱的方孔。席上众人发出一阵喝彩声："好！真是太好了！"

从那以后，摄图开始对长孙晟刮目相看。之后，摄图竟然要求北周将长孙晟留在突厥。北周皇帝虽然心有不舍，但为了保持与突厥的关系，只好答应了摄图的请求。就这样，长孙晟留在了突厥。一转眼，一年过去了，摄图似乎完全忘了长孙晟是北周之人，只字不提让长孙晟回国之事。每次出猎时，摄图都会让长孙晟陪同。

有一天，摄图正在帐前散步，忽然看见空中有两只大雕在来回盘旋。他仔细一看，原来这两只大雕在争夺一块肉。只见它们的翅膀不断扇动，谁也不肯相让。摄图看到这一幕，立即兴致勃勃地唤来长孙晟，说："请你把这两只大雕射下来。"长孙晟从身旁的士兵手里接过箭，随即翻身上马，直奔而去。只见他慢慢地驰近大雕，之后举弓搭箭，双手随着大雕的身影转了一圈，就猛地将箭射了出去。就在这时，令人意想不到的事情发生了，那两只大雕像中了魔法似的，紧紧地挨在一起，从天空中双双掉落在地上。众人愣了片刻后，才小心翼翼地围上前去察看。待众人看清楚后，都忍不住惊呼起来："快看，一箭双雕，真不愧是神射手啊！"

文化卡片

隋朝上柱国

长孙晟 字季晟，他生性聪慧，略涉书史，擅长弹弓和射箭。隋朝建立后，他多次奉命出使突厥，凭借自己出众的谋略，提出了“远交近攻、离强合弱”之策。

韩擒虎 字子通，他身形魁梧，颇有胆略，爱好读书。隋朝开皇八年，他作为先锋将军攻打南方的陈朝，占领建康城，俘虏陈后主陈叔宝。他功勋卓著，后进封大将军，封寿光县公。

裴行俨 字守敬，他早年跟随大将张须陀，骁勇善战，有“万人敌”之称。他先是投靠了瓦岗起义军首领李密，后又投靠了王世充。王世充称帝后，封他为左辅大将军。

有问必答

突厥族的起源是什么？突厥族是如何崛起的，又是如何灭亡的呢？

突厥是我国古代一个强大的游牧民族。大约在公元6世纪中叶，突厥作为一个部落正式登上历史舞台，最早被记录于《周书》。

突厥族崛起可以追溯到南北朝时期，当时柔然与周边诸多国家发生摩擦，突厥趁机快速发展。直到隋朝，隋文帝对突厥汗国进行了分化离间，使其分裂为东突厥和西突厥。到了隋唐交替时期，东突厥起起伏伏，唐太宗一举灭亡了东突厥。到了唐高宗时期，西突厥也被灭了。

国学大闯关

以下成语都与南北朝时期的历史人物有关，请把左右两边相对应的词语连起来。

画龙点睛	花木兰
一箭双雕	江　淹
让枣推梨	张僧繇
扑朔迷离	长孙晟
江郎才尽	王　泰

答案　画龙点睛——张僧繇；一箭双雕——长孙晟；让枣推梨——王泰；扑朔迷离——花木兰；江郎才尽——江淹。

让枣推梨

基本信息

历史事件

南北朝时期，南朝梁的目录学家王泰幼年时，其祖母给孙子孙女们分发枣子和栗子，王泰却在一旁站着不争不抢。等他们拿完后，王泰才去拿他们剩下的。

事件主角

王泰

历史坐标

南北朝时期

成语出处

推梨出处

《后汉书·孔融传》："兄弟七人，融第六，幼有自然之性。年四岁时，每与诸兄共食梨，融辄引小者。大人问其故，答曰：'我小儿，法当取小者。'"

让枣出处

《南史·王泰传》："年数岁时，祖母集诸孙侄，散枣栗于床上，群儿皆竞之，泰独不取。问其故，对曰：'不取，自当得赐。'"

成语释义

原指小孩之间推让食物；后用来比喻兄弟之间谦让、友爱。

成语故事

东汉末年，有一位文学家叫孔融。他是孔子的二十世孙，有五个哥哥，一个弟弟，孔融排行老六。孔融四岁那年，父亲命人端来一盘黄澄澄的梨，让他们兄弟七人一起吃梨。父亲让孔融为哥哥、弟弟们分梨，于是，孔融先把盘中的大梨都分给了哥哥弟弟们，自己挑了一个最小的梨吃起来。

父亲感到很疑惑，就问他：“你为什么要选最小的呢？难道你喜欢吃小梨吗？”孔融回答：“因为我年纪小，就应该将大梨让给哥哥们吃啊。”父亲又继续问：“那弟弟比你小啊，为什么你给弟弟的梨也比你自己的大呢？”孔融说：“因为弟弟的年纪比我小，所以我应该把大梨让给他啊。”父亲听后，感到十分欣慰，直夸孔融是一个听话懂事的孩子。

无独有偶，在南北朝时期也发生过同样的事情，只是主角变成了王泰。王泰是琅琊临沂人，他出身名门，祖父王僧虔是南朝宋齐时期的大臣，他的父亲是东海太守王慈，他的姐姐嫁给了皇亲国戚。可以想象的是，这种家族世代为官的人，肯定有着良好的家庭教育。果不其然，王泰自幼便聪明好学，深受家里人的喜爱。

有一天，祖母把

她的所有孙子和外孙都叫到了她的房间。孩子们聚集在祖母这里，一个个用急切的眼神看着祖母，都想知道她今天的训话内容是什么。然而这一次，祖母什么也没说，迟疑了半分钟后，只见祖母神秘兮兮地从篮子里取出一些大枣和栗子，然后让人将它们都撒在了桌子上。孩子们一看是吃的，一拥而上，都想给自己多抢一些。祖母看着孩子们兴奋的样子，心里非常开心，便说："孩子们，慢点儿！慢点儿！每个人都有。"

但是，当祖母回头看时，只有王泰呆呆地站在一旁，眼看着其他孩子在那儿抢吃的。祖母感到非常纳闷儿，就抚摸着王泰的头，轻轻地问他："乖孙子，你为什么不去抢大枣和栗子呢？"只见王泰不慌不忙地回答："祖母，我看您那个篮子里还有很多的大枣和栗子呢。等他们拿够了，我拿剩下的就行。就算最后什么都没剩下，看着他们吃得开心，我也会很开心的。再说了，去争去抢，是不符合道理的。"

祖母听后十分高兴地说："我的乖孙子，你真是聪明又懂事啊。如果其他兄弟都能像你这样谦让，那我们这个大家庭一定会非常和睦友爱的。"

等王泰长大成人之后，他果然非常有出息，成为南朝梁武帝的一名得力大臣。不仅如此，王泰还是一位有名的藏书家，在当时可谓是小有名气呢！

后来，人们就把这两个典故合到一起，形成了"让枣推梨"这个成语。

文化卡片

人物简介

王泰　字仲通，琅琊临沂（今山东省临沂市）人。南朝梁时期大臣、藏书家，东晋丞相王导五世孙，太常卿王慈之子。祖父王昙首，幼有雅嗜，家有藏书甚多。叔父王俭，是南朝齐著名的目录学家。而王泰自幼敏悟好学，亲自抄写图书2000余卷。

南齐时期，王泰门荫入仕，任秘书郎，后来投靠了雍州刺史萧衍。梁武帝即位后，他先后担任秘书丞、中书侍郎、吏部尚书、都官尚书等职。后卒于任上，享年四十五岁。

有问必答

“侯景之乱”发生于什么时期？它给历史带来了什么样的影响呢？

“侯景之乱”，又称太清之难，是指在南北朝时期，由南朝梁将领侯景发动的一次武装叛乱事件。

“侯景之乱”发生于公元548年，结束于552年。这场叛乱历时四年，令无数生灵遭殃。对于我国长江流域来说，这场战乱是一次毁灭性的破坏。据统计，这场纷乱导致的死亡人数达460万人，受伤人数达580万人。“侯景之乱”，彻底摧毁了南朝数十年来苦心经营的经济文化建设。

国学大闯关

下面的成语都与水果有关，请试着在下面的方框里填上合适的汉字。

投□报□　　望□止渴　　□熟蒂落　　□田□下

□花带雨　　让□推□　　□李不言　　□花似火

答案　投桃报李；望梅止渴；瓜熟蒂落；瓜田李下；梨花带雨；让枣推梨；桃李不言；榴花似火

宁为玉碎，不为瓦全

基本信息

历史事件

南北朝时期，高洋大肆诛杀东魏元家皇室近亲。元景安为了保全性命，提议大家改姓。元景皓反驳说宁可玉碎，也不能为了保命而屈服改姓。

事件主角

元景皓

历史坐标

南北朝时期

成语出处

《北齐书·列传·卷四十一》："大丈夫宁可玉碎，不能瓦全。"

成语释义

原指宁愿做高贵的玉器被打碎，也不愿做低贱的瓦器得以保全；后用来比喻宁为正义事业而牺牲，也不苟且偷生。

成语故事

公元529年，高洋出生于渤海蓨（tiáo）县（今河北景县东）。高洋其貌不扬，沉默寡言，经常被其他兄弟嘲笑，但是他从来不反击。在私下里，高洋却又是另一副面孔，他为人公正果敢，有雄才大略。高洋如此韬光养晦，不仅很好地保护了自己，也瞒过了那些争名夺利、互相残害的臣僚。

直到公元550年，担任北朝东魏大将军的高洋才露出了真面目。他认为时机已经成熟，于是借机逼迫东魏孝静帝元善见禅让皇位。之后，高洋正式登基称帝，建立了北齐王朝，国号为“大齐”。公元551年，高洋为了不留下后患，他又把孝静帝和他的三个儿子杀死了。他自认为彻底扫清了所有的障碍，所以心安理得地当起了皇帝。

有一年，天空突然出现了日食现象。高洋认为，这是一个不祥之兆，心里顿时害怕起来。在古代，人们对一些异常的自然现象十分重视。如果发生日食、地震之类的事情，人们就会认为这是一种不吉利的征兆，就会竭力采取一些补救措施。一直以来，高洋的内心都是不安的，毕竟他的皇位来得名不正、言不顺。他总是担心有一天别人会从他手上把皇位夺走。到那时候，他就没有任何退路可走了。

想到这里，高洋连夜召来大臣元韶商议事情，高洋问他：“为什么以前王莽夺取了汉朝的天下，后来又被光武帝刘秀夺了回去呢？”元韶一时不知该如何作答，情急之下，元韶解释说：“陛下，臣以为这是王莽没能把刘家子孙后代斩尽杀绝的原因。”正是元韶的这一句话，让高洋茅塞顿开。

次日早晨，高洋便大开杀戒，将东魏元家皇室近亲共计七百多人全部杀死。很快，高洋滥杀无辜的消息就传了出去，剩下的元氏远房宗族都十分恐慌。他们立刻聚集在一起商量对策，其中有个叫元景安的县令出主意说：“当务之急是保住大家的性命，我们不如一起奏请陛下，将咱们的元姓改为高姓吧！”大多数人都叹息道：“想要保住性命，恐怕也只能如此了。”

正在这时，元景安的堂兄元景皓站了出来，他是个很有骨气的人，自然十分反对改姓。他提高嗓音对周围的人说：“你们怎么可以为了活命，说出如此卖祖求荣、弃宗改姓的话来呢？男子汉大丈夫，宁可像高贵的玉器一样被打碎，也不能够为了保全性命而去做低贱的瓦器。我宁愿保持气节而死，也不愿意为了活命而忍受如此大的屈辱！”

元景皓的话音刚落，其他人就开始站队了。有的人支持元景安的建议，也有的人支持元景皓的说法。可是没过多久，元景安等人为了能够活命，竟然在高洋面前出卖了元景皓。高洋听后大发雷霆，立即下令派人抓捕元景皓，并将他处以极刑。

从那以后，高洋更是嗜酒如命，而且残忍嗜杀，使得北齐上下陷入了一片混乱，政权也开始摇摇欲坠。就在元景皓死后的三个月，高洋突然驾崩。十八年后，北齐正式宣告灭亡。

文化卡片

人物简介

高洋

高洋字子进，渤海郡蓨县（今河北省景县东）人。他凭借门荫入仕，拜散骑常侍、骠骑大将军等职，历任左仆射、尚书令等要职，受到其兄高澄的重用。高澄遇刺身亡后，高洋借机执掌朝政。武定八年（550年），高洋逼迫东魏孝静帝禅位，登基称帝，国号“大齐”，史称北齐。

高洋执政初期，励精图治，重用杨愔等人才，严禁贪污；修筑北齐长城四千里，屡次击败柔然、突厥、契丹。由于他颇有圣主气概，后被突厥可汗称为“英雄天子”。

高洋执政后期，以功业自矜，纵欲酗酒，残暴滥杀，赏罚无度。最终因饮酒过度而暴毙，享年三十岁。

有问必答

“宁为玉碎，不为瓦全”是什么意思？其中的“玉”指什么？“瓦”又指什么？此成语带给人们什么启示？

“宁为玉碎，不为瓦全”比喻宁愿为正义而死，也不苟且偷生。

玉的硬度虽然不是很高，但韧度在天然玉石中居于首位。所以，玉宁折断而不弯曲，体现出坚贞不屈的精神；瓦是用泥土捏制的，人们可以随意去改变泥坯的形状，此处比喻一种趋炎附势的懦弱心态，与玉形成鲜明的对比。

孟子曰：“舍生取义。”大丈夫要有所为，也要有所不为。如果为了生存而放弃自己的人格，就不会得到应有的尊重。这就告诉人们，无论何时都要坚守自己的品格，做一个有气节的人。

国学大闯关

在古代，有很多用来形容正义的成语。你知道的有多少个呢？请试着连一连。

正义凛然	指刚强正直，不阿谀逢迎，无偏私。
不徇私情	指正义坚定不移，不以权术为主，敢于捍卫正义，坚决维护公正。
舍生取义	指为了崇高的事业而就义。
正义屹立	指为了正义事业而牺牲生命。
刚正不阿	指胸怀正义而神态庄严，令人敬畏。
成仁取义	比喻为人公正，秉公处世。

答案 正义凛然——指胸怀正义而神态庄严，令人敬畏。不徇私情——比喻为人公正，秉公处世。舍生取义——指为了正义事业而牺牲生命。正义屹立——指正义坚定不移，不以权术为主，敢于捍卫正义，坚决维护公正。刚正不阿——指刚强正直，不阿谀逢迎，无偏私。成仁取义——指为了崇高的事业而就义。

建安文学

建安是东汉献帝的年号。这一时期，以曹操父子为代表的诗人，他们以所见所闻及亲身经历，写出了不少内容充实、风格苍凉而又富有生气的诗赋，这些作品史称“建安文学”。文学史上所称的“三曹”指的就是曹操、曹丕、曹植。

吴国八绝

三国时期，吴国八位擅长艺术的名士，时人称为“吴国八绝”。有善绘画的曹不兴、善相面的郑妪、善候风气的吴范、善占卜的赵达、善弈的严武、善占梦的宋寿、善书法的皇象、观星象的刘惇。

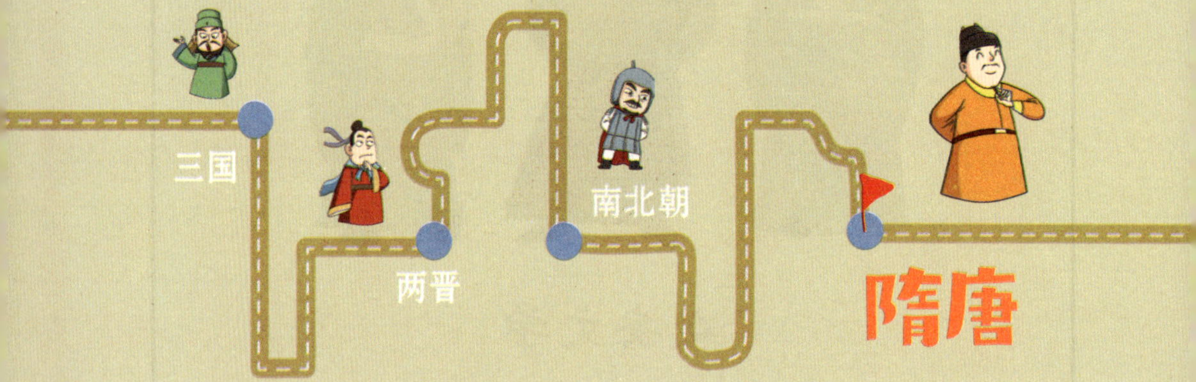

隋唐

一衣带水

基本信息

历史事件

隋朝时期，隋文帝为了统一中国，命杨广率军南下，一举攻破建康，活捉了陈后主，与隋朝一衣带水的陈朝就此宣告灭亡。

事件主角

杨坚

历史坐标

隋朝时期

成语出处

《南史·陈本纪下》："隋文帝谓仆射高颎（jiǒng）曰：'我为百姓父母，岂可限一衣带水不拯之乎？'"

成语释义

原指像衣带那样窄的河流；后用来形容虽有江河湖海相隔，但仍像隔一衣带，泛指地域相近。

成语故事

公元 581 年，杨坚废黜了年仅八岁的周静帝宇文阐，自己坐上了皇帝的宝座，是为隋文帝，定国号为隋。

隋朝建立后，为了统一中国，隋文帝励精图治，在北方实行了一系列富国强兵的政策。短短几年的时间，隋朝的国力一天天壮大起来。此时，隋文帝的主要对手是西梁和陈朝。公元587年，西梁被灭，陈朝便成了隋文帝最大的敌人。这时候，隋文帝准备越过长江，灭掉陈朝，以完成统一大业。

而此时的陈朝由陈后主陈叔宝当政。他自即位以来，既不忧虑内政，也不防备外患，终日溺于酒色，不理朝政，对老百姓更是横征暴敛，牢狱里住满了被他抓来的犯人。当他听闻隋朝虎视眈眈，正准备越过长江攻打他时，陈后主并不慌张，他认为自己手里有一张王牌，那就是长江。浩浩长江在他眼里可以说是个天险，易守难攻。他坚信，隋军根本打不过来，便没把隋军放在心上，依旧整日饮酒作乐。

有一天，隋文帝向仆射高颎询问灭陈的计策，高颎回答说："陛下，对于如何攻打南陈我思考了许久。我发现了一个问题，长江以南的庄稼比长江以北的庄稼成熟得早，我们可以在他们收获的季节扬言出兵，到时候，他们一定会放弃收获庄稼，屯兵防守。等他们做好应战的准备时，我们就坚持不出兵。这样反复几次后，他们便会相信我们肯定不会出兵。等他们毫无准备的时候，我们再突然出兵南下，便可以打他们一个措手不及。"隋文帝连连点头，表示同意高颎的建议。

高颎又继续说道："另外，长江以南的粮食并不像我们北方那样囤积在地窖中，他们通常会把粮食囤积在茅竹修建的仓库中。所以，我们可以悄悄派人放火烧毁仓库。如果连着烧几年，陈朝的财力大大削弱，灭掉它也就容易很多了。"高颎的话音刚落，隋文帝就拍手叫好，隋文帝说："你说得很有道理，正好我朝士兵也需要恢复元气，养精蓄锐。就按照你说的

办吧。”

经过七年韬光养晦，公元 588 年冬季，隋文帝正式下令南下灭陈。出发之前，他对高颎说：“我身为老百姓的衣食父母，却眼睁睁地看着江南的百姓受苦，我怎么能因为隔了一条衣带那么宽的长江就不去拯救那里的老百姓呢？”

次年，隋文帝志在必得，他任命自己的儿子杨广为元帅，率领五十万大军南下，向陈朝的都城建康发起了猛烈的进攻。很快，他们就攻破了建康，俘虏了陈后主，灭掉了陈朝。

文化卡片

隋朝君主

隋文帝杨坚 隋朝开国皇帝。公元581年，杨坚即位称帝，改元“开皇”。隋文帝在位的二十三年间，在政治、经济等制度方面进行大改革，政绩十分卓著。

隋炀帝杨广 本名杨英，隋朝第二位皇帝。公元604年，杨广正式即位。隋炀帝在位期间，迁都洛阳，修建隋朝大运河，滥用民力，引发天下大乱，导致隋朝崩溃覆亡。

隋恭帝杨侑 隋朝第三位皇帝。隋恭帝自幼聪明，气度非凡。公元617年，唐国公李渊攻入长安，拥立杨侑为帝，年号“义宁”。他即位的第二年，被迫将皇位禅让给李渊。

傀儡皇帝杨浩 隋朝第四位皇帝，隋文帝杨坚之孙。公元618年，宇文化及发动江都之变，拥立杨浩为帝。他即位后，宇文化及为丞相，总揽朝政，后被其废黜并毒杀。

隋末代皇帝杨侗 字仁谨，隋朝末代皇帝，隋炀帝杨广的孙子。公元618年，隋炀帝遇害后，杨侗在洛阳即位，年号“皇泰”。公元619年，他被王世充杀害。

有问必答

陈朝是由谁建立的？到了南北朝时期，陈朝又是由谁来执政？究竟是什么导致陈朝灭亡的？

陈朝最初是由陈霸先创建的，在陈朝建立之初就已出现了南朝转弱、北朝转强的局面。到了南北朝末期，陈朝便由陈后主陈叔宝执政。

导致陈朝灭亡的根本原因是：无论是在国土、人口还是经济、军事方面，陈朝与隋朝的实力相差悬殊，根本没有抵挡之力。另一个原因是自从陈叔宝继位后，他荒废朝政，沉迷于酒色，整日醉心于诗文和音乐之间，从而导致陈朝的国力日渐衰落，直至彻底灭亡。

国学大闯关

根据“一衣带水”中的“水”做一个以“水”开头，并以“掌”结束的成语接龙。

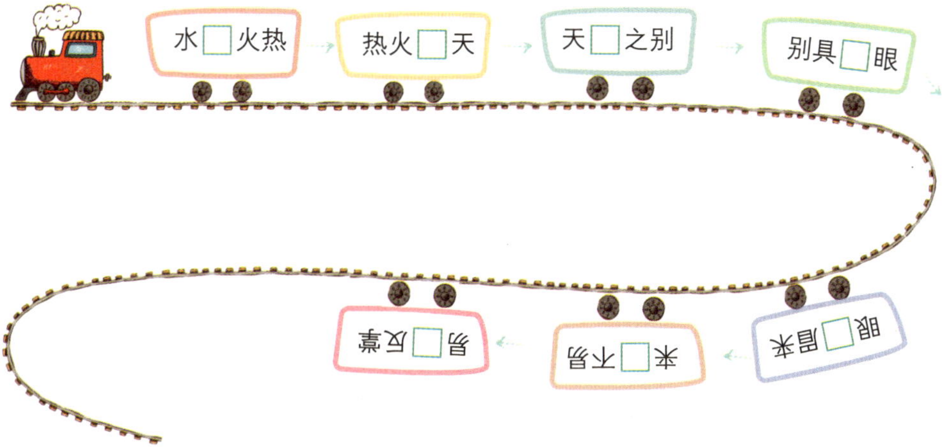

答案 水深火热；热火朝天；天壤之别；别具慧眼；眼去眉来；来之不易；易如反掌

铁杵磨针

基本信息

历史事件

幼年时的李白不喜欢读书，总是逃学。有一天，他跑到山下去玩，无意中看见一个老婆婆正将一根铁棒磨成绣花针。李白受到激励，决心苦读，最终成为一名大诗人。

事件主角

李白

历史坐标

唐朝时期

成语出处

《方舆胜览》：过是溪，逢老媪方磨铁杵，问之，曰："欲作针。"

成语释义

比喻只要长期努力不懈，肯下功夫，再难的事情也能够取得成功。

成语故事

唐朝时期有一位伟大的诗人名叫李白，幼时随父迁居绵州昌隆（今四川江油）青莲乡。幼年时的李白十分贪玩，对读书一点儿兴趣都没有。他的父亲为了让他成才，就把他送到学堂去读书。可是，那些经史图书不仅深奥而且难懂，这让本就不爱学习的李白更加厌恶读书了。在学堂中，李白总是静不下心来，一心只想着溜出去玩耍。为此，他总是遭到母亲的训斥。

有一天，李白又找借口离开学堂，独自跑去逛街。他在街上东遛遛、西看看，不知不觉竟然走到了城外。一路上，李白享受着暖和的阳光，听着小鸟欢快的叫声，看着路边随风摇摆的花草，他禁不住感叹道："这么好的天气，如果整天待在屋里读书，那多没意思啊！"于是，李白跑啊跑，最后跑到了一条小河边。

李白站在河边四处张望，看看附近有没有什么更好玩的地方。忽然，李白看见了一位白发苍苍的老婆婆，她正蹲在小河边的一块磨石旁，一下一下地磨着一根铁棍。李白十分好奇，径直来到老婆婆身边，关切地问道："老婆婆，您手里拿着一根铁棍在这里做什么呢？"

"我要把它磨成一根绣花针。"老婆婆听到声音后，连忙抬起头看了一

眼李白，又冲着他笑了笑。随后，老婆婆又低下头继续磨那根铁棍。

“您说什么？磨成绣花针？”李白听了老婆婆的话难以置信，又继续追问：“您说的是缝衣服用的那种绣花针吗？”

“当然了！”老婆婆提高嗓音回答道。

“可是，您要用这么粗的铁棍磨成一根细细的绣花针，这要到什么时候才能磨成啊？”李白脱口而出。

老婆婆停下手，一本正经地对李白说：“孩子，这根铁棍虽然很粗，但是也禁不住我天天打磨它呀。俗话说得好，滴水可穿石，愚公能移山，铁棍为什么就不能磨成一根绣花针呢？”

此时的李白似乎才有点儿理解老婆婆的言外之意了，便说：“可是，您的年纪都这么大了。”

“只要我下的功夫比别人深，就没有做不到的事情。”老婆婆说。

听到老婆婆的这番话后，李白顿时感到十分惭愧。他心想：“是呀，做事只要有恒心，不怕困难，每天坚持不懈，再难的事都能够做好。读书不也是同样的道理吗？”想到这里，李白告别了老婆婆，立即转身跑回了学堂。从那以后，李白再也没有逃过学。他每天都在刻苦地读书，历代诗词歌赋、诸子百家，只要他看见就会去读。很快，李白就取得了一些成就。

李白二十多岁时，他就已经颇有作为了。为了增长自己的见识，李白便到各地游历。在此期间，李白不仅去过长安、洛阳、金陵、江都等许多大城，还游览过

洞庭、庐山、会稽等许多名山胜地。正是由于李白见识广博，才智过人，没过多久，他就在诗歌写作上有了杰出的成就。后来，李白被后世称为“诗仙”，与“诗圣”杜甫并称“李杜”。

文化卡片

酒中八仙

一仙贺知章 知章骑马似乘船，眼花落井水底眠。

二仙汝阳王 汝阳三斗始朝天，道逢曲车口流涎，恨不移封向酒泉。

三仙李适之 左相日兴费万钱，饮如长鲸吸百川，衔杯乐圣称避贤。

四仙崔宗之 宗之潇洒美少年，举觞白眼望青天，皎如玉树临风前。

五仙苏晋 苏晋长斋绣佛前，醉中往往爱逃禅。

六仙李白 李白一斗诗百篇，长安市上酒家眠。天子呼来不上船，自称臣是酒中仙。

七仙张旭 张旭三杯草圣传，脱帽露顶王公前，挥毫落纸如云烟。

八仙焦遂 焦遂五斗方卓然，高谈雄辩惊四筵。

有问必答

“铁杵磨针”的主人公是谁？此成语给人们带来了哪些启示？

“铁杵磨针”的主人公是李白。“铁杵磨针”给人们带来两层启示：第一，凡事贵在坚持，毕竟一分耕耘一分收获。只要做到坚持不懈，即使是铁杵也终能磨成针。第二，不要盲目地坚持并付出，要学会结合实际情况，在探索发展时要不断地反思并改善策略。

国学大闯关

以下都是一些与李白有关的成语，请试着补全这些成语并读一读。

青（ ）竹马	别有（ ）天	桃花（ ）水	一（ ）千里	（ ）而不答
白（ ）千丈	（ ）马之交	落（ ）屋梁	（ ）尺量才	铁（ ）磨针

答案 青梅竹马；别有洞天；桃花潭水；一泻千里；笑而不答；白发千丈；竹马之交；落月屋梁；玉尺量才；铁杵磨针

走马观花

基本信息

历史事件

唐朝诗人孟郊年轻时隐居嵩山，过着清贫闲淡的生活。在母亲的鼓励下，他数次进京赶考都没中，直到46岁才考中进士，为抒发愉悦的心情写下《登科后》。

事件主角

孟郊

历史坐标

唐朝时期

成语出处

《登科后》："春风得意马蹄疾，一日看尽长安花。"

成语释义

原指骑在奔跑的马上看花，形容事情如意，心境愉快；后用来比喻匆忙、粗略地观察事物。

成语故事

孟郊是唐朝时期的一位大诗人。他的祖先世居洛阳（今河南洛阳），所以少时的他一直隐居在嵩山。后来，他与贾岛齐名，人称"郊寒岛瘦"。

由于孟郊出生在一个贫苦的家庭，为了改变这种窘境，孟郊自小就勤奋好学，周围的人都认定他日后会有一番作为。然而，他的运气实在太差，满腹才华的他却在仕途上走得十分艰难。他从青年到壮年，多次参加进士考试都落了第。

在那个时期，大多数有才华的书生都会想方设法结交权贵。他们会用自己的文章和才华，来获取权贵们的赏识，然后依靠权贵去举荐他们。就连唐朝浪漫主义诗人李白也是如此，他就是由玉真公主举荐后才被召入京，供奉翰林。在当时，貌似只有孟郊一人与其他文人雅士不同。

孟郊生性耿直，生活穷困潦倒，有时候甚至连自己的家人都养不起。为此，孟郊也没少遭受妻子的嫌弃和埋怨。即便如此，孟郊依然不为所动，他一直坚持自己的原则，不肯走权贵之门这条路。他一直相信：只要自己刻苦攻读，终有一日，他会用真才实学叩开属于自己的仕途之门。

公元 791 年，四十一岁的孟郊在故乡湖州举乡贡进士。孟郊总算有机会可以去京城参加进士考试。他满怀信心地进京参加考试，但是他依然没能考中。后来，孟郊又连续参加了好几次考试，都未能考中。

直到公元797年，当时的孟郊已经四十六岁了。在这七年里，孟郊没有一天放弃读书。这一年，他又赴京参加了一次进士考试。可喜可贺的是，这一次孟郊终于中了进士。他钻研学问几十年，在走上仕途的路上可谓历尽艰辛。果然，功夫不负有心人，孟郊也算如自己所愿，实现了一直以来的当官梦。

听到自己中了进士的消息后，孟郊一时间难以相信。于是，他亲自来到大街上看张贴在墙上的榜单。当他看到自己的名字出现在榜单上时，心里别提多高兴了。他飞速地跑回家去，特意换上一件新衣服，扎上礼带红花，骑着高头大马，真是威风凛凛啊！此时的孟郊，终于可以放飞心情，在长安城里尽情地游览了。美丽的京城景色使他赞叹，高中进士的喜悦又使他万分得意。于是，孟郊一时兴起，提笔写下了这首著名的《登科后》：

昔日龌龊不足夸，今朝旷荡思无涯。

春风得意马蹄疾，一日看尽长安花。

这首诗的意思是说，过去那种穷困窘迫的生活和思想上的局促不安，实在是没有什么值得夸耀的。如今我高中进士，郁结的闷气风吹云散，心中有说不尽的畅快，此时的我真想拥抱一下大自然；我满心愉快地骑着马儿奔驰在春花烂漫的长安道上，今日的马蹄似乎格外轻盈，不知不觉早已把长安城内所有的繁花都看完了。这就是走马观花的故事。

文化卡片

韩孟诗派的代表作家

韩　愈　字退之，唐朝时期官员、文学家。韩愈自幼攻读六经百家之书，曾出任宰相裴度的行军司马，参与讨平“淮西之乱”，后人尊称他为“唐宋八大家”之首。

孟　郊　字东野，唐代著名诗人。他少时隐居嵩山，四十六岁才中进士。因其诗作多写世态炎凉，民间苦难，故有“诗囚”之称，与贾岛并称“郊寒岛瘦”。

李　贺　字长吉，唐朝时期浪漫主义诗人。他醉心于诗歌创作，与李白、李商隐并称为“唐代三李”。他的诗作想象丰富，被后人称为“鬼才”“诗鬼”。

卢　仝　唐代诗人，“初唐四杰”卢照邻之孙。早年隐居少室山茶仙泉，后迁居洛阳。他刻苦读书，博览经史，工诗精文，不愿仕进，被后世尊称为“茶仙”。

马　异　唐代才子，他少时与皇甫湜是同学，性高疏，词调怪涩。马异和卢仝诗风相近，有《唐才子传》传世。

刘　叉　唐代诗人，他以“任气”著称，喜评论时人。他的名声在卢仝、孟郊二人之上，后因不满韩愈为人写墓志铭，取走韩愈所得的酬金而去，不知所终。

有问必答

“走马观花”与“下马观花”只有一个字的区别，但在出处、含义方面却有着很大不同。请试着说说它们在用法上还需要注意什么？

“走马观花”出自唐朝孟郊的《登科后》，原形容事情如意，心境愉快，后多指大略地观察一下；“下马观花”出自《在鲁迅艺术学院的讲话》，比喻停下来，深入实际，认真调查研究。

在用法上，它们二者需要注意两个方面：其一，如果人们在搞调查研究时“走马观花”，就不可能了解到真实情况，更不可能把事情办好。其二，如果将“走马观花”变为“下马观花”，情况又会有所不同。因为“下马观花”能够切实深入实际，更容易了解事物的本质。

国学大闯关

以下成语都与隋唐时期的历史人物有关，请把左右两边相对应的词语连起来。

走马观花	李林甫
罄竹难书	曹　霸
司空见惯	来俊臣
别开生面	刘禹锡
口蜜腹剑	孟　郊
请君入瓮	李　密

答案 走马观花——孟郊；罄竹难书——李密；司空见惯——刘禹锡；别开生面——曹霸；口蜜腹剑——李林甫；请君入瓮——来俊臣。

请君入瓮

基本信息

历史事件

唐朝时期，有人密告武则天说周兴企图谋反，武则天派来俊臣去查办。来俊臣借喝酒之机，询问周兴对付囚犯之法。周兴说用大瓮烧火，来俊臣便用此法让周兴招供。

事件主角

来俊臣

历史坐标

唐朝时期

成语出处

《朝野佥载·周兴》："唐秋官侍郎与来俊臣对推事。俊臣别奉进止鞫兴，兴不之知也。及同食，谓兴曰："囚多不肯承，若为作法？"兴曰："甚易也。取大瓮，以炭四面炙之，令囚人处之其中，何事不吐？"即索大瓮，以火围之，起谓兴曰："有内状勘老兄，请兄入此瓮。"兴惶恐叩头，咸即款伏。

成语释义

比喻用某人整治别人的办法来整治他自己。即以其人之法，还治其人之身。

成语故事

武则天成为历史上第一位女皇帝，为了进一步巩固统治，清除异己，镇压那些不支持她的人，她任用了一大批手段残酷的官员。在当时，这些人被称为酷吏，他们为了达到目的，会不择手段地折磨一些反对他们的官员。其中有两个人的手段最为狠毒，一个名叫周兴，另一个叫来俊臣。他们二人利用诬陷、控告和惨无人道的刑罚，先后杀害了很多正直的文武官吏和平民百姓。

有一天，武则天无意间收到了一封告密信，这封信的大概内容是告发周兴与人联络企图谋反。武则天看过信后勃然大怒，立即责令来俊臣去严查此事。来俊臣得知信中的内容后，心里不断地犯嘀咕：周兴这个人向来狡猾奸诈，现在仅凭一封告密信，肯定是无法让他主动认罪的。如果查不出个结果，我就是有负皇命，到时候我也担待不起呀！

来俊臣回到家后，急得在屋里团团转。他和周兴平日里关系还不错。如今他被人告发，我该怎么办呢？来俊臣在屋里苦苦思索了一整天，终于想出了一条妙计。他先是命人准备了一桌丰盛的酒席，然后又将周兴请到了自己府中。他们二人你劝我喝，一边喝酒，一边聊天。酒过三巡后，来俊臣突然长叹了一口气，说："周大人，平日里我在办案时，总是会遇到一些抵死不认罪的囚犯，我拿他们实在是一点儿办法都没有。不知你有什么好的计策，能够指点我一番呢？"

提及周兴这个人，他平时最会折磨人了，他折磨人时采用的手段层出不穷。他自认为与来俊臣无话不谈，对来俊臣也毫无防备之心。于是，他先是端起酒杯抿了一口美酒，然后扬扬得意地说："来大人，这事儿你问我真是问对人了。我有一个绝妙的招数，一直没机会使用。只要你学会了这一招，保准那些囚犯会主动认罪。"来俊臣听后，立刻装出一副恳切的样子，说："周大人，快给我说说，我也向你学习一下。"

周兴听后，先是"嘿嘿"一笑，随后将嘴巴凑到来俊臣耳边，说："你先找一口大瓮，然后在它四周燃起炭火。等到瓮被烤得滚烫时，再将囚犯扔进瓮里。这样一来，还有哪个犯人不肯招供呢？"来俊臣听后，恍然大悟。于是，他立刻命人搬来一口大瓮，并按照周兴所说的办法，在瓮的四周点上炭火。随后，来俊臣回头对周兴说："昨日宫中有人密告你企图谋反，皇帝特意命我严查此事。现在，就请周大人自己钻进瓮里吧。"

还没等来俊臣把话说完，周兴的酒就已经醒了一大半。他当即面色惨白，冷汗淋漓，手里握着的酒杯也在这时"啪哒"一声掉在了地上。周兴"扑通"一声跪在地上，连连磕头说："我有罪，我有罪，我这就招供。"

文化卡片

武则天的四大酷吏

来俊臣 由于他是无赖出身，特别善于告密，这才深得武则天信任，成为武则天手下的第一酷吏。他受宠期间贪赃枉法，横行无忌，援朋结党。最后因陷害武则天的亲信而被武则天下令处死。

周　兴 进士及第，精通律法，但仕途不顺。直到唐高宗去世后，他因积极迎合武则天的政治需求，得到了武则天的信任。由于他滥杀无辜，受人告发谋反，被来俊臣用“请君入瓮”之计制服，坐罪流放岭南，途中被杀。

万国俊 专管刑事，是武则天的四大酷吏之一。武则天统治初期，万国俊负责教学工作，主要就是训练酷吏。他通过一系列手段控制朝堂大臣。公元691年，他摄左台监察御史，常与来俊臣共同治狱。

索元礼 他是唐朝时期的胡人，善于钻营。武则天称帝后，他把自己掌握的秘密全部告知武则天，并因此受到了赏识。武则天任命他为游击将军，专门负责办案。由于他编织罪证的功力十分了得，制造出了极为严重的恐怖气氛。为了平民愤，武则天将他逮捕治罪。

有问必答

“请君入瓮”中“请”的是谁？“瓮”是什么意思？这一成语告诉人们一个什么道理呢？

被请入瓮的人是武则天时期的酷吏周兴，请周兴入瓮的人则是周兴的义兄来俊臣。

“瓮”是指一种方便盛装东西的陶器，在这个成语中比喻的是以其人之法，还治其人之身。

“请君入瓮”很好地诠释了因果关系。毕竟种什么因，就会得什么果。无论在任何场合，都需要做到谨言慎行，管住自己的嘴巴。

国学大闯关

看看谁能够在最短的时间内挑出下列成语中的错别字，并写在后面的方框里。

不寒而粟□	乘人之危□	盘根挫节□	饮甄止渴□
凿壁偷光□	锦囊妙计□	曲突徒薪□	暗度陈苍□

答案 粟→栗；挫→错；甄→鸩；徒→徙；苍→仓

颐指气使

基本信息

历史事件

唐朝时期，朱温杀了宰相崔胤，强迫唐昭宗迁都洛阳，又派李振前去洛阳监视。李振仗着朱温的权势，趾高气扬，总是用盛气凌人的态度去指使别人，很多人敢怒不敢言。

事件主角

朱温

历史坐标

唐朝时期

成语出处

《追封李逊母崔氏博陵郡太君制》："今逊等有地千里，有禄万钟，颐指气使，无不随顺。"

成语释义

原指不说话，只是用面部表情来示意；后用来形容有权势者指挥别人时显露出的傲慢态度。

成语故事

公元 852 年的一个夜晚，朱温出生在宋州砀山（今安徽砀山东）。他的父亲是学者，祖父是教书先生，虽然他们从未在朝中当过一天官，但是社会地位却很高。朱温还有两个哥哥，他在家中排行老三。后来，由于父亲去世得早，他们兄弟三人只好跟着母亲王氏住进了萧县刘崇家。

等朱温长大成人后，他不愿意跟着哥哥们从事生产，而总是以英雄豪杰自许。乡里人都不看好他。公元 877 年，朱温终于有机会当英雄了，他参加了黄巢领导的农民起义军，并先后攻陷了洛阳、长安等地，大大动摇了唐王朝的统治地位。就这样，他一路逆袭，开始变得野心勃勃。

公元 882 年，朱温推知黄巢起义军必将失败，于是归附唐军王重荣、杨复光部，与李克用等人联合镇压黄巢军。唐僖宗念在他镇压黄巢军有

功，就给他赐名“全忠”，希望他一直忠诚。次年七月，唐朝廷任朱温为汴州刺史、宣武军节度使。那一年，朱温刚刚三十二岁。

公元900年，宦官刘季述等人幽禁唐昭宗，立太子李裕为帝。在这关键时刻，朱温的手下李振给他提出建议：联络宰相崔胤共谋大事。崔胤很快答应，随后调兵冲进宫杀了刘季述，恢复了唐昭宗的帝位，朱温因护驾有功被封为梁王，从此更加信任李振。没过多久，李振又建议朱温杀死崔胤。朱温对李振的所有建议都一一听从，于是又将宰相崔胤和他的亲信杀死，任用裴枢、柳璨等人担任宰相。

公元904年，朱温强迫唐昭宗、百官和长安百姓迁往洛阳。唐昭宗到了洛阳后，朱温依然不放心，再三思索后，决定派李振到洛阳去监视唐昭宗和朝廷百官的动静。自那以后，李振便仗着朱温的权势，每天都趾高气扬，目中无人。面对朝中百官，他总是一副盛气凌人的样子，看谁不顺眼，便时不时训斥一番。很多人敢怒不敢言。

朱温的野心越来越大。公元904年，朱温派人杀死了唐昭宗，另立李柷（chù）为帝，史称唐哀帝。宰相柳璨趁机列了一张名单，说名单上的这批人平日里成朋结党，制造是非，都该杀死。李振也认为唐朝之所以破败，都是因为这些人总是干一些违法乱纪的事情。于是，李振建议朱温将这些人都杀死。结果三十多名朝官被扣上浮薄的罪名，全被投入黄河淹死。

公元907年，在朱温的逼迫下，唐哀帝将帝位禅让给了朱温。朱温正式即皇帝位，更名为朱晃，改元“开平”，国号“梁”，史称“后梁”，朱温则为“后梁太祖”。李振也因有功被封为户部尚书，从此变得更加趾高气扬了。十七年后，后梁便被后唐所灭，李振也被满门抄斩。

文化卡片

个人简介

崔胤 字垂休，清河武城（今河北省故城县）人。他是尚书右仆射崔从之孙，工部侍郎崔慎由之子。

公元875年，崔胤进士及第，累历御史中丞。公元893年，正式官拜宰相。后来与朱温结交，想要依靠朱温除掉宦官。由于朱温先后四次官拜宰相，所以当时的人们称他为“崔四人”。

公元901年，崔胤致书朱温，请求出兵迎驾。等唐昭宗回到长安后，崔胤劝朱温尽杀宦官。自判六军十二卫事，他便筹谋另建禁军，此举引起了朱温的怨恨。公元904年，崔胤被朱温杀死，享年五十一岁。

有问必答

朱温是如何成为后梁的开国皇帝的？下面我们来了解一下后梁开国皇帝朱温的奋斗历程，并试着分析一下他成功的原因吧。

第一，跟随黄巢起家，继而投靠唐朝。唐朝末年，黄巢起义，勇武有力的朱温得到黄巢的赏识，并被委以重任。后来朱温认清局势，转而投靠了唐朝。

第二，第一大割据势力的成长过程。生性狡猾的朱温依靠非凡的军事能力和政治能力，在唐朝打拼出了自己的一片天地。

第三，代唐建梁。雄心勃勃的朱温不再甘心屈服于唐朝之下，最后逼迫唐哀帝禅位，他自己称帝，建都洛阳，由此达到了人生的顶峰。

朱温之所以能够取得成功，就是因为在乱世之中，他为了达到自己的目的不择手段。他先后背叛了黄巢和唐朝。为了能够在战乱中实现个人野心，朱温只能凭借自己的实力，一步步成为一代枭雄。

国学大闯关

将“颐”作为入口处，“来”作为出口处，沿着横向或纵向的路线，分别组成四字成语，完成下面的迷宫，并试着连起来。

→颐	指	气	使	耸
层	月	东	心	即
录	者	文	别	乌
昂	轩	宇	气	龙
然	自	得	心	应
←	来	擒	到	手

答案 颐指气使心别气宇轩昂然自得心应手到擒来。

千载难逢

基本信息

历史事件

唐代著名的文学家、诗人韩愈以自己的聪明才智，令唐宪宗龙颜大悦，不仅命他担任吏部侍郎一职，还让他主持千载难逢的封禅大典。

事件主角

韩愈

历史坐标

唐朝时期

成语出处

《南齐书·庾杲之传·临终上表》：臣以凡庸，谬徼（侥）昌运，奖擢之厚，千载难逢。

成语释义

原意是一千年也难碰到一次；后用来比喻机会非常难得。

成语故事

唐代著名的文学家、诗人韩愈，他的祖辈都曾在朝或在地方为官，他的父亲韩仲卿时任秘书郎。在韩愈三岁的时候，他的父亲便去世了。于是，年幼的韩愈只好跟着自己的兄嫂生活。在嫂子的精心照料下，韩愈一天天长大。

韩愈从小便刻苦自学，从来不需要哥嫂在耳边督促。因此，年纪轻轻的韩愈就已经攻读六经百家之书，为日后成为大文豪打下了基础。到了 35 岁时，韩愈便只身一个人离开宣城，来到京城投奔自己的族兄韩弇，希望得到河中节度使浑瑊的推荐，但是毫无收获。无奈之下，韩愈只好暂时返回家乡。

等到韩愈取得乡贡资格后，他再次前往长安。第二年，韩愈便在长安落第，生活无所依靠。在一次偶然的机会中，韩愈终于得以拜见北平郡王马燧。在马燧的帮助下，韩愈才有了参加科举的机会。但是他参加了三次科举考试，都落榜了。即便如此，韩愈依然没有放弃，又参加了第四次进士考试，这一次终于登进士第。

公元 796 年，韩愈在宣武节度使董晋的推荐下，得以试任秘书省校书郎，并出任宣武节度使观察推官。就这样过了六年，韩愈有幸担任国子监博

士，后又被提升为刑部侍郎。他在朝中担任大官之时，因皇帝推崇，佛教盛行。当唐宪宗听说有一所寺院里安放着一块佛祖释迦牟尼的遗骨时，便立即命人将它小心翼翼地迎进宫中进行礼拜。

作为儒家学者的韩愈认为佛教过于迷信，与传统的儒家价值观不符。于是，韩愈特意写了《谏迎佛骨表》，在表中，韩愈对迎接佛骨的行为提出了强烈的批评和反对。唐宪宗看了此表后恼羞成怒，他认为韩愈不只是故意与自己作对，也是在用历史来诅咒自己活不久。为此，唐宪宗决定处死韩愈。幸好有当朝宰相为韩愈说情，唐宪宗这才改为贬职，将韩愈贬到潮州任刺史。

到了唐朝中期，中央统治权力日益削弱，唐宪宗实行了一系列改革，不仅纠正了前朝的一些弊端，还巩固了中央政权的统治地位。对于唐宪宗的此举，被贬到潮州多年的韩愈特意给唐宪宗写了一篇《潮州刺史谢上表》，在这封表中，韩愈歌颂了唐宪宗，赞誉他是盘古开天地以来的一位最英明的君主，百姓的生活才会如此安定。

正是这篇《潮州刺史谢上表》，才让韩愈重新获得了唐宪宗的信任。原来，韩愈在表中不仅恭维唐宪宗扭转乾坤的中兴之主，还建议唐宪宗到泰山举行“封禅”大典。在古代，封禅是帝王为祭拜天地而举行的活动，历史上那些贤能的帝王，比如秦始皇和汉武帝等人都举行过这种大典。韩愈这种隐约的建议，实际上就是把唐宪宗与那些有杰出贡献的帝王相提并论了，这才使得唐宪宗龙颜大悦。

韩愈还在这道表中表示，如果天子能举行这样的封禅大典，一定要让他也参加这场盛典。他认为，如果他不能参加这个千载难逢的盛会，肯定会终身遗憾。唐宪宗看到韩愈的表白后，心中十分高兴，以为这个曾经不通人情的臣子终于被他的仁德之心所打动。

于是，唐宪宗便立即将韩愈调回京都，让他任吏部侍郎一职，主管此次封禅大典。就这样，韩愈以自己的聪明才智终于得以再次回到皇帝身边效力，这才免去了身居荒山的凄凉之苦。

文化卡片

唐宋八大家

韩　愈　唐代杰出的文学家、政治家。他曾参与讨平“淮西之乱”，后又因谏迎佛骨被贬至潮州。

柳宗元　唐代文学家，世称“柳河东”。他一生的作品达600余篇，代表诗词是《江雪》。

欧阳修　北宋时期的政治家、史学家、诗人。他自幼喜爱读书，代表诗词是《蝶恋花·庭院深深深几许》。

苏　轼　北宋著名散文家、书画家、词人、诗人。他是豪放词派的代表。

苏　洵　北宋文学家，与其子苏轼、苏辙合称“三苏”。他长于散文，有《嘉祐集》传世。

苏　辙　因反对王安石变法，出为河南推官。哲宗时期，他被封为秘书省校书郎。

王安石　北宋著名的政治家、思想家、文学家、改革家。

曾　巩　北宋政治家、散文家。他学问精深、勤政为民，注重教育，建立书院，是集才华与能力于一身的才子。

有问必答

从字面来看，“千载难逢”与“千载一时”只有两个字的区别，但从具体的含义来看，它们二者却有不同之处。请说说它们各自的侧重点在哪里？

虽然“千载难逢”与“千载一时”都用来形容机会极其难得，但它们在本质上有一些区别：“千载难逢”着重于“难逢”二字，指的是（机会）极难遇到；“千载一时”则着重于“一时”二字，指的是（时机）稍纵即逝。

国学大闯关

以“千”开头，在下面的方框中分别填入一个字，使它横竖都能组成一个成语，写完后再认真读一读吧。

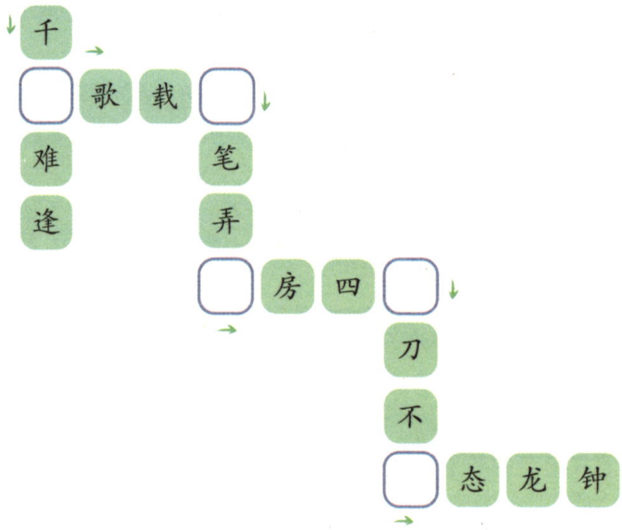

答案 千载难逢；载歌载舞；舞笔弄文；文房四宝；宝刀不老；老态龙钟

中国史 成语串起

南宋—清朝

安中玉　林雅萍　张宇静　著

哈尔滨出版社
HARBIN PUBLISHING HOUSE

图书在版编目（CIP）数据

成语串起中国史. 南宋—清朝 / 安中玉，林雅萍，
张宇静著. -- 哈尔滨 : 哈尔滨出版社，2024. 12.
ISBN 978-7-5484-8343-4

Ⅰ. H136.31-49；K209

中国国家版本馆CIP数据核字第2024NE2477号

书　　名：成语串起中国史. 南宋—清朝
CHENGYU CHUANQI ZHONGGUOSHI.NANSONG—QINGCHAO

作　　者：安中玉　林雅萍　张宇静　著
责任编辑：李金秋
装帧设计：李东杰

出版发行：哈尔滨出版社（Harbin Publishing House）
社　　址：哈尔滨市香坊区泰山路82-9号　　邮编：150090
经　　销：全国新华书店
印　　刷：德富泰（唐山）印务有限公司
网　　址：www.hrbcbs.com
E-mail：hrbcbs@yeah.net
编辑版权热线：（0451）87900271　87900272
销售热线：（0451）87900202　87900203

开　　本：787mm×1092mm　1/16　印张：48　字数：634千字
版　　次：2024年12月第1版
印　　次：2024年12月第1次印刷
书　　号：ISBN 978-7-5484-8343-4
定　　价：168.00元（全6册）

目录

南宋

元朝

南宋
元朝
明朝
清朝

气壮山河

基本信息

历史事件

北宋末年，面对金国军队来势汹汹的入侵，宋钦宗选择向金国求和，而主战派的赵鼎坚决反对，却无力改变北宋灭亡的结局。后来，赵构建立了南宋王朝，他听信了秦桧的谗言，将主张抗金的赵鼎一贬再贬。后来赵鼎在临终之前写下了“身骑箕尾归天上，气作山河壮本朝”这句话。

事件主角

赵鼎

历史坐标

南宋初年

成语出处

《孔补阙集市》：“族高辰象，气壮山河，神作铜钩，天开金印。”

成语释义

形容气势如高山大河般雄壮豪迈。

成语故事

赵鼎是解州闻喜县人，他四岁的时候，父亲就去世了，母亲一个人抚养他长大成人。赵鼎二十一岁的时候，参加科举考试，考中进士。后来，受当时的宰相吴敏赏识，他被提拔为开封府士曹。

公元1125年冬，金国大举入侵北宋，金军一路南下，到第二年秋天，金国的军队就已经占领了太原。宋钦宗得知后，非常惶恐，于是召集大臣商议对策。此时，大臣们持有两种观点：一种主张割地赔款，向金国求和；另一种主张与金兵抗争到底，而赵鼎就是持这种观点。当时他说："祖宗留下来的国土，怎么能拱手让给别人呢？"

那时的宋钦宗软弱无能，胆小怕事，他害怕金军攻进都城，所以他赞

同向金军求和。然而，金军看到北宋朝廷软弱无能，便要求北宋朝廷把黄河以北的土地都割给金国，宋钦宗答应了。本以为这样就可以让金军退兵了，但金军并没有收手，而是进一步南下，北宋国都汴京被占领。大量的金银珠宝被金军掠夺一空，宋徽宗、宋钦宗父子二人，以及北宋无数王公大臣、皇亲贵戚全都被金兵俘虏，带到了金国，至此，北宋灭亡。

后来，赵构登基为帝，建立南宋。一开始，他尚有进取之心，选用了很多北宋主战派的大臣辅助治理国家，而赵鼎就是其中之一。但是到了赵构统治的后期，他只想偏安一隅，并不打算与金国对抗下去，所以就开始重用主和派的大臣，比如秦桧。而秦桧为了讨赵构的欢心，就极力劝赵构与金国讲和。这遭到了诸如赵鼎等主战派人士的坚决反对。这为后来秦桧陷害赵鼎埋下了伏笔。

当秦桧掌握了实权之后，他开始计划报复赵鼎。为此，他在皇帝的面前诬陷赵鼎，赵构就把赵鼎外放到了朱崖。朱崖这个地方生活条件艰苦，秦桧认为赵鼎于此可能活不了太久，所以就命人每月向他汇报赵鼎的情况。赵鼎虽已外放朱崖，但此时的秦桧还是不肯放过赵鼎，赵鼎再一次被贬，到了吉阳，生活过得更加艰苦。赵鼎六十二岁的时候，他生了一场重病，自知命不久矣，他便对身边的儿子说："秦桧非要置我于死地不可。如果我不死的话，他可能会对你们下手。如果我死了，他就不会难为你们了。"之后，他命人在纸上写下"身骑箕尾归天上，气作山河壮本朝"这句话，不久就离开了人世。

文化卡片

体现豪迈气概的古诗词

黄沙百战穿金甲，不破楼兰终不还。

——《从军行七首·其四》

风萧萧兮易水寒，壮士一去兮不复还。

——《易水歌》

会挽雕弓如满月，西北望，射天狼。

——《江城子·密州出猎》

人生自古谁无死，留取丹心照汗青。

——《过零丁洋》

金瓯已缺总须补，为国牺牲敢惜身！

——《鹧鸪天·祖国沉沦感不禁》

生当作人杰，死亦为鬼雄。

——《夏日绝句》

有问必答

岳飞诗句中的“靖康耻”指的是什么?

“靖康耻”指的是历史上著名的“靖康之耻”，也叫作“靖康之乱”“靖康之变”。它发生在北宋靖康二年（公元 1127 年），金国攻下北宋的都城汴京，俘虏了宋徽宗和宋钦宗两位皇帝，还抢夺了汴京城里的金银财宝。但是仍拥有大片土地的皇帝却向金国投降，同时还同意割让太原、中山与河间三镇，这也直接导致了北宋王朝的灭亡。

而当时的金国皇帝为了防止宋徽宗和宋钦宗逃跑，便把他们都迁到了非常偏僻的五国城（今黑龙江省依兰县）。宋徽宗于南宋绍兴五年（公元 1135 年）死于五国城。宋徽宗去世以后，宋钦宗又艰难地度过了二十多年。后来，在一次马球比赛中，宋钦宗不慎落马，被马活活踩死。

国学大闯关

在下面的空格内分别填入一个字，使横竖四个字都能组成一个成语，然后再读一读吧！

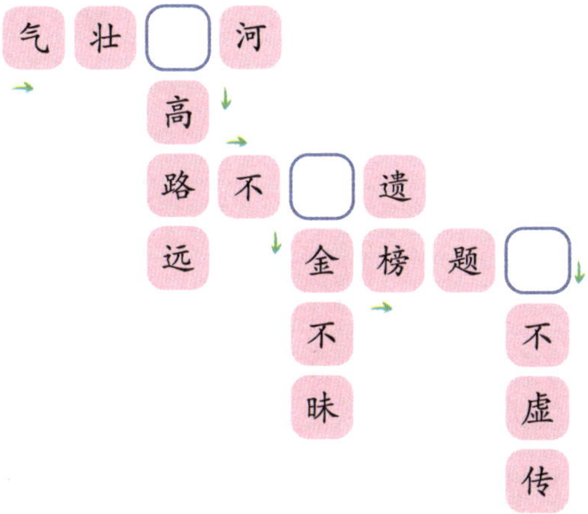

答案 气壮山河；山高路远；路不拾遗；拾金不昧；金榜题名；名不虚传。

大材小用

基本信息

历史事件

辛弃疾是南宋伟大的爱国词人，他一生都在为收复故土而努力奋斗。辛弃疾在江西上饶的带湖隐居的时候，与陆游成了忘年交。宋宁宗召辛弃疾到临安商议征讨金国的事宜，陆游在辛弃疾临走的时候，写了一首诗赠送给辛弃疾，以此来鼓励他。

事件主角

辛弃疾

历史坐标

南宋时期

成语出处

《送辛幼安殿撰造朝》：“大材小用古所叹，管仲萧何实流亚。”

成语释义

原意是大器物摊派小用场，指使用不当。常用来比喻人才使用不恰当，从而导致人才的浪费。

成语故事

辛弃疾是南宋时期著名的爱国词人。他生活在一个动荡不安的时代。当时朝廷腐败无能，由东北的女真贵族建立的金国派兵大举南下，占领了北方大片领土。他出生在被金兵占领的山东，参加了抗金义军，站到了抗金最前线。后来，他来到南方，留在南宋的朝廷中，曾担任湖北、湖南、江西和福建等地的转运使、安抚使等职。此外，他还写了很多充满激情的爱国诗词，表达了他热爱国家，希望国家统一的思想感情。

由于他主张抗金，所以与朝廷的投降派产生了巨大的矛盾，因此他在仕途上总是受到排挤和打压。他曾两次被罢官，前前后后在江西上饶带湖旁过了长达十八年的隐居生活。

公元1203年，在韩侂胄的提拔下，当时已经六十四岁高龄的辛弃疾做了绍兴知府兼浙东安抚使。此时近八十岁的爱国诗人陆游恰巧住在绍兴的鉴湖旁边，辛弃疾经常去拜访这位朋友，一起谈论国家大事。他们相见恨晚，都具有强烈的爱国情感。第二年的春天，宋宁宗赵扩突然要求辛弃疾到临安，商议征讨金国的对策。临行的时候，辛弃疾将这件事告诉了陆游，陆

游认为这是一个向朝廷展现抗金抱负的时机，他还特地写了一首诗送给辛弃疾，诗中说："大材小用古所叹，管仲萧何实流亚。"他认为辛弃疾具备管仲、萧何一样的才能，鼓励他发挥自己的才能，早日收复中原，不应该为自己曾经受过排挤而记恨别人。

读了这首诗之后，辛弃疾深受感动，备受鼓舞。辛弃疾到了临安，便找到韩侂胄，提出许多积极的建议。可是，韩侂胄只想利用辛弃疾的名气，对他提出的建议根本不感兴趣。辛弃疾再次受到冷遇，被安排到镇江府当知府。即便是这样，他也没有灰心，而是积极做着北伐的准备。他命人制作了一万件军装，招募一万名士兵，全力打造一支精锐的军队准备抗金。他还经常派部下去打探金国军队人员的数量、屯戍地点和将帅姓名等情报，目的是知己知彼。但是，韩侂胄重用的是一些溜须拍马的纨绔子弟，他们成天吃喝玩乐，对抗金北伐根本不感兴趣。

结果，韩侂胄没有听从辛弃疾关于加强兵力、待机应变等的再三劝告，公元1206年进行的北伐，南宋被金兵轻而易举地打败了。辛弃疾听到消息以后，感到非常伤心。此时的他已经被罢黜了职位，回到老家养老了。由于韩侂胄领导的北伐失败了，就想请辛弃疾给他收拾这个烂摊子，而辛弃疾患有重病，已经不能再领兵出战了。不久之后，辛弃疾在忧愤中去世了。

文化卡片

辛弃疾著名的诗句

众里寻他千百度。蓦然回首，那人却在，灯火阑珊处。

——《青玉案·元夕》

独倚危楼，不信人间别有愁。

——《丑奴儿·此生自断天休问》

满堂唯有烛花红，杯且从容，歌且从容。

——《一剪梅·中秋无月》

着意寻春懒便回，何如信步两三杯。

——《鹧鸪天·鹅湖归病起作》

却将万字平戎策，换得东家种树书。

——《鹧鸪天·有客慨然谈功名因追念少年时事戏作》

千古江山，英雄无觅孙仲谋处。

——《永遇乐·京口北固亭怀古》

有问必答

辛弃疾是哪个派别的词人，人们怎么称呼他？

辛弃疾是我国南宋时期豪放派的词人，人称“词中之龙”，他与苏轼合称为“苏辛”，与李清照合称为“济南二安”，他的诗词代表着南宋豪放派的最高水平。他的词选材广泛，视野广阔，恢宏沉雄，气势豪放。他经常化用典故，抒发他渴望恢复国家统一的感情以及壮志难酬的悲哀。他还有一些赞美祖国大好河山的诗词。

正是由于他作为一个从北方地区过来的南归人，长期与主和派相抗争，在政治上不断受到打击和排挤，常常感到悲愤及壮志难酬，因此他的诗词中也含有悲壮沉郁的色彩。他是一个从战斗中成长的英雄，有着远大的抱负，与那些表现儿女情长的婉约派词人的风格截然不同。

国学大闯关

下列成语中都含有一对反义词，请动用你的知识储备将空白补充完整。

□此□彼	继□开□	□曲□工	□仰□合
□材□用	□应□合	□里逃□	□倒□歪

答案 厚此薄彼；继往开来；异曲同工；前仰后合；大材小用；里应外合；死里逃生；东倒西歪。

纷至沓来

基本信息

历史事件

王刚中是南宋的名臣，由于金军大举入侵，战事频繁，使得不断到来的各种各样的文书很多，但他并没有慌乱，而是将这些文书按照轻重缓急的程度进行分类，以便更加高效地汇报工作。

事件主角

王刚中

历史坐标

南宋时期

成语出处

《答何叔京》："则虽事物纷至而沓来，岂足以乱吾之知思。"

成语释义

形容纷纷到来，连续不断地到来。用来指人或事物。

成语故事

王刚中是南宋著名的大臣。他小的时候酷爱读书，特别喜欢读一些古代忠臣的故事，他非常佩服书中所赞颂的人对国家的忠诚，从故事中受益良多。绍兴十五年进京应考，他在集英殿上殿试的时候，向宋高宗提出革除时弊的对策，深得宋高宗赞赏，称他是“练达故事者”，因此他被点为进士第二名（也称榜眼）。入仕后不久，金、宋就交兵了，面对朝廷内主战、主和两派严重对立的局面，他主战，认为朝廷应坚决抗金，收复中原。

入仕后的前十年，王刚中受秦桧的排挤，一直在洪州（今南昌市）任儒学教授。秦桧死后，他先后任秘书省校书郎、著作佐郎、中书舍人，很得宋高宗认可，被重用。当时四川缺大吏，宋高宗以为“无以逾王刚中矣”，于是就任命王刚中龙图阁待制兼知成都府、制置四川。当时，以勇猛闻名的吴璘为南宋西部诸军统帅，他手下的姚仲和王彦等人个个称霸一方，只有王刚中以身作则，严厉执法，严明军纪。因此王刚中手下的将领们都很佩服他。此外，王刚中还帮助当地的老百姓疏通河道，灌溉良田，老百姓都称他是优秀的父母官。

绍兴末年，金国君主完颜亮违背盟约，集结了四十万的兵马，向南宋进军，金兵进犯大散关。由于战事频繁，各种文书纷至沓来。每天早上，他都从容不迫地把文件按照轻重缓急进行分类，加以妥善处理。他曾亲自督战，单骑夜驰两百里，来到吴璘的军营之中，发现吴璘正在睡大觉，就非常生气，命人将吴璘唤醒，大声说：“让你当统兵大将军，是让你抵挡金人进攻的，不是让你在这里睡大觉的！”吴璘听后非常惭愧。之后，二人默契配合。先是救援黄牛堡，然后又夹击金兵，大败金兵，先后收回了几个州县。当军中的将领商量着如何向朝廷表功时，他自己却不居功自傲，回到了成都。他对前来请命的人说：“这些胜利都是指挥作战的将领们的功劳，关我

什么事呢？不用再往下说了。”这些人听后感叹：“他这种不居功自傲的品质，真是常人不能比的！”

这一时期，他率军民兴修水利，修葺府学，使蜀中经济、文化得到了较大的发展。等到孝宗即位后，召他为左朝奉大夫。王刚中离开成都时，蜀中的老百姓排着长长的队伍恋恋不舍地为王刚中送行，有送至数百里而还者。王刚中后历任礼部尚书，直学士院兼给事中，端明殿学士、同知枢密院事。

王刚中为官清廉，力主抗金，反对和议，曾向皇帝奏明“开屯田，省浮费，选将帅，汰冗兵”四项建议，尽忠职守。升任宰相以后，更是为国家之事殚精竭虑，尽其所为。

文化卡片

南宋四大名臣

南宋四大名臣分别是李纲、赵鼎、李光、胡铨，他们是主战派的代表人物，与秦桧的主和派是对立的。他们在被贬之后，写了许多的诗词来表达对朝廷安危的担忧以及对生活在水深火热之中的老百姓的同情。不仅如此，这些诗词也表达了他们顽强的斗争精神。清王鹏运编选了《南宋四名臣词集》，将他们表现抗金精神的作品结集成册，以传后世。

李纲 字伯纪，号梁溪先生，是南宋初的抗金将领。写下了许多著名的爱国诗篇，如“拥精兵十万，横行沙漠，奉迎天表”“叱群议，赖寇公力挽，亲行天讨”等诗句。

赵鼎 字元镇，自号得全居士，南宋的政治家、词人。赵鼎擅长文、诗和词，他曾遭到秦桧的打压和排挤。他死前的一句“身骑箕尾归天上，气作山河壮本朝”，令人感动。

李光 字泰发，号转物老人，因主战而遭到秦桧的打压，秦桧死后，官复左朝奉大夫一职。

胡铨 字邦衡，号澹庵， 南宋政治家、文学家。他因上书反对秦桧主和而被贬至昭州。代表作品有《好事近 · 富贵本无心》。

有问必答

完颜亮是如何登上皇位的？

完颜亮是金太祖完颜阿骨打的孙子。根据女真族的传统，他们的皇位是不传儿子的。因此，金太祖死后，其皇位传给了弟弟金太宗完颜晟。而完颜晟死后，他的皇位也没有传给自己的儿子，而是又回到了金太祖这一脉，也就是完颜亶。当时，完颜亶继位时，年纪很小，所以金国的大小事务都需要询问他的叔叔们，如完颜宗弼、完颜宗干、完颜宗辅等。在老一辈人去世以后，他才开始主持朝政。由于压抑了很长时间，他的心理已经变得非常扭曲，常常滥杀无辜，就连皇后都没放过。因此，大家都盼着他快点死。时任平章政事的完颜亮便在一个夜晚带着刀杀入了完颜亶的后宫，就这样，完颜亶被杀死，完颜亮登上了皇位。

国学大闯关

下面的四个成语中，有三个与“纷至沓来”的意思相近，请你将意思不同的一项找出来。

A. 络绎不绝　　B. 源源不断

C. 熙来攘往　　D. 门庭冷落

答案　D。

柳暗花明

基本信息

历史事件

南宋的爱国诗人陆游，生于两宋之交，从小就目睹了国破家亡的景象，他立志慷慨报国，把收复国土当作人生第一要旨。他入仕以后，受到别人的陷害，被贬官，回到了自己的家乡山阴。他除了借读书来排解郁闷，还拄着拐杖去爬山。有一次，他在爬山的时候，受到了启发，便写下了“山重水复疑无路，柳暗花明又一村”著名诗句。

事件主角

陆游

历史坐标

南宋时期

成语出处

《游山西村》：“山重水复疑无路，柳暗花明又一村。”

成语释义

比喻曲折艰辛之后，绝处逢生。多指由逆境转变为充满希望的顺境。

成语故事

著名的爱国诗人陆游生活在北宋和南宋交替之际，当时外族入侵，战火纷飞。北宋皇室的人仓皇逃到了临安，建立了南宋。少年时期的陆游已经显示出了自己的才华，十二岁被荫封为登仕郎，二十八岁进京考试，获得了第一名，但因为比秦桧之孙高了一头，便被秦桧忌恨，从此开始了他坎坷的仕途之路。

机缘巧合下，陆游认识了南宋名臣张浚。陆游献策北伐，颇受张浚赏识。隔年却被人以“鼓唱是非，力说张浚用兵”的理由被朝廷罢官，贬为平民。

陆游报国无门，万般无奈之下，只好取道隆兴回到故乡山阴（今浙江绍兴）。在那里他一待就是三年。陆游回忆过往种种，本来胸怀天下，打算一展才华，却遭到罢黜，内心苦闷不堪，这种滋味相当不好受。于是，他整天把自己关在书房里读书，而且一读就读到深夜。即便是这样，他也感受不到任何快乐，因为他的心时刻牵挂着国家的命运和老百姓的安康。只有在与当地淳朴村民的交往中，他才能暂时忘却烦恼，变得开心起来。就这样，一年的时间过去了，陆游渐渐从低落的情绪中走了出来。到了第二年四月的一天清晨，陆游被村民打鼓吹箫的声音给吵醒，他推窗一看，才发现这是当地人在迎接春社（祭祀土地神）的日子。他从这热闹的气氛中感受到了快乐。他认为这是一个出游的好时机，应该到野外去走走。陆游决定独自一人到二十里外的西山去游览。

于是，他拄着拐杖出发了。可令他没想到的是，登山其实不是一件容易的事，要翻过几个小山头才能到达西山。一路上，鸟语花香，陆游的情绪也很高。而远处的西山始终可望而不可即。走着走着，路上的人也变少了。当他来到一处斜坡的时候，放眼望去，山重水复，前面似乎已经没有路了。而此时的陆游又沿着这个山坡向上走了几步，转过一个小山角，发现不远处有一个小村庄在绿树的掩映下格外美丽，就好像陶渊明笔下的“桃花源”。于是陆游决定去那个小村庄看看。来到小村庄后，衣着朴素、纯真善良的村民们用自己酿的酒招待了他。

这次愉快的西山之行，让陆游排解了壮志难酬的烦闷心情，他对自己被贬的事实有了更加深刻的认识。特别是当他行走在茫茫的山中时，走过一重又一重的山，看似走到尽头的时候，他巧妙地拐了一个弯，然后发现了别有洞天的世界。西山之行带给他很多启发，让他的心胸逐渐开阔。陆游在这个小村庄中度过了人生中非常愉快的时光。等他回到家后，发现自己对这次西山之行的印象特别深刻，于是就作了一首《游山西村》。其中“山重水复疑无路，柳暗花明又一村”这句话成了经典。从此，“柳暗花明”这个从诗中提炼出来的成语便传开了。

文化卡片

陆游的经典诗词

王师北定中原日，家祭无忘告乃翁。

——《示儿》

楼船夜雪瓜洲渡，铁马秋风大散关。

——《书愤五首·其一》

零落成泥碾作尘，只有香如故。

——《卜算子·咏梅》

山重水复疑无路，柳暗花明又一村。

——《游山西村》

纸上得来终觉浅，绝知此事要躬行。

——《冬夜读书示子聿》

夜阑卧听风吹雨，铁马冰河入梦来。

——《十一月四日风雨大作》

有问必答

跨朝代的人如何判定他所属的朝代？

古人生活的年代有可能跨越两个朝代，甚至还有跨越三个朝代的，对于这样的历史人物，我们一般以在哪个朝代生活的时间多作为判断他属于哪个朝代的主要根据，同时也必须考虑历史人物本身所服务的政权及所生活的地区。比如，辛弃疾本人在金人控制的地方出生、成长，但他为南宋的政权服务，所以人们并没有把他归为金朝人。

有时也根据人死亡的时间及其政治归属来判定他所属的朝代。比如，关羽和张飞在政治立场相同的情况下，关羽死于汉献帝未退位之前，因而他归于汉朝，而张飞死于汉献帝退位之后，那时已经是三国鼎立的时期了，所以他属于三国时期。文天祥死的时候南宋已经灭亡了，但由于他自始至终都没有投降元朝，因此他还是南宋时期的人。

因此，我们在判断一个历史人物属于哪一朝代时，要综合考虑各种因素，不能根据一个原则来判断。

国学大闯关

在下面的空格内分别填入一个字，使横竖四个字都能组成一个成语，然后再读一读吧！

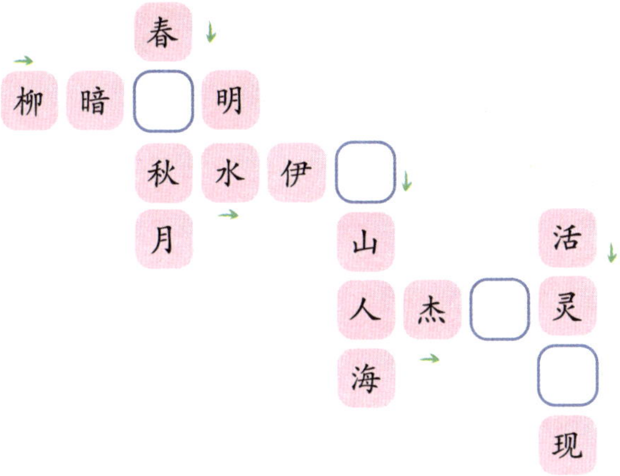

答案 柳暗花明；春花秋月；秋水伊人；人山人海；人杰地灵；活灵活现。

巾帼英雄

基本信息

历史事件

南宋抗金女英雄梁红玉，在黄天荡之战中，表现出色，三次击鼓代表不同的命令，彰显了她独特的军事指挥才能。她和丈夫韩世忠的配合更是天衣无缝，打得金军大败而归，毫无还手之力。而梁红玉通过这场战争也获得了“巾帼英雄”的美誉。

事件主角

梁红玉

历史坐标

南宋时期

成语出处

《魏氏春秋》：“亮既屡遣使交书，又致巾帼妇人之饰，以怒宣王。”

成语释义

指女性英雄。

成语故事

梁红玉是南宋著名的抗金女英雄。她从小就与众不同，喜欢练习武艺，后来，她嫁给了著名的民族英雄韩世忠，婚后，他们夫妻二人屡次立下战功。

当时恰逢威州刺史刘正彦叛乱，宋高宗因此被囚禁，梁红玉获得了当时太后的支持，与丈夫韩世忠合力平定了叛乱。丈夫韩世忠因功被封为武胜军节度使，梁红玉的骁勇善战也在这时为人所知。

令梁红玉美名远扬的故事就是著名的黄天荡之战。公元1129年10月，金军第三次南下，攻破建康，军队直逼临安。在金军掠夺金银财宝往北方返回的途中，韩世忠和梁红玉收到了完颜宗弼的战书，面对敌众我寡的形势，他们想出了一个好办法，那就是设下埋伏御敌。

公元1130年初，完颜宗弼带领金国的军队渡江北撤。韩世忠站在楼船的城楼上远远望去，只见江面上的船非常密集，而且横冲直撞，肆无忌惮。而此时的梁红玉正站在山顶上望着江面，她拿起鼓槌一阵击打，韩世忠率领的船队顷刻间从芦苇荡冲了出来，准备交战。

等到梁红玉第二次擂鼓的时候，韩世忠带领他的军队假装失败逃跑，船队跑到芦苇荡里，隐藏起踪迹，这时的完颜宗弼认为眼前南宋的军队和之前遇到的一样，将士都是胆小如鼠之辈，不堪一击。于是就到芦苇荡里去寻找逃兵，正巧掉进了南宋军队的埋伏圈。这时，梁红玉看时机已经成熟，再一次敲响了战鼓。南宋的士兵听到了鼓声，一股脑地从芦苇荡中冲了出来，他们有的用斧子凿金军的船，有的用火炮炮击金军的士兵，有的则直接跳上金军的战船与敌人展开了厮杀，金军被打得溃不成军，仓皇撤退，一直逃到黄天荡一带。

韩世忠带领军队追到了这里。他们包围了这一地区，使得十万金兵无处可逃。于是，完颜宗弼只得用之前一路掠夺来的金银财宝来换取逃生的机会。他派出很多士兵去打探消息，看看有没有什么小路能逃出去。经过探查，他发现西边有一条河道能通到江边，但这条河道已经淤堵多年。于是，他命人不分昼夜地挖河道，最终逃出了包围圈，向建康方向逃去。

梁红玉经此一战也被大家称为“巾帼英雄”。梁红玉还专门训练了一队女兵，在战场上亦屡立奇功，实乃“巾帼不让须眉，红颜更胜儿郎”。

文化卡片

我国历史上的巾帼英雄

我国从古至今的巾帼英雄数不胜数，下面简单给大家介绍几位。

妇好是中国历史上有据可查的第一位女英雄，本是商王武丁的王后。她亲自率军出征，东征西讨，打败了商朝周边几十个国家。她还擅长占卜，武丁很喜欢她。她去世后追谥曰“辛”。

冼夫人，又称冼太、岭南圣母，她出生于梁，死于隋，身历三朝。她顺应当地百姓的要求，努力维护国家的统一和民族的团结，为广东南部地区社会和经济发展做出了杰出的贡献。新中国成立后，她被周恩来总理誉为“中国巾帼英雄第一人”。

平阳公主，唐高祖李渊的三女儿，李渊起兵之时作为女儿身的平阳公主以最快的速度响应其父，组建军队，由她本人挂帅，凭借超人的胆识和军事才能多次击败隋军，后来又率军驻守娘子关，守住了咽喉之地山西。

有问必答

同为南宋军队的大将军，韩世忠和岳飞相比，谁更厉害呢?

第一，从手下士兵的人数来看，韩世忠不如岳飞。绍兴五年（公元 1135 年），岳飞统率的士兵人数已经有十多万，而韩世忠当时统率的士兵人数只有区区三万人，战斗力远不如岳家军厉害。

第二，岳飞比韩世忠更有名。岳飞出身于民间，与老百姓更加亲近，更容易得到老百姓的拥护和爱戴，而韩世忠很早就投身于军队，离老百姓的日常生活较远。岳飞最后被“莫须有”的罪名害死，使得人们对他更加同情和怜悯。

第三，坚决抗金的态度，韩世忠比岳飞更坚定，更强烈。韩世忠曾多次公开指责秦桧，岳飞没有这样做过。并且在刚开始的时候，秦桧第一个针对的是韩世忠，并不是岳飞，从这一点上来看，韩世忠立场更分明。

第四，就人品来说，岳飞一生正直无私，对待士兵如同自己的亲兄弟一样。而韩世忠却有些贪财，比如在向上级汇报军队的人数时，他多报三万人，为的就是能多拿一些军饷。

所以，从各方面分析来看，他们两个放在一起比较的话，看不出谁更厉害，只能说各有千秋。

国学大闯关

请动用你的知识储备，将下列成语与它相对应的人物连起来。

马革裹尸	韩　信
替父从军	项　羽
背水一战	诸葛亮
破釜沉舟	马　援
草船借箭	花木兰

答案　马革裹尸——马援；替父从军——花木兰；背水一战——韩信；破釜沉舟——项羽；草船借箭——诸葛亮。

莫须有

基本信息

历史事件

主和的秦桧与主战的岳飞有很深的矛盾，秦桧想尽一切办法欲除掉岳飞。于是，他和妻子王氏在家里的东窗下想到了利用岳飞的手下王贵来诬陷岳飞的办法。随后，宋高宗听信秦桧的谗言，将岳飞以“莫须有”的罪名杀死。

事件主角

秦桧、岳飞、韩世忠

历史坐标

南宋时期

成语出处

《宋史·岳飞传》：“狱之将上也，韩世忠不平，诣桧，诘其实。桧曰：‘飞子云与张宪书虽不明，其事体莫须有。’”

成语释义

指恐怕有、或许有的意思，指根据的污蔑、不实之词 。

成语故事

秦桧是南宋的大奸臣，主和派的代表人物。他心狠手辣，权倾朝野，谁敢反对他，他就对谁下手。他对付的人，轻则被逮捕入狱，重则被杀头处死。

当时的南宋朝廷内部分为两派，一派主战，一派主和。北方的金兀术（即完颜宗弼）大举进攻南宋，占领了南宋不少土地。在这危急关头，岳飞亲自披挂上阵，率领岳家军顽强抵抗金兵。甚至有一次还差点活捉了金兀术。而主和的秦桧抓住宋高宗懦弱胆小、优柔寡断的特点，竭力说明议和的好处。

宋高宗最终同意与金人议和，可是朝中好多人都反对。岳飞也多次上

书，力主抵抗金兵。秦桧就把岳飞视作了“眼中钉”“肉中刺”，认为他是与金人议和道路上最大的障碍，一心想要除掉他。可是岳飞的威望很高，手中又掌握着兵权，除掉他可不是一件容易的事。这天，秦桧正坐在东窗下为除掉岳飞一事犯难，冥思苦想，愁眉不展。他的夫人王氏走了过来，向他问明原因，秦桧就把想除掉岳飞这件事告诉了王氏。王氏随手从袖子中取出一个柑橘，掰成了两半，将一半给了秦桧，说：“这个柑橘一掰就分开了，这有什么难的？你难道没有听说过‘放虎容易擒虎难’这句话吗？你可以找几个罪名随便安在岳飞头上不就行了。”接着秦桧说：“罪名还好找，难找的是站出来告发岳飞的人，而这个人必须是岳飞的部下，这样才能让天下人信服。”王氏想了想，说：“我听说岳飞手下有一个叫王贵的人。他在一次战斗中胆小怕死，岳飞要将他斩首示众，军中许多人都给他求情，岳飞才没让他死。他心里肯定记恨岳飞。”秦桧听了不禁大喜，称赞道：“还是夫人高见。”

秦桧派人找到王贵，让王贵诬告岳飞“谋反”，一开始王贵并不愿意。秦桧动用严刑拷打他，并以杀死他全家相威胁，无奈之下，王贵只能听从秦桧的话，于是，秦桧编造了“莫须有”的罪名强加在岳飞身上。

同样是抗金名将的韩世忠听说这件事，非常不服气，就去找秦桧，质问他到底有没有岳飞谋反的证据。秦桧说：“岳飞的儿子岳云与张宪通信谋反的事虽然不能确认，但是这事也许是有的（即“莫须有”）。”韩世忠愤怒地说：“就凭‘莫须有’三个字，怎么能让天下人信服呢？

文化卡片

南宋的三大奸臣

南宋在不到二百年的历史中，国家大部分时间都被这三大奸臣把持着。

秦　桧　担任宰相时，与同朝的岳飞产生了不可调和的矛盾，最后诬陷岳飞，致其死亡。他常利用自己手中的职权在朝中打压异己，他贪污受贿，败坏社会风气，残害忠良，破坏社会稳定，臭名昭著。

韩侂胄　他“崇岳贬秦”，主动为岳飞平反，并且力主北伐。后逼迫宋光宗退位，拥立宋宁宗继位。并且通过排除异己的方式使得自己深得宋宁宗的信任。后北伐失败，被刺客杀害。

史弥远　对有着知遇之恩的韩侂胄并没有丝毫的感激，在韩侂胄死后，史弥远执掌了朝政大权，恢复了秦桧的爵位和谥号，并且主张向金人乞和，后期，他又粉饰太平，把自己说成是一个有着侠肝义胆的忠君之人。

有问必答

什么叫“莫须有”？

“莫须有”意为恐怕有、也许有，指用事实上不能确认的事件来污蔑、中伤某个人或团体。在生活中，当我们面临别人的造谣、污蔑、指控时，我们首先应该保持冷静和理智，不要轻易相信那些没有确凿证据的话，不要被这些言论影响左右。其次，我们要学会用事实说话，用证据来证明自己的清白和无辜。必要时要学会采取法律手段来保护自己。只有这样，我们才能避免成为“莫须有”这个成语的牺牲品。

国学大闯关

下面八个成语中，其中六个含有错别字，请用你的火眼金睛把它们找出来吧。

入不付出□	感人肺府□	自爆自弃□	和盘托出□
川流不息□	蜂泳而上□	既往不究□	力行节约□

答案 敷；腑；暴；拥；咎；厉。

直捣黄龙

基本信息

历史事件

岳飞奉命北伐，一路过关斩将，战绩斐然。在郾城大战时，与金兀术率领的精锐部队进行了正面交锋，差点活捉了金兀术。此后，岳飞率领的岳家军声名远播，金军也传言“撼山易，撼岳家军难”。之后，岳飞又收复了许多失地，眼看全面胜利马上到来。在一次与将士们痛饮的酒席上，他说道：“直抵黄龙府，与诸君痛饮尔。”

事件主角

金兀术、岳飞

历史坐标

南宋时期

成语出处

《宋史·岳飞传》：“飞大喜，语其下曰：‘直抵黄龙府，与诸君痛饮尔。’”

成语释义

直接捣毁敌人的巢穴，彻底消灭敌人。

成语故事

岳飞是南宋著名的军事家、抗金英雄。他率领的岳家军深受百姓爱戴，从不随意抢夺老百姓的东西。

宋高宗在逃抵临安（今杭州）后，由于形势所迫，他任用岳飞、韩世忠等主战派将领抗金，而后却再次起用主和派秦桧为宰相，一味地向金人屈膝妥协。岳飞为了抵抗金兵南侵，守护南宋的半壁江山，进而收复中原，他长期在今河南、湖北、江苏、江西、安徽一带战斗。

绍兴十年（1140 年）六月，岳飞奉命北伐。七月，岳飞亲率一支队伍驻守郾城，在这里和金兀术一万五千人的精锐部队进行了激战。岳飞率将士们向敌阵突击，大破金军“铁浮图”（侍卫亲兵）和“拐子马”（左右两翼钳攻的骑兵），大败金兀术的军队。而岳飞的部将杨再兴，单骑闯入对方的阵地，想要活捉金兀术，可惜没有找到金兀术。即便是这样，他也亲手杀死了数百名敌军士兵，身上有几十处伤口，足见岳家军英勇无比。岳家军的士

兵拥有“守死无去”的战斗作风，尽管敌人以排山倒海的气势进攻，也休想把岳家军的阵形冲散。就连金军的统帅金兀术也承认：“岳少保（指岳飞）以五百骑破吾十万军，势不可挡。”可见岳家军的实力有多强。那时，老百姓拥护岳家军，金军对岳家军更是闻风丧胆，许多战役都是不战而败。

岳飞北伐中原，一口气收复了颍昌、蔡州、陈州、郑州、郾城，消灭了金军有生力量，金军军心动摇，金兀术连夜从开封撤离。

此时的南宋抗金斗争其实有了一些转机，再向前跨出一步，或许就能将沦陷十多年的中原收复了。岳飞兴奋地对部将们说：“直抵黄龙府，与诸君痛饮尔。”意思是说，等到收复失地后，我们大家一起喝酒庆祝。而金军则发出了“撼山易，撼岳家军难”的感叹。

之后，岳家军又收复了西京（即洛阳），前锋直抵朱仙镇，此时离汴京仅余四十五里。然而，昏庸的宋高宗却害怕这样的军事行动有碍于与金人议和，便令张俊、杨沂中、岳飞等撤军，金兀术则乘机率重兵进军淮南，形成大军压境之势。为了彻底求和，宋高宗又召韩世忠、张俊、岳飞三大将入朝，明升官职，实解兵权。同时，还撤销了专为对金作战而设置的三个宣抚司。不久，他又命人杀了岳飞，以割地、纳贡、称臣的屈辱条件，与金国订立了“绍兴和议”。

文化卡片

绍兴和议

“绍兴和议”指的是南宋与金订立的和约。当时，岳飞率领的岳家军在反击金军入侵的战斗中已取得一定的胜利，眼看就要收复失地了。然而，宋高宗与宰相秦桧唯恐战斗会对与金人的议和造成影响，于是就解除了韩世忠、张俊、岳飞三大将领的兵权，使主战派对主和派的活动无法进行反对。绍兴十一年（1141年）十一月，南宋与金国达成了“绍兴和议”，两国以淮水至大散关为界。南宋将被岳飞收复的唐州、邓州以及商州、秦州的大半割让给金国，每年还要向金国进贡金银和布匹。“绍兴和议”之后，宋高宗生父宋徽宗的灵柩和生母韦氏被送回了南宋。

有问必答

为什么宋高宗一生没有什么大的作为，甚至还错杀了岳飞，仍能被后世肯定?

在中国几千年的封建历史中，有极少数帝王自知后代不足以治天下，主动将帝位禅让给圣贤者，宋高宗就是这样一位帝王。因为他没有生育能力，无后代可以继承皇位。当时的民间流传着一种说法，说宋高宗是太宗一脉，代代相传已百余年，气数已尽，他们的后人大都是昏庸无能之辈，才能不足以治天下，政权该归还到太祖一脉了。对此，宋高宗也不能不信。于是，他便去民间寻找太祖的后人。最终确定宋太祖的七世孙赵玮为皇位的继承人，史称宋孝宗。这样以“公天下之心”将皇位传给别人的做法，得到了后世的肯定。此举也为南宋后来的“孝宗中兴”奠定了基础。

国学大闯关

下面的成语都是与地名有关的，请你动动脑筋，把正确的词语填入括号内。

（ ）（ ）学步	暗度（ ）（ ）	（ ）（ ）纸贵	稳如（ ）（ ）
逼上（ ）（ ）	得（ ）望（ ）	围（ ）救（ ）	寿比（ ）（ ）

答案 邯郸；陈仓；洛阳；泰山；梁山；陇蜀；魏赵；南山。

奴颜婢膝

基本信息

历史事件

宋理宗时期，贾似道通过各种卑鄙的手段获得了皇帝的信任，在面对蒙古军入侵的局面时，他不但没有进行任何抵抗，还私下与蒙古军做交易，用称臣纳贡的方式换取蒙古军退兵。宋度宗即位后，封贾似道为太师，自己则不问政事，整日饮酒作乐。陈仲微感到国家危在旦夕，于是就拿北宋灭亡的事实举例，劝谏皇帝。

事件主角

陈仲微、贾似道

历史坐标

南宋时期

成语出处

《宋史 · 陈仲微传》："监之先朝宣和未乱之前、靖康既败之后，凡前日之日近冕旒，朱轮华毂，俯首吐心，奴颜婢膝，即今日奉贼称臣之人也；强力敏事，捷疾快意，即今日畔君卖国之人也。”

成语释义

原指奴才一样满脸堆笑的面容，婢女一样跪地求饶的样子。现用来形容卑躬屈膝，无耻地献媚求宠，阿谀逢迎的样子。

成语故事

靖康二年（公元1127年），金兵迅速南下，攻破了北宋的都城汴梁（今河南开封），并将宋徽宗和宋钦宗以及他们的家眷掳走进行百般羞辱，此事史称“靖康之变”。之后，宋钦宗的弟弟赵构则在一帮大臣的护送下，逃到了应天府（今河南商丘），建立南宋。此后，又迁都临安（今浙江杭州）。但由于南宋与金国之间连年争战、内部统治集团长期斗争，整个国家依旧处于风雨飘摇的状态中，老百姓过着艰苦的日子，经常吃了上顿没下顿。

到了宋理宗时期，他被奸臣贾似道迷惑，使得国家的局面更加混乱，人人自危。贾似道本是市井无赖，因其姐姐被选入皇宫做了贵妃，他才得以做官。贾似道非常善于察言观色，很快就做到了参知政事。之后，他又知枢密院事，慢慢掌握了国家大权。

宋理宗开庆元年（公元1259年），鄂州被蒙古军围住。贾似道奉命带兵增援前方部队，还没开始打仗，他就暗中向蒙古军称臣纳贡。蒙古军得到实惠之后，就退兵了。贾似道班师回朝后，谎报此战“大捷”，糊涂的宋理宗根本没有探究这件事的来龙去脉便大表其功，升他做了右丞相。宋理宗死后，宋度宗即位，封贾似道为太师，从此朝中大小事务全都交由贾似道打理，自己则躲进深宫，整日只顾饮酒作乐。

早在13世纪初，发源于蒙古高原的蒙古汗国逐渐发展壮大，先后灭掉西夏、金国，在1271年忽必烈建立元朝之后，继续发动灭宋的战争，南宋濒临灭亡。

当时朝中大臣和贾似道都是一伙的，只有陈仲微感到国家已经危在旦夕了，心急如焚，他不顾侍卫阻挠闯入后宫，向宋度宗进言道："当年徽宗在位时，君是昏君，臣是奸臣，那些奸佞小人都在极力讨好皇帝，并没有直言相谏。等到金兵打进来，那些人只会像奴才那样满脸堆笑，像婢女那样磕头求饶，最后落得被俘的下场。现在，陛下应该引以为鉴，不要把国家大事当成儿戏，也落得被金人俘虏的下场。"不料，宋度宗根本不听劝告，还把陈仲微撵了出去。

没过多久，元军就攻占了南宋的首都临安，南宋灭亡了。

文化卡片

南宋“不夜城”临安

在我们的印象中，可能只有现代的大都市，才会被称为“不夜城”，诸如北京、上海、广州、深圳、西安等。这种观点是不对的。古代也有不夜城，诸如北宋的都城汴梁、南宋的都城临安等。这里要重点说说临安。

庆元年间（公元1195—1200年），临安已经取代了汴梁，成了当时中国最大的都市。“巷陌爪札，欢门挂灯，南至龙山，北至北新桥，四十里灯火不绝”，这足以看出当时的临安城是多么繁华。而作为不夜城的临安也是当时最大的商业城市。城内各种商业活动应有尽有，来往的人络绎不绝。当时城内有一百多万的人口，除了常见的陆路交通外，老百姓还通过发达的水路交通，迅速把产品运出去，把粮食运进来。这也促进了这座城市经济和文化的发展。

有问必答

贾似道的所作所为与南宋的灭亡有着怎样的关系？

南宋国势的衰退大都与奸臣当道有关。除了陷害岳飞的秦桧外，贾似道也是一个十足的大奸臣。很多史学家认为，南宋的灭亡与贾似道当权有很大的关系。可以这么说，贾似道相当于把南宋的江山拱手让给了元军，他死后的第三年，南宋就灭亡了。

贾似道一共经历了两个皇帝当政，他用欺上瞒下、献媚讨好、打击异己等手段，使得南宋朝廷内部腐败与混乱丛生，百姓的生活困苦不堪，经济异常萧条。宋度宗登基之后，他更加有恃无恐，竟然把南宋的朝廷搬到了贾府，每隔六七天就在自己的家中处理政事。在忽必烈大举南下的时候，贾似道没有把心思放在抵御外族入侵的事上，而是想着怎样带着搜刮来的宝贝逃跑。他去前线本来是要督战的，结果却变成了向忽必烈求和。在遭到对方拒绝后，南宋的军队被消灭殆尽。

国学大闯关

将下列成语与相应释义连接起来。

卑躬屈膝	形容傲慢自大，气势逼人。
低声下气	比喻奴才只知道一心为他的主子效劳，而不分贤愚善恶。
桀犬吠尧	低头弯腰，屈膝指下跪。形容没有骨气，低声下气地讨好奉承。
盛气凌人	比喻年纪老，但体力和精神更加健壮或者干劲儿更大。
老当益壮	形容说话时态度卑微恭顺的样子。

答案 卑躬屈膝——低头弯腰，屈膝指下跪。形容没有骨气，低声下气地讨好奉承；低声下气——形容说话时态度卑微恭顺的样子；桀犬吠尧——比喻奴才只知道一心为他的主子效劳，而不分贤愚善恶；盛气凌人——形容傲慢自大，气势逼人；老当益壮——比喻年纪老，但体力和精神更加健壮或者干劲儿更大。

尽忠报国

基本信息

历史事件

著名的抗金将领岳飞目睹了金人入侵北宋的场面，他立志要收复失地。参军之前的一个晚上，母亲和他促膝长谈，然后在他的背上刺下了“尽忠报国”四个字。此后，他把这当作努力的目标，无论是带领岳家军抗击金兵，还是被秦桧诬陷入狱，他都坚持自己的信仰。因此，他也受到后人的敬仰。

事件主角

岳飞、岳母

历史坐标

两宋之交

成语出处

《宋史·岳飞传》：“初命何铸鞫（jū）之，飞裂裳以背示铸，有‘尽忠报国’四大字，深入肤理。”

成语释义

形容竭尽忠诚，为报效祖国不惜牺牲一切。

成语故事

岳飞是我国南宋时期著名的抗金将领，与他有关的两个词语“尽忠报国”和“还我河山”所表现出的爱国气节深深影响着后人。

岳飞小时候家里非常穷，母亲用树枝在沙地上教他写字，给他讲做人的道理，还鼓励他要好好锻炼身体。后来，经过刻苦努力，岳飞不仅写得一手好文章，还练就了一身好武艺，成为文武双全的人才。

当时正值北宋灭亡前夕，北方的金国派兵南侵。然而当权者昏庸无能，导致宋军节节败退，百姓被无辜杀害。面对这种局面，年轻的岳飞在母亲的鼓励下，毅然决然地参了军。在他去部队的前一天晚上，母亲与他秉烛夜谈，然后在他的背上刺了“尽忠报国”四个大字。孝顺的岳飞始终没有忘记母亲的教诲，这四个字也成为岳飞终生奉守的信条。

后来，由于岳飞作战勇猛，在战场上立下很多功劳，名声传遍了大江南北。他还建立了一支纪律严明、英勇无畏的抗金军队——“岳家军”。据说，岳家军的士兵非常遵守军队的纪律，宁可自己挨饿，也不抢夺老百姓的粮食。晚上如果借宿在老百姓家里，天一亮就起床，为这家的主人收拾好房间后再离去。因此，岳家军留下了“冻死不拆屋，饿死不掳掠”的美名。当时南宋最大的敌人就是金军，岳家军在与金军交战几次之后，只要听到岳家军的名字，金军立刻溜走。金军统帅曾长叹道：“撼山易，撼岳家军难。”

岳飞与金军交战凯歌频奏，当岳飞一路追击距金兵大本营只有四十五里的时候，眼看就要大功告成，收复失地了。这时南宋皇帝赵构听信秦桧的谗言，害怕岳飞打败金兵后，接回原来的皇帝宋钦宗，那自己的皇位就不保了。另外，他还怕岳家军强大起来，成为自己政权的威胁，因此连发十二道金牌，命令岳飞即刻退兵。当岳飞挥泪退兵时，中原的人民拦住军马，人们都觉得非常可惜，为岳飞的行为感到不值。

秦桧诬告岳飞谋反，将他关入监狱。并以“莫须有”的罪名将岳飞杀害，岳飞死时仅三十九岁。岳飞临死之前，奋笔疾书，写下了“天日昭昭，天日昭昭”八个大字，旨在表明他对国家的忠心。岳飞虽然被诬陷致死，但他的抗金事迹与爱国情怀成为后世学习的榜样。

现在，在杭州岳飞墓旁，有四个跪着的人像。秦桧等四人，陷害忠良，罪责难逃，千百年来遭人唾骂。

文化卡片

满江红 · 写怀

岳飞

怒发冲冠，凭栏处、潇潇雨歇。抬望眼，仰天长啸，壮怀激烈。三十功名尘与土，八千里路云和月。莫等闲，白了少年头，空悲切。

靖康耻，犹未雪。臣子恨，何时灭。驾长车，踏破贺兰山缺。壮志饥餐胡虏肉，笑谈渴饮匈奴血。待从头、收拾旧山河，朝天阙。

有问必答

岳飞后背被母亲刺的字是“尽忠报国”还是“精忠报国”？

岳母刺字的故事流传很广：岳飞的母亲在他的后背刺上了“精忠报国”四个大字，以激励岳飞抗击金人保卫国家。但根据史料记载，岳母当年给岳飞刺的其实是“尽忠报国”四个字。这是审问他的御史中丞何铸看到的。当时，岳飞面对审问一言不发，默默地脱去上衣，当何铸看到岳飞背上“尽忠报国”四个字时，十分感动，当即决定为岳飞申冤。只可惜在秦桧等人的摆布下，何铸没能替岳飞申冤。

而“精忠报国”则源自于宋高宗为了表彰岳飞率领岳家军屡立战功，特意赐给他一面写有“精忠岳飞”的旗帜。老百姓经常看到这面旗帜，后来听说岳母刺字的故事，因此误将“尽忠”二字传成了旗帜上的“精忠”。所以，现在我们看到的许多文学作品、影视作品等写的都是“精忠报国”。

国学大闯关

请将成语与其对应的人物连接起来。

破釜沉舟	刘禅
东窗事发	关羽
单刀赴会	吕蒙
手不释卷	秦桧
乐不思蜀	项羽

答案 破釜沉舟——项羽；东窗事发——秦桧；单刀赴会——关羽；手不释卷——吕蒙；乐不思蜀——刘禅。

痛定思痛

基本信息

历史事件

南宋末年的抗元名臣文天祥，在第二次被元军抓住之后，被人软禁在会同馆，元世祖非常欣赏文天祥，便派人多次劝降。文天祥断然拒绝后，被关进大牢。文天祥戴着枷锁，写自己的感慨：“痛定思痛，痛何如哉！”

事件主角

文天祥

历史坐标

南宋时期

成语出处

《指南录后序》：“境界危恶，层见错出，非人世所堪。痛定思痛，痛何如哉！”

成语释义

指悲痛的心情平静以后，再追思当时所受的痛苦。常含有警惕未来之意。

成语故事

公元1276年，元朝军队兵临南宋都城临安城下，形势十分危急。右丞相文天祥毅然辞去官职，主动请求以资政殿学士的身份前往元军的军营探察情况。

文天祥到元军营中之后，见到了元军统帅伯颜，开口便问："贵国是与我国交好，还是要灭掉我国呢？"伯颜回答道："我们不想灭掉你们国家！"文天祥接着说："既然如此，请你们将部队后退百米，以表诚意，否则我们将会以死相搏！"说完之后，伯颜非常生气，感觉眼前这个南宋的资政殿学士不是来求和的，像是来下战书的，于是就扣留了文天祥；还让随行的侍卫回去复命，说如果南宋不投降的话，元人就会打过来。在这样的情况下，南宋投降了。这时的文天祥感到既无奈又悲愤。

即便文天祥对伯颜那样无礼，但伯颜十分钦佩文天祥，想劝他投降，结果被文天祥拒绝了。于是他又押解着文天祥前往元朝的都城大都。在船行驶到京口时，文天祥乘人没有防备，坐上一条小船逃走了。这时的文天祥只想向南宋的军队报告元军的情况，但驻守扬州的淮东边帅李庭芝以为文天祥已投降元军，便下令要将他逮捕。文天祥不得已只得绕过扬子江口，几经辗转先到永嘉，后又乘船去福州。

之后，他亲自带兵在潮阳一带抗击元朝的军队，但不幸全军覆灭，他也再次被捕。元世祖很欣赏文天祥的气节，想让他归顺元朝，就把他软禁在会同馆，轮番派人去劝他，但这样也无济于事。又把他关进大牢，给他戴上手铸脚镣。经历了这些事情之后，文天祥感叹道：“生与死，像昼夜转换一样平淡无奇。如果死了也就算了，但艰险的困境反复出现，不是世人所能承受得了的。痛苦的心情平定之后，再去回想当时痛苦的情景，更加令人伤感。”

这样的日子又过了几年，元世祖亲自去说服文天祥：“我非常钦佩您对宋朝廷的忠心。如果您能做元朝的臣子，我一定给您个大官当。”文天祥不屑地说：“我是南宋的臣子，怎么能投降呢？如果我真的这么做了，等到我死了以后，哪还有脸面对我的父母和与我出生入死的兄弟们呢？你不用再说什么了，我现在只求一死！”

看到这种情况，元世祖知道文天祥死也不会投降元朝的，于是下令杀了他。文天祥就义时，他大义凛然，朝着南方磕了头，悲痛地说：“我报答国家的机会，也就只能到此了。”说完就英勇就义了。

文化卡片

过零丁洋

文天祥

辛苦遭逢起一经，干戈寥落四周星。山河破碎风飘絮，身世浮沉雨打萍。
惶恐滩头说惶恐，零丁洋里叹零丁。人生自古谁无死？留取丹心照汗青。

有问必答

为什么文天祥会在“零丁洋”这个地方写下著名的诗句“人生自古谁无死，留取丹心照汗青”？

“零丁洋”又叫伶仃洋，在广东省珠江口，在内伶仃岛和外伶仃岛之间，北起东莞虎门镇，南到香港和澳门，整个水域面积达两千多平方千米，乃一喇叭形河口湾。

1278 年 12 月，文天祥在广东海丰以北的五坡岭被元军将领张弘範所俘。此时的张弘範正打算向崖山（今广东江门）一带的南宋军队发起总攻。于是被俘的文天祥便随着元军的舰队从海丰出发，沿着海岸线，向西边的崖山驶去。而“零丁洋”恰好就在这段路程之中。这时，不知廉耻的张弘範竟然要文天祥写信给驻守崖山的南宋将领张世杰，劝其投降。文天祥拒绝了张弘範的无理要求，他在所给的纸上写下了这首气壮山河的《过零丁洋》。从诗中，我们看到了南宋抗元英雄文天祥的铮铮铁骨和以死明志的坚强决心。

国学大闯关

请以“痛定思痛”为开端，完成下面的成语接龙。

痛定思痛 → 痛改□非 → 非同小□ → 可□可泣 → 泣不□声

→ 声东□西 → 西风□阳 → 阳关大□ → 道听□说

答案 前；可；歌；成；击；斜；道；途。

节外生枝

基本信息

历史事件

南宋理学的代表人物朱熹在给吕祖俭的信中指出，读书要抓住书中的思想内容和逻辑，不应该去纠结细枝末节的东西，以避免出现新的与主题没有关系的问题，影响看书的效果。只有这样做了，读书才有意义。

事件主角

朱熹

历史坐标

南宋时期

成语出处

《答吕子约（九月十三日）》："随语生解，节上生枝，则更读万卷书，亦无用处也。"

成语释义

本不应该生枝的地方生枝，比喻在原有问题之外又岔出了新问题。

成语故事

朱熹是历史上唯一一位不是孔子的亲传弟子，却可以在孔庙被后人祭祀的大儒。如果说孔子是早期儒学的代表人物，那么朱熹则是后期儒学的集大成者，他被后世尊为“朱子”。朱熹一生勤勉刻苦，广泛阅读书籍，学识渊博。对于如何读书，他身体力行，总结出一套非常有效的方法。

朱熹从十一岁起，便开始了他的读书之路。由于父亲朱松悉心教导，朱熹进步很大，《大学》《中庸》《论语》《孟子》等儒家典籍是朱熹常读的书。父亲去世之后，朱熹谨记父亲的遗训，对于读书从不懈怠。由于他具有

强烈的进取心和科学的读书方法，在十九岁时，他就考中了进士。当年，崇安地区因为水灾频繁，造成了饥荒，老百姓苦不堪言，以至爆发了农民起义。面对这种危机，朱熹想到了“社仓”的办法，主张以官吏为本防止地主恶霸在灾荒的时候，利用高利贷增加对农民的盘剥。

后来，宋孝宗任命朱熹为知南康军兼管内劝农事。他上任没多长时间就发生了灾荒，为了保护老百姓的利益，朱熹上书皇帝，要求减免税收，同时修筑堤坝对抗洪灾。这些政策虽然得到了老百姓的拥护和支持，却得罪了地主，触犯了他们的利益。所以政策并没有继续实施下去。

由于官场黑暗，朱熹又遭人诬陷，他对此感到极其失望，于是下定决心创办书院，进行讲学传道的工作。渐渐地，他使理学成为当时社会的主流思想。从此，他的全部精力都放到了著书立说上。

据说，朱熹对学生要求十分严格。有一次，他的学生胡季随说了自己读《孟子》的感受，朱熹听完后，认为他说得不太妥当，觉得这个学生读书没有经过思考。随后，他为了表明自己的观点，还特地写信给胡季随，强调读书是要讲究方法的。他在信中这样说：“伯寿在这里用了‘见’字，这已经是病句了。你又在这个病句上‘节上生枝’。这样一来，你当时本来所追求的纯真和酣畅就消失得无影无踪了。”此外，朱熹还认为，读书时要从思想内容和逻辑推理上去理解书本内容，不用去管一些细枝末节的问题，避免“节上生枝”。而吕祖谦的弟弟吕祖俭却不同意这种观点，吕祖俭对此进行了反驳。朱熹却认为如果不按照他说的那样做，即便是读了万卷书，也是没有什么用的。

文化卡片

朱熹关于读书的观点

关于读书，朱熹曾在《观书有感》一诗中写道：“半亩方塘一鉴开，天光云影共徘徊。问渠哪得清如许，为有源头活水来。”他认为，书中的新知识就像活水一样，源源不断地给人补充，让人得到滋养，使人心灵澄明。

另外，他还在《古人谈读书》中提到了“读书有三到，谓心到、眼到、口到”，意思是读书时要专心，要认真看，要诵读，也就是说心要悟，眼要看，口要读。具体来说，只有反复在心中思考，才能读出书中的要义；眼要认真看，才能准确地识记书中的知识；嘴要读出来，才能帮助大脑记忆并理解书中的意思。这三者缺一不可。朱熹的观点发人深思，也给后人读书指出了正确的方法。

有问必答

朱熹与陆九渊的“鹅湖之会”是怎么回事？

南宋淳熙二年（1175年），吕祖谦为了调和朱熹“理学”与陆九渊“心学”之间的分歧，于是出面邀请了陆九龄、陆九渊兄弟二人来与朱熹会面。六月初，陆氏兄弟应约来到鹅湖寺，双方就各自的哲学观点展开了激烈的辩论。当时，许多人慕名而来，想要一睹他们的风采。于是，一场中国思想史上著名的辩论会就此拉开序幕。会议辩论的中心议题就是“教人之法”，也就是现代人所说的认识论。朱熹的理学观点认为，“理”是一种永恒的东西，包括世界上的万事万物，也包括人们在这世界中所遵循的法则，是不能随意更改的。而陆九渊他们则认为，人的心与“理”都是天赋予的，是永恒不变的。后天的学习是为了“穷此理，尽此心”。

国学大闯关

请你阅读下列名言，动用自己的知识储备，找出不是朱熹说的一项（　　）。

A. 三到之中，心到最急。心既到矣，眼口岂不到乎？

B. 问渠哪得清如许，为有源头活水来。

C. 书中自有颜如玉，书中自有黄金屋。

D. 向来枉费推移力，此日中流自在行。

答案 C。

如出一辙

基本信息

历史事件

学者洪迈在《容斋随笔》中指出：历史上一些名将威震一时，立过盖世之功，但由于自恃功高，骄傲轻敌，最后都以失败而告终。例如，汉将关羽、西魏名将王思政、北齐名将慕容绍宗和南朝名将吴明彻四人所犯错误都如出一辙。

事件主角

洪迈、关羽、王思郑、慕容绍宗、吴明彻

历史坐标

成书于南宋时期

成语出处

《容斋随笔·名将晚谬》：“此四人之过，如出一辙。”

成语释义

比喻前后所发生的事情非常相似。

成语故事

洪迈（公元 1123—1202 年），南宋著名文学家，官至端明殿学士。

洪迈出身于一个士大夫家庭，他的父亲和哥哥都是当时有名的学者、官员。他自幼就喜欢读书，有过目不忘的本领。他博览群书，甚至是小说野史，他都有所涉猎。绍兴十五年，他中博学宏词科，担任两浙转运司的官职。后因得罪了大奸臣秦桧而被排挤，担任不重要的官职。他任赣州知州时，在那里兴办官学，造福一方百姓。后又任婺州知州，兴修地方水利，处治当地的地主恶霸，使当地的社会治安有了很大程度的改善。

绍熙二年，他从绍兴解印归田里，此后，便谢绝一切社交活动，一心写作，著述颇丰。在《宋史 · 艺文志》中，作者就收录了他的著述，如《宋四国朝史》《钦宗实录》《经子法语》《野处类稿》《容斋随笔》《容斋续笔》《夷坚志》等三十一种一千多卷的书籍。他写的《容斋随笔》和《夷坚志》被称为千古绝唱。其中，《夷坚志》更是被誉为“稗官野史的宝库”。

洪迈编著了很多故事和寓言，在当时社会产生了一定的影响，其中就有一则“如出一辙”的故事。

“如出一辙”出自《容斋随笔》续笔第十一卷《名将晚谬》。洪迈在文中列举了历史上一些名将，虽然威震一时，立下盖世之功，可到后来，他们却都以失败而告终，比如三国时期的关羽、南北朝时期西魏的王思政、北齐的慕容绍宗和南朝陈国的吴明彻四位名将，他们晚年都因居功自傲、轻敌而失败，失败的方式“如出一辙”，即好像出自同一个车辙，以此说明这四位将军失败的故事非常相似。这一成语也因此被广泛用于形容多种事情或行为非常相似。

这四位将军中，关羽尤其具有典型性。在襄樊之战中，关羽围困襄阳、樊城，水淹于禁七军，威震中原，这是关羽军事生涯中的巅峰时刻。但在这时，关羽居功自傲的性格也表现得淋漓尽致，对近在咫尺的来自东吴的威胁选择了轻视的态度，无视身边人的忠告。众所周知，他也因为轻敌而被东吴将领吕蒙偷袭荆州得手，最终败走麦城。王思郑、慕容绍宗和吴明彻与其类似，都是所在政治集团的重要将领，都军功显赫，权高位重。但是，他们也和关羽一样，虽然看上去不可动摇，却早已危机四伏。细数他们的战争经历，会发现他们在晚年参与的战争中，都出现了惊人的相似性，就是都因为轻敌而丧失警惕性，最终导致失败。在那一刻，他们早已被过往的成功蒙蔽了双眼、侵袭了理智，这是他们走向失败的重要原因。洪迈用“名将晚谬”为题，就是对这一现象的深刻反思。

洪迈通过《名将晚谬》一文，不仅表达了对历史上名将晚年失败现象的深刻反思，也通过“如出一辙”这一成语，生动形象地揭示了这些名将失败方式的相似性。这一故事和成语对于后人来说，具有重要的启示意义，提醒人们在取得成功之后，要保持谦逊和警惕，避免因为居功自傲和轻敌而走向失败。

文化卡片

洪迈和他的《容斋随笔》

洪迈不仅为人正直，为官清廉，他还是南宋著名的文学家。他非常喜欢看一些历史著作，曾经在阅读《资治通鉴》时，将书抄了三遍，足以看出他对这本书的喜爱程度。他一生著作颇丰，其中《容斋随笔》（《容斋续笔》是其中一部分）被世人称为“垂范后世”的经典，有着很高的文学价值。

《容斋随笔》始撰于隆兴元年（公元1163年），既是一本读书心得，又是一本考证典故的书，内容不仅涉及宋代以前的一些史实、政治经济制度、典章典故，也对宋代典章制度、历史人物、历史事件进行了评论和综述。可以说，此书是南宋笔记体的代表作品。这本书在中国文献史上有着重要的地位和影响力。

此外，毛泽东同志也很喜欢读这本书，甚至在他临终的时候，这本书还在他的案头。

有问必答

《容斋随笔》中还有哪些有意思的故事？

《容斋随笔》是洪迈的一部文言笔记体著作，共包括《容斋随笔》《容斋续笔》《容斋三笔》《容斋四笔》《容斋五笔》五集，其中《容斋五笔》还未完成洪迈就已去世。书中记录了很多逸闻、故事、寓言和评论，涵盖了历史、文化等多个方面，具有很大的教育意义，如“霍光赏功”“尺棰取半”“陈轸说疏”“李益卢纶诗”“梅花横参”等。

国学大闯关

请将下列成语补充完整。

应□尽□　人□亦□　将□就□　一□百□　一□不□

将□比□　心□口□　买□卖□　出□反□　似□非□

答案　有，有；云，云；计，计；了，了；动，动；心，心；服，服；空，空；尔，尔；懂，懂。

南宋
元朝
明朝
清朝

捐躯报国

基本信息

历史事件

成吉思汗在攻占了金国的中都后，继续率军南下，在涿鹿时，遇到了金国王檝的顽强抵抗，在对抗了三天之后，王檝战败。他即将被处死时，没有丝毫畏惧。成吉思汗惊奇地问：“你怎么敢与我的军队对抗，难道不怕我处死你吗？”王檝回答说：“既然已经战败，能这样死去是我的荣幸！”成吉思汗听完后，认为他很有气节便放了他，此后还任命他为都统，提拔了他。

事件主角

王檝

历史坐标

元朝时期

成语出处

《元史·王檝传》：“臣以布衣受恩，誓捐躯报国，今既偾军，得死为幸！”

成语释义

牺牲生命来报效国家。

成语故事

北方的金国建立以后，为了扩大疆域，常常攻打周边的一些部落，因此，金国的势力越来越强。当时，蒙古部落却没对金国俯首称臣。于是金世宗想出了一个主意，找一个“打手”部落——塔塔尔，听自己调遣，让它打谁就打谁。他的目的就是灭掉蒙古部落。

此时，蒙古部落中有一个叫乞颜部的，该部落首领叫也速该，是一个很有才能的人。他带领自己的族人，打败了前来入侵的塔塔尔军队。塔塔尔部族的首领被生擒，随也速该来到了乞颜部的营地中。

也速该带着胜利的喜悦回到自己的营地，大家早就在那里等候了。也速该的妻子豁阿黑臣怀里抱着一个小婴儿，也在等着他回来。看到也速该走过来，她赶忙凑到前面说："首领，快来看看你的儿子吧！"也速该面带喜悦地看着怀里的小婴儿，发现他的手里紧紧地攥着一块凝固的血块，兴奋地说："我儿子手里拿的是长枪，将来一定是一个大英雄。"

大家纷纷喊道："首领，快给这个孩子起个名字吧！"于是，也速该当着众人的面说："他是在我俘虏铁木真兀格的时候降生的，就叫他铁木真吧！只有这个名字配得上我儿子。"

后来，铁木真九岁的时候，在一次和父亲回营的途中，途经塔塔尔部落的营地，也速该被人下毒害死。接着，铁木真继承了部落首领的位置。随着一天天长大，铁木真的军队实力也在不断增强，在连续征战中，铁木真于公元 1206 年统一了蒙古各部，建立了蒙古汗国，他被尊称为"成吉思汗"。

没过多久，他就带着军队攻打金国，占领了金国的中都（今北京市）等地。随后，他带着军队继续挥师南下，在攻打涿鹿时，遇到了金国守城将领王檝的顽强抵抗。经过三天激战，王檝最终战败被俘，面临即将被处死的境遇。成吉思汗问他："你怎么敢抵挡我的军队呢？难道不怕死吗？"王檝面不改色地回答说："我以平民的身份蒙受皇上的恩惠，早就发誓要为国捐躯了。如今战败，能够这样死去，对我来说也是一种荣幸！"

成吉思汗听后，感到非常震惊，非但没有杀掉他，反而还重用了他，任命他为都统。

成吉思汗死后，他的后人南征北战多年。终于在公元 1234 年，蒙古军队攻破了金国最后一个都城，金国灭亡。公元 1271 年，忽必烈改国号为元，次年定都大都（今北京市），至此元朝正式登上了历史舞台。

文化卡片

有关成吉思汗的诗句

成吉思汗地，犹留怪杰踪。一龙极夭矫，万马昔横冲。

——《过成吉思汗驿》

一代天骄，成吉思汗，只识弯弓射大雕。

——《沁园春·雪》

一代天骄威永在，无穷碧落月长明。长河滚滚东流去，千古英名励鄂城。

——《七律·题成吉思汗》

圣祖精神传我辈，奋勇争先。

——《浪淘沙·鄂尔多斯大漠风情》

戎马一生多壮举，驰骋万里追穷敌。

——《满江红·鄂城怀》

有问必答

铁木真为什么被称为“成吉思汗”？

“汗”是古代鲜卑、突厥、回纥、蒙古等族最高统治者的称号。在蒙古草原上有多少个独立的部落联盟，就有多少个“汗”。铁木真通过一系列的战争统一了蒙古，因此，他就成了“大汗”，也就是整个蒙古草原的皇帝。蒙语“成”是“坚强”“刚强”的意思，“吉思”是“多数”的意思，“成吉思汗”乃“坚强的大汗”。为了颂扬铁木真的丰功伟绩，他的部下用“成吉思汗”这样一个名词来称呼他。

也有一说，“成吉思”是“大海”的意思，为的是赞扬铁木真的胸怀如大海般宽广，还可以理解为他是“拥有海洋四方”的领袖。

总而言之，“成吉思汗”表达了人们对铁木真的敬佩之情，他是元朝的奠基者，是我国杰出的政治家、军事家。

国学大闯关

下面这些成语都是与“国”有关的，请你动用自己的知识储备填空，将成语补充完整吧！

尽忠□国	丧权□国	国破□亡	富国强□	忧国□民
安邦定□	倾国□城	国□民安	以身□国	保□卫国

答案 报；辱；家；兵；忧；国；倾；泰；殉；家。

风中残烛

基本信息

历史事件

至元十九年，刘因被太子真金召到身边，担任重要的职位。这时，他的母亲病重，他毅然决然辞去了官职，回乡照顾母亲。这时，有人问他原因，他便说："我的母亲已经九十岁了，就好像是风中的残烛，朝不保夕，我怎么可以远行，去贪图那些荣华富贵呢？"这足以看出他是一个大孝子。

事件主角

刘因

历史坐标

元朝时期

成语出处

《古乐府》："百年未几时，奄若风中烛。"

成语释义

原本指风中烧残的蜡烛，很容易熄灭。后用来形容人年老，或不久于人世。也比喻随时可能消亡的事物。

成语故事

元朝初年，刘因出生在一个儒学世家。他的父亲精通天文历法、医学、史学，曾在元朝短暂为官，后来一直过着隐居的生活。在刘因很小的时候，他的父亲就开始传授他知识，教他读书写字，再加上刘因聪明好学，六岁时已能作诗，七岁时就能写文章了。

少年时刘因志向远大，积极入世。于是，他的父亲带他去拜见北方的名儒砚弥坚，让他跟随砚弥坚学习经学。后来，随着程朱理学逐渐传入北方地区，刘因的学习方向也发生了转变，他开始专注于研究这一学派的思想，这对他的思想产生了巨大的影响。

等到元灭了南宋，刘因虽有报国之志，但也无从施展才华。于是，他决定在家开设学馆，教授理学知识，由于他因材施教的教育理念深得人心，使得他的名声越来越大，很多官员都想去拜访他，但他经常回避，不与这些人相见，这在当时的人看来是非常有个性的。

至元十九年（公元 1282 年），元朝的内部政治形势发生了变化，被多数汉人官僚拥护的太子真金直接参与到内部的政治活动当中。一时间，汉族士大夫表现出了乐观的情绪。他们极力推荐刘因，由此刘因被太子真金召至身边，授予右赞善大夫一职。后来，他又接替了赞善王恂的职位，教授宗室子弟。这足以看出他具有渊博的学问以及蒙古贵族对他的认可程度。

直到母亲生病，他才辞去了官职，返回家乡侍奉母亲。没过多久，朝廷又叫他回去做官，他却不愿意再去了。这时，有人问他："为什么要放弃这个做官的机会呢？"他回答说："我的母亲已经九十岁了，就好像是风中的残烛，朝不保夕，我怎么可以远行，去贪图那些荣华富贵呢？"

至元二十八年（公元 1291 年），刘因四十三岁时，元世祖忽必烈杀权相桑哥，"朝政又一更新"。又有朝臣举荐刘因，忽必烈下诏以集贤学士、嘉议大夫征召刘因，这个职位属于"三品清要之职"，授给一个平民，在当时被人看作是"不次之宠"（即"不合等次的恩宠"）。但刘因的身体已经到"不能扶病而行"的地步，且其本意不愿再仕，于是上书"以疾固辞"，写下了著名的《上政府书》（一名《上宰相书》）以表心迹。上疏呈至朝廷，忽必烈阅后，甚感遗憾，惋惜地说："古时有不肯受召的臣子，就是这样的人吧！"

文化卡片

“蒙古”这个名称的由来

根据现有的记载，“蒙古”最早出现在唐朝的史书中，书中记载了一个叫“蒙兀室韦”的民族，而“蒙兀”就是西北地区人们口音中“蒙古”一词的发音。

在古代蒙古族语里，“蒙古”这个词又是什么意思呢？有的人说是“银子”的意思，有的人说是“勇士”的意思，而更多的人认为是“永恒的河”的意思。相传在很久以前，蒙古高原上居住着许多部落。而蒙古部落与突厥部落在这里发生了两次大规模的战争，结果蒙古部落被打得只剩下了两男两女，不得不西迁，他们来到一条大河的边上定居下来，繁衍生息。后来，为了感谢这条大河，蒙古人称这条河为“永恒的河”，并把它当作自己的族名。直到唐朝时，“蒙古”这个外来的名字才传入中原。

有问必答

元朝的统治者是如何对待汉人的？

元朝的统治者为了维护自己的统治地位，保护蒙古贵族的利益，推行了民族隔离的政策。他们将当时居住在中国的人分为四个等级。第一等是蒙古人；第二等是色目人（“色目”是“各色各目”的意思），它包括来自西域和欧洲地区的人；第三等是汉人，它包括来自北方的汉族和女真、契丹、高丽等北方其他民族的人；第四等是南人，包括原来南宋统治区域内的人。把汉族的人分为汉人和南人，为的就是分散汉人，削弱汉族人的反抗意识。

而在统治机构中，蒙古人或者色目人有实际的管理权，而汉人和南人很少有在中央政府做官的。在军事组织上，军队也是以蒙古军为主力，权力都掌握在蒙古将领手中。在刑法上，也是区别对待的。如果一个蒙古人殴打汉人，汉人不能还手；如果蒙古人打死汉人，也只是将蒙古人流放充军；且汉人和南人不得聚众举行迎神或比赛的活动，手里不能拿弓箭等。

国学大闯关

下面都是与孝顺有关的成语，请你将故事的主人公对号入座，连一连吧！

卧冰求鲤	郯子
百里负米	吴猛
亲尝汤药	仲由
鹿乳奉亲	刘恒
恣蚊饱血	王祥

答案 卧冰求鲤——王祥；百里负米——仲由；亲尝汤药——刘恒；鹿乳奉亲——郯子；恣蚊饱血——吴猛。

过河拆桥

基本信息

历史事件

元朝的许有壬通过科举考试进入官场，逐渐被提升为参政。当元顺帝准备废除科举制度时，许有壬表示反对，并与赞成废除科举的官员争辩。废除科举制度的诏令下达时，元顺帝故意让许有壬跪在头里听。许有壬极不情愿地做了。散朝后，治书侍御史普化讥讽许有壬说：“你是通过科举上来的，现在宣读废除科举的诏令，你又跪在第一个，真是‘过河拆桥’啊。”

事件主角

彻里帖木儿、伯颜

历史坐标

元朝时期

成语出处

《元史 · 彻里帖木儿传》：“治书侍御史普化诮有壬曰：‘参政可谓过河拆桥者矣。’”

成语释义

原指过河后便拆掉桥；比喻达到目的后，就把曾经帮助自己的人一脚踢开。

成语故事

元顺帝时期，掌权的大臣伯颜位高权重，他出行的仪仗队比皇帝出行的排场还要大。那时候，朝中有个大臣叫彻里帖木儿，处理公务精明干练，善于决断；对百姓爱护有加，经常为老百姓办一些实事。但就是这样一个有作为的官员却受伯颜指使，上奏元顺帝，要求废除科举制度。

然而，科举制度关系到国家选拔人才，要废除它可不是一件容易的事，此事一经提出便在朝中引起了巨大的反响。当然，权臣伯颜表示支持，但反对的人很多。其中就有一位御史大人坚决反对废除科举制度，他请求元顺帝治彻里帖木儿的罪。元顺帝不仅不支持这位御史，反而把他贬到外地去

当官。

不久，元顺帝让人起草了废除科举制度的诏书，准备颁发下去。诏书还未下达，地位略低的许有壬站出来反对废除科举制度。大臣们在朝堂上进行了针锋相对的辩论。许有壬对伯颜说："如果废除科举考试制度，那些有才能的人一定会产生怨恨情绪，这样国家就会失去大批有才能的人，后果不堪设想。"伯颜则针锋相对地说："如果继续实行科举考试制度，世上贪赃枉法的人会更多，谁来为老百姓做主呢？"许有壬反驳说："没有实行科举考试制度的时候，贪赃枉法的人不也很多吗？"伯颜接着讽刺道："我看中举的人中有才能的人少之又少，也只有你参政一个人可以任用！"听罢，许有壬非常不服气，他举出许多当时中举的有才能的高官来反驳伯颜。即便如此，因为伯颜掌握着实权，许有壬不可能改变伯颜的观点，朝堂上的争论最终不欢而散。

第二天，满朝文武被召到崇天门前，听皇帝下达废除科举制度的诏书，而且特意通知许有壬站到队首去听读。虽然许有壬心里对皇帝的这个决定感到担忧，但又惧怕因此得罪了皇帝而遭到迫害，所以只好跪在百官队伍的前排来听读这份让人难以接受的诏书。

听读完诏书之后，百官纷纷回到自己家中。此时的许有壬满脸失望地低头走路。正在这个时候，有个名叫普化的治书侍御史走上前来，凑到他的耳边冷嘲热讽地说："参政，您这下要成为过河拆桥的人啦！"这句话的言外之意就是，你许参政是靠科举考试选拔出来的，因此才当上了官。刚才，在宣读废除科举制度的诏书时，你跪在最前面，似乎你就是建议废除科举制度的领头人，这就像一个人过了桥后就把桥拆掉一样。

许有壬听了之后羞愧难当，这对他来说简直就是奇耻大辱，加之心中充满了怨恨，于是便加快脚步离开了。此后相当长的一段时间里，他都借口生病，不上朝了。

显然，在当时的条件下，废除科举制度肯定是错误的，元顺帝至元六年（1340年），伯颜被流放到蛮荒之地，死在了流放的路上。此时，翰林学士承旨库库等人就提出："古代的时候选取人才都是用作济世救国的，而科举考试是必经的道路，怎么能废了呢？"于是，亲政的元顺帝又恢复了科举考试制度。不久之后，国家就进行了元朝的第八次科考，至元末又进行了八次考试。

文化卡片

古代的科举制度

科举制度是中国古代一项重要的人才选拔制度，在当时的社会具有很重要的地位。它打破了魏晋以来的士族门阀制度，让许多家境贫寒的人通过自己努力读书获得改变命运的机会。因此它推动了社会的进步和文化的发展。

科举制度是从隋朝开始的，到清末结束，前后经历了一千多年的历史。科举考试的时间都是定期举行的，唐朝和宋朝初期基本上都是每年举行一次，宋太宗时期改为每一年或二年举行一次，宋英宗治平三年（公元1066年）时，改为每三年一次。明清时的科举考试分为地方的乡试和礼部的会试以及皇宫的殿试。其中，乡试第一名叫"解元"，会试第一名叫"会元"，殿试第一名叫"状元"。考试的内容也是丰富多样的，每一朝代各不相同。

科举制度在前期有着非常积极的意义，但到了清朝后期，它的弊端也越来越明显，于是在众多的反对声中，清政府在光绪三十一年（公元1905年）废除了科举制度。

有问必答

元朝，那些因为废除科举制度而没有机会参加科举考试的人都做了什么？

他们被政治权力边缘化后，只能投身于元曲的创作、充当朝廷官员的门客或者直接游山玩水去了。因此，他们在当时的文化、文学领域仍然拥有自己的话语权。

在文学领域，正是这些远离政治、被看作是社会最底层的文人，没有虚度光阴而是把自己的才华用于戏曲的创作，因此有了元曲的繁荣发展。

在政治领域，这些有才能的人不能直接参与国家的政事，但是他们通过充当官员的门客，提出自己的见解供官员们参考，为官员出谋划策。

在社会领域，取消了科举制度后，有些才子失去了斗志，就纵情山水去了。他们在游山玩水的时候，经常利用诗词歌赋来抒发个人情感。因此，他们追求到一种纯文人的清雅生活，单纯地读书绘画、写诗唱曲，这种状态和境界很容易唤醒独立的人格意识。

国学大闯关

请将下列成语与其所对应的释义相连接。

恩将仇报	形容文雅有礼貌的样子。
鬼头鬼脑	指说话傲慢，无礼伤人。
落落大方	拿仇恨回报所受的恩惠。
彬彬有礼	形容行为举止诡秘，不光明正大。
出言不逊	形容态度从容，言谈举止自然不做作。

答案 恩将仇报——拿仇恨回报所受的恩惠；鬼头鬼脑——形容行为举止诡秘，不光明正大；落落大方——形容态度从容，言谈举止自然不做作；彬彬有礼——形容文雅有礼貌的样子；出言不逊——指说话傲慢，无礼伤人。

八面威风

基本信息

历史事件

元朝末年，农民起义风起云涌，朱元璋领导的起义军是其中实力较强的，而能与他抗衡的便是张士诚和陈友谅的部队。经过几次交战，朱元璋打败了这两个人领导的起义军。此时的朱元璋心里很高兴，趁着将士宴饮的时候，与徐达来到江边，登上了一对老夫妇的船，老夫妇喊着“大将军马前，有八面威风”的号子将船划到了对岸。

事件主角

朱元璋

历史坐标

元朝末期

成语出处

《碧里杂存》卷上：“大将军八面威风。”

成语释义

各个方面都很威风；形容声势逼人，气派十足的样子。

成语故事

元朝末年，元顺帝逐渐长大并开始有了自己的想法，他不愿再被权臣伯颜任意摆布了。而此时的伯颜也察觉到了元顺帝的变化，所以想找机会废黜他。这时从小生活在伯颜家的脱脱长大成人了，他负责监视元顺帝的一举一动。

脱脱看出了伯颜的意图，他知道如果真这样做的话，全家都不会有好下场。于是，他决定与元顺帝联合，罢黜伯颜并取而代之。后来，脱脱坐上了丞相之位，高高在上。然而，当时的元朝官员贪污腐败，导致下层的老百姓负担沉重，过着朝不保夕的日子。因此，各地的老百姓纷纷揭竿而起，反抗元朝的统治。

在众多的起义军中，朱元璋的队伍实力最强。朱元璋从小家境贫寒，给人家放过牛，还当过和尚。但他打仗很厉害，身边聚集着一些能人异士。他在公元1356年攻克集庆（今南京），被起义军龙凤政权封为吴国公。

当时的农民起义军，有两路义军的首领张士诚和陈友谅，都把他看作最大的威胁，想要除之而后快。而朱元璋是不会那么轻易就被打败的！经过几番征战，他扫除了其余势力准备发起最后的进攻。鄱阳湖一战，拥有数十万大军的陈友谅被朱元璋杀得人马所剩无几。在混战中，陈友谅中箭身亡。陈友谅的儿子看到父亲已死，自己带领的部队也没有足够的战斗能力，就率领剩下的残兵败将归顺了朱元璋。

朱元璋除掉了心头之患，心里非常高兴，便在江边张灯结彩，打算好好犒劳一下三军。而将士们也遵照他的吩咐大碗喝酒，大块吃肉，场面非常热闹。为了让这些立功的将士在这样的酒宴上能够开怀畅饮，享受这胜利的喜悦，朱元璋就与大将徐达走出了营地。此时，清风明月，微醺的二人精神为之一振，于是朱元璋提议，过江一游，到对面看看风景。

正巧此时，江边停着一只小船。船上坐着一对夫妇，徐达走上前去，客气地询问两位老人能否把他们二人送过江去。老夫妇听后，相视一笑。因为他们早就猜出来这两个人的身份，知道那位站在一边等着回话的人就是大名鼎鼎的朱元璋，便很痛快地请朱元璋和徐达上船。船行至江心时，老人放开嗓子喊起了船工号子："圣天子身后，盘云龙护驾；大将军马前，有八面威风（圣天子百灵相助，大将军八面威风）。"朱元璋与徐达二人听了，都觉得这是庆贺帝王登基的话，会心一笑，二人互相表达庆贺之意。后来，朱元璋在南京称帝，成为大明朝的开国皇帝。接着，他又派身边的得力干将征讨北方的元朝，将元顺帝一下打到了漠北，而这也宣告了元朝统治的结束。

文化卡片

与朱元璋有关的歇后语

外甥打灯笼——照旧（舅）。

朱元璋扫地——各照本位。

船夫向朱元璋喊号子——八面威风。

朱元璋放牛——不往好草赶。

朱元璋不娶颜姑娘——怕腌（颜）。

朱元璋一梦通五经——没有这回事。

有问必答

朱元璋平定天下的策略有哪些？

朱元璋平定天下采用了“高筑墙，广积粮，缓称王”的政策，意指筑起高高的城墙，广泛地囤积粮食，慢慢再称王。这就是在告诉他的手下，巩固根据地的防守，储备充足的粮草，不先出头称王，避开群雄的矛头，不图虚名，然后蓄积力量，办实事用来后发制人，称霸天下。“高筑墙，广积粮，缓称王”，这句话出自《明史 · 朱升传》。

当时的朱元璋在应天府盖了一座“礼贤馆”来接待江南有名望的文人，如叶琛、章溢、刘基、许元等，一众贤士纷纷投奔而来。等朱元璋攻下徽州后，一个极大的收获就是得到了非常有政治远见的老儒生朱升。朱升是一个有真才实学的人，朱元璋按照他的主张来制定政策，结果成就了朱元璋的建国大业。后来，朱元璋重用他，“洪武元年，进翰林学士，定宗庙时享斋戒之礼”。

国学大闯关

下列这些成语都是含有数字的，请动用你的知识储备将空白补充完整。

□全□美	□上□下	□颜□色	□花□门
□牛□毛	□神无主	□面□方	□长□短

答案 十全十美；七上八下；五颜六色；五花八门；九牛一毛；六神无主；四面八方；七长八短。

南宋
元朝
明朝
清朝

勤以立身

基本信息

历史事件

元末明初的宋濂被誉为“一代文宗”。他年少的时候，家境贫寒，常常向人借书来抄，并且按时归还，无论酷暑严寒，从不拖延时间。为了向名师求学，他冒着寒风，顶着鹅毛大雪，克服了许多困难，终于见到了老师，心里无比高兴。这些足以看出他勤俭、坚韧。

事件主角

宋濂

历史坐标

明朝初期

成语出处

暂无

成语释义

只有勤俭才能生存下去。

成语故事

宋濂是元末明初的政治家、史学家、思想家，他被明太祖称为“开国文臣之首”，与高启、刘基并称为“明初诗文三大家”。就是这样一个优秀的人，他在幼年的时候也遭遇了很多坎坷。

根据记载，他是一个早产儿，从小就体弱多病，遇到风寒感冒都会昏迷好几天。经过他祖母和母亲的细心照顾，他才顺利地度过了童年。他小时候不仅非常聪明，记忆力很好，而且学习刻苦。

由于家境贫寒，没有钱买书，只能向有钱的人家借书看。每次借书的时候事先规定好还书的时间，他还书从来不超过期限。夏天，天气炎热，蚊虫滋生，抄书的时候，经常被蚊子叮得浑身是包，可他毫不在乎。冬天，天寒地冻，砚池边的水都冻成了冰，而他的手指也不能自由灵活地书写，即使是这样他仍然坚持抄写，把书抄完就立刻还给人家。宋濂曾经说：“不管人家是不是急着要看这本书，我到了期限就得还书，这是个人信用的问题，也是对别人的尊重。如果连这一点都做不到的话，我还怎么再向人家借书呢？”因为很讲信用，别人都愿意把书借给他看。正是因为如此，他在青少年时期阅读了大量的书籍，积累了丰富的知识，为日后成为一代学者奠定了基础。

成年以后，他拜访一些名师，在向这些名师请教的时候，他毕恭毕敬，不敢有任何的轻慢和懈怠。有时候被老师批评，他会更加虚心，更加恭敬，甚至不敢说一句话。等到老师态度好的时候，他会再次向老师请教。就是这样坚持不懈的学习，使他获益良多。

有一次，他与远方一位著名的学者约好时间，打算去向学者求教。可是到了出发的日子，天上却下起了鹅毛大雪。他的母亲心疼他，说：“这样恶劣的天气还是别出门了，你身上穿的衣服单薄，怎么能抵抗外面的严寒呢？

再说去老师那里的道路应该已被大雪覆盖，不能走了。”而宋濂却坚持己见，他说：“母亲，今天如果不出发的话，就会耽误行程，到时候错过了与老师约定的时间，是非常不尊重老师的。我得按时上路啊！”于是，他就这样出发了。他背着书箱，行走在深山空谷之中，寒风凛冽，雪花纷飞。他脚上的皮肤都冻裂了，然而他根本没有感到疼痛。到了学舍之后，他已经被冻得四肢僵硬，不能动弹。老师的仆人只能先给他热水喝，再用被子盖好他。就这样过了很久他才暖和过来。学舍的其他求学者大都穿着华丽的衣服，戴着装饰着珍宝的帽子，腰间挂着白玉环，个个光彩照人、神采奕奕；宋濂穿着旧棉袍和破衣服立在他们之间，心中没有任何羡慕，因为见到了老师，这是足以让他高兴的事。老师也称赞他说：“年轻人，你真是一个守信用、勤勉好学的人，将来必定有大作为。”

正是由于具有这样勤勉求知的精神，后来，他被朱元璋委以重任，主修《元史》，成为元末明初的大学者。

文化卡片

宋濂的经典名句

穷冬烈风，大雪深数尺，足肤皲裂而不知。

——《送东阳马生序》

长江发源岷山，委蛇七千余里而始入海。

——《阅江楼记》

寥落直至旦，飘零叹何营。

——《清夜》

淋漓醉墨蛟龙襄，人疑锦绣为肝肠，麾斥力士如犬羊。

——《题李太白观瀑布图》

大风吹沙日为黄，狻猊哀啼闻夜郎。

——《题李太白观瀑布图》

八月雪即飞，一夜三尺厚。

——《赠刘俊民先辈》

有问必答

大学者宋濂一生取得了哪些成就？

宋濂是元末明初著名的学者，他的成就主要体现在文学和思想方面。

在中国古代文学史上，他编撰的《元史》可以让他获得至高无上的荣耀。明太祖朱元璋非常欣赏他的才华，让他担任国家的文学顾问。他的《宋学士文集》是中国古典文学的一部重要著作，是许多学者学术研究的重要资料。

思想方面，他倡导佛教当中破二边的不二法门，他认为佛教是“人道之门”。他认为“理”就是天地之心，是绝对的，它使得自然界生机勃勃，这正是“天地之心”通过元气在起作用。人应通过求学问道和修养道德来获得这个“天地之心”。

国学大闯关

下列成语都是与古代的名人刻苦学习有关的，请你对号入座，将人物名字与成语连起来。

勤以立身	朱买臣
闻鸡起舞	吕　蒙
悬梁刺股	祖　逖
负薪读书	宋　濂
手不释卷	苏　秦

答案 勤以立身——宋濂；闻鸡起舞——祖逖；悬梁刺股——苏秦；负薪读书——朱买臣；手不释卷——吕蒙。

露出马脚

基本信息

历史事件

明太祖朱元璋的皇后是一个大脚皇后，她姓马。她总是用裙子去遮盖自己的大脚。有一天，马皇后坐在轿子里出行，突然吹来的一阵风将轿子帘刮了起来，露出了马皇后的大脚，恰巧这一幕被周围的百姓看见，百姓们都知道了原来皇后有一双大脚，这让马皇后非常难堪。

事件主角

马皇后

历史坐标

明朝时期

成语出处

《包待制陈州粜米》第三折："兄弟，这老儿不好惹，动不动先斩后闻，这一来，我们露出马脚来了。"

成语释义

比喻露出破绽，暴露了事实真相。

成语故事

提起“露出马脚”这个成语，大家一定会提出一个问题：为什么是露出马脚，而不是露出牛脚或羊脚呢？原来，这个成语中的“马脚”并不是指某种动物的脚，而是和一个人有关，这个人便是明朝开国皇帝朱元璋的皇后——马秀英。

据说，古代的女子都是以三寸金莲为美的，女子的脚应该是纤细娇美的，而且这也被当作是一种地位高贵的象征。大脚对于女人来说，是非常忌讳的。此外，古代的女子如果脚太大的话，是不好嫁出去的。

朱元璋的皇后马秀英，出身于安徽宿州一户地主家庭，她的家境非常殷实，从小就跟着私塾先生学习读书识字，而且精通女红和刺绣，本人也颇有主见。不幸的是，在元朝末年，她的父亲因为卷入白莲教的起义而死，从此家道败落。马秀英侥幸被她父亲的好友、豪州有名的地主郭子兴收养，成为郭子兴的义女。郭子兴对马秀英如同对待自己的女儿一样，她深得养父母的宠爱，非常淘气，不肯缠足，养父母对她也是无可奈何，于是成人之后的马秀英有一双大脚，也就是俗称的“天足”。

朱元璋本就出身布衣，小时候家里很穷，放过牛，也当过羊倌。他当时并不在乎这些条条框框的东西，于是娶了大脚的马秀英，两个人婚后还十分恩爱。据传，在朱元璋领导起义军进行斗争的时候，有一次，他被敌人包围了，身上还受了伤，是马秀英背着他逃了出来，救了他。正是因为马秀英有一双大脚，她才能大步流星地背着朱元璋逃出来。

后来，朱元璋当了皇帝，便立马秀英为皇后。而马皇后常常提醒朱元璋

要勤俭节约，多多体会民间的疾苦。在人才的选用上，她也常常给朱元璋提出一些建设性的意见。朱元璋有一句名言——“愿得贤人，共理天下”，这句话也是出自马皇后之口。尽管如此，深居皇宫享受荣华富贵的马皇后对自己的一双大脚常常感到无可奈何。如果让人们知道贵为皇后的她有一双大脚的话，会遭到大家的耻笑的。因此，每当她与臣子或其他人物会面的时候，她总是会用衣服的下摆或裙子将脚遮盖得严严实实，生怕别人看到她的一双大脚，背后对她指指点点。

可俗话说得好，世上没有不透风的墙。有一次，马皇后乘着轿辇来到街头的时候，不知道从哪里刮来一阵大风，将马皇后的轿帘掀起了一个角，她放在轿子踏板上的一双大脚就这样暴露在众人面前，她急忙把脚缩了回去。离她比较近的老百姓正巧看到了她的大脚，目瞪口呆地站在原地。之后，老百姓一传十、十传百，将马皇后有一双大脚的消息传了出去，这个消息轰动了整个京城。

因为马皇后姓马，姓马的人露出了大脚，于是便有了“露出马脚”一词，这个词流传至今意思是想遮掩的事情败露，含贬义。

文化卡片

“三寸金莲”的由来和发展

早在宋代，人们把裹过的脚称为“莲”，不同长短的脚是不同等级的莲，大于四寸的为“铁莲”，四寸的为“银莲”，而三寸则为“金莲”。“三寸金莲”要求脚不但小至三寸，而且还要弓弯。

在两宋时期，女子一般在五六岁时开始缠足，其方法是用长布条将拇趾以外的四个脚趾连同脚掌折断弯向脚心，形成笋形的三寸金莲。这样做的目的是营造出一种独特而畸形的女性美。从明代开始，发展成了赛足会，女人们在农历六月初六向人们展示自己的小脚，以得到好评为荣，妇女缠足之风进入兴盛时期。清末的太平天国曾颁布过禁止缠足的法令。但直到辛亥革命后，从城市到乡村的缠足之风才逐渐消失。如今，我们已看不到真正的“三寸金莲”。

“三寸金莲”的消失显示出妇女的解放与地位的提高，标志着中国的女性走向了现代。

有问必答

马皇后是如何辅佐朱元璋的？

史书上记载，马皇后是个“仁慈有智慧，好读书”的女性。她平日里保管着朱元璋的札记。札记是记录朱元璋平日里的所见所闻的，他经常会从里面获得一些启发。

当时，朱元璋派军攻克元大都（今北京）以后，他手下的将领将搜集来的不少珍奇宝物都献给了朱元璋。朱元璋二话没说就收下了，并在札记本上详细地记录下来。当马皇后得知朱元璋收下了这些宝贝后说：“您要这些宝贝干什么？元朝即使拥有了这些宝贝还不是照样被您率领的起义军给推翻了吗？”朱元璋却坚持称自己是胜利者，理应拥有这些奇珍异宝。马皇后却告诉他：“妾与陛下起贫贱，至今日。恒恐骄纵生于奢侈，危亡起于细微，故愿得贤人共理天下。”听罢，朱元璋幡然醒悟，马上派人把那些珍奇宝物统统送到国库中去，并且对马皇后说：“元朝拥有这么多的奇珍异宝，只能说明那些统治者并没有把精力放在治国理政上，而是迷恋于积累个人的财富来满足自己的私欲。我作为开国之君，可千万不能像他们一样啊！”说罢，他就把马皇后说的“骄纵生于奢侈，危亡起于细微”记在了札记本上，时刻提醒自己不要贪恋这些财物，以免亡国。

国学大闯关

请你想想，下列哪些词语与“露出马脚”意思相近。

A. 贻笑大方

B. 漏洞百出

C. 披荆斩棘

D. 不露痕迹

答案 B。

两袖清风

基本信息

历史事件

明英宗时期，太监王振把持朝政，凡是到京城办事的官员都要向他送礼。有一次，时任巡抚的于谦去京城汇报工作，他并没有带什么贵重的物品。他的朋友见状，便提醒他应该带些东西去拜访王振，哪怕是土特产都行。可是，于谦却巧妙地回答：“我也带东西了，我带了两袖清风啊！”

事件主角

于谦

历史坐标

明朝时期

成语出处

《入京》：“清风两袖朝天去，免得闾阎话短长。”

成语释义

原指两袖迎风而起，飘飘扬扬的姿态。后多比喻做官的时候非常清廉，除衣袖中的清风之外，别无所有。

成语故事

明朝有一个著名的清官，他的名字叫于谦。他自幼接受良好的家庭教育，加上天资聪慧、勤奋好学，十四岁已经会赋诗，十五岁就成了秀才，被称为“神童”。他从小就仰慕诸葛亮、魏徵等杰出人物，曾写诗赞颂他们报效国家、廉洁公正的高尚品德，并把他们作为自己的榜样，立下以天下安危为己任的宏志，十七岁时他写了下一首流芳百世的佳作《石灰吟》：“千锤万凿出深山，烈火焚烧若等闲，粉骨碎身浑不怕，要留清白在人间。”可以说，这首诗就是于谦一生的写照。

当时的明朝，朝廷腐败，贪污受贿的现象层出不穷，百姓的日子很不好过。而在皇宫内也出现了太监干政的情况。本来，明朝是严禁太监干政的，早在明太祖朱元璋时就曾规定，太监若干预朝政，就要立即除掉。只可惜，当时明英宗继位时只有九岁，而他从小是在太监王振的陪伴下长大的，所以对王振这个人特别信任。王振依仗皇帝的信任，不仅随意搜刮民脂民膏，还干预朝政，参与卖官鬻[yù]爵。许多地方官员为了升迁，拿着从百姓那里搜刮来的钱财，跑去京城巴结他，给他送礼。之后，大家纷纷效仿，致使朝廷的腐败风气愈演愈烈。

时任巡抚的于谦，按理每年都要进京去汇报工作。而他并没有像那些官员一样携带贵重的礼物巴结王振，他也不会搞官场上“迎来送往，联络感情”那一套。他的朋友看到他的做法后，非常担心，怕这样会得罪大权在握的王振，就好心劝他：“就算你不愿意送些金银财宝去讨好王振，也总要准备一些土特产送去吧？这也是最起码的人情来往啊！”

于谦笑道：“我带了啊！”朋友忙问道：“你带了什么？我怎么什么

也没看到啊！你这不是在骗我吧！”听到这里，于谦便举起了双手，抖一抖袖子说：“我带了两袖清风啊！”听到这句话后，他的朋友只得苦笑，沉默不语，同时也敬佩于谦的志气与胆量。

后来，王振的爪牙诬告于谦，把于谦抓起来，准备判他死刑。老百姓听说后，联名上书替他求情。王振一看这架势，不敢犯众怒，只好恢复了于谦的官职。

土木堡之变后，于谦临危受命，任兵部尚书一职，成为“救时宰相”，即便如此，他仍过着衣无锦绣、食不兼味的俭朴生活。他摒弃了前呼后拥、耀武扬威的官场恶习，外出时既无锣鼓旗仗、又无卫兵开道，因此深受百姓爱戴。

景泰八年（公元 1457 年）正月，刚在夺门之变中复辟的明英宗就将年届六十、清白一世的国之栋梁于谦杀害，重演了当年岳飞的悲剧。京城百姓无不失声痛哭、诅咒奸党。抄于谦家时，人们发现这位一代名臣竟然“家无余资，萧然仅书籍耳”！一位功业盖世的国之重臣竟清贫到这种地步，其德行不由得令人肃然起敬。

文化卡片

于谦所写的经典诗句

粉骨碎身浑不怕，要留清白在人间。

——《石灰吟》

书卷多情似故人，晨昏忧乐每相亲。

——《观书》

一寸丹心图报国，两行清泪为思亲。

——《立春日感怀》

春风秋月不相待，倏忽朱颜变白头。

——《静夜思》

但愿苍生俱饱暖，不辞辛苦出山林。

——《咏煤炭》

有问必答

为什么两只袖子带来的“清风”就成了官员廉洁的象征了?

古人穿的衣服与现代人的不同，古人衣服上没有口袋这种设计。老百姓的衣襟向右掩，在腰间束带，如果有随身携带的零散的东西就直接揣在怀里。如果是官员的话，则身穿长衫，这种长衫的袖子设计得特别宽大，便于放些银两、文章、奏折等东西。而那些贪官污吏经常会把受贿的钱财直接放进自己的衣袖，目的是不让别人看到。倘若这个官吏廉洁自律，并没有贪赃枉法，收受贿赂，他的衣袖则是空的，没有任何负担，所到之处也只有两袖空空的“清风”。后来，“两袖清风”这个成语便成为形容官员廉洁的专用语了。

古往今来，凡是为官清廉、不贪钱财者，常常会以“两袖清风”自誉。

国学大闯关

在下面的空格内分别填入一个字，使横竖四个字都能组成一个成语，然后再读一读吧！

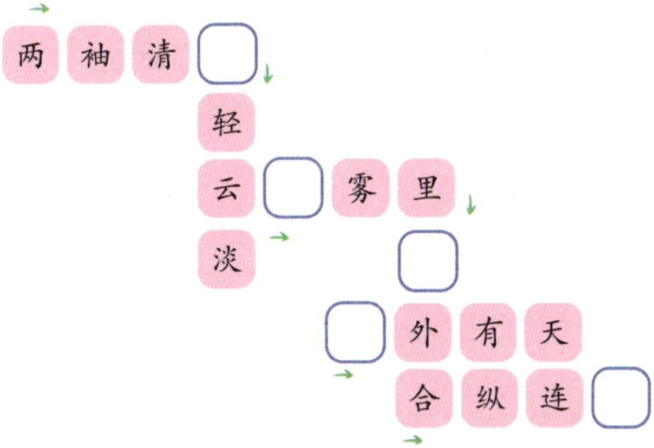

答案 两袖清风，风轻云淡，云里雾里，里应外合，天外有天，合纵连横。

砥节奉公

基本信息

历史事件

周延是明朝嘉靖年间的大臣，他担任地方知县的时候，为老百姓排忧解难，深得当地人民的爱戴。他为了给处于水患中的老百姓减免赋税，不惜得罪上司，上疏皇帝。后来，他因为对镇守边关的人员选拔问题坚持徐浦的建议而被皇帝厌弃，但他深受朝廷内外的赞誉，大家一致认为他是一位砥节奉公、不受外界不良影响的人。

事件主角

周延

历史坐标

明朝时期

成语出处

《明史 · 周延传》："延颜面寒峭，砥节奉公。权臣用事，政以贿成，延未尝有染。"

成语释义

磨砺名节，奉行公事。

成语故事

明朝嘉靖年间的周延为人耿直、爱民如子，是一位体察民情的好官。他是嘉靖二年（1523 年）进士，授潜江知县。在这期间，他大刀阔斧地进行改革，为当地的老百姓解决了三大难题：第一，他通过明察暗访，发现衙门中有许多贪赃枉法的小吏，对他们进行一一处罚和教育；第二，修筑堤坝，预防水患，在他上任的第二年就发生了水患，他带着官兵和老百姓日夜守候在堤坝上，防止出现溃堤的情况，等到秋天又对堤坝进行了加固，解除了水患之忧；第三，当地盗匪横行，经常侵占老百姓的利益，他派官兵捉拿盗匪头目，对其进行严惩，将其他的盗匪释放，让他们归良从善，使当地的治安得到了很大的改善。

除了以上的政绩，他最让当地老百姓感动的是，在潜江发生水患的那一年，周延冒着丢官的危险，上书请求为老百姓减免赋税。当时，他的上司为了自己晋升职位要求周延按照规定征收赋税，但是由于水患，当年老百姓基本上颗粒无收。面对老百姓外出要饭逃荒、哀鸿遍野的情况，他违反上司规定，写了一份请求减免当地百姓税收的奏章呈给了皇帝。皇帝看到这篇奏章后，立即下令“准免秋粮十分之七，岁办等科，依拟停止”，老百姓才获得喘息的机会，为重建家园争取了时间。

由于政绩卓著，周延很快就调到京城担任兵科给事中。嘉靖七年（1528 年），有人对已经去世的王阳明（明代著名的哲学家、思想家、政治家）进行诋毁并问罪，周延因为反对他们而被贬到太仓担任通判。至嘉靖十七年

（1538年），他又升任广州布政司参议，转按察司副使等要职。

嘉靖三十四年（1555年），他被召为都察院左都御史，加太子少保。有一天，皇帝召见周延，向他询问镇守边关的人选。当时皇帝采纳了给事中徐浦的建议，让朝中大臣和各地提督巡抚各自推举自己认为合适的镇守边关的人才。御史罗廷唯则对这种做法提出了异议，他认为徐浦上疏的本意是举荐治边的人才，事实上，朝中大臣和地方巡抚推荐人选往往只注重修养品性和节操，而忽视才干和学识。更严重的是，还有人想靠拉拢关系、巴结权贵来获得别人的推荐，得到镇守边关的机会。显然，借着皇上选拔人才的名义大臣们可为自己拉帮结派大开方便之门。

听到这些，皇帝觉得罗廷唯说得很有道理，便斥责了吏部滥举人才的做法，并下旨让都察院重新商议对策。而周延与尚书吴鹏等人并不这样认为，他们对皇帝说："大臣和各地的巡抚推荐的人当中不少都是有能力镇守边关的，而且他们的推荐也都是秉公无私的，并不像罗廷唯所说的那样。"皇帝听了之后，非常生气，严厉地斥责了周延等人，并宣布之前已经推举的人选全部作废。

经过这件事以后，周延等人不再受到皇帝的信任，但是当时朝廷内外的人都称赞周延，说他"为官铁面无私，注意砥节奉公，不管当权者如何独断专行，贪贿成风，他自己是一点儿也未受到浸染"。

像周延这样"砥节奉公"的官吏都得不到皇帝的信任而被罢黜了，明朝不可逆转地走向了衰败。

文化卡片

嘉靖皇帝在位时的名臣

徐 阶 担任文渊阁大学士，参与国家大政方针的制定。与权臣严嵩同朝十多年，谨慎行事，深得嘉靖信任。等到嘉靖皇帝对严嵩失去信任后，一举将其党羽铲除，成为首辅大臣。

海 瑞 人称“海青天”，他屡次平反冤假错案，打击贪官污吏，得到当地老百姓的一致好评。同时，他还疏通河道，兴修水利，推行“一条鞭法”。

戚继光 明朝抗倭名将，他在我国的东南沿海抗击倭寇入侵十几年，解除了困扰多年的祸患。他还带领军队抗击北方蒙古贵族的侵扰。他在长期的征战中，发明了许多武器，建造了无数战车和战船，有效抵御了外族的入侵。

夏 言 他以正直敢言闻名，深受嘉靖皇帝的赏识，曾提出裁撤朝廷冗员、清查皇家田庄的建议。后遭到严嵩陷害，被皇帝处死。后被明穆宗追谥为“文愍”。

有问必答

嘉靖究竟是一个什么样的皇帝?

嘉靖皇帝十四岁登基，登基前在讨论以什么礼仪进皇宫时，他提出了自己的想法，当时很多有经验的大臣建议他按照太子的礼仪进皇宫，而他却坚持按照皇帝的礼仪进皇宫。经过一番争论，最后嘉靖皇帝获得了胜利，表现出少年皇帝有主见、不屈服的特点。

当时朝廷腐败、佞臣恣意妄为，因此上台之初，嘉靖皇帝就对朝廷进行了整顿。先是诛杀了诸如“八虎”之类的奸臣，然后又打压内廷当中的宦官集团，废除了外戚世代接受分封的制度，提拔了一批为官清廉、刚正不阿的贤臣。由于在政治上进行了大改革，使得当时出现了“嘉靖中兴”的局面，国家的财政税收大大增加，文化和科技事业也有较大的发展，人们纷纷称他为“明朝第一明君”。

可是，就在一切都向好的方面发展的时候，嘉靖皇帝却开始了寻找长生不老药的行动。为了炼丹，他要求宫女在特殊时期要吃桑叶、喝露水，以保证丹药的洁净。宫女们忍受不了这种非人的待遇，就想趁皇帝睡着的时候把他勒死。可是计划没有成功，嘉靖皇帝被吓得不轻，他更加迷恋长生之道。他把国家大事交给了信任的大臣治理，自己却躲了起来。由此，严嵩独揽大权二十年，许多忠臣良将遭到严嵩的迫害而死，国家处于危险的境地。后来，徐阶上台后，重用了一批有能力的贤良之人，又使大明王朝走上了正轨。嘉靖皇帝因为长时间饮服丹药和水银，中毒而亡，终年六十一岁。

国学大闯关

请你以“砥节奉公”为开端，完成下面的成语接龙吧！

砥节奉公→公之于□→众□拱月→月黑□高→高高在□→上□若水→水□不通→通情达□→□所当然

答案 众；星；风；上；善；泄；理；理。

匹夫有责

基本信息

历史事件

明末清初的时候，顾炎武一直从事着反清复明的活动。虽然清政府欣赏他的才学，一直找各种借口想要拉拢他，但他始终没有投靠清政府。后来，他游历名山大川，寻找适合的反清根据地。同时，他著书立说，阐述自己经世思想，他认为国家大事与每个人都息息相关。

事件主角

顾炎武

历史坐标

明末时期

成语出处

《日知录》："保国者，其君其臣，肉食者谋之；保天下者，匹夫之贱与有责焉耳矣。"

成语释义

（国家大事）每个人都有责任。

成语故事

顾炎武出生在一个显赫的家族，他的祖先早在三国时期就已是江南望族，家族长期的发展保留了对国家和对民族忠诚的家风，如他的曾祖父顾章志进入仕途之时，严嵩父子把持朝政，大家都忙着去巴结讨好严嵩，唯独他始终与之保持距离，不同流合污，这在当时的官场属于罕见的事情。而他的爷爷、父亲都用自己的亲身经历教导他要忠于国家；他的生母和嗣母经常以岳飞、文天祥等爱国英雄的事迹教育他、激励他，这些都对顾炎武的人生产生了重要影响。

顾炎武少年时，朝廷腐败，社会黑暗，国家处在灭亡的边缘。北方兴起的女真族已成最大的威胁，国内又爆发了农民起义。明朝这个腐朽的封建王朝已不再是仁人志士可以报效的对象，像顾炎武这样的人，更是屡次受挫，又奋起斗争。

1636年，皇太极改国号为“清”，接着清军突破山海关，攻占了北京城，明朝灭亡。而此时的明朝残余力量又在南京建立起一个南明朝廷。当时，像顾炎武这样的前明读书人都将恢复山河的希望寄托在这个新朝廷上。在去往南京的路上，他将自己平生所学与抗敌的经验相结合，提出了许多军事战略与内政整顿方面的建议。

然而，天不遂人愿，他还没有到达南京，这个朝廷就没有了。于是，这位刚过而立之年的书生，又选择了投笔从戎，加入了当地的抗清组织。然而当时的清军作风强悍，又有许多明朝降将当“参谋”，抗清的队伍很快就被击溃。死里逃生的顾炎武，又回到了他的故乡昆山。

经历了多日的抵抗后，他的故乡也被清军攻破，入城的清军进行了大屠杀，顾炎武的家人多有死伤，他的生母被砍断一条胳膊，他的两个弟弟被杀死。居住在这城市附近的嗣母王氏虽然幸免于难，却不愿独自苟活于世，也绝食而死。种种惨痛的经历，使得顾炎武在后来一篇纪念嗣母的文章中，写下了“呜呼痛哉”。

此后，顾炎武一直没有放弃抵抗，他以商人的身份秘密地从事着抗清活动。出于对他的欣赏和尊重，清朝的统治者一直没有杀他，而是屡屡以高官厚禄来拉拢他。当年与他一起并肩作战的好友感到光复无望，都当了清朝的官员，唯独顾炎武始终没有屈服。

除了一些旧识，他的两个外甥也做了清朝的官，清政府通过这个关系借故编纂《明史》来拉拢他。顾炎武断然拒绝了他们的拉拢，表示如果强迫自己答应的话，那就只能学屈原投江

殉国了。

他四十五岁时，变卖家产，开始游历天下，联络四方豪杰，寻找抗清起义的理想根据地。同时，他也编纂了《天下郡国利病书》《亭林诗集》《日知录》等书籍。他在《日知录》中分析了“亡国”和“亡天下”的区别，认为“保天下”比“保国”更重要，即使是一个普通的人，对国家的兴亡也是负有责任的。他用自己的一生践行着“天下兴亡，匹夫有责”的格言。

文化卡片

明末清初三大儒家

顾炎武 初名绛，字宁人，江苏昆山人，因仰慕文天祥的学生王炎午的为人，改名为炎武。他是明末清初杰出的思想家、学者，为“清学”开山始祖。他反对程朱理学空疏的思想，主张“经世致用”，反对一切形式的空谈。此外，他还提出了“利国富民”的思想，这是早期的民主启蒙思想。

黄宗羲 字太冲，一字德冰，号南雷，被人称为“梨洲先生”，明末清初思想家、史学家。他主张“天下为主，君为客”，强调用“天下之法”代替皇帝的“一家之法”，保障老百姓的基本权利，反对封建的君主专制制度。这种思想具有一定的民主精神，在一定程度上，促进了当时人们思想的进步。

王夫之 字而农，号姜斋、又号夕堂，湖南衡阳人，明末清初的思想家。他反对程朱理学中的“存天理，灭人欲”的主张，指出天理离不开人欲，天理存在于人欲之中。另外，他也反对封建的专制统治，提出了“均天下”的思想。王夫之乃朴素唯物主义思想的集大成者。

有问必答

“匹夫有责”中的“匹夫”是指哪些人？

“匹夫有责”这个词语最早出现在顾炎武的《日知录》里，原文为“保天下者，匹夫之贱与有责焉耳矣”，意思是需要“保天下”的时候，人人都有责任去保护，哪怕是最卑微的“匹夫”。后来，梁启超对这句话进行了修改，变成了“天下兴亡，匹夫有责”。而这里的“匹夫”最早出自《左传》的“匹夫为善，民犹则之，况国君乎”，从字面上看，匹夫是与大臣和君主相对的，而那个年代的这些人大多指的是男子。在《孟子 · 梁惠王下》中“此匹夫之勇，敌一人者也”，用“匹夫”来形容那些游手好闲的人，带有贬义的色彩。而到了东汉时期，“匹夫”一词慢慢演变为代指老百姓了。因此，“匹夫”一词本身没有性别色彩，并没有规定指代的必须是男人，它是指那些心系民族存亡的人。

国学大闯关

下面这些成语都与“爱国”有关，请你动用自己的知识储备，试着将下列成语补充完整。

赤胆□心	忧国□民	□心耿耿	为国□躯
救亡□存	□忠报国	以身□国	保家□国

答案 忠；忧；忠；捐；图；尽；殉；卫。

南宋
元朝
明朝
清朝

不拘一格

基本信息

历史事件

龚自珍在辞官还乡的路上，看到了国家的衰败，当时老百姓生活艰难，还有外敌入侵，他内心五味杂陈。正在此时，镇江的街头，老百姓在进行祭神活动，有人认出了大才子龚自珍，便请他写一首祭祀天神的诗，于是他大笔一挥，写下了“九州生气恃风雷，万马齐喑究可哀。我劝天公重抖擞，不拘一格降人才”这首诗。

事件主角

龚自珍

历史坐标

清朝时期

成语出处

《己亥杂诗 · 其一二五》：“我劝天公重抖擞，不拘一格降人才。”

成语释义

不拘泥于一种规格、方式，比喻打破常规。

成语故事

清代著名的诗人、文学家龚自珍，出身于一个官宦世家，他的祖父和父亲都在朝为官，而且都著有文集或学术著作。在母亲段驯的悉心指导下，龚自珍童年时期就能背诵好多诗词。他十二岁学习《说文解字》，十四岁能写诗，十六岁就已经开始阅读《四库提要》了。

龚自珍从小就讨厌禁锢人们思想的八股文，他认为写这些华而不实的文章是救不了国的，他对“兴国济世”有启迪作用的学问非常感兴趣。在参加

科举考试时，他是最早提交答卷的人。主考官为此感到非常惊讶，认为这个人与众不同，便问龚自珍："你自己感觉考得如何？"龚自珍不以为意地说："那就要看大清的国运了！"这句话的言外之意就是，如果审阅卷子的人赏识我的才能，我定当为清政府竭尽全力，干一番事业。结果在这次考试中，他果然考中了进士，担任了内阁中书、宗人府主事和礼部主事等官职。

龚自珍在京城做了十年无足轻重的闲官，他看不惯官场中的黑暗和腐败，一身才华也未能得到任何施展，时常还遭受保守派的排挤和打压。在目睹了清王朝的昏庸腐败之后，他清醒地认识到这是一个人即使有聪明才智也会被扼杀的年代。所以，在四十八岁的时候，他就借口侍奉年迈的父母，辞官回乡了。

此时恰逢道光十九年（1839年）七月初，虎门销烟的烈焰尚未熄灭，龚自珍正走在镇江的街道上。只见街上人山人海，热闹非凡，他一打听，才知道原来当地民众都在赛神。人们抬着玉皇、风神、雷神等天神塑像在虔诚地祭拜。在这些人当中，有人认出了龚自珍。一位道士听说后，马上挤上前来恳请龚自珍为所谓的天神写篇祭文。龚自珍便接过他手中的笔，一挥而就写下了《己亥杂诗·其一二五》这首名诗，全诗一共四句话："九州生气恃风雷，万马齐喑究可哀。我劝天公重抖擞，不拘一格降人才。"这里的"九州"是整个中国的代称。这首诗大意是说，国家要有生气，就必须凭借疾风迅雷般的社会变革改变现状，我奉劝天公（指皇上）重新振作起来，不要拘泥于常规的选拔人才的方式，应该把那些有用的人才都招揽、利用起来。在这首诗中，龚自珍明确地提出了革新的要求，表达了当时民众的真实想法。这也是当时社会上有识之士之改良主义的先声。

后来，人们由"不拘一格降人才"提炼出"不拘一格"这个成语，用来比喻不拘泥于一种规格或方法来选拔人才。此外，人们从诗中还引申出“万马齐喑”这个成语，指所有的马都沉寂无声，现比喻沉闷的政治局面。

文化卡片

龚自珍的经典诗词

落红不是无情物，化作春泥更护花。

——《己亥杂诗·其五》

一箫一剑平生意，负尽狂名十五年。

——《漫感》

枉说健儿身在手，青灯夜雪阻山东。

——《己亥杂诗·其二九八》

心药心灵总心病，寓言决欲就灯烧。

——《又忏心一首》

万一禅关砉然破，美人如玉剑如虹。

——《夜坐其二》

有问必答

为什么说《己亥杂诗·其一二五》被认为是清朝的最强音？

该诗揭露了清朝统治者的腐朽统治和黑暗的社会面貌，洋溢着爱国的热情，被柳亚子誉为“三百年来第一流”。这首诗以向天神祈祷的口吻，呼唤着社会能有巨大的变革，来打破那种束缚人的思想、扼杀人才的沉闷局面，表达了作者呼吁解放思想、重用人才、变革社会、振兴国家的愿望。诗中选用了“天公”“九州”“万马”“风雷”等具有宏大特征的意象，表达了诗人迫切的期望，诗人期待改革这一“风雷”能够一扫“九州”万马齐喑的黑暗现实。“劝”字表明了诗人居高临下的姿态和对改革充满信心的心理。“不拘一格”则表现了诗人开阔的胸怀和长远的目光，希望国家能够不拘泥于各种条条框框选拔人才，从此改变国家现状。

国学大闯关

请你以“不拘一格”为开端，完成下面的成语接龙吧！

不拘一格 → 格（ ）不入 → 入土为（ ） → 安（ ）当车 → 车水马（ ）

→ 龙争（ ）斗 → 斗志（ ）扬 → 扬扬（ ）意 → 意（ ）风发

答案 格；安；步；龙；虎；昂；得；气。

成语串起中国史

春秋—战国

安中玉　林雅萍　张宇静　著

哈尔滨出版社
HARBIN PUBLISHING HOUSE

图书在版编目（CIP）数据

成语串起中国史. 春秋—战国 / 安中玉, 林雅萍, 张宇静著. -- 哈尔滨 : 哈尔滨出版社, 2024. 12.

ISBN 978-7-5484-8343-4

Ⅰ. H136.31-49；K209

中国国家版本馆CIP数据核字第20243V75P3号

书　　名：成语串起中国史. 春秋—战国
CHENGYU CHUANQI ZHONGGUOSHI.CHUNQIU—ZHANGUO

作　　者：安中玉　林雅萍　张宇静　著
责任编辑：李金秋
装帧设计：李东杰

出版发行：哈尔滨出版社（Harbin Publishing House）
社　　址：哈尔滨市香坊区泰山路82-9号　　邮编：150090
经　　销：全国新华书店
印　　刷：德富泰（唐山）印务有限公司
网　　址：www.hrbcbs.com
E-mail：hrbcbs@yeah.net
编辑版权热线：（0451）87900271　87900272
销售热线：（0451）87900202　87900203

开　　本：787mm × 1092mm　1/16　印张：48　字数：634千字
版　　次：2024年12月第1版
印　　次：2024年12月第1次印刷
书　　号：ISBN 978-7-5484-8343-4
定　　价：168.00元（全6册）

目录

春秋

战国

春秋
战国

管鲍之交

基本信息

历史事件

管仲和鲍叔牙相互信任、相互扶持，最后共同辅佐齐桓公成就霸业。

事件主角

管仲、鲍叔牙

历史坐标

春秋时期

成语出处

《列子 · 力命》：“管仲尝叹曰：‘……生我者父母，知我者鲍叔也！’”此世称管鲍善交者，小白善用能者。

成语释义

本意指管仲和鲍叔牙之间的深厚友情。后来形容朋友之间交情深厚、彼此信任的关系。

成语故事

管仲，名夷吾，是颍上人。他年轻的时候，常与鲍叔牙交往，鲍叔牙知道他是个有才能的人。管仲和鲍叔牙一起做生意时，经常占鲍叔牙的便宜，但鲍叔牙从来没有怪过他，反而一直对他很好。

后来管仲和鲍叔牙都做了官，管仲侍奉齐国的公子纠，鲍叔牙侍奉公子小白。齐国经历了数年动乱，最终公子小白回国即位，成为齐桓公。齐桓公命齐军攻打鲁国，威胁鲁国杀掉曾经与他争夺王位的公子纠。鲁国为求自保，杀了公子纠，管仲也被囚禁起来送回齐国。

鲍叔牙向齐桓公推荐管仲，管仲因此得到齐桓公重用，成为齐国的相国，执掌政事，鲍叔牙则甘愿成为管仲的助手。齐桓公能够成为春秋五霸之首，都是因为有管仲的谋划。齐桓公多次会盟诸侯，让混乱的天下安定下来，也要归功于管仲的智谋。

管仲说："当初我家里很穷，和鲍叔牙一起做生意，分钱的时候我总是多拿一些，但鲍叔牙不认为我贪财，他知道我家里穷。我曾经给鲍叔牙出谋划策，他采用了我的计策，结果损失更大，更困难了，但鲍叔牙不认为我愚笨，他知道是时运的问题。我曾多次做官、多次被国君驱逐，但鲍叔牙不认为我没有才干，他知道我没有遇到好时机。我曾多次临阵脱逃，但鲍叔牙不认为我胆小，他知道我还有老母亲要赡养。公子纠失败，召忽自杀，我被囚禁起来受尽屈辱，鲍叔牙不认为我没有廉耻，而是知道我不会因为小过失而感到羞愧，却会因为不能名扬天下而羞耻。生我的是父母，但了解我的却是鲍叔牙啊！"

鲍叔牙的子孙世代享受齐国的俸禄，十几代人得到了封地，族人中出了很多著名的大夫。所以天下人不称赞管仲的才干，却称颂鲍叔牙能够识别人才。

文化卡片

春秋五霸

齐桓公 齐桓公在位期间励精图治，任用管仲为相，齐国日益强大。他先后主持了九次诸侯会盟，史称"九合诸侯，一匡天下"，齐桓公也成为春秋时期第一位中原霸主。

宋襄公 宋襄公一直想成为霸主。他以仁义治国，可是对外打仗却经常失利。宋襄公虽然被后人列为春秋五霸之一，但他在世的时候，却并没有真正成为诸侯霸主。

晋文公 因为内乱，晋文公即位前被迫在外流亡了十九年，后来在秦穆公的支持下，回到晋国即位。他对内任用贤臣，对外多次用兵，还得到了周王的赏赐。晋文公不仅开启了晋国的百年霸业，还成了春秋时期的霸主之一。

秦穆公 秦穆公在内政上善于任用人才，增强国家实力。在外交上与晋国友好相处，征服西戎，大大扩展了秦国的疆域，还被周王赐予金鼓。

楚庄王 楚庄王即位时年纪未满二十，国内政治斗争激烈，他为了自保，蛰伏了三年。三年之后一鸣惊人，楚国在楚庄王的带领下迅速发展起来，国力充实。最终，楚庄王问鼎中原，成为春秋五霸之一。

有问必答

什么是“八拜”？“八拜之交”之中，除了“管鲍之交”，还有七个是什么？

关于“八拜”，一种说法是指结拜兄弟朝八个方向磕头，依次是：东、南、西、北、东南、东北、西南、西北。另一种说法是指八个感天动地的友情故事。除了管鲍之交，还有知音之交、刎颈之交、鸡黍之交、胶漆之交、舍命之交、生死之交、忘年之交。

国学大闯关

我们常在书本中看到布衣之交、刎颈之交等形容彼此关系的说法，请问“杵臼之交”指的是哪一种友情呢？

A. 普通老百姓相交的朋友

B. 幼年就相识的朋友

C. 生死之交

D. 不计较贫富和身份的交情

答案 D

老马识途

基本信息

历史事件

齐国攻打孤竹国，回国时半道迷了路，是一匹老马带领军队走了回来。

事件主角

管仲

历史坐标

春秋时期

成语出处

《韩非子·说林上》："管仲、隰朋从于桓公伐孤竹，春往冬返，迷惑失道。管仲曰：'老马之智可用也。'乃放老马而随之，遂得道。"

成语释义

本意指老马认识走过的路。比喻有经验的人熟悉情况。

成语故事

山戎进犯燕国，抢夺粮食和财物，还杀害燕国的百姓。燕国屡战屡败，于是派使者向齐桓公求救。

公元前663年，齐桓公带着相国管仲和大夫隰朋，率军出征。齐军所到之处势如破竹，一路追击山戎至孤竹国。山戎大败，无力再南下侵扰，齐军凯旋。齐军出征的时候还是春天，回国时已经是冬天了，草木凋零，道路都变了样。在他国境内，齐人不熟悉地形和环境，大军在崇山峻岭间行进，转来转去迷了路。齐桓公派多路人马去不同方向探路，依然找不到出路。时间一长，军队的粮草日渐减少，再不找到出路，大军很可能会困死在大山之中。

管仲看着疲惫的将士和战马，心想既然狗离家很远都能回家，那老马是不是也可以呢？于是管仲对齐桓公说："大王，老马也许认路，可以让它们在前面领路，带领大军走出山谷。"齐桓公同意了。管仲从战马中挑出几匹老马，解开缰绳，让它们自由行走，没想到几匹老马毫不犹豫地朝着一个方向走去。管仲大喜，率领大军紧跟在老马身后，终于走出了山谷。

大军走了很久，没有水喝，将士们口渴难耐，这时隰朋说："蚂蚁

冬天住在南面，那里阳光充足；夏天住在北面，那里阴凉。地上蚁穴高一寸的话，向下挖八尺深就会有水。”大家听了连忙找蚁穴，果然在蚁穴下面挖到了水。

管仲智谋过人，隰朋聪明机敏，现在的人应学习圣贤的智慧。

文化卡片

三次重要会盟，齐桓公走上称霸之路

一、北杏会盟——小试牛刀

公元前681年，齐桓公在齐国北杏召集诸侯会盟，由于威望不高，只有宋、陈、蔡、邾四个小国参加。

二、鄄地会盟——称霸中原

公元前 679 年，齐桓公召集各诸侯在甄地会盟，并打出“尊王攘夷”的旗号，齐桓公的霸主地位开始被中原诸侯认可。

三、葵丘会盟——霸业巅峰

公元前651年，齐桓公召集诸侯在葵丘会盟，周襄王派代表参加，还赏赐了很多东西表彰他，诸侯拜服，葵丘会盟标志着齐桓公的霸业达到顶峰。

有问必答

老马为什么会认识回家的路呢？还有哪些动物认识路？

老马认识回家的路有三个原因：

1. 老马的记忆力很强，能记住气味和声音。有的老马能在几年后，从数百千米以外回到自己家乡。

2. 马的嗅觉很发达。马鼻孔大，嗅觉细胞多，能够根据空气中细微的物质，找到远处的水源。

3. 马的听觉很发达。马耳翼大，转动灵活，长在身体的最高点。马的耳朵可以像人的眼睛一样，辨别物体的远近和运动的方向。

狗靠气味认路，鸽子靠地磁来判别方向，蜜蜂靠空气中的偏振光定向认路，蚂蚁靠触角识辨气味认路。

国学大闯关

下面哪一句话中的“老马识途”用得不对？

A. 还好你老马识途，不然今天我们就要迷路了。

B. 李菁菁第一次来学校，就老马识途地找到了教室。

C. 他虽然年纪大了，但是在公司干了很多年，可谓老马识途，可以给我们做顾问。

D. 导游老马识途，跟着他走准能看到最好的景色。

答案 B

唇亡齿寒

基本信息

历史事件

晋献公借道虞国去攻打虢国，灭了虢国，班师回朝时又灭了虞国。

事件主角

宫之奇

历史坐标

春秋时期

成语出处

《左传·僖公五年》："虢，虞之表也。虢亡，虞必从之。晋不可启，寇不可玩，一之谓甚，其可再乎？谚所谓'辅车相依，唇亡齿寒'者，其虞、虢之谓也。"

成语释义

本意是嘴唇没有了，牙齿就会感到寒冷。比喻两者关系密切，利害相关。

成语故事

春秋时期，晋国发生了一场持续约七十年的内乱，虢国趁机四次进犯晋国，给晋国造成了沉重的打击，晋国国民深恨虢国趁火打劫。

晋献公即位后，以雷霆手段将晋国迅速从内战的低迷中拯救出来。公元前658年，晋国发动了反击虢国的第一次战争。可是在晋国和虢国之间隔着一个虞国，要讨伐虢国必须经过虞国。虞国和虢国是同盟国，互为掎角之势。怎样才能让虞国借道给晋国呢？晋献公问计于大夫荀息，荀息说：“虞公目光短浅、贪图小利，您送他价值连城的美玉和宝马，他一定会借路的。这样也能拆散虢国和虞国的联盟，更有助于我们攻打虢国。”

晋献公采纳了荀息的计策。虞公见到珍贵的礼物心花怒放，立刻答应借道给晋国。晋国打下虢国的下阳便班师回国，途中还将在虢国获得的奇珍异宝赠予虞公，虞公大喜过望。

公元前655年，晋国再次向虞国借道讨伐虢国。虞国大夫宫之奇阻止虞公道：“虢国是虞国的屏障，虢国灭亡了，虞国肯定也会灭亡。晋国兵强马壮，我们借一次道已经很危险了，怎么能借第二次呢？虢国和虞国就像颊骨和牙床一样，嘴唇没了，牙齿就会寒冷，虢国和虞国就是互相依存的关系啊。”虞公根本听不进宫之奇的劝告，反而说：“晋国送了我们贵重的宝物，如果我们拒绝借道，那不是得罪了晋国？而且晋国比虢国强大得多，我们与更强大的晋国结成联盟有什么不好呢？”宫之奇见虞公一意孤行十分无奈，叹息道：“虞国灭亡都不用等到岁终祭祀的时候。晋国这次灭了虢国之后就会动手，都不用第二次出兵。”随后，宫之奇带着全族的人悄悄离开了虞国。

这年冬天，晋国灭掉了虢国，虢公逃到东周的都城。晋国将从虢国抢来的财宝分了一半给虞公，将大军驻扎在虞国的都城外，说休息几日再走，虞公满口答应。晋军看准时机发动进攻，捉住了虞公，虞国灭亡。

文化卡片

晋献公的两极人生

晋献公的一生颇为传奇，他年轻时任人唯贤、勤于政事，相继攻灭了霍国、魏国、耿国、虞国、虢国等小国，还打败过强大的狄戎。史称晋献公“并国十七，服国三十八”，为晋文公称霸诸侯打下了坚实的基础。但是到了晚年，晋献公却变得昏聩起来，他宠幸美妾，杀死威望颇高的太子，再次引发晋国内乱。

有问必答

唇亡齿寒和唇齿相依都是形容唇齿之间关系密切，那二者有什么区别呢？

唇齿相依和唇亡齿寒都比喻关系密切、相互依存。但唇齿相依强调相互依存；唇亡齿寒强调利害与共，一方遭难，另一方也难以幸免。

例如，三国时期，吴蜀两国唇齿相依。公元 263 年，蜀国被魏国所灭，吴国顿觉唇亡齿寒。

唇齿相依除了指国与国、个人与个人之间的关系，还能指其他事物之间的关系。

国学大闯关

下面几组成语互为反义词，请你试着填一填。

唇亡齿寒——隔岸□□　　唇齿相依——水火□□

□□相关——事不关己　　休戚□□——不共戴天

答案　隔岸观火　水火不容　息息相关　休戚与共

志在四方

基本信息

历史事件

重耳被夫人齐姜和随从送出齐国，成为春秋时期第二位霸主。

事件主角

晋文公重耳

历史坐标

春秋时期

成语出处

《左传 · 僖公二十三年》："齐桓公妻之，有马二十乘，公子安之。从者以为不可。将行，谋于桑下。蚕妾在其上，以告姜氏。姜氏杀之，而谓公子曰：'子有四方之志，其闻之者，吾杀之矣。'"

成语释义

立志于天下。指有远大的抱负和理想，不局限在一地。

成语故事

春秋时期，晋献公的宠妾骊姬想立自己的儿子奚齐为太子，就挑拨晋献公杀了太子申生。然后又迫害公子重耳和夷吾，两人被迫逃出了晋国。

晋献公死后，晋国陷入内乱，夷吾在秦国的护卫下返回晋国即位。夷吾担心重耳回国与自己争夺王位，便派人追杀重耳。重耳继续逃亡，历尽艰险逃到齐国。齐桓公非常赏识重耳，送给他二十辆马车，还把同族的女孩齐姜嫁给重耳，对他的随从也很照顾。重耳在齐国生活得很舒服，已经不想再回晋国了。

齐桓公死后，齐国诸公子为争夺王位内乱不止，诸侯军队多次来犯，齐国内忧外患霸权不再，虽然不久齐孝公即位，但是重耳的随从赵衰、狐偃等人，都觉得齐孝公并不贤能，不可能再现齐国当年的辉

煌，于是几人在桑园秘密商议，想让重耳离开齐国。一个采桑叶的侍女恰巧听到了他们的密谋，便将此事立即告诉了夫人齐姜。

齐姜听后，怕侍女泄露机密，立刻杀了侍女。随后，齐姜对重耳说："公子，好男儿志在四方，你本应做出一番轰轰烈烈的大事！知道这个秘密的侍女，我已经杀了。"可是重耳并不想离开齐国，他说："人生来就是寻求安逸享乐的，我在这里生活得很安逸，我不走！"齐姜非常气愤，说："你是晋国的公子，走投无路才来到齐国。你的随从愿意用性命保护你，你却想一辈子留在齐国，我都为你感到羞耻。你再不回国，什么时候才能成功？"

齐姜劝说重耳不成，只好联合赵衰几人灌醉了重耳，把他送出了齐国。马车走了很久，重耳才醒来，发现自己被几人偷偷带出齐国后，重耳大怒，拿起戈就要杀狐偃。狐偃一边跑一边说："如果杀了我，你能成就大事，我情愿去死。"重耳气急败坏地说："事情要是不能成功，我就吃你的肉。"狐偃笑着说："我的肉又腥又臊，你不会想吃的！"重耳无奈只好继续前行。

重耳62岁终于回到晋国，成为晋国的国君，史称晋文公。

文化卡片

晋文公重耳

重耳即位晋国国君经历了一系列艰难险阻。"骊姬之乱"迫使重耳逃出晋国，在外流亡了19年，辗转8个诸侯国，直至62岁才回国即位成为国君。即位之后，晋文公重耳励精图治，晋国很快强盛起来。

公元前632年，城濮大战，晋国以少胜多大败楚国，晋文公随后召集诸侯国在践土会盟，重耳终于在花甲之年成为中原霸主。晋文公作为春秋时期第二位霸主，与齐桓公并称为“齐桓晋文”。

有问必答

“志在四方”是哪“四方”？“志在四海”又是哪“四海”？

“四方”是指东、南、西、北四个方向，泛指天下。

“四海”在古代是指中国周围环绕的海，按方位分为东海、南海、西海和北海，因时而异，说法不一。泛指天下。

国学大闯关

用恰当的成语补全下面的句子吧。

1. 好男儿□□□□，怎可□□□□，只惦记眼前的蝇头小利呢？
2. 如果你一直如此□□□□，又怎能走遍祖国的大好河山？
3. 不能只有远大的理想，还要用行动去实现自己的□□□□。

答案 1.志在四方 鼠目寸光 2.安土重迁 3.雄心壮志

皮之不存，毛将焉附

基本信息

历史事件

秦国帮助晋惠公回国即位，又帮助晋国度过饥荒，可是等到秦国饥荒时，晋国却不卖米给秦国。

事件主角

晋惠公夷吾

历史坐标

春秋时期

成语出处

《左传·僖公十四年》：“冬，秦饥，使乞籴于晋，晋人弗与。庆郑曰：‘背施无亲，幸灾不仁，贪爱不祥，怒邻不义。四德皆失，何以守国？’虢射曰：‘皮之不存，毛将安傅？’庆郑曰：‘弃信背邻，患孰恤之？无信患作，失援必毙，是则然矣。’虢射曰：‘无损于怨而厚于寇，不如勿与。’”

成语释义

本意是皮都没有了，毛往哪里依附呢？后比喻事物失去了借以生存的基础无法存在。

成语故事

春秋时期，晋国爆发“骊姬之乱”，公子夷吾逃到秦国。秦国国君对夷吾礼遇有加，夷吾提出用五座城池换取秦国支持他回国夺取国君之位，秦穆公欣然答应，派兵护送夷吾回国，夷吾成为晋惠公。晋惠公却背弃诺言，不想割地给秦国，于是派邳郑向秦穆公道歉说：“当初我许诺把城池给您，可是大臣们却说土地是先君的，我凭什么送人？所以我向您道歉。”

公元前647年，晋国发生饥荒，晋惠公向秦国求购粮食。秦穆公询问大夫百里奚，百里奚说：“天灾无法预测，诸侯之间理应互相救助，敦睦邻国。”秦穆公也认为，晋惠公虽然可恶，但晋国百姓无罪。于是秦穆公把大批粮食运往晋国。

第二年，秦国也遭了灾害，粮食歉收，于是秦穆公向晋国求购粮食。晋惠公与群臣商量，大夫庆郑说：“您是在秦国的帮助下即位

的，您却背弃了割地的诺言。晋国饥荒，秦国运来大批粮草；现在秦国饥荒，我们理应给他们粮食！”晋惠公的舅舅虢射却说：“之前没给秦国五座城池，我们与秦国之间的仇怨就已经结下了，现在卖粮给秦国也无法缓和两国的关系，反而会增强他们的力量。这就像是皮都不存在了，毛又能依附在哪里呢？不如干脆连粮食也不卖给他们。”庆郑气愤至极，说：“我们两次背弃秦国的恩惠，以后一旦发生祸患，还有谁会来帮助我们呢？国君如果一意孤行，将来一定会后悔的！”晋惠公根本不在意庆郑的警告，他不仅听从虢射的意见，拒绝卖粮给秦国，还乘人之危发兵攻打秦国。秦穆公大怒，也发兵讨伐晋国。

公元前 645 年，秦国渡过灾荒，秦穆公率军大举进攻晋国，晋惠公率军迎战。两军交战之际，晋惠公乘坐的战车陷进泥里出不来了，秦军追上来俘虏了晋惠公，晋军大败。

文化卡片

反裘负刍

魏文侯在路上见到一个人反穿着羊皮袄，毛在里面，皮在外面，身上还背着柴。魏文侯很奇怪，便上前问：“你为什么反穿着羊皮袄？”那人说：“我很爱惜皮衣上的毛，担心柴把毛磨掉了，这才反着穿。”魏文侯听了大为惊讶，说：“你不知道皮如果磨破了，毛就没有地方依附了吗？”

反裘负刍比喻为人愚昧，办事本末倒置。

有问必答

“覆巢之下，焉有完卵”与“皮之不存，毛将焉附”无论是句式还是含义都很相似，你知道它背后的故事吗？

“覆巢之下，焉有完卵”原本是讲被捣翻的鸟窝里没有完好的鸟蛋，比喻整体覆灭，个人也难以幸免。这句话是孔融九岁的儿子说的。

孔融得罪了曹操，被捕的时候请求保全两个年幼的孩子，这时孔融的儿子却说：“父亲不用求情了，打翻的鸟巢下怎么会有完整的蛋呢？”最后，孔融一家人全部赴难。

国学大闯关

下面哪句话含有“皮之不存，毛将焉附”的意思？

A.集体与个体是兴衰与共、相辅相成的关系。

B.个体的成长和进步，离不开集体这个大环境。

C.个人脱离集体，将失去足以依靠的力量。

D.要树立个人英雄主义观念，大家都崇拜英雄。

答案 ABC

退避三舍

基本信息

历史事件

城濮之战，晋国遵守之前的承诺后退九十里，最终还是打败了楚国。

事件主角

晋文公重耳

历史坐标

春秋时期

成语出处

《左传·僖公二十三年》："楚子飨之，曰：'公子若反晋国，则何以报不谷？'对曰：'子女玉帛，则君有之；羽毛齿革，则君地生焉。其波及晋国者，君之余也。其何以报君？'曰：'虽然，何以报我？'对曰：'若以君之灵，得反晋国，晋、楚治兵，遇于中原，其辟君三舍。'"

成语释义

本意是为了回避与对方冲突主动退让九十里。比喻主动退让，不与之争。

成语故事

春秋时期，因晋国内乱而在外流亡了十几年的公子重耳来到楚国，楚成王用接待国君的礼节热情招待他。这天，楚成王设宴招待重耳，边喝酒边叙话，楚成王问重耳：“如果你回到晋国当上国君，要怎么报答我呢？”重耳思考了一会儿，说：“大王您有的是美女侍从、珍宝丝绸，楚地又盛产珍禽羽毛、象牙兽皮，晋国哪还有什么珍奇之物能献给大王呢？”楚王摇头说：“话虽这么说，可你总该对我有所表示吧？”重耳笑了笑，回答道：“要是托您的福，我真能回国即位的话，那么晋国愿意与楚国交好。如果晋楚交战，我会命令军队退避三舍，如果还是不能得到您的原谅，我再与您交战。”四年后，重耳果然在秦国的帮助下回到了晋国，成了国君，史称晋文公。

公元前632年，楚国发兵攻打宋国，宋国派人向晋国求救。晋文公重耳流亡时，曾到过宋国，宋襄公待他很好，于是晋文公向宋国伸出援手。楚成王见晋国想要救助宋国，便告诫大将军子玉不要与晋军交战，他说：“晋文公重耳在外面逃亡了十九年，什么危险都经历过，深谙人情世故。这样的人，我们不能和他打仗。”可是子玉根本不听劝，一意孤行。楚成王大怒，只给了他少量军队。

子玉率领楚军北上攻打晋军，晋文公立刻命令晋军后撤。晋军将士很不满，说：“我们的统帅是国君，对方带兵的是臣子，哪有国君避让臣子的，这也太丢脸了！”狐偃解释说：“打仗也要先讲理，理直方能气壮。当初楚成王曾帮助过国君，国君许诺，若是两国交战，晋国会退避三舍。今天后撤，就是为了兑现诺言。要是我们失信，那就是我们理亏。如果我们退了以后，他们仍不罢休，我们再打也不迟。”晋军全军后撤九十里，一直撤到城濮。

楚军将士见晋军后撤，也想撤军，可是子玉却不答应，反而步步紧逼，一直追到城濮，还派人向晋文公下战书。晋文公见楚军轻敌深入，便接下战书，还派人答复说：“楚国国君的恩惠，我从来不敢忘，所以退让到这儿。既然你们不肯和解，那只好在战场上比个高下了。”

最终楚军大败，子玉带着残兵败将逃回楚国，因无颜面对楚成王而自杀 。晋军在楚军营地住了三天，吃完缴获的军粮后，才班师回国。这场战役就是著名的城濮之战。

文化卡片

寒食节

重耳在流亡的路上饿晕了，介子推割下自己腿上的肉煮汤给他吃了下去，重耳醒来后非常感动。

重耳回国之后，分封有功之臣时竟忘了介子推。介子推就带着母亲去了绵山，隐居不出。重耳亲自到绵山请介子推，介子推不愿出山。重耳为逼出介子推，命人放火焚山，结果介子推抱着母亲被烧死在一棵大柳树下。重耳追悔莫及，于是把绵山改名为介山，在山上为介子推修祠建庙。

重耳为悼念介子推，下令在介子推罹难之日禁止烟火，只能吃冷食，这就是“寒食节”的由来。

有问必答

“退避三舍”是退了多远？晋文公命令晋军退兵“三舍”只是为了遵守诺言吗？

一舍相当于现在的三十里，三舍就是九十里。晋文公对阵楚军，后退了九十里。

晋文公退避三舍，首先是为了兑现当年对楚成王的诺言，树立晋国诚信的形象。同时，退避三舍也是军事策略，晋军未战而先退，也是在军事上麻痹敌人，使得楚将认为晋军害怕楚军，生出骄傲轻敌的想法，正所谓“骄兵必败”。

国学大闯关

成语接龙

退	避	三	□			□	无	前	□			
			近			青			行			
			求			垂			公			
			□	近	闻	□			□	在	人	□
												虎
												作
												伥

答案 舍 远 名 史 例 事 为

大义灭亲

基本信息

历史事件

州吁与石厚狼狈为奸，卫国百姓怨声载道，石碏用计除掉二人。

事件主角

石碏

历史坐标

春秋时期

成语出处

《左传 · 隐公四年》：“君子曰：‘石碏，纯臣也。恶州吁而厚与焉。大义灭亲，其是之谓乎！’”

成语释义

为了维护正义，对犯罪的亲属不徇私情，使其受到应有的惩罚。

成语故事

卫庄公非常喜爱公子州吁，州吁喜欢舞枪弄棒，卫庄公就让他当将军。

大夫石碏向卫庄公进谏说："我听说，爱孩子就要用礼法来约束他，不能让他走上邪路。一个人如果骄奢淫逸，肯定是因为父母太过溺爱。如果您想立州吁做太子，就请尽快下旨；如果不打算换太子，您这么溺爱他，就是在培养祸害啊……"可惜卫庄公根本听不进去。不久，卫庄公去世了，卫桓公继位。州吁一直想杀掉桓公夺取君位，他找来石厚，两人狼狈为奸密谋弑君。

公元前719年，州吁终于找到机会杀了卫桓公，自立为国君。州吁刚上台，为了得到诸侯国的承认，利诱宋、陈、蔡三国共同与郑国开战，以此来巩固自己的地位。大战结束之后，卫国虽然打了胜仗，但是卫国百姓却不堪重负、怨声载道，卫国的大臣也暗中商议，准备推翻州吁。

州吁没能得到诸侯的认可，还遭到卫国民众和士大夫的反对，十分惶恐，忙找到石厚商量对策。石厚向州吁献计："我父亲石碏在卫国威望极高，向来被国人信服，您要是召他入朝，一定能解决问题。"州吁马上招石碏入朝，可惜石碏托病坚辞不受。州吁没办法，只好让石厚回家请他父亲帮忙。

石碏十分痛恨州吁弑君篡位的行径，就想借此机会除掉他。石碏对石厚说："诸侯即位，都要禀明周天子，得到周天子的认可才是正统。州吁如果能得到周天子赐予的冠冕车服，天下谁还能不服呢？"石厚连连称是，说："可是，如果新君无故入朝，周天子会起疑心，要是有人能先跟周天子奏报就好了。"

石碏沉吟半晌，这才说道："陈国君主很得周天子器重。我国向来与陈国亲睦，你和州吁一起去找陈桓公，只要他肯帮忙，入朝见周天子就容易了。"石厚听了父亲的话，觉得这个办法非常稳妥，连忙告诉了州吁。州吁听后十分高兴，准备了很多玉帛作为礼物，遂与石厚前往陈国。没想到两人刚进入陈国境内，就被陈桓公抓了起来。

原来石碏早已给陈桓公写信言明此事，信中写道："我们卫国弱小，我年纪又大了，不能亲手杀掉这两个弑君叛乱的贼子，只好请您帮忙了。"于是，陈国抓住了州吁和石厚送还卫国，让卫国人自行处置。

九月，卫国大夫丑诛杀州吁，石碏的家臣獳羊肩诛杀石厚。至此，州吁引发的卫国内乱终于解决了。

文化卡片

卫国小传

卫国是西周第一批受封的诸侯国，素有“诸侯之长”的称号。第一任国君是周武王的弟弟康叔。卫国疆域很小，主要包括今河南北部的鹤壁、安阳、濮阳以及紧邻的河北、山东一小部分，但它却是存在时间最长的周代诸侯国，约从公元前11世纪至公元前209年，存在了大约900年。

卫国虽小，却出了很多鼎鼎有名的人物，例如，商鞅、吴起、吕不韦、荆轲。

有问必答

大家为什么都赞扬石碏大义灭亲的行为?

石碏大义灭亲不仅维护了正义，更维护了国家的利益，为卫国除去了弑君篡位、致使百姓苦不堪言的国君。

石碏这一举动得到了无数史学家和诗人的认可，《左传》称赞石碏大义灭亲体现了他大公无私的精神，并称石碏为“纯臣”。宋代洪皓写诗《石碏大义灭亲》称赞石碏：恶吁及厚笃忠纯，大义无私遂灭亲。后代奸邪残骨肉，屡援斯语陷良臣。

国学大闯关

如果石碏包庇自己的儿子，不杀他，大家会怎么形容石碏的行为？

A. 徇私舞弊

B. 铁面无私

C. 刚正不阿

D. 徇情枉法

答案 AD

一鼓作气

基本信息

历史事件

长勺之战，曹刿用策略打败齐军。

事件主角

曹刿

历史坐标

春秋时期

成语出处

《左传·庄公十年》："夫战，勇气也。一鼓作气，再而衰，三而竭。彼竭我盈，故克之。夫大国，难测也，惧有伏焉。吾视其辙乱，望其旗靡，故逐之。"

成语释义

本意是第一次击鼓时士气振奋。比喻趁劲头大的时候鼓起干劲，一口气把工作做完。

成语故事

公元前684年，兵强马壮的齐军进犯鲁国。鲁庄公不甘示弱，亲自带领军队前往长勺应战。双方摆开阵势，大战一触即发。

鲁庄公和曹刿坐在一辆战车上，见齐军军容严整，气势汹汹，当即就要下令击鼓进军，曹刿却说："现在不行。"随后齐军擂响了战鼓，鲁军固守阵地，只有弓弩手不断射击。齐军冲锋一阵，被鲁军弓弩射得无法冲进鲁军的阵地，只好撤退。稍事休整，齐军第二次擂鼓进军。鲁庄公想迎战，又被曹刿阻拦，鲁军依然坚守不战。齐军攻势虽猛，还是被鲁国的弓弩逼退，根本无法与鲁军近身厮杀，齐军再次退回阵地，神情不免疲惫。齐军两次进攻，鲁军都没有应战，齐军将领以为鲁军怯战，很快再次发动进攻。连续进攻三次的齐军士兵此时已十分疲惫，士气大减。曹刿见状，对鲁庄公说："时机到了，可以击鼓进攻了。"战鼓响起，早就摩拳擦掌的鲁军将士奋勇

出击，士气衰竭的齐军根本不是对手，被打得丢盔弃甲，四散溃逃。

鲁庄公见状大喜，命令鲁军乘胜追击。曹刿连忙阻止鲁庄公：“不可。”曹刿走下战车察看齐军战车的车辙，又回到战车上眺望齐军逃跑的队形和旗帜，这才说：“可以追击了。”鲁军一路追击溃逃的齐军，缴获大量兵器和物资，一口气把齐军赶出国境，还射杀了齐桓公的公子雍。

长勺之战胜利后，鲁庄公问曹刿：“为什么要等齐军擂了三次鼓之后才能出击呢？”曹刿回答：“两军交战，靠的是毫不畏惧的气势。第一次击鼓，士气最盛；第二次击鼓，士气就开始低落了；第三次击鼓，士气已然衰竭了。齐军第三次击鼓时，我远远看去，发现他们已经萎靡不振，这时我方军队第一次击鼓，士兵士气旺盛、精神抖擞，所以我们才能一举打败齐军。”鲁庄公连连点头称是，随后又问道：“齐军溃败，你为什么阻止我追击齐军？”曹刿继续解释说：“像齐国这样的大国，在战争中经常有出其不意的行为。他们溃逃时，我怕他们诈败诱敌，在前面设下埋伏，所以察看他们车轮痕迹。我发现齐军车痕混乱，旗子也倒了，确定他们是真的败退了，这才追击。”鲁庄公听了曹刿的话心悦诚服，对他更加倚重了。

文化卡片

古人作战必备金、鼓、旗

鼓是我国传统的打击乐器，击鼓就是命令军队进攻，即“鸣鼓而攻”。早在商周时期，鼓在战争中的作用就已经确定了。

金在这里并不是黄金，而是一种青铜器——钲，鸣金就是击钲，命令军队休息或撤退，即“鸣金收兵”。

旗是古代战争中重要的指挥工具。我国最早的旗是用茅草做的，所以走在队伍前面的人被称作“名列前茅”。后来茅草换成了动物的尾巴，武王伐纣时，用的就是系着动物尾巴的旗帜。春秋战国之后，才开始用纺织品做旗帜。

有问必答

做事为什么要一鼓作气？

1. 士气正旺的时候，就要大力推动事情往前发展，保持高度的热情，正所谓“气可鼓，不可泄”，只有一鼓作气才能克服成功路上的各种困难。

2. 有时候，勇敢迈出第一步比思考一万遍更重要，有些事情看着

困难，实则做起来比想象中容易，遇事拖延就不能够快速地掌握要点，一鼓作气才能将事情做好。

3. 做事要学会借力、借势，注意观察把握机会，一鼓作气不是拼蛮力而是讲策略。

国学大闯关

请选择一个合适的成语，补全下面的句子。

制作玻璃制品时，一定要（　　），不能停顿、耽搁，否则产品就会出问题。

A. 一波三折

B. 一蹴而就

C. 一挥而就

D. 一气呵成

答案 D

暗箭伤人

基本信息

历史事件

公孙子都和颍考叔一起攻打许国，战场上，公孙子都在背后偷袭，一箭

射死了颍考叔。

事件主角

公孙子都、颍考叔

历史坐标

春秋时期

成语出处

宋代刘炎《迩言》卷六："暗箭中人，其深次骨，人之怨之，亦必次骨，以其掩人所不备也。"

成语释义

本意是暗中射箭杀伤别人，即放冷箭伤害人。比喻暗中进行伤人的行为或诡计。

成语故事

公元前712年，郑国与鲁国、齐国准备联合攻打许国。出征前，郑庄公在祖庙之前检阅军队，发派兵车。郑庄公有两个最得力的将军，一个是正直无私且素有孝名的颍考叔，另一个是相貌俊美、武艺超群但心眼很小的公孙子都。两位将军为了争夺兵车吵了起来，互不相让，情急之下，颍考叔将车辕夹在腋下拉着就跑了，公孙子都哪里肯让，提着长戟随后就追，等他追到大路，颍考叔已经不见人影了，公孙子都气急败坏，怀恨在心。

这年秋天，郑庄公和齐僖公、鲁隐公率领三国军队齐聚在许国的都城之下。一声令下三军齐发，颍考叔手持郑庄公的旗帜率先登上了城头。此时还在城下厮杀的公孙子都抬头看到颍考叔马上就要立下攻城的第一大功，顿时妒火攻心，再想起之前战车被抢之仇，立时恶从心头起，弯弓搭箭向城头的颍考叔射去。颍考叔一心都在前方战场，怎会想到背后有暗箭伤人，他被公孙子都一箭射中，从城头坠落而亡。郑国大夫瑕叔盈见颍考叔坠亡，还以为他是被敌军所害，连忙上前扛起旗帜登上城头，大声喊道："国君登上城了！"郑军士气大振，很快攻下了许都。许庄公逃到卫国，许国的国土并入了郑国的版图。

事后，众人追查颍考叔之死，从背后那一箭查到了公孙子都。郑庄公得知杀害颍考叔的竟是公孙子都，大为震惊。郑庄公虽然内心气愤至极，但考虑到颍考叔已死，右膀已失，如果此时再杀公孙子都，相当于自断左臂。为稳定军心和民心，郑庄公令掌管刑名的官员掩盖公孙子都杀死颍考叔一事。可是郑庄公心里又觉得实在对不起颍考叔，只好在颍考叔灵前拜祭时，狠狠地诅咒暗箭伤人的卑鄙小人不得好死。

文化卡片

春秋第一美男子

公孙子都，郑国贵族，有“春秋第一美男子”的称号。他武艺高超，相貌英俊，因此深得郑庄公宠信。

《诗经》有云：“山有扶苏，隰有荷华。不见子都，乃见狂且。”意思是说，一个姑娘跟心上人约会，可是她等了好久，心中的美男子也没来，却看到了一个愚笨的傻瓜。诗里的“子都”就是美男子的代名词。《孟子·告子上》中也写道：“至于子都，天下莫不知其姣也。不知子都之姣者，无目者也。”意思是全天下没有不知道子都英俊美丽的，不知道子都英俊的人是不长眼睛的人。

有问必答

“暗箭伤人”中的两个人物——颍考叔和公孙子都，分别给了我们什么启示?

颍考叔为了国家利益，奋不顾身、英勇杀敌，即便最终命丧小人之手，他依然得到了天下人的赞扬。

公孙子都虽然英俊非凡、年少英雄，但却因争强好胜、嫉贤妒能而暗箭伤人、杀害同僚成了罪人，落得遭人唾骂的下场。

竞争无处不在，积极进取，勇争上游固然是良好的品质，但在面对竞争对手时，我们要保持一颗平常心，更要有欣赏对方的气度。

国学大闯关

猜谜语

1. 背后拉弓——□箭□人
2. 荆轲献图暗自喜——笑□藏□
3. 大漠弯弓入镜头——□□射影
4. 挑灯夜战——明火□□
5. 中秋月——□明□大

答案 1.暗箭伤人 2.笑里藏刀 3.含沙射影 4.明火执仗 5.光明正大

一鸣惊人

基本信息

历史事件

楚庄王继位之后韬光养晦三年，忽然改革弊制、调整官员，楚国迅速强大起来。

事件主角

楚庄王

历史坐标

春秋时期

成语出处

《韩非子·喻老》："王曰：'三年不翅，将以长羽翼；不飞不鸣，将以观民则。虽无飞，飞必冲天；虽无鸣，鸣必惊人。子释之，不谷知之矣。'"

成语释义

本意是一叫就使人震惊。比喻平时没有突出的表现，一干就有惊人的成绩。

成语故事

公元前613年，不到20岁的楚庄王继位，此时的楚国乱成一团，诸公子叛乱，晋国的军队打到了楚国边境。很快楚国又发生了大饥荒，蛮夷部族乘机作乱，袭扰楚国边境。天灾人祸之下，楚国就要分崩离析了。可是楚庄王三年不问政事，只知道躲在深宫之中声色犬马。大臣纷纷进谏，楚庄王很生气，还在宫门口挂起块大牌子，上边写着："有敢进谏的格杀勿论！"

大家都认为楚庄王是个只知道吃喝玩乐的昏君，可是大夫伍举却不这么认为。这天，伍举进宫觐见楚庄王。楚庄王正在寻欢作乐，招手把伍举叫到身边，问："你是来看歌舞的，还是来喝酒的？"伍举说："有一个谜语，我实在猜不出来，特此来向大王请教。"楚庄王一边喝酒一边说："什么谜语，你说来听听。"伍举说："有一只大鸟落在楚国的山上，一停就是三

年，既不飞也不叫，这是一只什么鸟儿？它到底要做什么呢？”楚庄王深深地看了伍举一眼，心中明白他的意思，于是说道：“这可不是普通的鸟。这种鸟，三年不飞，是在等羽翼丰满，三年不鸣，是在察看情况。这只鸟不飞则已，一飞冲天；不鸣则已，一鸣惊人。你去吧，我知道你的意思了。”伍举听了楚庄王的话，心中欢喜，高高兴兴地回去了。

过了一段时间，楚庄王依然故我，既不“鸣”，也不“飞”，天天沉溺于酒色。大夫苏从等不及了，跑来见楚庄王，进门便大哭道：“我就要死了，楚国就要亡了。”楚庄王大惊，连忙问发生了何事，苏从说：“我想劝您处理朝政，您肯定要杀我。您整天不务正业，楚国内忧外患，马上就要灭亡了！”楚庄王大怒：“我早说过，谁来劝谏我就杀谁。你不怕死吗？”苏从义无反顾地说：“如果杀了我，能让您幡然醒悟做个明君，我宁可被您杀死。”楚庄王高兴地说：“你是真心为国家好，我怎么会杀你呢！”

此后，楚庄王亲自听政，大刀阔斧改革政令，诛杀奸臣，调走了一批奉承拍马的小人，提拔敢于进谏的伍举、苏从帮助他处理政事，待到国力提升，攻灭庸国，打败作乱的蛮夷部族，饮马黄河，开启了他的霸业。

文化卡片

楚国的由来

楚人认为自己的始祖是太阳神，所以他们崇拜太阳，崇尚火，以凤为图腾。所以楚地出土的文物，凤的图案特别多。

楚国的缔造者是鬻熊，商末周初，他看准时机，率领部族投靠周文王。周成王时，楚人住在汉水、长江中游之间，被排除在华夏之外。一直到春秋时期，楚国国君自立为王，才被周惠王授为“南方夷越之长”。

最开始楚国疆域很小，但是因为“历代有名王”，疆界不断向南扩展，最终成为春秋诸国中疆域最大的国家。

有问必答

历史上，很多王侯将相都做出了成绩，为何只有楚庄王被评价为“一鸣惊人”呢?

1. 一鸣惊人的瞬间风光无限，实则在闪亮登场之前经历了千难万险。楚庄王即位时还不到 20 岁，那时国内叛乱四起、矛盾重重，他韬光养晦，不问政事，实际上是在积蓄力量、分辨忠奸。

2. 机遇永远属于有准备的人。楚庄王继位三年之后，终于抓住时机，一举肃清朝野，随后重用贤臣、打退外敌，楚国在他的带领下一飞冲天。

3. 一鸣惊人虽然不易，但成功之后长期立于不败之地则更难。楚庄王没有被最初的胜利冲昏头脑、得意忘形，而是励精图治发展国力，在位二十三年，饮马黄河问鼎中原，成为春秋霸主之一。

国学大闯关

“一”字开头的成语有很多，看释意你能写出多少个？

1 原指士子一旦科举及第就天下闻名，后泛指一下子就出了名。

——一□□□

2 原意一起飞就冲上天空，比喻平时默默无闻，突然做出惊人之举。

——一□□□

3 原指人突然得志，一下子达到很高的地位，现指某些事物一下子提到很高的程度。

——一□□□

4 一下子夺得了冠军或者某项荣耀。

——一□□□

答案 1.一举成名 2.一飞冲天 3.一步登天 4.一举夺魁

问鼎中原

基本信息

历史事件

楚庄王觊觎周王室的天下，问象征国家权力的九鼎的重量。

事件主角

楚庄王、王孙满

历史坐标

春秋时期

成语出处

《左传 · 宣公三年》：“楚子伐陆浑之戎，遂至于洛，观兵于周疆。定王使王孙满劳楚子，楚子问鼎之大小轻重焉。”

成语释义

本意楚王问鼎，有取代周朝之意。后用来比喻有夺取国家政权的野心。

成语故事

春秋时期，东周都城洛阳附近生活着一个少数民族陆浑戎，他们经常到洛阳劫掠财物。周王室此时已呈弱势，急需诸侯勤王。此时，楚国在楚庄王的带领下日益强盛，渐渐有了称霸诸侯的气势。

公元前606年，楚庄王发兵勤王，攻伐陆浑戎。楚军大军压境，一举歼灭陆浑戎主力。周定王很高兴，派大臣王孙满慰问楚军。楚庄王志得意满，故意把楚国大军带到洛阳郊外，举行了一场盛大的阅兵仪式，向周王室示威。

楚庄王一见到王孙满就问：“我听说大禹铸有九鼎，从夏传到商，又从商传到周，现在放在洛阳。那鼎有多大？有多重？”王孙满听后悚然心惊，因为九鼎是大禹用九州进贡的铜铸成的，它是九州的象征，天子权力的象

征，更是象征国家政权的传国之宝。楚庄王问九鼎的重量，也就意味着他有觊觎天子权位的野心。王孙满不动声色地回答："一个国家的兴亡在于统治者有无德行，而不在于鼎的大小、轻重。"楚庄王对王孙满的答非所问非常不满，于是故意语带威胁地说："你别以为周王室有九鼎，就觉得天下是你们的了。我们楚国将士折下来的锋刃放到一起，足以铸成九鼎了。"

王孙满面对雄踞一方的楚庄王，并没有害怕，而是巧妙地反驳道："夏朝拥立有德之君，用九州进贡的金属铸成九鼎，描绘各地奇异的事物在鼎上，使百姓懂得哪些是神明，哪些是邪恶之物。所以百姓无论是到江河湖泊，还是进入深山老林，都不会碰到山精水怪一类的恶物，百姓的生活才能和平安乐。到了夏朝末年，夏桀昏庸无德，商汤代夏，九鼎迁到商朝六百年。商朝末年，商纣残暴，周武灭商，九鼎又迁到周朝。如果德行高尚，即便九鼎很小也重得搬不走。如果奸邪当道，九鼎再大也轻得可以迁走。上天赐福给有德行的人，是有时限的。周成王将九鼎安放在王城时曾卜算过，周朝将会传国三十代，传承七百年，这个期限是上天定的。周朝的德行虽然衰退了，但是天命还未更改。九鼎的轻重，不是你能问的。"听了王孙满义正词严的一席话，楚庄王知道自己根本没有能力取代周王室，悻悻地带着大军离开了。

文化卡片

楚庄王战功卓著的一生

公元前611年：楚庄王指挥联军平百蛮，灭庸国；

公元前606年：楚庄王击溃陆浑戎，饮马黄河，观兵周疆，问鼎中原；

公元前605年：楚庄王平定楚国若敖氏的叛乱；

公元前598年：楚庄王灭陈，后又恢复陈国；

公元前604年—前597年：楚国六次伐郑，郑臣服；

公元前597年：楚庄王亲率大军与晋军在邲决战，大胜，称霸诸侯；

公元前595年：楚庄王围困宋国九个月，霸业达到巅峰。

有问必答

“鼎”到底是做什么用的？“一言九鼎”是哪“九鼎”？为何“九鼎”会成为王权的代名词？

鼎本来是古代烹饪的器具，有三足的圆鼎和四足的方鼎两类。最早的鼎由黏土烧制而成，后来有了青铜做的铜鼎。

传说古代夏禹铸造九鼎代表九州，九州分别为豫州、冀州、兖州、青州、徐州、扬州、荆州、雍州、梁州，因此九鼎分别为豫鼎、冀鼎、兖鼎、青鼎、徐鼎、扬鼎、荆鼎、雍鼎和梁鼎。

夏禹铸造了青铜九鼎，在鼎上刻画九州图，象征天下九州都是夏朝的，因此九鼎成为夏朝的镇国之宝。夏、商、周三代都将九鼎奉为象征国家政权

的传国之宝，把九鼎看作是王权至高无上、国家统一昌盛的象征。后世帝王也非常看重九鼎的权力象征意义，武则天 、宋徽宗都曾铸九鼎。

国学大闯关

“问鼎中原”的“中原”是指哪里?

A. 黄河中下游地区，泛指中国。

B. 广袤的华北平原。

C. 古代被誉为“天府之国”的关中平原。

D. 长江中下游地区。

答案 A。

不自量力

基本信息

历史事件

息国和郑国闹翻了，弱小的息国讨伐实力更强的郑国，结果大败而回。

事件主角

息国国君

历史坐标

春秋时期

成语出处

《左传·隐公十一年》：“不度德，不量力，不亲亲，不征辞，不察有罪。”

成语释义

不能正确估计自己的力量。形容对自己估计太高，多指做力不能及的事。

成语故事

公元前712年，在今河南省境内有两个小国家——郑国和息国，作为邻国的郑息两国原本也算亲善和睦，却因一件小事失和。息国国君一怒之下向郑国发动战争。虽然两国都是小国，但当时的郑国，几年间数次打败宋国和卫国，军事实力如日中天，息国根本不是郑国的对手。不出所料，郑国出兵迎战之后，息国兵马很快就被打得丢盔弃甲，狼狈地逃回国内。经此一役，息国国力消耗殆尽，息国迅速衰落。

那些有远见卓识的君子见了，说道："息国就要亡国了。息国不衡量国家的德行能否服人，过高地估量了自己国家的军事实力，没处理好与邻国的关系，也不向天下昭示自己出兵的理由，失败之后还不严查失败的原因、追究责任。息国犯了这五条大错，不久之后一定会灭国，这也算是合情合理啊！"

果然不出所料，公元前680年，楚文王带大军一举吞并了息国。

文化卡片

桃花夫人

息国国君的夫人息妫，因容貌绝美而被称为“桃花夫人”。

息妫是陈国人，因联姻嫁往息国。从陈国去息国要经过蔡国，息妫的姐姐嫁给了蔡侯，因此送嫁的队伍路过蔡国时，蔡侯将息妫迎入宫中设宴款待。宴会上，蔡侯见息妫容颜绝代，不禁心生轻薄之意，行为极其轻佻。

息妫嫁给息侯之后，把在蔡国所受之辱尽数告知息侯。息侯大怒，欲报复蔡国，于是怂恿楚王出兵假攻息国，息国顺势向蔡国求救，诱其出兵。蔡国中计，楚军俘虏蔡侯。蔡侯怀恨在心，故意在楚王面前赞誉息妫的美貌。楚王大喜，出兵灭了息国，抢息妫做夫人。

息妫入楚宫3年，一直不愿说话。楚王问她缘故，息妫说：“我一个女人，有过两个丈夫，即便不能死，又能说什么？”楚王道：“这都是蔡侯的过错，我为夫人报仇。”于是再次出兵攻打蔡国。

后人有诗写息妫：

桃花夫人好颜色，
月中飞出云中得。
新感恩仍旧感恩，
一倾城矣再倾国。

有问必答

哪些成语形象地表现出“不自量力”的含义?

蝗臂当车：螳螂举起前腿企图阻挡前行的车子。

以卵击石：拿着鸡蛋去碰石头。

班门弄斧：在鲁班门前挥舞斧头。

蚍蜉撼树：蚂蚁使劲想摇动大树。

国学大闯关

选出正确的成语补全下面的句子。

1. 连作文都写不好，还想当作家，真是（　　　　）。

2. 锻炼身体也要根据身体情况（　　　　）。

3. 有（　　　　）的作家不会写自己不熟悉、不了解的东西。

4. 他光会说大道理，一动手就错误百出，真是（　　　　）。

A. 量力而行　不自量力　自知之明　眼高手低

B. 不自量力　量力而行　自知之明　眼高手低

C. 眼高手低　量力而行　不自量力　自知之明

D. 自知之明　量力而行　眼高手低　不自量力

答案　B。

三令五申

基本信息

历史事件

孙武把吴王宫中的美人训练得跟士兵一样令出必行。

事件主角

孙武

历史坐标

春秋时期

成语出处

《史记·孙子吴起列传》：“约束既布，乃设铁钺，即三令五申之。于是鼓之右，妇人大笑。孙子曰：‘约束不明，申令不熟，将之罪也。’复三令五申而鼓之左，妇人复大笑。”

成语释义

意思是多次命令和告诫。

成语故事

孙武，春秋时期齐国人。他与伍子胥是好友，伍子胥“七荐孙子”，吴王阖闾终于同意接见孙武。孙武进献自己写的兵法给吴王，阖闾看后暗自赞叹，但不确定此兵法是否能用于实战之中，便说：“十三篇兵法我看过了，你能试着指挥一下队伍吗？”孙武回答说：“可以。”阖闾又问：“可以用女人来试吗？”孙武依然答：“可以。”于是阖闾从宫中找出一百八十个美人交给孙武训练。

孙武把美人分为两队，让吴王最宠爱的两个妃子做队长，令所有人拿着戟，列好队，这才说道：“你们知道自己的前心、后背和左右手吗？”美人们大声回答：“知道。”孙武继续说：“向前，就看前心所对的方向；向左，就看左手方向；向右，就看右手方向；向后，就看后背的方向。”美人们回答：“是。”与众人做好约定，规定清楚动作后，孙武开始宣布纪律，他令人把铁钺（大斧）立起来，指着铁钺对众美人三令五申地讲述军法。

一切就绪，孙武令人击鼓发令：向右！众美人根本不听从命令，反而嘻嘻哈哈地大笑起来。孙武说：“规定不明确，约定不熟悉，这是将帅的罪过。”孙武又重复了几遍军令，再次令人击鼓发令：向左！美人们依然笑不可抑，根本没人听令行事。孙武见状，说：“规定不明确，约定不熟悉，那是将帅的罪过。我已再三说明，你们仍然不执行命令，那就是下级军官的罪过了。”于是孙武下令将两队的队长斩首。

吴王阖闾在看台上看到孙武要杀自己最宠爱的妃子，大为惊骇，连忙派人对孙武说：“我已经知道将军善于用兵了。我没有这两个妃子，吃饭都不香，请不要杀她们。”孙武却说：“我既然已经受命为将，将在军中，君命有所不受。”仍旧让人杀了两个宠妃，然后重新安排了两名队长，再次击鼓发令。这一次美人们再也不敢嬉笑打闹了，无论是向左、向右、向前、向后，还是跪下、起立，全都做得规规矩矩、严肃整齐。

这时，孙武派人向吴王阖闾报告：“队伍已经训练完毕，大王可以来检阅了，这队人马，大王可以任意指挥，赴汤蹈火都没问题。”阖闾刚刚失去两个宠妃，心中气愤不已，说道：“将军训练完就回去休息吧，我不想下去看了。”孙武大为不满，说：“大王只喜欢看我的理论，却不支持我运用兵法。”

吴王阖闾虽然生气，但内心仍然十分佩服孙武的才能，便拜他为将。吴楚大战，孙武和伍子胥率领吴军五战五捷，一鼓作气攻入楚国都城郢，差点覆灭强大的楚国。

文化卡片

兵家至圣

孙武，我国古代著名的军事家，被尊称为“孙子”“兵圣”，又称“兵家至圣”，被誉为“百世兵家之师”“东方兵学的鼻祖”。

孙武写有《孙子兵法》十三篇，为后世兵家所推崇，被誉为“兵学圣典”，在宋代置于《武经七书》之首。孙武和他的军事思想享誉古今、蜚声中外，对后世影响极为深远，在世界军事史上亦有着极高的地位。《孙子兵法》在国际上被公认为“世界古代第一部兵书”，被译为日文、法文、德文、英文等多个版本，是世界著名的兵学典范。

有问必答

“三令五申”中的“令”和“申”是什么意思？是哪“三令”，哪“五申”？

“三令五申”中的“令”即命令，而“申”则是表达、表明的意思。

所谓“三令”：一令观敌之谋，视道路之便，知生死之地；二令听金鼓，视旌旗，以齐其耳目；三令举斧，以宣其刑赏。

所谓“五申”：一申赏罚，以一其心；二申视分合，以一其途；三申画战阵旌旗；四申夜战听火鼓；五申听令不恭，视之以斧钺。

以“三令”为统领，以“五申”定规矩，即主帅一再地命令和告诫全军将士必须遵守规则。

国学大闯关

很多成语中都有“三”、“五”，你知道多少这样的成语?

三□五□	三五□□
三□五□	□三□五
三□五□	五□三□
三□五□	三□五□

答案 三令五申 三五成群 三番五次 隔三差五 三山五岳 五大三粗 三年五载 三皇五帝

卧薪尝胆

基本信息

历史事件

越王勾践为复仇，励精图治，最终打败吴王夫差。

事件主角

勾践

历史坐标

春秋时期

成语出处

《史记·越王勾践世家》："越王勾践反国，乃苦身焦思，置胆于坐，坐卧即仰胆，饮食亦尝胆也。"

成语释义

本意身卧于柴薪，口尝着苦胆。比喻发奋图强，时刻不忘雪耻。

成语故事

公元前 496 年，吴王阖闾兴兵攻打越国。越王勾践刚刚继位，但却毫不畏惧，他派出三队死士冲到吴军阵前，大声呼叫着自刎身亡。吴军从未见过如此阵势，呆愣当场，越军趁机袭击吴军，吴军大败，连吴王阖闾都受了伤，回国不久，阖闾便伤重而亡。弥留之际，阖闾对儿子夫差说：“千万不要忘记报仇啊！”

吴王夫差继位后，日夜操练士兵，以期为父报仇。勾践听说之后，不听范蠡、文种的劝阻，于公元前494年出兵攻打吴国。吴国统帅伍子胥诱敌深入，在夫椒大败越军。勾践带着残兵狼狈奔逃，被吴军一路追击到会稽。

越军被吴军重重围困，形势危急。勾践仰天长叹：“我难道要死在这里了吗？”文种说：“商汤曾被关押在夏台，周文王曾被囚禁在羑里，晋文公重耳曾经逃亡到翟国，齐桓公小白曾经避难到莒国，他们都建立了霸业，您为什么不行呢？”勾践听从文种的建议，向吴王夫差求和。伍子胥对夫差说：“吴国与越国是世代的仇敌，互相征伐了几代君王，有吴国就没有越国，有越国就没有吴国。我们这次打败他们，正是彻底消灭越国的好时机，千万不可错失，否则以后后悔就来不及了。”

文种带着美人和财宝去贿赂吴国大臣伯嚭，伯嚭欣然接受，把文种带到吴王面前。文种恭恭敬敬地叩头，然后说道：“希望大王能赦免勾践的罪过，越国将把镇国之宝送您。万一不能得到大王的赦免，勾践会杀了妻儿、烧了宝器，率领五千名士兵与您决一死战。”伯嚭也上前劝说吴王：“古代讨伐一个国家，对方认输就行了。现在勾践已经被您打得服服帖帖的了，您还要求什么呢？”吴王刚要答应，伍子胥连忙说：“勾践深谋远虑，文种、范蠡精明强干，如果这次放了勾践，他回国之后定然会找吴国复仇。”可惜吴王根本听不进伍子胥的话，最终还是赦免了勾践，撤军回国了。

勾践不仅派遣三百士人去吴国做臣仆，还和妻子一起前往吴国放牛牧羊，自己亲自给夫差当马前卒，低声下气地服侍夫差，终于赢得了吴王的信任，把勾践夫妇放回越国。勾践回国后，奋发图强，准备复仇。他晚上枕着兵器睡在稻草上，房子里挂着苦胆，每天早上尝尝苦胆，吃饭也尝尝苦胆，并对自己说：“你忘记会稽的耻辱了吗？”他亲自下地种田，夫人亲手织布，从不吃肉食，从不穿华丽的衣服，礼敬贤士，厚待宾客，救济穷人，慰问死者，和百姓一起劳作。经过十年的艰苦奋斗，越国终于兵精粮足，转弱为强。

公元前 482 年，勾践突袭吴国，杀了吴太子，夫差派人向勾践求和。公元前 478 年，勾践再次攻打吴国，吴国屡战屡败，夫差再次派人求和，勾践于心不忍想答应吴王，范蠡却说：“会稽的仇您忘了吗？上天把越国赐给吴国，吴国不要。今上天把吴国赐给越国，越国也要违背天命吗？您殚精竭虑二十二年，就是为了覆灭吴国，难道事到临头反而放弃了吗？”

公元前473年，越军围困吴都三年后，终于破城而入。吴王夫差后悔当初没听伍子胥的忠告，拔剑自刎而亡，吴国灭亡。

文化卡片

兔死狗烹，鸟尽弓藏

越王勾践打败吴王夫差之后论功行赏，范蠡却不见了，原来他早已悄悄离开越国。范蠡临走前留给好友文种一封信，上面写道："飞鸟打完了，再好的弓箭也要藏起来；兔子打完了，就会将猎狗煮来吃了。我们的任务已经完成了，你也赶快离开吧。勾践心胸狭窄，只可与他共患难，不能同他共富贵。"

文种不信越王会加害自己，回信说："我为越王立下汗马功劳，这一切都是我该得的，怎么能离开呢？"不久，勾践就派人给文种送来一把剑，正是当年夫差叫伍子胥自杀的那把宝剑。文种这才后悔当初没有听范蠡的话，横剑自杀。

有问必答

勾践回国之后为何要"卧薪尝胆"？生活中，遇到挫折要有怎样的态度？

艰苦能磨炼意志，安逸反而会消磨意志。回到越国之后，勾践害怕因贪图安逸的生活而消磨自己报仇雪耻的意志，所以他晚上睡觉不用被褥，只铺些柴草，不时尝尝苦胆的味道，为的就是不忘受过的耻辱。

遇到困难并不可怕，可怕的是被困难打倒，越是身处逆境越要坚强勇敢，在困境中提升自己。一时的失败不等于永远的失败，只要有信念，有毅力，坚持下去，就能得到最终的胜利。

国学大闯关

有志者事竟成，破釜沉舟，百二秦关终属楚；苦心人天不负，卧薪尝胆，三千越甲可吞吴。

上面这副对联，与哪两个历史人物有关?

A.勾践　　B.项羽　　C.伍子胥　　D.楚庄王

答案 AB

春秋
战国

前事不忘，后事之师

基本信息

历史事件

张孟谈助赵襄子解除赵国危机之后，为保国家安稳而隐退。

事件主角

张孟谈、赵襄子

历史坐标

战国时期

成语出处

《战国策 · 赵策一》："臣观成事，闻往古，天下之美同，臣主之权均之能美，未之有也。前事之不忘，后事之师。君若弗图，则臣力不足。"

成语释义

不忘记过去的经验教训，可以作为今后行事的借鉴。

成语故事

春秋末期，晋国因卿大夫间互相攻伐而急剧衰落。智伯成为晋国的执政大臣后，派人向赵氏、韩氏、魏氏索取土地。韩氏、魏氏虽不愿意献出封地，但惧怕智伯实力强横、凶狠残暴，只好献出了土地，只有赵襄子严词拒绝。智伯大怒，暗中联合韩氏、魏氏，准备进攻赵氏。

赵襄子连忙召来谋士张孟谈商议对策，张孟谈建议到晋阳作战。到了晋阳，赵襄子巡视城墙，察看府库，发现城墙完好，物资充足，可是箭矢却很少，于是找来张孟谈询问。张孟谈胸有成竹地说道：“城中围墙的墙体中塞了很多坚韧的木头，宫室的殿柱都是用铜铸的，它们都是铸造箭矢的材料。”赵襄子大喜，命人准备防御物资。

很快，智伯就带着三家的军队来到了晋阳，双方僵持三月有余，智伯掘开堤坝，引晋水、汾河水灌入晋阳城中。晋阳被围困了整整三年，城中积水，人们在高处搭棚子住，悬挂着锅做饭，粮食和物品都快用光了，士兵身体瘦弱不堪，眼看晋阳就要守不住了，赵襄子准备投降，张孟谈劝阻道："韩氏、魏氏是被迫的，我去向他们说明利害，让他们与我们联合，共同消灭智伯。"赵襄子听了非常高兴，连连拱手表示感谢。

张孟谈潜入韩氏、魏氏营中，成功说服了魏桓子和韩康子，三家决定联合起来消灭智伯。到了约定这天，赵、魏、韩三家军队同时发动进攻，杀得智氏军队四散逃窜，生擒智伯，智氏被灭，三家平分了智氏的封邑。从此，晋国成了赵、魏、韩三家鼎立的局面。

晋阳一役，张孟谈声名鹊起，大家都称赞他谋略过人。这天，张孟谈向赵襄子告别。赵襄子大惊，连忙挽留，张孟谈却说："凡是统治天下的君主，一定要能驾驭臣子，而不能被臣子凌驾。我现在名扬天下，众人信服。所以我必须丢掉这一切，归隐山野。"赵襄子不解，说："你有功劳才名声显赫，对国家忠诚大家才信服你，你正是我想要的人才，怎么可以离开呢？"张孟谈摇摇头说："我之前只是做了臣子该做的事。我说的是君主治国的道理。历史上，如果君主和臣子的权势相同，从来都没有好结果。不能忘记历史的教训，请您让我走吧。"赵襄子虽然惋惜，但还是答应了他。张孟谈辞去官职，隐居山野，安度晚年。

文化卡片

三家分晋

公元前633年，晋文公在晋国设置六卿，六卿虽相互制衡，但也一直牢牢控制着晋国的军政大权。韩氏、赵氏、魏氏、智氏、范氏、中行氏六卿之争愈演愈烈，到公元前458年，范氏、中行氏被四卿联手覆灭，晋国进入“四卿制”时代。公元前453年，赵氏又联合韩氏、魏氏灭掉了实力最雄厚的智氏，开始了韩、赵、魏三家分晋的时代。

公元前403年，周威烈王封韩氏、赵氏、魏氏为诸侯。公元前376年，韩、赵、魏废晋静公，共同瓜分了晋公室的土地。后世称韩、赵、魏三国为“三晋”。

历史上，“三家分晋”被视为春秋之终、战国之始，也是史书《资治通鉴》开篇第一个大事件。

有问必答

中国人为何一直强调“前事不忘，后事之师”？

我们应该从以往的错误和失败中吸取教训，以便将来不再犯同样的错误。如果我们总是重复同样的错误，那将永远无法进步。

我们要总结前人的经验与教训，提升自己的能力，采取相应的措施，杜绝历史的错误在自己身上重现，更好地迎接未来的挑战。

国学大闯关

下面哪个词与“前事不忘，后事之师”的含义相反？

A. 吃一堑长一智

B. 前车之鉴

C. 好了疮疤忘了痛

D. 以史为鉴

答案 C

围魏救赵

基本信息

历史事件

齐军用进攻魏国本土的方法迫使魏国撤回进攻赵国的部队，赵国得救。

事件主角

孙膑

历史坐标

战国时期

成语出处

《史记 · 孙子吴起列传》："君不若引兵疾走大梁，据其街路，冲其方虚，彼必释赵而自救。是我一举解赵之围而收弊于魏也。"

成语释义

袭击敌人后方的据点，以迫使进攻之敌撤退的战术。

成语故事

孙膑曾与庞涓一起学习兵法。后来庞涓到了魏国，成为魏惠王的将军。

庞涓知道自己的才能不及孙膑，暗地里把孙膑骗到魏国，庞涓怕孙膑终有一天会比自己位高权重，故意捏造罪名将他处以膑刑和黥刑，想让他从此埋没于世，不为人知。孙膑暗地里求救于齐国使节，齐使觉得他不同凡响，偷偷用车把他带到了齐国。齐国的将军田忌以上宾之礼待孙膑。

公元前354年，因魏国原来的附属国卫国倒向了赵国，魏惠王欲令大将军庞涓攻打卫国，庞涓却说：“卫国不过弹丸小国，之所以倒向赵国也是被赵国所迫，不如我们直接攻打赵国，既能抢回卫国，还能威震赵国。”魏惠王大为赞同，拜庞涓为将，攻打赵国。

庞涓率魏军攻伐赵国一年有余，兵临赵国都城邯郸城下。赵国情势危急，求救于齐国和楚国。楚国只派出少量兵马，齐国却派出八万大军。齐威王知道孙膑与庞涓曾为同窗，熟悉庞涓的用兵之法，想要拜孙膑为将，孙膑却推辞说：“我是受过刑的人，不方便行走，不能胜任。”于是，齐威王令田忌为将，孙膑为军师率军出征。孙膑坐在设有帷盖的大车上，为田忌出谋划策。

庞涓带领八万魏军，田忌、孙膑率领八万齐军，双方兵力相当，田忌欲直接与魏军主力交战，孙膑却阻止了他，说：“想要解开杂乱打结的绳索，切不可心急地使劲去扯。劝救斗殴的人也不必一起打斗，而是要避开双方的拳脚，寻找机会猛击一方空虚无备的腹位，两人自然也就不再打了。现在魏国出兵攻打赵国，魏国精锐倾巢而出攻入邯郸，留守国内的必然是些老弱残兵。您为何不带兵直捣魏国都城大梁，控制魏国的交通要道，袭击他们守备空虚的地方呢？这样一来，攻打赵国的魏军必定回师救援大梁，赵国的危机不就解了吗？”田忌听后，深以为然，带领齐军调转方向直逼魏国的都城大梁。

齐军走到桂陵，孙膑又对田忌说：“庞涓得知我们攻打大梁，必定带兵星夜兼程回国救援。从邯郸至大梁，桂陵是必经之地。我们可在此设伏，打魏军一个措手不及。”田忌依孙膑之计行事。庞涓得知大梁被围，果然立即退兵。魏军急行军至桂陵，早已疲惫不堪，齐军以逸待劳，伏兵尽出，魏军溃败，死伤两万余人，此役即桂陵之战。经此一役，齐军既解了邯郸之围，又重创魏军，大胜而归。

公元前 342 年，马陵之战爆发，齐、魏大军再次对峙于马陵道，孙膑巧设连环计，一举歼灭魏军约十万人，庞涓智穷兵败自刎当场。至此，孙膑大仇得报，名扬天下。

文化卡片

兵家四圣

“兵家四圣”最普遍的说法为：“兵圣”孙武、“亚圣”吴起、“计圣”孙膑、“尉圣”尉缭。

孙武 著有《孙子兵法》。《孙子兵法》是中国古典军事文化遗产中的璀璨瑰宝，是世界三大兵书之一。

吴起 著有《吴起兵法》。《吴起兵法》是反映古代军事思想的代表作之一，书中提出以治为胜，赏罚严明，主张在军队实行“进有重赏，退有重刑”，军事管理应做到“令行禁止，严不可犯”。

孙膑 著有《孙膑兵法》。《孙膑兵法》继承和发展了战国前期的战争实践经验，此书对政治斗争、经济建设、商业交流等诸方面有指导作用。

尉缭 著有《尉缭子》。《尉缭子》书主要论述了未战之前的对敌优势、将战之时的战场布势、既战之后的凌敌威势三部分重要内容。

有问必答

“围魏救赵”作为经典案例，一直是兵书中必不可少的用兵之法，它的高明之处到底在哪呢？

“围魏救赵”的高明之处就在于它运用了逆向思维，采用看似舍近求远的动作出其不意攻其不备，一举击中了对方的要害。生活中，我们遇到问题，也可以采取围魏救赵的策略，先抓住问题的本质，避实就虚，从根源上解决问题，远比我们正面迎击不易解决的困难更轻松、更有效。

国学大闯关

下面的成语，哪些是从战争故事中演化来的？

A. 风声鹤唳

B. 围魏救赵

C. 四面楚歌

D. 以逸待劳

E. 声东击西

答案 ABCDE

同甘共苦

基本信息

历史事件

齐国进犯燕国，燕昭王为报仇招贤纳士，与百姓同甘共苦，终于打败齐国，报了当年之仇。

事件主角

燕昭王

历史坐标

战国时期

成语出处

《战国策·燕策一》："燕王吊死问生，与百姓同其甘苦。"

成语释义

共同享受欢乐幸福，共同承担祸患苦难。

成语故事

公元前314年，燕国因君位传承引发内乱，齐宣王乘人之危，伙同中

山国攻打燕国，占领燕国大片土地，燕王哙被杀。燕国军民奋起抵抗。赵、韩、秦、楚等国不愿齐国一家独大，共同向齐国施压，齐国不得已退兵。公元前311年，赵武灵王派兵护送在韩做人质的公子职回到燕国即位，是为燕昭王。

燕昭王临危受命，燕国百废待兴。燕昭王一心想重振燕国，向齐国报杀父之仇，燕昭王向郭隗请教：“齐国之前进犯燕国，辱我民杀我父。但现在燕国国力单薄，无法讨回公道。要是有贤才能与我一起治理国家，壮大燕国一雪前耻就好了。先生，我怎么才能招纳贤士？”郭隗回答说：“古代，成就霸业的君主都以贤者为臣，成就王业的君主以贤者为友，成就帝业的君主以贤者为师，亡国之君以贤者为仆役。

如果您能不惜委屈自己，敬重贤士，愿意接受他们的教诲，那样真正的贤者才能来到您身边。如果您对待任何人都盛气凌人，行为粗暴，那也只有当差或奴隶跟在您身边了。您若是真想广纳贤才，就应该亲自登门拜访。等天下的贤士都听说大王真心诚意礼敬贤士，他们一定会赶来燕国的。”燕昭王又问：“那我首先拜访谁呢？”郭隗说道：“古代有一位国君想买一匹千里马，可是买了三年也没买到，就派近侍去找。近侍用五百金买回一匹千里马的骸骨，国君大怒：‘我要的是活千里马，你买一具骸骨有什么用？’近侍却胸有成竹地说：‘很快就会有人送活的千里马来了。’果然，不到一年就有人送来了数匹千里马。这是因为大家见国君连死去的千里马都能重金购买，一定是个真正爱马、买马的人。大王如果真的想招纳贤士，不妨从我开始。我才能一般，还能被大王礼敬有加，那些才能远超过我的人，怎么会不来燕国投奔您呢？”

燕昭王欣然同意，拜郭隗为师，还为他修筑“黄金台”。消息传开，乐毅从魏国赶来，邹衍从齐国赶来，剧辛从赵国赶来，屈庸从卫国赶来。一时间，天下贤者争先恐后涌向燕国。燕昭王祭奠战死的士兵，抚恤死者家属，与百姓同甘共苦、奋发图强，经过二十八年的努力，燕国终于强盛起来。于是，燕昭王封乐毅为大将，大举进攻齐国，一直打到齐都临淄，终于报了当年的仇。

文化卡片

燕国小传

燕国，周朝的诸侯国之一，“战国七雄”之一。

周武王灭商后，封姬奭于燕地，为燕召公。后来燕国向北扩张，建都于今北京附近。公元前314年，齐宣王派大军覆灭燕国。公元前311年，赵武灵王扶持公子职归国即位，燕国复国。公元前228年，燕太子丹派荆轲刺秦失败，而后秦王嬴政发兵攻燕。公元前222年，秦将王贲俘虏燕王喜，燕国灭亡。

有问必答

为什么有些人能“同甘”却不能“共苦”，有些人能“共苦”却不能“同甘”？

“甘”即甘甜，引申为欢乐幸福；“苦”即痛苦，引申为祸患苦难。

能同甘却不能共苦的人，就是在你生活幸福安乐时，围绕在你身边，一旦你跌落谷底，他们立刻作鸟兽散。这种人定然不是真正的朋友，请远离这样的人。

能共苦却不能同甘的人，就是在你困苦之时，他能与你相互扶持，共同努力，但在苦尽甘来之际却与你分道扬镳。这种人疑心、嫉妒心重，请谨慎对待。

真正的友情能够不离不弃，可以一起经历困难与挫折，也可以彼此分享成功与欢乐。

国学大闯关

燕昭王能与子民同甘共苦，你还记得下面哪位君主与百姓只能“共苦”不能“同甘”吗?

A. 吴王夫差

B. 齐桓公小白

C. 晋文公重耳

D. 越王勾践

答案 D

前倨后恭

基本信息

历史事件

苏秦穷苦时，家人瞧不起他、嘲讽他；苏秦发达后，家人都巴结他、畏惧他。

事件主角

苏秦

历史坐标

战国时期

成语出处

《战国策·秦策一》：“将说楚王，路过洛阳。父母闻之，清宫除道，张乐设饮，郊迎三十里；妻侧目而视，倾耳而听；嫂蛇行匍伏，四拜自跪而谢。苏秦曰：‘嫂何前倨而后卑也？’嫂曰：‘以季子之位尊而多金。’苏秦曰：‘嗟乎！贫穷则父母不子，富贵则亲戚畏惧。人生世上，势位富贵，盖可忽乎哉？’”

成语释义

本意是以前傲慢，后来恭敬。形容对人的态度前后截然不同。

成语故事

苏秦是东周洛阳人，他与张仪都曾拜鬼谷子为师，学习纵横之学。学成后，苏秦游说秦王，上了十几道奏章都没有得到秦王的赏识，身上的钱用光了，穷困潦倒地回到家。

苏秦虽然回家了，可家里没有一个人正眼看苏秦，妻子坐在织机旁不理睬他，父母边哭边骂他丢人现眼，嫂子更是出言嘲讽道："周国人要么守住

家业，要么努力从商，你什么正事都不做，非要去耍嘴皮子，现在穷困潦倒不是活该吗？”苏秦惭愧不已，心想：游说各国国君，却不能让他们拿出金玉财帛供养我、尊敬我，我怎么这么失败？苏秦痛定思痛，从书箱中找出《太公阴符》伏案钻研了整整一年，终于把书读透了，合上书，苏秦心中笃定：“我现在可以游说国君了。”

苏秦先去觐见周显王，可是周显王根本不信任他。苏秦再次去了秦国，可是秦王依然拒绝了他。直到与赵王纵论天下大事，才得到了赵王的赏识，封苏秦为武安君，授予相印，还送给他一百辆马车，一千匹锦缎，一百双白璧，一万镒黄金，让他到各国合纵，拆散连横，诸侯国联合压制强秦。在赵王的支持下，苏秦游说成功，六国约定同心协力联合抗秦，秦国再不敢出兵函谷关。合纵成功了，苏秦做了合纵联盟的盟长，佩六国相印。

苏秦路过洛阳，随行的马车里载满了各国送的礼物，后面跟着诸侯派来的送行的使者，浩浩荡荡，十分壮观。周显王听说苏秦来了，连忙命人清理道路，还派使臣到郊外迎接车队。苏秦的家人也来了，他们甚至连头都不敢抬，都跪伏在地上，妻子不敢正眼看他，侧着耳朵听他说话；嫂子匍匐在地，像蛇一样爬到苏秦面前谢罪。苏秦对嫂子说：“为什么你以前对我那么傲慢，现在却这么卑微呢？”嫂子赶紧以头叩地说：“因为您现在地位显贵，钱财多啊。”苏秦长叹一声道：“唉！富贵时，家人都害怕我；穷困时，父母都不拿我当儿子看待。人性凉薄至此，何况其他人呢！如果我当初在洛阳近郊有两顷良田，你们能好好待我，如今我也不会佩戴六国相印了。”说完，苏秦拿出千金，赏赐给亲戚朋友。

文化卡片

纵横家

纵横家是鬼谷子创立的学派。春秋战国时期有一群独特的谋士群体，他们的代表人物有苏秦、张仪、公孙衍、陈轸、苏代、苏厉等。纵横家可看作是我国最早的外交家。他们最擅长的就是“动以利害，巧辞服人”的说服术。

战国时期，诸侯间的实力差距已经十分明显。如果各诸侯国联合起来对付秦国，就是合纵，“合纵派”代表人物是苏秦。如果各诸侯国分别同强大的秦国联盟，就是连横，与“合纵”对应，亦作“连衡”，“连横派”代表人物是张仪。

有问必答

“前倨后恭”中的“倨”和“恭”是什么意思？人为什么会“前倨后恭”？

“倨”即傲慢，“恭”即恭敬。前倨后恭是指态度前后截然不同。通常含贬义，在谈论某人用势利的眼光看人的时候，常常会说“前倨后恭”。

一个人的态度为什么会发生这么大的变化呢？通常是因为对方的身份发生了转变，一开始对方条件比较差，所以鄙夷、嫌弃、讥讽、挖苦对方。后来对方有钱或有势了，条件好了，对待对方的态度便出现了大转变，逢迎拍马，热情攀附，不过就是想依附对方得点好处。

国学大闯关

下面哪些成语是形容"势利眼"的?

A. 趋炎附势　　B. 阿谀奉承

C. 前倨后恭　　D. 先礼后兵

答案 ABC

出尔反尔

基本信息

历史事件

邹国官吏被杀，百姓袖手旁观，孟子说是因为官员之前没有善待百姓。

事件主角

孟子

历史坐标

战国时期

成语出处

《孟子·梁惠王下》：“戒之戒之！出乎尔者，反乎尔者也。”

成语释义

本意是你怎样对待别人，别人就会怎样对待你。现多指言行反复无常，前后自相矛盾。

成语故事

战国时期，邹国与鲁国是邻国，两国经常发生冲突。一次，邹国在冲突中损失惨重，邹穆公怒发冲冠，对孟子说：“这次交战，死了三十三个官员，却没有一个百姓为他们牺牲。杀了他们吧，又不能杀那么多人；不杀他们吧，又实在是恨他们，怎么能眼睁睁看着长官被杀而不营救呢？先生，您觉得我应该怎样处置他们？”

孟子没有回答邹穆公的问题，而是说道：“您知道灾荒之年百姓有多苦吗？上千的年轻力壮的人逃走了，很多身体羸弱的老人走不了，都死了，被随便丢弃在山沟里。而您的粮仓里堆满粮食，库房里堆满金银财宝。那些官员既不救济百姓，也不向您报告实情，欺上瞒下、残害百姓，您知道吗？”邹穆公一脸震惊，说道：“真有这样的事？”孟子继续说：“曾子说：‘要小心，要小心！你怎样对待别人，别人就怎样对待你！’以往百姓被官员欺压，现在他们看着官员被杀而无动于衷，实在怪不得百姓！如果您

施行仁政，百姓自然会亲近您，亲近官员，也就愿意为官员（朝廷）献出生命了。”

邹穆公听了孟子的话幡然醒悟，此后大施仁政。他在生活上一切从简，车驾朴实无华，吃饭简单随意，与其他诸侯比起来堪称简朴。但是他治国毫不懈怠，选贤任能、兴利除弊、善待民众。君主体恤百姓，百姓也乐于为国出力分忧。邹国在邹穆公治理下安定团结、欣欣向荣。所以，邹国虽然很小，但鲁国、卫国都不敢轻视它，齐国、楚国也不能胁迫它。

文化卡片

“亚圣”孟子

孟子，名轲，战国时期著名的思想家、政治家、教育家，孔子儒家学说的继承者，儒家学派的重要代表人物。孟子把孔子“仁”的思想发展成为“仁政”思想，被称为“亚圣”。

孟子及其弟子编著的《孟子》一书，记载了孟子的言论、与各家的思想交锋、对弟子的教诲以及与诸侯的应对，等等。《孟子》体现了孟子主张的“仁政”、王霸之辩以及“民为贵，社稷次之，君为轻”的政治思想，是儒家重要经典。《孟子》与《论语》《大学》《中庸》合称“四书”。

有问必答

为什么大家都喜欢“言而有信”的人，讨厌“出尔反尔”的人呢？

只有自己有诚信，才能建立起自己与他人的积极联系，为亲人、朋友所认同、信任。讲诚信的人，处处受欢迎。诚信是为人之道，更是立身之本。

经常出尔反尔、言行不一的人，让人捉摸不定，会逐渐消磨别人的耐心，进而丧失别人的信任。与这样的人相交，会令人身心疲惫，所以这样的人最终只能走向孤立无援。

国学大闯关

下面的选项中，哪些与“出尔反尔”的古意相近（　　　），哪些与“出尔反尔”的今意相近（　　　）。

A. 积善之家，必有余庆；积不善之家，必有余殃

B. 言而无信

C. 反复无常

D. 你不仁，我不义

E. 一报还一报

答案　ADE　BC

狡兔三窟

基本信息

历史事件

齐王罢免孟尝君的相位，冯煖设计让齐王再次请回孟尝君担任相国。

事件主角

冯煖、孟尝君

历史坐标

战国时期

成语出处

《战国策 · 齐策四》：“狡兔有三窟，仅得免其死耳。今君有一窟，未得高枕而卧也。请为君复凿二窟。”

成语释义

本意是狡猾的野兔打洞时，会准备相通的三个洞窟。比喻为将来躲避灾祸考虑得十分周密。今意一般表示工于心计，为人狡猾。

成语故事

齐国的孟尝君有很多门客，其中有一个叫冯煖的，不仅没展现出任何才能，还不断索要财物，大家都很厌恶他，但是孟尝君满足了他所有要求。

这天，孟尝君找人去自己的封地——薛地收债。冯煖自告奋勇，临走之前问道："收债后买些什么东西回来呢？"孟尝君说："先生看我家缺什么就买些回来吧。"冯煖到了薛地，发现欠债的都是贫苦的庄户，就一把火烧了手上的债券，还宣称是孟尝君为大家免除了所有债务。众人感激涕零，纷纷跪地感谢。

冯煖处理完就回了孟尝君府邸。孟尝君见他回来得这么快，大为惊奇，问他买了什么回来。冯煖说："您府中金银珠宝堆积如山，马厩里拴满了宝马，屋子里都是美女，应有尽有。所以，我替您买回了'仁义'。"当孟尝君知道冯煖以他的名义免除了薛地的债务后，又气又怒，可事已成定局，他也无可奈何。

不久，齐王听信谗言，罢免了孟尝君。孟尝君只好回到自己封地——薛地。薛地百姓听说孟尝君回来了，扶老携幼走了数十里，夹道欢迎孟尝君。孟尝君恍然大悟，看着冯煖说道："先生为我买的仁义，我今天看到了。"冯煖却说："聪明的兔子有三个洞穴，才能在紧急时刻逃过天敌，免于一死。您现在只有一个洞，还不能高枕无忧。我再去为您挖两个洞。"

冯煖去了魏国，对魏惠王说："齐国罢黜了孟尝君，谁能先一步迎他入国，国家必能富国强兵！"于是魏惠王派人带了千斤黄金、百辆车去聘

请孟尝君到魏国当相国。冯煖先赶回了薛地，告诉孟尝君一定不能答应。魏王几次派人请孟尝君去魏国，孟尝君都没有答应。

齐王和朝臣听说了这件事，大为震惊。齐王连忙派人带着一柄宝剑、千斤黄金、两辆华丽的马车向孟尝君谢罪，请他回朝做相国。冯煖对孟尝君说："您向齐王请求，在薛地建宗庙供奉先王的祭器。"齐王答应后，孟尝君风风光光地回去了。薛地宗庙建成后，冯煖对孟尝君说："现在，三个洞都挖好了，您可以高枕无忧了。"

之后，孟尝君在齐国担任相国几十年，安安稳稳没有祸患，都是因为冯煖谋略过人。

文化卡片

三国为相孟尝君

初为秦相，狼狈逃归

秦王多次邀请孟尝君入秦为相，后因秦王猜忌他“先齐后秦”而被囚禁。幸好有随行门客的帮助，孟尝君才得以顺利逃出秦国，狼狈地结束了在秦国为相的生涯。

再为齐相，愤而辞职

孟尝君回到齐国，当即被拜为相国，总领朝政。后齐国王族田甲叛乱，平叛之后，齐王怀疑孟尝君参与叛乱，孟尝君愤而辞职。

三为魏相，薛地灭族

孟尝君被魏王任命为相国。他联合秦国、赵国、韩国、魏国攻打齐国，齐国几乎被灭国。孟尝君死后，他的封地薛地被齐襄王派军攻破收回。

有问必答

兔子为什么会给自己的家挖三个洞口？还有什么动物像兔子一样“狡兔三窟”呢？

首先，兔子胆子很小，一感到危险就会钻到洞里躲起来。生活在野外的兔子有很多天敌，狼、狐狸、野狗、老鹰等都以兔子为食。兔子的家有很多洞，就是为了躲避天敌的。其次，兔子是穴居动物，打洞是天性。兔子不仅会给自己的家打很多洞口，还会打很多洞用来储存食物。

除了兔子，生活在大草原上的草原犬鼠也会挖多个洞口；还有生活在竹林里的竹鼠的洞一般也有 2~6 个出口。其他还有獾、蛇、鳝等动物善于打洞。

国学大闯关

你知道下面的成语与哪些历史人物有关吗？请你连一连吧。

大义灭亲	孙武
老马识途	冯煖
三令五申	廉颇
狡兔三窟	管仲
负荆请罪	石碏

答案 大义灭亲—石碏；老马识途—管仲；三令五申—孙武；狡兔三窟—冯煖；负荆请罪—廉颇。

纸上谈兵

基本信息

历史事件

赵括学兵法学得很好，谁都说不过他。赵括率军与秦军展开长平之战，惨败。赵括被射杀，赵军被坑杀四十余万。

事件主角

赵括

历史坐标

战国时期

成语出处

《史记 · 廉颇蔺相如列传》："赵括自少时学兵法，言兵事，以天下莫能当。尝与其父奢言兵事，奢不能难，然不谓善。括母问奢其故，奢曰：'兵，死地也，而括易言之。使赵不将括即已；若必将之，破赵军者必括也。'……赵括出锐卒自搏战，秦军射杀赵括。括军败，数十万之众遂降秦，秦悉阬之。"

成语释义

本意是在纸面上谈论打仗。比喻空谈理论，不能解决实际问题。也比喻空谈不能成为现实。

成语故事

赵国大将军赵奢有个儿子赵括，从小熟读兵书，跟父亲讨论用兵之事，父亲赵奢难不倒他，所以赵括很是骄傲，自认为天下无敌。可是赵奢却不以为然，他对妻子说："打仗是生死存亡的大事，赵括却认为轻而易举。赵括不做将军也就罢了，如果真做了将军，赵国的军队一定亡在他的手里。"

公元前260年，秦国大举进攻长平，赵国老将军廉颇坚守城池，拒不出战。秦军远征而来，人马疲惫，粮草不济，不能久战，于是使出反间计，散布谣言说："廉颇老了，不敢跟秦军作战，过不了多久就会投降了。秦军只怕赵括当将军，他打仗才是最厉害的。"赵王果然中计，召回廉颇，让赵括接替廉颇的职位。

赵括母亲听说赵王令赵括为将，立刻进宫对赵王说："赵括不能当将军！赵奢做将军时，总是把食物送给别人，大王的赏赐他也都分给将士们。从他接到军令的那一刻起，就全心投入到军务中。但是赵括却天天接受礼物，军中将士都不敢抬头看他，大王赏赐的财物都藏在家里，天天想着买田宅。赵括怎么跟他父亲比？"可惜赵王根本听不进去，坚持派赵括出征。

赵括到长平之后，完全改变了廉颇的作战方案。秦国见反间计成功，秘密调派"战神"白起为将军，指挥秦军作战。白起为诱敌深入，故意打了几场败仗。赵括接连得胜，信心膨胀，拼命追击，一头扎进了白起预先设好的伏击地点。白起命人突袭赵军后方，截断其退路，又派骑兵将赵军主力截

为两段。赵军被困四十余天，粮草断绝，饿死无数。赵括数次突围失败，最终被乱箭射死。赵括死后，赵军伤亡惨重，群龙无首纷纷投降。白起说：“赵国士兵反复无常，如果不杀掉他们，恐怕后患无穷。”最终，秦军只放了年纪小的两百多人，其余四十多万降军全部被杀。这就是历史上著名的长平之战。

长平之战使赵国前后总共损失了四十五万青壮年，赵国元气大伤，再也无力对抗强秦。

文化卡片

“战神”白起

白起，战国时期名将，熟知兵法，善于用兵，辅佐秦昭襄王，屡立战功。在与赵国的长平之战中，白起率军先后斩杀和俘获赵军四十五万人，创造了中国先秦战史上最大的一次歼灭战。后因触怒秦昭襄王，同时又得罪了相国范雎，被免为士卒，赐死杜邮。

白起与廉颇、李牧、王翦并称为“战国四大名将”；与“兵仙”韩信合称“韩白”。后人还将其与韩信、卫青、霍去病合称为“韩白卫霍”。唐代时位列“武庙十哲”。梁启超统计战国战死士兵人数，认为士卒战死两百万有余，其中死于白起手下的就多达一百万。白起是名副其实的“杀神”。

有问必答

读了很多兵书的赵括，对阵“战神”白起，为何会惨败呢？

赵括对兵法内容烂熟于心，但是他缺少实战经验，只知道照搬书本，不知道战场上的情势瞬息万变，对手不同，应用的计谋也不相同，全在于临场发挥，随机应变。

“战神”白起是真正从战争中成长起来的，一生指挥大小 70 余战，从无败绩。他已经能够把兵法融入战争当中，随机应变，真正发挥理论知识的作用。

纸上得来终觉浅，绝知此事要躬行。所以，遇事要少空谈多动手，读书要学以致用，注重实践。只会纸上谈兵的人，最后的结果注定是一败涂地。

国学大闯关

下面是一辆成语接龙小火车，可是火车上丢了一些乘客，你能把它们找回来吗？

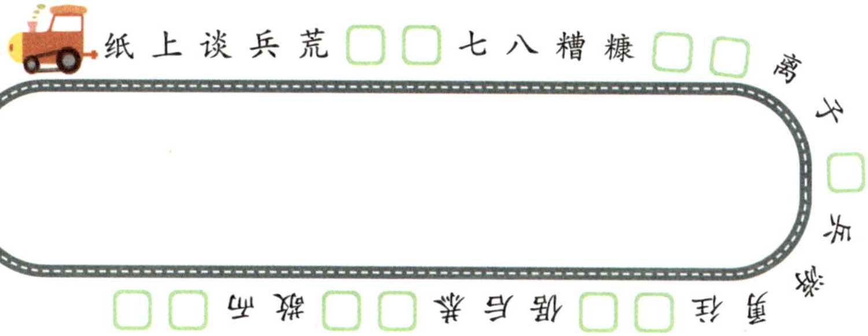

答案 马乱 之妻 散 直前 恭敬 远之

毛遂自荐

基本信息

历史事件

赵国向楚国求救，毛遂自荐陪平原君同去楚国，以一己之力让楚王与平原君歃血为盟，出兵救赵国。

事件主角

毛遂、平原君

历史坐标

战国时期

成语出处

《史记 · 平原君虞卿列传》："门下有毛遂者，前，自赞于平原君曰：'遂闻君将合从于楚，约与食客门下二十人偕，不外索。今少一人，愿君即以遂备员而行矣。'"

成语释义

本意是毛遂自我推荐。现比喻自告奋勇，自己推荐自己承担某项工作。

成语故事

公元前258年，赵国违背承诺，不割让六座城池给秦国。秦昭襄王大怒，派兵攻打赵国都城邯郸。赵国上下一心，坚守城池，可是邯郸久陷重围，赵王派平原君出城请求救兵。

平原君准备先去楚国缔结盟约，欲选二十个文武双全的门客随他一同前往。精挑细选之下，只选出十九个人，差一个人。这时，毛遂走上前来自荐道："听说主公要带二十名门客去楚国签订盟约，现在还少一个人，就让我凑个数吧！"平原君问："先生到我门下几年了？"毛遂回答："三年了。"平原君摇了摇头说："贤能之士就像是把锥子放进布袋里，锥尖很快就会刺破布袋显露出来。先生到我门下三年，我都没听身边的人赞赏过你，你还是留下吧！"毛遂大声说："我现在就是请求您把我放进布袋里啊，如果您早把我放进去，我露出来的不仅仅是尖。"平原君见毛遂坚持要去，最后还是同意了。但是另外那十九个人却都在心里嘲笑他。

到了楚国，平原君与楚王商谈缔结"合纵"盟约的事，反复阐述"合

纵”对两国的好处，从早晨一直谈到中午，仍没有结果。众人心中焦急，却没人敢进去，只有毛遂拿着剑大步走了进去，大声对平原君说：“‘合纵’对两国的利害关系，两句话就能说完。这都一上午了，怎么还没有决定？”楚王见毛遂突然冲进来，很是生气，怒斥道：“我在与你的主人说话，你进来干什么？还不退下！”毛遂手握剑柄几步走上前道：“大王敢叱骂我，不过是倚仗这里是楚国，楚人多。现在，大王在我十步之内，您的性命在我手里。我听说商汤凭借七十里土地统一天下，文王凭借百里土地称霸诸侯，难道是因为人多吗？现在楚国有五千里土地，百万将士，称霸天下都可以，却被白起那个无名小卒打得丢了鄢、郢，烧了夷陵，宗庙都被烧了，连赵国都为你感到羞耻，你就不恨秦国吗？‘合纵’其实是为了你们楚国啊！”楚王连忙说：“对，先生说得对，我们现在就缔结盟约吧。”毛遂捧着铜盘跪在楚王面前说：“大王既然同意了，那就歃血为盟吧。”两国当场歃血为盟，约定联合抗秦。毛遂立下大功，平原君回国后，待毛遂为上宾，众人也对他刮目相看。

文化卡片

战国时代

战国时代是历史上的大变革时期，当时尽管名义上还是东周王室统治天下，但周王室衰微，已无力统管诸侯。诸侯之间互相征伐，战乱频仍。关于战国时期的起始时间，历史上没有明确的界线，一般史学界以“三家分晋”作为春秋和战国时期的分水岭。三家分晋，奠定战国七雄格局。田氏代齐，七雄格局正式形成。到公元前221年，秦始皇统一六国，标志着战国时代结束。

有问必答

现实生活中，遇到事情我们往往会因怯懦而失去机会，怎样才能像毛遂一样，敢于自荐呢？

1. 要有勇气。毛遂自荐一定要有胆量迈出第一步，迈出第一步就离目标近了一步，如果裹足不前，那就只能站在原地，欣赏别人的精彩。

2. 要有方法。自荐时要强调自己的长处，寻找机会表现自己。同时，自荐时不能怕拒绝，遭到拒绝时要巧妙应对。

3. 要有真才实学。厚积才能勃发，如果没有能力，什么事情都做不好，只会夸夸其谈，那最后也只会被人笑话。

国学大闯关

下面的词语中，哪些与毛遂自荐的意思相近，请你圈出来吧。

自告奋勇	丢三落四	满腹经纶	挺身而出
金玉满堂	自惭形秽	畏缩不前	洞若观火

答案 自告奋勇 挺身而出

完璧归赵

基本信息

历史事件

秦王许诺用十五座城换和氏璧，蔺相如献璧，秦王却不提城池之事，蔺相如施巧计使和氏璧重归赵国。

事件主角

蔺相如

历史坐标

战国时期

成语出处

《史记 · 廉颇蔺相如列传》：“相如曰：‘王必无人，臣愿奉璧往使。城入赵而璧留秦；城不入，臣请完璧归赵。’赵王于是遂遣相如奉璧西入秦。”

成语释义

本意指蔺相如将和氏璧完好地自秦国送回赵国。比喻把原物完好地归还本人。

成语故事

赵国得到了楚国的和氏璧，秦王听说之后，表示愿意用十五座城换和氏璧。赵王找众大臣商议对策，宦官头领缪贤推荐了自己的门客蔺相如。赵王命人召来蔺相如，说："秦王要用十五座城换和氏璧，你觉得我应该给他吗？" 蔺相如说："秦国强大，赵国弱小，不能不答应秦国的要求。" 赵王又说："如果秦国拿走和氏璧，却不把城池给我们，怎么办？" 蔺相如说："秦国用城换璧，如果赵国不换，是赵国理亏；赵国将璧给秦国，秦国不给城，是秦国理亏。对比双方实力，宁愿让秦国理亏。" 赵王说："谁可以出使秦国送和氏璧呢？"相如说："大王没有可用之人，就由我去吧。如果秦国

给赵国城池，我就把和氏璧留下；如果秦国不给，我会把和氏璧完好地送回来。”赵王欣然应允。

秦王在章台设宴接待蔺相如，蔺相如把和氏璧献给秦王。秦王大喜，将和氏璧给姬妾和大臣观赏。见秦王根本没有交换城池的打算，蔺相如走上前，说道：“和氏璧上有一点瑕疵，我指给大王看。”秦王连忙令人把和氏璧交给蔺相如。蔺相如双手高举和氏璧，站在庭柱前，怒发冲冠，大声说：“大王想要和氏璧，众人都说秦国贪婪，不会给赵国城池，我却认为，即便是平常人交朋友，也不会互相欺骗，何况秦国还是泱泱大国！赵王为了秦赵之间的友谊，沐浴斋戒五日，这才令我捧璧拜送国书来到大秦。可是大王拿到和氏璧，就传给姬妾看，根本没有把城池给赵国的意思。大王若是逼迫我，今天我的头与和氏璧就一起撞碎在庭柱上。”

蔺相如说着，举着和氏璧就要往庭柱上撞。秦王怕他撞碎和氏璧，连忙让人拿出地图，指着上面的十五座城给蔺相如看。蔺相如知道秦王不会割城给赵国，于是说道：“和氏璧是传世之宝，赵国害怕秦国，不敢不把和氏璧给秦国。但是赵王送出和氏璧时，斋戒了五天。大王也应该斋戒五天，以九宾之礼迎接和氏璧。”秦王无奈只好答应。蔺相如回到驿馆，连忙让人改换服装，带着和氏璧偷偷回赵国。

秦王斋戒五天，用九宾之礼再次召见蔺相如。蔺相如坦然地对秦王说：“我害怕被大王欺骗，对不起赵国的信任，所以让人把和氏璧送回赵国了。现在，秦国强大而赵国弱小，大王只派使臣来说了一句话，赵国就立刻把和氏璧送了过来。大王先割十五座城给赵国，赵王怎么敢不给秦国和氏璧呢？” 秦王与大臣面面相觑，此时杀了蔺相如，既得不到和氏璧，还会与赵国交恶，只好放蔺相如回去了。

蔺相如完璧归赵，既保住了赵国的体面，又没有得罪强秦。赵王大喜，授予蔺相如上大夫的职位。秦国不愿割城给赵国，赵国也没有把和氏璧给秦国。

文化卡片

传国之宝——和氏璧

楚国有一个叫卞和的琢玉高手，在荆山得到一块璞玉，献给楚王，楚王以为是石头，大怒，命人削去卞和双脚。最后剖开璞玉，发现果然是稀世美玉，于是命名为“和氏璧”。

秦始皇统一天下后，命人将和氏璧雕琢成玉玺永传后世，所以和氏璧成为传国之宝，被尊崇为国家的象征。和氏璧历代传承，直到五代十国时期天下大乱，和氏璧不知所终。和氏璧在中国历史上留下了浓墨重彩的一笔，影响了中华玉文化的发展。

有问必答

“完璧归赵”的故事中，蔺相如不辱使命，取得了这场外交的胜利。你还知道历史上有哪些不辱使命的故事呢?

晏子使楚：齐国大夫晏子出使楚国，楚王三次侮辱晏子，想显示楚国的威风，晏子巧妙回击，维护了自己和国家的尊严。

唐雎不辱使命：秦王要与安陵君交换土地，安陵君派唐雎去和秦王交涉，唐雎凭借自己的智慧击败了秦王。

诸葛亮舌战群儒：诸葛亮欲联盟孙权抵抗曹操，遭到东吴诸谋士的责难，最后都被诸葛亮一一反驳，东吴诸人哑口无言。

国学大闯关

很多姓氏会出现在成语中，你知道下面的成语缺了哪个姓氏吗?

完璧归□	见□眼开	炎黄子□	张冠□戴
庄□梦蝶	□带当风	□重其事	成□败寇

答案 赵 钱 孙 李 周 吴 郑 王

负荆请罪

基本信息

历史事件

廉颇因为蔺相如的职位比自己高很不满，蔺相如因此处处躲着廉颇。廉颇知道蔺相如的苦心后，背着荆条上门请罪，两人结成了生死之交。

事件主角

蔺相如、廉颇

历史坐标

战国时期

成语出处

《史记·廉颇蔺相如列传》："廉颇闻之，肉袒负荆，因宾客至蔺相如门谢罪。"

成语释义

背上荆条请求责罚，表示真诚地认罪赔礼。

成语故事

公元前281年，秦国攻打赵国，夺取了石城。第二年，秦国再次攻伐赵国，杀了赵国两万人。秦王派人约赵王到渑池相会。赵王畏惧秦国不敢去，蔺相如连忙说："您如果不去，世人会以为赵国胆小又懦弱。" 赵王不得已赴会，蔺相如随同前去。廉颇带领大军在边境等着他们。

赵王与秦王在渑池相会，一同宴饮。秦王说："我听说赵王喜欢音乐，我带了瑟，请你奏给我听吧。"赵王不好推辞，奏瑟。秦国史官走上前写道："某年月日，秦王与赵王相会饮酒，赵王为秦王鼓瑟。" 蔺相如走上前说："听说秦王善于击缶，请秦王击缶，酬答赵王。"秦王大怒，不肯击缶。蔺相如借着进献盆缶，再次向前请秦王击缶，秦王还是不肯。蔺相

如双眼圆睁，怒目而视说：“我和您只有五步远，您不答应，我就跟您拼了。”秦王被逼无奈，只好敲了一下缶。蔺相如立刻让赵国的史官写道：“某年月日，秦王为赵王击缶。”秦国的群臣说道：“请赵国把十五座城池送给秦王作为寿礼！”蔺相如则说道：“请秦国把国都咸阳送给赵王作为寿礼！”酒宴完毕，秦国始终没能占到便宜，知道廉颇陈兵边境，秦国也不敢动手。

渑池之会后，赵王对蔺相如大加赞赏，封他为上卿，职位在廉颇之上。廉颇在各诸侯国都颇有名望，他曾率军攻打齐国，夺取了阳晋，被赵王拜为上卿。但因文官居右，当时以右为尊，所以蔺相如地位高于廉颇。廉颇因此愤愤不平：“我是赵国的将军，又有攻城略地的功劳。蔺相如不过是凭一张嘴，官位竟然在我之上。而且他出身卑微，我实在羞于位居他之下。等我见到他，一定让他好看。”蔺相如听了，便称病不去上朝；在路上远远见到廉颇，也会让车夫调转方向，避开他。

蔺相如的门客见他如此，很生气，对他说：“我们背井离乡来到您这里，是因为崇敬您品德高尚。现在，您与廉颇都是上卿，廉颇口出狂言，您却害怕得如老鼠畏猫。就是老百姓这样都觉得很羞耻，何况您还是上卿呢！我们实在不愿意跟着您了，这就要离开了。”蔺相如叹了一口气，说：“你们觉得廉将军与秦王谁厉害？”门客说：“廉将军不如秦王厉害。”蔺相如说：“面对秦王，我都敢在秦宫呵斥他，辱他群臣。难道我会害怕廉将军吗？我只是想到，秦国之所以不敢攻打赵国，是因为有我和廉将军。如果我们俩不和，秦国必然乘虚而入，到时候赵国可能就不保了。国难当前，个人恩怨理应摆在后面。”

蔺相如的话传到廉颇耳朵里，廉颇深感羞愧，脱下上衣，背着荆条，由门客领着来到蔺相如家，当众请罪说：“我是个糊涂人，不知道您如此宽容我！”蔺相如、廉颇终于尽释前嫌，成为生死之交。

文化卡片

战国四大名将

秦国白起 兵家代表人物。白起担任秦军主将三十余年，攻城七十余座，料敌如神，出奇制胜，威震六国，在秦统一六国的进程中做出了巨大的贡献。

秦国王翦 王翦率军攻破赵国都城邯郸，扫平三晋，攻破燕国都城蓟，消灭楚国。王翦与其子王贲是秦始皇统一六国、开疆拓土的最大功臣。

赵国李牧 李牧率军抗击匈奴的“赵破匈奴之战”、抵御秦军的“肥之战”，这些战役都是中国战争史上的范例。李牧是战国末期赵国支撑危局的唯一良将，素有“李牧死，赵国亡”之称。

赵国廉颇 廉颇参与五国联军伐齐，大破齐军；在长平抵御秦军，用坚壁固守之策，使秦军劳而无功。廉颇与乐乘率军大破燕军，杀燕将栗腹，迫使燕割五城请和。

有问必答

在“负荆请罪”的故事中，谁更聪明，谁更勇敢？你有“负荆请罪”的勇气吗？

在“负荆请罪”的故事中，蔺相如更聪明，他看出赵国只有将相和平共处，秦国才不敢来犯，所以他宁可委屈自己，也要顾全大局，以国家为重。廉颇更加勇敢，廉颇得知了蔺相如的想法，知道是自己错了，勇于改过，直率磊落，亲自登门谢罪。

正所谓“知耻近乎勇”，一个人难免犯错误，关键在于犯错之后能够认识错误，严肃对待错误，有勇气和决心改正错误。

国学大闯关

下面是打乱的成语、歇后语，请以最快的速度把对应的内容连起来吧。

李逵骂宋江，过后赔不是	少见多怪
刘姥姥进大观园	铁面无私
矮子踩高跷	负荆请罪
包公断案	取长补短

答案 李逵骂宋江，过后赔不是——负荆请罪；刘姥姥进大观园——少见多怪；矮子踩高跷——取长补短；包公断案——铁面无私

亡羊补牢

基本信息

历史事件

楚王沉溺于享乐，楚国被秦国夺走大片土地。楚王请回庄辛辅政，庄辛告诉楚王亡羊补牢，为时不晚。

事件主角

楚襄王、庄辛

历史坐标

战国时期

成语出处

《战国策 · 楚策四》：“见兔而顾犬，未为晚也；亡羊而补牢，未为迟也。”

成语释义

原意是羊逃跑了再去修补羊圈，还不算晚。比喻出了问题以后想办法补救，免得以后继续受损失。

成语故事

楚襄王一味地沉溺于享乐，不理政事，庄辛忧心忡忡，劝谏道：“您一直与州侯、夏侯、鄢陵君、寿陵君在一起，贪图享乐，过着无节制的生活，如此下去，郢会变得很危险。”楚襄王不以为意：“先生老糊涂了吗？还是楚国有什么不祥的预兆？”庄辛说：“我不敢认为国家不祥，而是看到了事情必然的结果，如果您继续宠幸四人，楚国一定会灭亡。请允许臣去赵国避难。”楚襄王讨厌庄辛一直进言，准他离开。

庄辛刚去赵国五个月，秦国大举进攻楚国，攻占了鄢、郢、巫、上蔡、陈，楚襄王慌忙逃出都城，跑到了城阳。这时，楚襄王才后悔当初没有听信庄辛的良言，连忙派人到赵国请庄辛回来。

庄辛来到城阳，楚襄王满面愧疚地对他说：“我不听先生的话，才令事情发展到今天这步田地，楚国现在该怎么办呢？”庄辛回答：“俗话说，见到兔子以后再放出猎犬去追，也不算晚；羊丢了以后再去修补羊圈，也不算迟。商汤和周武仅靠百里土地，就能使天下昌盛，而夏桀和殷纣虽富有天下，最终还是亡国身死。现在，楚国的土地虽然小了很多，还是有数千里，岂止百里？只要大王振作起来，一定可以恢复楚国。大王看那蜻蜓，长了六只脚四个翅膀，低下头吃蚊虫，抬起头喝露水，自以为无忧无虑，却不知小孩子粘了蜘蛛网正准备抓它，它的下场就是被蚂蚁吃掉……大王也是如此。当初您一直与州侯、夏侯、鄢陵君、寿陵君一起，在云梦吃喝玩乐，从不管国家之事，却没料到，秦王已经命令穰侯在黾塞之南驻扎重兵，顷刻间大军压境，州侯几人却丢下您各自逃命。会发生这样的事，只是因为您没有忧患意识。”楚襄王听了庄辛的话，幡然醒悟，封庄辛为阳陵君，赐给他淮北之地。在他的辅佐下，楚襄王重振楚国，收复了失地。

文化卡片

《亡羊补牢》的故事

牧羊人家里养了十几只羊。一天早上，他准备放羊时发现丢了一只羊，原来是羊圈破了个窟窿，夜里狼从窟窿钻进羊圈叼走了一只羊。邻居劝他：“赶快把羊圈修一修吧！”牧羊人却说：“羊都丢了，修羊圈还有什么用？”

第二天一早，牧羊人去放羊时，发现又丢了一只羊，原来狼又从窟窿钻进去叼走了一只羊。牧羊人这才后悔没有听邻居的话，赶紧动手把羊圈修补好。从此以后，羊再也没有丢。

有问必答

为什么说与其“亡羊补牢”，不如“未雨绸缪”？

虽说过而能改，善莫大焉；亡羊补牢，犹未晚也。但是亡羊补牢毕竟已经造成了损失，之后再进行补救，之前损失的大小根本控制不了。而未雨绸缪则是具有超前防范性，祸患起于忽微，多观察、常留心，把问题消灭在萌芽状态，可以避免损失或将损失降到最小。

亡羊补牢是已经产生了损失，未雨绸缪则是基本造成不了损失。古语云：不打无准备之仗，所以做事未雨绸缪更重要。

国学大闯关

你知道吗？十二生肖都有属于自己的成语，试着把它们补全吧。

□目寸光	对□弹琴	生龙活□	□死狗烹
望子成□	画□添足	□到成功	亡□补牢
杀鸡儆□	□鸣狗盗	狐朋□友	□狗不如

答案 鼠、牛、虎、兔、龙、蛇、马、羊、猴、鸡、狗、猪

图穷匕见

基本信息

历史事件

燕国太子丹派荆轲刺杀秦王，荆轲把匕首卷在地图中，地图打开露出匕首，荆轲持匕首刺杀秦王，却被秦王侍卫杀死。

事件主角

荆轲

历史坐标

战国时期

成语出处

《战国策·燕策三》：“秦王谓轲曰：‘起，取武阳所持图。’轲既取图奉之。发图，图穷而匕首见。”

成语释义

本意是地图全部打开，露出里面的匕首。比喻事情发展到最后，露出了真相或本意。

成语故事

公元前228年，秦国灭赵，秦军直逼燕国边境。燕太子丹惶惶不可终日，决定派勇士荆轲去刺杀秦王，荆轲却说：“如果秦王不信任我，我就无法接近他。秦王悬赏千金、封邑万户换取樊於期的脑袋，如果我能拿着樊於期的脑袋和燕国督亢的地图献给秦王，秦王一定会接见我，我才能有机会杀了他。”太子丹连连摇头说：“樊将军走投无路来投奔我，我怎么忍心杀他，我们再想别的办法吧！”

荆轲见太子丹不忍，只好自己找樊於期说明原委。樊於期听了荆轲的计划之后，从容赴死。太子丹得知消息为时已晚，只好把樊於期的首级密封起来交给荆轲。同时，太子丹把早已准备好的匕首送给了荆轲，此匕首锋利无比，且淬了毒，见血封喉。太子丹还把凶悍的秦舞阳派给他做助手。一切都已备齐，荆轲却迟迟不动身，太子丹怀疑荆轲反悔了，便催促道：“时间不

多了，荆卿准备什么时候动身？要不我先派秦舞阳去吧。”荆轲大怒，厉声说道：“秦舞阳就是个没用的小子，他去能做什么？我是在等一个朋友跟我一起去，既然太子怀疑我，那我现在就走吧！”太子丹带领众人到易水边送别荆轲，荆轲高声唱道：“风萧萧兮易水寒，壮士一去兮不复还。”声音悲凉凄婉。

到了秦国，荆轲拿着千金贿赂秦王的宠臣蒙嘉。蒙嘉便对秦王说：“燕王被所向无敌的大秦雄师吓破了胆，根本不敢与我们对战，愿意带领燕国上下归顺秦国。他们特意砍下樊於期的首级，还有燕国督亢地区的地图，派使臣给您送了过来。”秦王大喜过望，穿上正式的礼服，安排隆重的仪式，宣燕国使者在咸阳宫觐见。

荆轲捧着樊於期的首级，秦舞阳捧着督亢的地图走进大殿，秦舞阳被吓得瑟瑟发抖，荆轲镇定自若，对秦王说：“蛮夷之地的粗人，没见过大王，吓坏了。还请大王不要怪罪。”秦王并不在意，指着地图说：“把督亢的地图拿过来。”荆轲拿过地图亲自献上。秦王连忙展开地图，图卷展到尽头，匕首露了出来。荆轲一只手抓住秦王宽大的袍袖，一只手抓起匕首刺了过去。秦王大惊失色，回身就跑，连袍袖都扯坏了，伸手去抽腰间长剑，慌忙间又拔不出。荆轲在秦王身后紧追不舍，秦王绕着殿中的柱子奔跑。秦律规定，殿上大臣不得带兵器，侍卫只能在殿外护卫。因此，一时间居然无一人上前护驾。只有医官夏无且拿起药袋砸向荆轲。秦王趁此机会，终于拔出长剑，回身砍断了荆轲的左腿。荆轲倒下之时，把匕首狠狠投向秦王，但没有击中。侍卫冲进大殿，杀死了荆轲。

文化卡片

千古一帝——秦始皇

秦始皇嬴政首次完成中国大一统，是中国第一个称皇帝的君主。

公元前230～前221年，秦始皇先后灭韩、赵、魏、楚、燕、齐六国，统一中国，建立起一个中央集权的统一的多民族国家——秦朝。

秦始皇在中央实行三公九卿制，地方实行郡县制。书同文，车同轨，统一货币、度量衡。对外北击匈奴，南征百越，修筑万里长城，修筑灵渠。公元前210年，秦始皇东巡途中驾崩于沙丘。

有问必答

“图穷匕见”中哪个字是通假字？为何匕首要藏在地图中呢？

“图”就是地图，“穷”是尽头的意思，“匕”是指匕首，“见”是通假字，通“现”，意思是显露。“图穷匕见”就是描述荆轲把督亢的地图卷轴展开到尽头，卷在里面的匕首显露了出来。

荆轲进入宫殿要经过严格的搜身，作为礼物的地图是唯一可以藏匿匕首的物品。秦王急于查看地图，地图打开，荆轲就可以拿到匕首刺杀秦王。

国学大闯关

在空格中填上一个字，使横竖四个字都能组成成语。

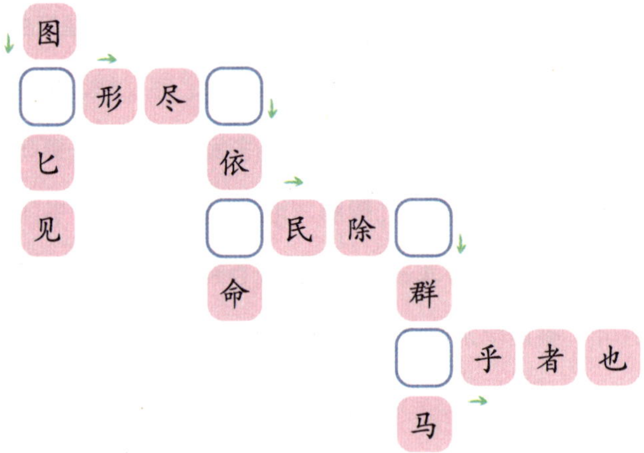

答案 图穷匕见 穷形尽相 相依为命 为民除害 害群之马 之乎者也

成语串起中国史

秦朝—汉朝

安中玉　林雅萍　张宇静　著

H.P.H 哈尔滨出版社
HARBIN PUBLISHING HOUSE

图书在版编目（CIP）数据

成语串起中国史. 秦朝—汉朝 / 安中玉，林雅萍，张宇静著. -- 哈尔滨 ：哈尔滨出版社，2024. 12.

ISBN 978-7-5484-8343-4

Ⅰ. H136.31-49；K209

中国国家版本馆CIP数据核字第2024HZ6330号

书　　名： **成语串起中国史. 秦朝—汉朝**
CHENGYU CHUANQI ZHONGGUOSHI.QINCHAO—HANCHAO

作　　者： 安中玉　林雅萍　张宇静　著
责任编辑： 李金秋
装帧设计： 李东杰

出版发行： 哈尔滨出版社（Harbin Publishing House）
社　　址： 哈尔滨市香坊区泰山路82-9号　　**邮编：** 150090
经　　销： 全国新华书店
印　　刷： 德富泰（唐山）印务有限公司
网　　址： www.hrbcbs.com
E-mail： hrbcbs@yeah.net
编辑版权热线： （0451）87900271　87900272
销售热线： （0451）87900202　87900203

开　　本： 787mm×1092mm　1/16　**印张：** 48　**字数：** 634千字
版　　次： 2024年12月第1版
印　　次： 2024年12月第1次印刷
书　　号： ISBN 978-7-5484-8343-4
定　　价： 168.00元（全6册）

目录

秦朝

秦朝
西汉
东汉

焚书坑儒

基本信息

历史事件

为了巩固统治和控制思想文化，秦始皇下令焚烧了秦代以前流传下来的古代典籍，还坑杀了许多方士和儒生。

事件主角

秦始皇

历史坐标

秦朝时期

成语出处

《史记·儒林列传》：“及至秦之季世，焚诗书，坑术士，六艺从此缺焉。”

成语释义

原指秦始皇焚烧《诗经》《尚书》等古代典籍，坑杀一批方士儒生；后用来形容对文化和知识分子的摧残，也指对思想的禁锢和钳制。

成语故事

秦始皇扫平六国、统一天下后，认为自己“德兼三皇，功过五帝”，于

是独创了皇帝制度。不久，秦始皇又打败了强大的匈奴。为了犒赏三军，激励士气，秦始皇决定在咸阳宫大宴群臣。

席间，齐国博士淳于越说：“我听说殷、周两朝的王位传了一千多年，是因为分封子弟功臣做了诸侯，所以才得到了各地诸侯的辅佐。如今陛下已经坐拥天下，而皇室子弟却都是一些普通人士。一旦朝中出现田常、六卿之类的乱臣，要靠谁来稳定大局呢？如果不效法古人，如何能够长治久安呢？”

丞相李斯站出来说：“黄帝等五帝的制度不相重复，夏、商、周三代的制度也不因循守旧。历代统治者按照各自的方法治理国家，他们并不是有意标新立异，而是因为时代在不断变化，治国之法自然也要跟着变化。如今陛下建立了万世功业，又怎能再去效仿五帝三代之举呢？现在天下太平，法令皆由陛下一人决定。百姓理应安心经商、种田，儒生也应专心学习、遵守法令制度。但是，总有一些儒生不学当今，只是一味地效仿古人，他们不仅向百姓造谣，还趁机制造混乱。若是不禁止这种风气，皇帝的权威何在？所以，臣请求陛下下令：凡不是记载秦朝历史的典籍，一律焚烧，凡不是博士所掌管的典籍，包括收藏的《诗经》《尚书》等著作，都交由官府人员统一焚烧。凡是围在一起谈论《诗经》《尚书》的人，处以死刑；凡是引用古书反对时政的，全族处死；凡是知情不检举的官吏，与犯人同罪；凡是法令下达后三十天内不主动焚烧相关书籍的，处以黥刑，并罚四年劳役。只有那些医药、算卦、种植等方面的书籍，不用焚烧。”

秦始皇认为李斯的建议很有道理，立即下了焚书的法令。各郡各县的官吏不敢怠慢，都严格遵照命令执行。那段时间，到处都是焚书的熊熊烈火。就在焚书事件发生后的第二年，又发生了坑儒事件。

当时，秦始皇非常迷信长生不死之术，便下令寻找长生不老药，结果耗费了大量钱财，也没有任何收获。后来，有个叫卢生的燕国人在秦始皇面前吹嘘求仙学道之事。秦始皇求仙心切，又派遣卢生、侯公二人前去寻找长生不老之药。他们知道这种仙药难寻，就私下里议论说：“听说陛下为人残暴专横，喜欢用刑罚和杀戮来树立威信。朝臣唯恐获罪，无人敢效忠进谏。秦法规定，一个人不能兼有两种以上的方技。如果方技试验无效，就会被处死。在观测天象的三十多人中，也因为害怕触犯忌讳，都不敢直言他的过失。”最终，卢生和侯公为了能够保住性命，决定一起逃走。

秦始皇得知后愤怒至极，当即命令御史审问所有的儒生，又让儒生们互相检举揭发。之后，由秦始皇亲自圈定，将违反禁条的方士和儒生以“妖言罪”“诽谤罪”在咸阳处死，并昭示天下，以惩戒后人。

文化卡片

秦国“四雄主”

秦孝公 秦孝公在位期间干过两件大事：一是迁都咸阳，二是重用商鞅实行变法。通过商鞅的两次有力的改革举措，秦国走上了富国强兵之路，为后来的统一六国开辟了道路。

秦惠文王 秦惠文王以宗室多怨，族灭商鞅，但不废其法。他当政期间，文有张仪连横六国，武有司马错调兵遣将，出兵攻灭巴、蜀两国，又出兵攻楚国汉中，为秦朝的统一打下了坚实的基础。

秦昭襄王 秦昭襄王在位期间任用白起为将军，先后战胜三晋、齐国、楚国，攻陷东周王都洛邑，俘虏周赧王，迁九鼎于咸阳，结束了周朝长达八百年的统治。

秦始皇 秦始皇重用李斯、王翦等人，先后灭韩、赵、魏、楚、燕、齐六国，建立了秦朝，完成了统一中国的大业，并被明代思想家李贽（zhì）誉为“千古一帝”。

有问必答

在“焚书坑儒”事件中，秦始皇嬴政究竟焚的是何书？为何而焚？坑的是何人？为何而坑？

秦始皇焚的是《尚书》和《诗经》。《尚书》记载了上古圣王的治世理念，秦始皇想用自己的治世理念取代它，所以要焚；《诗经》中赞颂了历代君王，秦始皇不愿看到六国遗党赞颂六国先王，所以要焚。

秦始皇坑的是儒生方士，因为儒生方士接近秦始皇，并不是要替他炼药寻丹，而是想把《尚书》《诗经》传于天下。秦始皇认为，那些儒生方士分明是在戏耍自己，于是下令先焚《尚书》《诗经》，后坑儒生方士。

国学大闯关

下面的成语或许大家早已耳熟能详，那你知道哪个成语是与秦始皇有关的吗？

A. 孔融让梨　　B. 奇货可居

C. 焚书坑儒　　D. 孺子可教

答案 C

一字千金

基本信息

历史事件

秦相吕不韦命门客编写《吕氏春秋》。书成之后，吕不韦在咸阳发布告，称谁能在书中增删一字，就赏赐千金。

事件主角

吕不韦

历史坐标

秦朝时期

成语出处

《史记·吕不韦列传》："布咸阳市门，悬千金其上，延诸侯游士宾客有能增损一字者，予千金。"

成语释义

原指改动一个字赏赐千金；后用来称赞诗文精妙，价值颇高。

成语故事

吕不韦是卫国濮阳（今河南濮阳西南）人。早年的吕不韦经常到赵国邯郸做生意，积累了不少家产，成为一个名副其实的富商。一次偶然的机会，吕不韦结识了当时在赵国当人质的秦国公子异人。异人有二十几个兄弟，所以他从没受过秦王的宠爱，更没有幻想过登上王位。

然而，吕不韦见到异人并得知他的身份后，决定帮助异人登上秦国王位，将来自己也跟着受益。于是，吕不韦就和他成了至交，并且为他出谋划策。不仅如此，吕不韦还不惜花费大量金钱，替异人在赵国打通人脉，为他日后回国争夺太子之位打下基础。

后来，吕不韦还把自己的宠妾赵姬送给异人为妻。当然，吕不韦不仅在赵国做了充足的准备，在秦国也做了十分周到的安排。在吕不韦的帮助下，异人回到了秦国，还顺利地登上了王位，是为秦庄襄王。庄襄王即位后，立即封吕不韦为文信侯，官居相国，还将河南洛阳十万户封给他做食邑。

两年后，秦庄襄王因病去世，十三岁的嬴政继承了王位，是为秦王政，也就是后来的秦始皇。年少时期的秦始皇，尊称吕不韦为“仲父”，朝政大权掌控在吕不韦和赵姬手中。秦始皇没有任何实权，好在秦国没有太大变动，实力也在不断增长。

战国时期养士之风盛行，魏国有信陵君，楚国有春申君，赵国有平原君，齐国有孟尝君，被称为战国“四公子”。他们四人礼贤下士，广交宾客，一时间名扬四海。吕不韦认为自己也是秦国相国，应该跟他们一样。所以，他也开始招揽门客，并给门客提供优厚的待遇。很快，他就养了三千门客。在这些门客中，三教九流什么人都有，他们都有各自的见解。

有一位门客说：“孔子之所以这么出名，并获得众人的推崇与膜拜，是因为他有一本《论语》；孙武之所以能顺理成章地当上吴国的将军，是因为他有著作《孙子兵法》。既然如此，我们为何不效仿他们，也著书一本呢？”

吕不韦听后，觉得这个门客说得颇有道理。于是，他就让这些门客按照各自的专长，编写了许多篇文章。之后，吕不韦又将这些作品集合成一部完整的著作，并将其定名为《吕氏春秋》。该书分为八览、六论、十二纪，共二十六卷，一百六十多篇文章，共有二十多万字，内含天文地理、风土人情、治理人世等各方面的内容，堪称是一部奇书。

吕不韦对这部书非常满意，为了让天下人都知道自己的这部书，他还特意命人将《吕氏春秋》贴在咸阳城门上，并贴出一张告示，上面这样写着：“各方人士如果有能在书上增加一个字或者减少一个字的，将会赏金一千金。”

虽然告示贴了很多天，但是围观的学者和百姓们没有一个人敢站出来。因为他们都知道，吕不韦是当时权倾朝野、手握重权的秦国相国，即使悬赏一千金，也没有人敢对这部书增删一个字。

文化卡片

人物简介

吕不韦

姜姓，吕氏，名不韦，原为阳翟（今河南禹州）大商人，后为秦国相国。

吕不韦早年在阳翟经商，后来将质子秦异人带回秦国，并扶植为秦庄襄王，自己则被拜为相国，封文信侯。秦庄襄王去世后，他又迎立太子嬴政即位，自己被尊称为“仲父”，权倾天下。秦始皇嬴政亲政后，吕不韦被罢免职务，软禁在封地。后来，他又被迁往蜀郡，他为自己危险的处境感到担忧和恐惧，从而自杀。

吕不韦主持编纂的《吕氏春秋》，包含八览、六论、十二纪，汇合了先秦诸子各派学说，乃“杂家”代表著作之一。

有问必答

“一字千金”与“一字千钧”这两个成语，从字面来看，它们只有一个字的区别，但在含义上却有着很大的不同。那么，它们到底有哪些共同点，又有哪些不同点呢？

共同点：它们都有文辞美妙之意。

不同点：“一字千金”强调文字的价值，含高度赞赏之意，意思是改动一个字赏赐千金，后用来称赞诗文精妙，不可更改；“一字千钧”形容文字有分量，可使人折服，意思是一个字有千钧重（钧：古代重量单位，一钧合三十斤）。

国学大闯关

在下面的方框中分别填入一个字，使它横竖都能组成一个成语。写完后读一读，看看是否准确无误。

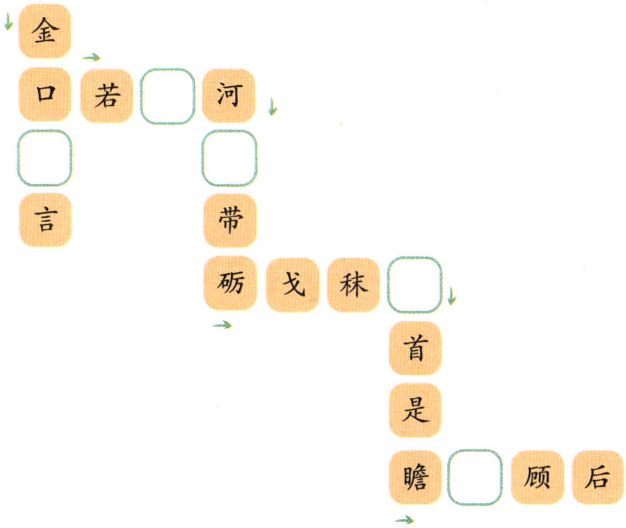

答案　金口玉言；口若悬河；河山带砺；砺戈秣马；马首是瞻；瞻前顾后

指鹿为马

基本信息

历史事件

赵高为了试探朝中大臣是否顺从于他，向秦二世献了一只鹿，却说是一匹马，大臣们也都称这只鹿为马。

事件主角

赵高

历史坐标

秦朝时期

成语出处

《史记·秦始皇本纪》："赵高欲为乱，恐群臣不听，乃先设验，持鹿献于二世，曰：'马也。'二世笑曰：'丞相误耶？谓鹿为马。'问左右，左右或默，或言马以阿顺赵高。或言鹿者，高因阴中诸言鹿者以法。"

成语释义

原是指着鹿，说是马；后用来形容故意颠倒黑白，混淆是非。

成语故事

公元前 210 年，秦始皇在沙丘病逝。当时，赵高担任中车府令，由于他懂得察言观色、逢迎献媚，很快就与秦始皇的小儿子胡亥一起威胁丞相李斯，密

谋篡改了秦始皇遗诏，由胡亥继承皇位，并以秦始皇的名义赐死了扶苏。

回到咸阳后，胡亥顺利继位，是为秦二世。对于秦二世而言，赵高为他立下了汗马功劳。秦二世任命赵高为郎中令，李斯依旧担任丞相一职。虽然赵高的职位在李斯之下，但实际上，朝廷的大权都在赵高一人手中。为了除去李斯，赵高设下重重陷阱，将李斯逼上了绝路。李斯发现赵高的阴谋后，立即上书告发赵高。没想到，秦二世不仅偏袒赵高，还将李斯腰斩于咸阳。之后，赵高便升任丞相，由于他可以出入宫禁，特称为“中丞相”。

此时的赵高已是“一人之下，万人之上”了，可是他依然不满足，甚至变本加厉，日夜盘算着想获取更大的权力。可是，朝中究竟有多少大臣能够听从于他，又有多少大臣会反对他？赵高的心中实在没底。他绞尽脑汁，终于想出了一个绝妙的办法，不仅可以试出自己在朝中的威信，而且可以摸清朝中有哪些大臣敢反对他。

第二天早朝，赵高命人牵来一只鹿。他走上前，满脸笑容地对秦二世说：“陛下，这是臣刚刚为您寻到的一匹骏马。”秦二世一看，心想：这怎么可能是马，这明明是一只鹿。于是，秦二世笑着对赵高说：“丞相，你一定是搞错了吧。这牵上来的分明是一只鹿啊，你怎么说是马呢？”赵高却面不改色地说：“陛下，你再认真看看吧，这的确是一匹良马啊。”秦二世实在难以置信，又仔细地看了看那只鹿，用试探的口气说：“丞相，马的头上怎么会长角呢？这分明就是一只鹿啊！”

赵高见秦二世不信自己，便立刻转身并用手指着诸位大臣，说：“陛下，您如果不相信我的话，可以问问众大臣。”大臣们被赵高的这一举动搞得不知所措，心里嘀咕着：是鹿是马，这不是明摆着的事儿吗！可是，当大臣们看到赵高脸上露出阴险的笑容，一瞬间就明白了他的用意。他们了解赵高的性情，如果说了真话，恐怕日后会被赵高报复甚至迫害致死；如果说了假话，又觉得对不起自己的良心。

一些颇有正义感却又胆小如鼠的大臣都低下头，不敢说话。只有一些平日里就设法巴结赵高的奸佞之人立刻表明态度，再三对皇上说：“丞相说得对，这肯定是马，前些年我还养过这样的马呢！”当然，也有少部分大臣不愿意违背自己的良心，直言不讳地说：“这明明是一只鹿，根本不是马！”

赵高认为，那些敢说实话的大臣，都是不甘心屈从他的，需要处置而后快。之后，赵高便采用各种手段，给那些不顺从自己的正直大臣强加了种种罪名，他们有的被赶出朝廷，有的被满门抄斩，都没能善终。

文化卡片

古代四位宦官

赵 高 秦始皇去世后，赵高密不发丧，并威逼利诱，迫使李斯与他们合谋，篡改秦始皇遗诏，扶立胡亥继位，是为秦二世。胡亥继位后，赵高凭借秦二世对他的信任，成为秦王朝实际的掌权人。

王 振 明朝中期宦官。他本为落第秀才，略通经书，后来当了宦官。由于他善察人意，深受明英宗的喜爱。后来，王振仗着明英宗的权势，开始专权结党，在朝中擅作威福。

刘 瑾 明朝中期宦官。他因善于察言观色，很快就被派到朱厚照身边服侍。朱厚照登基后，刘瑾数次升迁，官拜司礼监掌印太监。

魏忠贤 明朝末期宦官。他年少时家境贫穷，后进入皇宫当宦官。明熹宗时出任司礼监秉笔太监，极受宠信，皇帝赐名为魏忠贤。人们称他为“九千九百岁”，逐渐专擅国政。

有问必答

在“指鹿为马”中提到了鹿。在古代，那些王室贵族都喜欢狩猎，鹿成为他们的捕猎对象之一，随之出现了“逐鹿”一词。此鹿非彼鹿，你知道“逐鹿”是什么意思？在历史中它被如何运用？

“逐鹿”的本意是追逐作为猎物的鹿，后来逐渐引申为追逐名利和国家政权。在历史上，“逐鹿”经常被用来描述政治、商业等方面的竞争。比如三国时期，曹操和刘备之间的争夺被称为“逐鹿中原”；唐朝时期，唐玄宗和安禄山之间的战争也被称为“逐鹿天下”。

国学大闯关

中国的文化博大精深，许多成语都来源于一些历史故事。请你按照时间的先后顺序，试着给下面的成语排个队吧。

①围魏救赵　　②秦晋之好

③指鹿为马　　④楚河汉界

A.②①④③　　B.②①③④　　C.①②④③　　D.①②③④

答案 B

鸿鹄之志

基本信息

历史事件

秦二世统治时期，为了救百姓于水火之中，陈胜、吴广发动了大泽乡起义，沉重打击了秦朝的残暴统治。

事件主角

陈胜、吴广

历史坐标

秦朝时期

成语出处

《史记·陈涉世家》：“陈涉太息曰：‘嗟乎，燕雀安知鸿鹄之志哉！’”

成语释义

原是指天鹅有飞跃千里的志向和能力；后用来比喻人有远大的理想和抱负。

成语故事

秦朝末年，秦始皇大兴土木，穷兵黩武，不断搜刮民脂民膏。沉重的赋税和繁重的徭役，压得老百姓喘不过气来，每天都过着苦不堪言的生活。即便如此，老百姓也敢怒不敢言，有苦不敢说。

当时，阳城有一个年轻人名叫陈胜，字涉，由于家境贫困，有时候填饱肚子都成问题。为了能够生活下去，陈胜只能靠给地主家种田赚钱。看着当时社会上存在着严重的贫富差距，陈胜感到愤愤不平。于是，他暗自下决心一定要干出一番惊天动地的大事业。

有一天，陈胜和几个长工在田地里干活。一直干到筋疲力尽，他们几个人才坐在田垄上歇息。他们围坐在一起谈论着社会的种种不公平，以及老百姓遭受的千难万苦。陈胜显得特别激动，他忽然“腾”地一下站起来，对众人说：“各位兄弟，有朝一日，如果我们之中谁要是发达了，一定不要忘记大家呀！”他的话音刚落，田地里就立即传出一阵哄笑声。长工们都嘲笑陈胜是在痴心妄想，纷纷不屑地对他说：“我们这群人连肚子都填不饱，每天靠给别人做苦力赚点钱，又怎么可能会有发达的那一天呢？别再白日做梦了！”陈胜并没有在意长工们对他的嘲笑，他先是长叹了一口气，然后慷慨激昂地说：“躲在屋檐下的燕子和麻雀，又怎么会懂得鸿雁和天鹅的远大志向呢？”

公元前209年，秦

二世开始征调九百多戍卒去戍守渔阳（今北京市密云区西南），陈胜、吴广等人也在被征之列。吴广，又名吴叔，也是一个贫苦农民。之后，陈胜、吴广就被指定为屯长，由两名身佩利剑的军官押送。于是，他们一行人开始日夜兼程地向渔阳方向赶路，生怕耽误了行期。一旦误了行期，按照秦朝的法律，他们所有人都会被严厉处罚。

那时正值夏日雨季，当他们行走到蕲县大泽乡（今属安徽宿州）时，又恰好赶上暴雨。大泽乡地势低洼，大水很快就淹没了道路，他们实在无法正常行进，只好等雨停下来再走。然而，陈胜、吴广估算了一下时间，无论如何他们都不可能在规定的日期赶到渔阳。这就意味着他们一群人的脑袋可能都保不住了。无奈之下，陈胜、吴广召集大家商量对策。

陈胜说："如果我们现在逃走，被抓回来是死罪；如果我们联合起来造反夺天下，失败了也是死罪。与其就这样等死，还不如为争夺天下而死呢！"吴广问："如何能够争夺天下呢？你有什么对策吗？"陈胜说："如今老百姓吃够了秦朝的苦头，早就恨透了秦二世。当初秦二世为了夺得皇位，还逼死了公子扶苏。此外，楚国大将项燕也失踪了。我们可以假借公子扶苏和楚将项燕的名义，号召天下百姓一起反对秦二世。到时候，肯定会有许多人一起响应。"吴广认为陈胜说得有道理，便同意了陈胜的计策。

不久，陈胜便自立为将军，以吴广为都尉，在大泽乡燃起了中国历史上第一次农民大起义的烽火。紧接着，陈胜、吴广又带领队伍攻下了蕲（qí）县县城。只用了短短一个月的时间，陈胜、吴广所率领的起义军连战连捷，攻下了五六个县城。这让老百姓对陈胜更是无比敬重，纷纷拥立他为王。

文化卡片

与陈胜、吴广有关的典故

伐无道，诛暴秦 意思是讨伐不仁道的统治者，诛灭残暴的秦朝。这是陈胜、吴广起义时，为了反抗暴秦而喊出的一句口号。

王侯将相，宁有种乎 意思是难道那些做王侯将相的，都是天生的贵族吗？这是陈胜、吴广起义时喊出的一句口号。

苟富贵，勿相忘 意思是如果你有一天富贵了，千万不要忘记我。这是早年的陈胜在做苦役时说过的一句名言。

揭竿而起 讲的是陈胜、吴广为了反抗暴秦，带领农民军将树干作为武器，将竹竿当作旗帜，集体发起反抗，举行起义。

篝火狐鸣 讲的是陈胜、吴广假托狐鬼，以发动群众起义的故事。后来，人们用它来比喻策划起义。

有问必答

鸿鹄之志中的“鸿”指什么？“鹄”又指什么？你能试着说一说“鸿鹄”象征着什么吗？

“鸿”是指大雁，“鹄”则是指天鹅。《毛诗草木鸟兽虫鱼疏》曰：“鸿鹄，羽毛光泽纯白，似鹤而大，长颈，肉美如雁。”关于“鸿”和“鹄”的文字记载，见于不同时期的碑文和古籍。鸿鹄是古人对大雁、天鹅之类飞行极为高远的鸟类的通称，现在人们常用“鸿鹄之志”来形容一个人远大的志向。

国学大闯关

在古代，用来形容一个人志向的成语有很多。请试着连一连下列成语及其对应的释义。

凌云之志	比喻意志坚决，不可动摇。
不拔之志	指坚贞不屈的志节。
松柏之志	指隐居的念头。
东山之志	形容志向远大。

答案 凌云之志——形容志向远大；不拔之志——比喻意志坚决，不可动摇；松柏之志——指坚贞不屈的志节；东山之志——指隐居的念头。

破釜沉舟

基本信息

历史事件

秦军将赵军围困在巨鹿一带，为了救援赵军，项羽不惜破釜沉舟，最终大败秦军，帮赵军解了被困之围。

事件主角

项羽

历史坐标

秦朝时期

成语出处

《史记·项羽本纪》："项羽乃悉引兵渡河，皆沉船，破釜甑，烧庐舍，持三日粮，以示士卒必死，无一还心。"

成语释义

原指把饭锅打破，把渡船凿沉；现在用来比喻不留退路，下定决心一拼到底。

成语故事

秦二世时，秦国大将章邯率领二十万大军，将赵军围困在巨鹿（今河北平乡西南）一带。赵王自知无力抵抗秦军如此猛烈的攻击，便连夜向楚怀王

请求援助。楚怀王得到消息后，答应为赵国解围。于是，楚怀王封宋义为上将军，封项羽为副将军，命他们二人率领三十万大军前去援助赵国。

项羽是何人？项羽，名籍，字羽，下相（今江苏宿迁西南）人，他是楚国名将项燕的孙子，属于名门之后。

当宋义行至半路时听闻秦军势力强大，便立刻命令将士们就地安营扎寨。四十多天过去了，宋义依然按兵不动，停滞不前。当时正值冬季，雨雪交加，他们带去的粮草越来越少，将士们逐渐体力不支。宋义对于这些情况却视而不见，每天只顾着饮酒享乐。身为副将军的项羽，看着宋义的所作所为，虽然心中百般焦急，但也无计可施。

有一天清晨，项羽实在忍不住了，就独自来到宋义的营帐，催促他尽快率兵渡河，与赵军里应外合，一举打垮秦军。宋义却一口拒绝了项羽的要求，并说时机还不成熟，等秦军打得精疲力竭时，我军再发起攻击。宋义还强调说："冲锋陷阵，我不如你，筹谋策划，你则不如我！"项羽听后勃然大怒，当即以叛国之名斩杀了宋义。众将士早就对宋义心怀不满，如今见他被斩杀，自是十分欢喜，纷纷拥护项羽做了上将军。

第二天，项羽便命将士们前去支援赵军。他先派遣英布、蒲将军二人率领两万人马渡过漳河。楚、秦两军刚一交锋，秦军就吃了败仗，项羽趁机率领所有将士渡河。等到全军都顺利渡过漳河后，项羽又让众将士大吃大喝了一顿。等将士们吃饱喝足之后，项羽大声喊道："将士们听令，现在马上打碎所有煮饭用的锅碗，凿沉所有渡河用的船，烧毁所有的行军营房，身上只能带上三天的口粮。"话音刚落，有的将士就站出来说："如果打碎了锅碗，我们日后就没有办法煮饭了。"也有的将士说："如果击沉了船，我们日后可就没有退路了啊！"

项羽听到将士们在下面议论纷纷，各有说辞，又继续说："我们这次只能进，不能退，三天之内一定要打败秦军！"说完，项羽就立即打碎了面前的锅碗，又将燃烧的火把扔进了行军营房，并鼓励将士们说："胜败兴亡，在此一举，破釜沉舟，切断退路，我们一定会赢得这场战役！"将士们见主帅都如此有信心，也就无所顾忌了。很快，河边响起了"噼里哐啷"打碎东西的声音，还有大火燃烧的声音。

等一切准备妥当后，项羽便率领将士们向着秦军驻扎的地方前进。但是，秦军守卫森严，想要一举攻入绝非易事。观察了周围的环境后，项羽突然心生一计，他决定先派一队人马去截断秦军的粮食补给线，然后再从外面层层包抄。在项羽的指挥下，将士们以一当十、以十当百，拼死向秦军冲杀过去。只听金鼓齐鸣，厮杀声惊天动地。

项羽率众连续冲锋陷阵，将秦军打得大败。这一仗把秦军打得落花流水，解了巨鹿之围。

文化卡片

描写项羽的诗词

1.胜败兵家事不期，包羞忍耻是男儿。江东子弟多才俊，卷土重来未可知。

——唐・杜牧《题乌江亭》

2.生当作人杰，死亦为鬼雄。至今思项羽，不肯过江东。

——宋・李清照《夏日绝句》

3.百战疲劳壮士哀，中原一败势难回。江东子弟今虽在，肯与君王卷土来?

——宋・王安石《叠题乌江亭》

4.项羽天资自不仁，那堪亚父作谋臣。鸿门若遂樽前计，又一商君又一秦。

——宋・钱舜选《项羽》

有问必答

项羽为何“破釜沉舟”？难道他不担心一旦失败了，将无路可走、无路可退吗?

其实，从兵法上说，项羽的这一招叫作“置之死地而后生”。也就是说，项羽也没想过失败后的种种可能。但是，军队没有退路，为了激励士兵们的士气，只能让士兵们知道：没有退路了，只有拼死向前，才有活着的希望。

国学大闯关

从“破釜沉舟”开始，看看谁能够在最短的时间内，完成下面的成语接龙。

答案 劳；足；有；罄；水；慧；砥

项庄舞剑，意在沛公

基本信息

历史事件

刘邦占领咸阳后，项羽也进军关中，驻军鸿门，并设宴招待刘邦。项羽设计让项庄舞剑助兴，企图杀害刘邦，却被刘邦识破。项伯乘势拔剑介入，刘邦才借机逃回驻地。

事件主角

刘邦、项羽

历史坐标

秦朝时期

成语出处

《史记·项羽本纪》：今者项庄拔剑舞，其意常在沛公也。

成语释义

原指项庄席间舞剑，企图刺杀刘邦；后用来比喻某种语言行动表面上看来没什么，实际上是另有图谋。

成语故事

秦朝末年，刘邦曾与项羽立下约定，谁第一个攻下咸阳，谁就在关中称王。刘邦抓住项羽在巨鹿与秦军主力决战的时机，率先攻入了咸阳。项羽得知此消息后，勃然大怒，他认为仗是自己打的，刘邦却抢了自己的功劳。他决定要与刘邦算账，而且一刻都不想耽误。于是，项羽立即命令大军进攻咸阳。

很快，项羽的大军就打到了一个叫鸿门的地方，这里距离刘邦的驻地只有四十里路。项羽的叔叔项伯与刘邦的谋士张良关系十分要好。他担心一旦双方交战，张良会因此而丧命。因此，项伯连夜赶到刘邦营中，提醒张良赶快逃走。张良得知后，又把项伯的话告诉了刘邦。刘邦自知实力不如项羽，便与张良商议对策，决定暂时委曲求全，当面向项羽请罪。

第二天，在谋士张良的陪同下，刘邦来到鸿门与项羽相见。刘邦装出一副毕恭毕敬的样子，对项羽说："当初我和将军一起反抗暴秦，您在河北作战，我在河南作战，我也没料到我能够先打进关中，攻破咸阳。我自从进关以来，什么东西都没有动，只是清点了官民的户籍，查封了秦朝的国库，我日日夜夜都在盼望大王能够早日到来。"项羽见刘邦如此谦恭，心头的怒火

也烟消云散了。随后，项羽还设宴款待了刘邦。

席间，项羽的谋士范增苦口婆心地劝项羽借机除掉刘邦，以绝后患。但是项羽看刘邦态度如此诚恳，也就不想再动杀机了。范增在旁边暗示了多次，项羽没有任何反应。无奈之下，范增便把项羽的堂弟项庄叫来，说："项王心肠太软，你进去装作敬酒助兴，趁舞剑时杀了刘邦。否则，我们都会成为刘邦的俘虏！"

项庄携剑进帐，敬酒完毕后，便拔出长剑在酒席间舞了起来。那寒光闪闪的剑锋距离刘邦越来越近。项伯见项庄来者不善，连忙起身，拔出长剑与项庄周旋，暗中保护刘邦。张良见情形危急，赶紧离席，将帐内的情况告诉了武将樊哙。樊哙借机一头冲进了帐里，当项羽得知樊哙是刘邦的车夫后，立即赐给他酒肉，还给樊哙赐座。樊哙乘势便坐在了刘邦身边。项庄看到没法再下手，只好收起了宝剑。刘邦这才起身，假装去上厕所，随后溜回了自己的驻地。

自鸿门宴之后，刘邦、项羽二人争夺帝位的斗争便愈演愈烈。最终，刘邦用自己的聪明才智打败了项羽。

文化卡片

人物简介

项庄　西楚下相（今江苏宿迁）人，西楚项氏宗族将领，是项羽的堂弟。项庄舞剑被后人广泛演绎，一度成为文学、影视作品中经常出现的历史场景。

项庄曾参与楚汉战争，领导楚军与刘邦的汉军交战，以勇猛无畏的形象著称，战绩卓著多次取得胜利。项庄是后世广泛传颂的传奇人物。

有问必答

请试着分析一下“项庄舞剑，意在沛公”这一故事带给人们怎样的启示？

在这个典故中，“项庄舞剑”是一个有备而来的行动。这就提醒人们，在追求目标时，在需要下定决心的同时，还要认识到外部因素可能对事态产生影响，意志不一定能够完全左右一切。同时，这个故事也教导人们要时刻保持警惕。因为那些看似殷勤的行为，可能隐藏着潜在的危险。

国学大闯关

以下都是一些与“舞”有关的成语，请试着补全这些成语并读一读。

（　）歌燕舞	龙飞（　）舞	（　）歌曼舞	徇私舞（　）	手舞（　）蹈
歌舞（　）平	翩（　）起舞	龙（　）凤舞	张（　）舞爪	（　）鸡起舞

答案 莺歌燕舞；龙飞凤舞；轻歌曼舞；徇私舞弊；手舞足蹈；歌舞升平；翩翩起舞；龙飞凤舞；张牙舞爪；闻鸡起舞。

人人自危

基本信息

历史事件

秦始皇病故，秦二世在赵高、李斯的支持下继承皇位，并制定了严苛的法令，朝中大臣们提心吊胆，人人自危，朝廷陷入混乱。

事件主角

胡亥

历史坐标

秦朝时期

成语出处

《史记·李斯列传》：“法令诛罚日益深刻，群臣人人自危，欲畔者众。”

成语释义

原指每个人都存有戒心，觉得有危险；后多用来形容同一环境中的人恐惧不安，人人感到有危险。

成语故事

晚年时期的秦始皇喜欢外出巡游。公元前 210 年，秦始皇在丞相李斯、中车府令赵高等人的陪同下，来到会稽游玩。秦始皇向来偏爱小儿子胡亥，所以这次出行，他还带了胡亥一起出游。

当秦始皇巡游到沙丘一带时，突然间病倒了，而且病得很严重。秦始皇自知命不久矣，就令赵高立即给领兵驻扎在边境的大儿子扶苏写信，让他立刻赶回咸阳主持丧事，并由他来继承皇位。赵高写好诏书后，还没等发出去，秦始皇就断了气。

平日里，秦始皇的玉玺都是由赵高负责掌管的。秦始皇猝然离世，让赵高有了可乘之机，遗诏和玉玺正好落在了他的手里。于是，赵高就对胡亥说："皇帝的遗诏是让你的哥哥扶苏继位，你一直以来都没有为朝廷立下半点儿功劳。如果扶苏当了皇帝，到时候你可能连一寸土地都封不到，你应该为自己做些打算了。"

胡亥听了赵高的这番话，并不明白赵高的言外之意。赵高见状，只好直截了当地对胡亥说："如今诏书和玉玺都在我的手上，而且皇帝的死讯和诏

书除了你我还有李斯知道，其他人无从知晓。只要将诏书上扶苏的名字改成你的名字，你不就可以当上皇帝了吗？”胡亥这才恍然大悟，但他向来优柔寡断，心中随即产生了一些顾虑。

然而，在赵高的百般劝说下，胡亥还是动心了。于是，胡亥又对赵高说：“我主要担心的是李斯，他也知道诏书的具体内容。如果不和他商量好，这件事恐怕有些难办啊。”赵高对胡亥说：“这个你尽管放心，只要你点头同意，事情就好办许多。至于李斯那里，我会去找他商量，肯定没什么大问题。”胡亥听后大喜。

赵高说服了胡亥之后，又马上找到李斯。他问李斯说：“遗诏上写着让扶苏继承皇位。但是你可曾想过，你与大将蒙恬比起来，谁的能力更强？谁的威信更高？你与扶苏关系亲近吗？”李斯若有所思地说：“这还用说吗，我跟蒙恬根本无法相比，我和扶苏也没有任何交情可言。”赵高又继续说：“如果扶苏当了皇帝，肯定会任命蒙恬为丞相。如此一来，你我又会被置于何地呢？依我之见，不如改立胡亥为皇帝，你觉得怎么样？”

李斯听到赵高这番话，顿时陷入了深思。他知道，赵高表面上是在与他商量此事，其实是在变相威胁自己。再三斟酌之后，李斯只好同意了赵高的

意见。随后，在赵高的精心策划下，他们三人合谋伪造了一份遗诏。就这样，胡亥顺利坐上了皇帝的宝座，是为秦二世。

秦二世登上皇位后，朝中一切大事都由赵高一人做主。赵高也变得目中无人，他警告秦二世说："虽然你现在当了皇帝，但你的那些兄弟姐妹都是不支持你的，朝中大臣也不是真心辅佐你的。大将军蒙恬拥兵在外，随时都可能谋反。你要尽快想办法除掉他们。"

在赵高的怂恿下，秦二世下令杀死了自己的兄弟姐妹，还将蒙恬逼得自杀身亡。一时间，秦国京城陷入了一片混乱，政策更加暴虐。正是这种危机，激起了广大人民的反抗。不久，陈胜、吴广在大泽乡举行起义。三年后，秦王朝便彻底灭亡了。

文化卡片

人物简介

胡亥

嬴姓，赵氏，秦始皇的第十八个儿子，公子扶苏的弟弟，秦朝的第二位皇帝，即"秦二世"，亦称"二世皇帝"。

胡亥即位后，任由赵高掌权，实行了残暴的统治，最终爆发了陈胜、吴广起义。此外，胡亥还征召大量劳役修建秦始皇陵和阿房宫等，使得百姓过着苦不堪言的日子。

公元前207年，胡亥被赵高逼迫，自杀于望夷宫，年仅二十三岁。

有问必答

人们都说，如果秦始皇早立太子，或许就不会发生秦二世、赵高、李斯三人合谋篡改遗诏的事情了。但是，秦始皇为什么到临死之际才立太子呢？

一直以来，秦始皇都认为自己会长生不老。只有那些会死的人才需要继承人，所以秦始皇认为自己暂时不需要继承人。与此同时，秦始皇更不会想到，他刚一咽气，遗诏就被赵高等人篡改了。

国学大闯关

将“目”当作起点，“晴”当作终点，沿着横向或纵向的路线，分别组成四字成语，完成下面的迷宫，并试着连起来。

五	人	人	自	危
牛	无	婆	流	言
目	中	寂	听	耸
晴	天	宇	风	无
要	过	雨	是	安
彩	国	淡	浮	松

答案 目中无人人自危言耸听风是雨过天晴。

约法三章

基本信息

历史事件

刘邦占领咸阳后，约法三章，得到了百姓的信任和拥护，最后赢得天下，成功建立了西汉王朝。

事件主角

刘邦

历史坐标

秦朝时期

成语出处

《史记·高祖本纪》："与父老约法，三章耳：杀人者死，伤人及盗抵罪。"

成语释义

原是指约定三条法律；后泛指约好或订立简单的条款相互遵守。

成语故事

公元前207年，刘邦顺利占领了宛城，并一举拿下了武关。他决定派两万人马攻击峣山山下的秦军。这时，张良连忙上前劝谏："秦军的实力不容小觑，臣听说秦军的将领大多数都是屠户的儿子，对付这些生意人，可以用利益诱之。希望沛公暂且待在军营里，先派一些人马，在附近的山顶上多插一些我军的旗帜。然后再让郦食其带着重宝去诱惑秦军将士。”

刘邦向来器重张良，对他的提议自是十分认可。正如张良所料，秦军的将领们一见到宝物便反叛了。他们还扬言，要与刘邦联合向西进发，一起袭击都城咸阳。刘邦听后大喜，张良再次站出来说：“不可以，如今只是他们的将领想要反叛秦朝，士兵们却不一定听从。如果这样做，一定会让我军陷入危险之中。不如趁着他们懈怠之时再发起攻击，岂不更好？”

刘邦按照张良的计谋，在时机成熟之际下令袭击秦军。毫无准备的秦军陷入了一片混乱，被刘邦的军马杀得溃不成军，仓皇而逃。刘邦乘胜追击，又在蓝田南面与秦军交战。一时间，秦军自乱阵脚，再次被刘邦打败。就这样，刘邦攻入了咸阳城内。秦王嬴子婴见大势已去，无力回天，只好乘坐素车白马、带着玉玺，命侍卫打开城门，向刘邦投降。于是，秦王朝正式宣告灭亡。

之后，有的将领主张将嬴子婴杀死。刘邦听后认为不妥，说：“当初楚怀王之所以派我攻打关中，正是认为我为人宽容大度。既然秦朝已经投降了，又何必赶尽杀绝呢？”说完，刘邦便带着诸将走进秦宫。只见殿内金碧辉煌，刘邦看得瞠目结舌。看着这些美丽壮观的宫苑，刘邦内心产生了留下来的念头。

正当刘邦看得入神之际，部将樊哙大吼了一句：“沛公，看您有留在此地之意，你是准备继续打天下，还是要继续当秦二世呢？”刘邦听后，不知如何作答。张良也对刘邦说：“正是因为秦朝暴虐无道，所以沛公才来到这里。为了能够彻底铲除残贼，沛公您应该以简朴为本。‘忠言逆耳利于行，良药苦口利于病’。希望沛公慎重考虑。”刘邦脸上瞬间露出愧色，连忙下令退出秦宫，撤到城外的霸上。

次日，为了能够赢得民心，刘邦下令将各县的父老豪杰召集在一起，并郑重地向他们宣布：“秦朝的刑法过于严苛，如今我重新制定了三条法律，无论是谁都必须严格遵守。这三条分别是：杀人者要处死，伤人者要抵罪，盗窃者要判罪。除了这三条，秦朝的其余法律一并废除。从即日起，各级官吏也要各自坚守岗位，执行好一切公务。”

听到刘邦的这番话，当地的百姓无不欢天喜地，纷纷宣传：“如果沛公能够留在关中，我们老百姓的好日子就指日可待了。”为了感谢刘邦施仁政，百姓们纷纷送牛羊、酒食慰劳士兵们。刘邦再三推辞说：“仓库里有的是粮食，乡亲们何必要破费呢？”老百姓看到刘邦如此爱护他们，都希望他能够永远留在关中做王。

正是由于刘邦坚决执行约法三章，得到了广大百姓的信任和拥护，最后顺利取得天下，建立了西汉王朝。

文化卡片

秦国“四贵”

穰侯魏冉 魏冉，因食邑在穰，号穰侯。秦武王去世后，魏冉拥立秦昭襄王，并在秦国独揽大权，一生四任秦相，深受宣太后器重。由于他在朝中权势显赫，对秦王政权构成了严重的威胁。

华阳君芈戎 芈戎，又称辛戎。初封华阳，号华阳君。后来与异父兄弟穰侯魏冉把持秦国朝政，再加上宣太后芈氏长期执政秦国，形成了亲党专政的格局，彻底打破了秦国重用客卿的惯例。

泾阳君公子芾 公子芾，因封地在今陕西泾阳，又称泾阳君。由于得到樗里疾的支持，宣太后一度想立公子芾为秦王，后屈从于赵国的压力，最终迎立公子嬴稷为秦王，是为秦昭襄王。

高陵君公子悝 公子悝，又称嬴悝。秦昭襄王担心“四贵”的权势会威胁王权，便任用范雎为相，使“四贵”离开咸阳去自己的封邑，公子悝没能到达封邑就去世了。

有问必答

汉高祖刘邦攻入咸阳后，对百姓提出了“约法三章”，他的终极目的是什么？这样做能够起到什么作用呢？

从商鞅变法到秦朝灭亡的这一百多年里，百姓们一直活在严刑峻法之下。刘邦之所以提出“约法三章”，就是想得民心，以夺取天下。

第一条：杀人者要处死，是为了废除秦朝严苛残酷的刑罚；第二条：伤人者要抵罪，是为了限制豪杰手中的权力，告诉他们不要轻举妄动；第三条：偷盗者要判罪，意在体恤百姓，维护社会安定。约法三章是在楚汉争霸期间，刘邦能够屹立不倒的重要原因。

国学大闯关

下面的成语中有五个错别字，请你把它们一一找出来，并在后面的方框里写出正确的汉字。

食不果覆☐	迫不急待☐	一败涂地☐	合颜悦色☐
一尘不染☐	臭气熏天☐	悬梁刺股☐	矫揉造做☐

答案 覆→腹；急→及；合→和；梁→粱；做→作

孺子可教

基本信息

历史事件

为了躲避秦始皇的追杀，张良逃到了下邳。在一座桥上，张良遇到了一位老人，这位老人故意刁难张良，要求张良做了很多事，老人夸他“孺子可教”也。

事件主角

张良

历史坐标

秦朝时期

成语出处

《史记·留侯世家》：“父以足受，笑而去。良殊大惊，随目之。父去里所，复还，曰：‘孺子可教矣。后五日平明，与我会此。’”

成语释义

原是说小孩子是可以教诲的；后用来比喻年轻人有出息，可以用心培养。

成语故事

有一个韩国人名叫张良，出身于贵族世家。他的祖父张开地曾连任韩国三朝宰相，他的父亲张平亦继任韩国两朝宰相。张平死后二十年，秦始皇命内史腾一举灭了韩国。秦王朝建立后，张良对秦始皇的怨恨与日俱增。

公元前218年，张良计划刺杀秦始皇，没想到行刺失败了。为此，秦始皇勃然大怒，在全国大肆搜捕他。为了保住自己的性命，张良四处躲藏，以求东山再起。当张良来到下邳县（今江苏睢宁北）时，他认为秦始皇不会搜查到这个地方，就悄悄地躲藏在了下邳。

有一天，张良闲来无事，加之心情烦闷，便来到下邳附近的一座小桥上散步。在桥上，他看到了一个穿着粗布衣服的老人。老人径直走到张良的身边，当着他的面把鞋扔到了桥下。随后，老人对张良说："喂！小子！我的鞋子掉到桥下了，你给我把它捡上来！"

张良听到后先是一愣，心想：这个老人好奇怪，需要别人的帮助，还一副命令的口气。但是他看到对方年事已高，便强忍着心中的不满，下桥去把鞋子捡了回来。老人瞥了一眼张良手中的鞋子，坐在桥上，伸出那只没有穿鞋的脚，继续命令张良说："小子，既然鞋子捡上来了，就给我穿上吧！"张良气得当场就想打人，可是他又想：我已帮他把鞋子捡回来了，又何必计较再给他穿上呢。想到这里，张良毕恭毕敬地替老人穿好了鞋。

没想到，张良替老人穿好鞋子后，老人站起身，连一句感谢的话都没说，就大笑着离开了。看着老人的背影，张良猜想这位老人一定大有来历。果然，那位老人刚走出不远，突然又转过身，对着在桥上发呆的张良大喊："孺子可教啊！五天后的早晨，你再来这座桥上见我，我有一样东西要给你。"张良听了，连忙答应。

很快到了第五天，张良带着好奇又急切的心情，一大早来到了他和老人约定见面的那座桥上。没想到老人早就到了，他嫌张良来得太晚了，就生气地说："与老人约会，就应该早点来。五日之后，你再来见我吧，一定要早点来！”张良只好回去。

第二次还是如此，直到第三次张良下定决心一定要比老人早到。于是，他刚过半夜就来到那座桥上等候。老人来时看见已经在桥上等候的张良便满意地说：“小子，你今天比我早。”

话刚说完，老人就从怀中拿出一部书交给了张良，并叮嘱他说：“只要你认真研读了这部书，就可以做帝王的老师了。十年以后，你可以用此书兴邦立国。十三年后，你记得到济北见我，谷城山下的黄石就是我。”张良正要向老人道谢时，老人已经转身离开了。等天亮后，张良细看那部书，才知道这是绝世秘籍《太公兵法》。从那以后，他再也没有见到这位老人。

后来，张良奋发向上，潜心钻研《太公兵法》。他也觉得这部书非同寻常，便日夜研读。张良最终成为汉高祖刘邦手下的重要谋士，为刘邦建立汉朝立下了汗马功劳。

文化卡片

汉初三杰

韩信 韩信是西汉的开国功臣，他熟谙兵法，其用兵之道，为历代兵家所推崇。作为臣子，他身处一人之下，作为统帅，他的地位乃万人之上，他指挥的井陉之战、潍水之战都是战争史上的杰作。

张良 张良是汉高祖刘邦的谋臣，他深明韬略，足智多谋。楚汉战争期间，他提出不立六国后代，联合英布、彭越等人，重用韩信等策略，并主张追击项羽，一举歼灭了楚军。

萧何 萧何是西汉初期政治家，秦朝末年辅佐刘邦起义。楚汉战争时，他以丞相的身份留守关中，不断地输送士卒粮饷支援作战，对刘邦战胜项羽、建立汉朝起了重要作用。

有问必答

在古代，“孺子可教”中的“孺子”指的是谁？而在现代，人们所说的“孺子牛”来自什么典故，具体喻义是什么？

“孺子”是对小孩子的称谓，“教”是教诲的意思。“孺子可教”的意思是说，这个小孩子是可以教诲的。

“孺子牛”是《左传》中的一个典故：春秋时期，齐景公与儿子嬉戏，齐景公叼着绳子当牛，让儿子牵着走。所以，“孺子牛”表示的是父母对子女的疼爱。后来，人们用“孺子牛”来比喻甘愿为人民大众服务的人。比如老师就被称作“孺子牛”，老师爱学生就如同爱自己的孩子一样，老师每天如牛般辛勤地耕耘，无私奉献，不图回报。

国学大闯关

以下成语都与秦朝的历史人物有关，请你试着将左右两边的词语连起来。

取而代之	赵　高
暗度陈仓	胡　亥
揭竿而起	项　羽
人人自危	刘　邦
指鹿为马	陈　胜　吴　广

答案　取而代之——项羽；暗度陈仓——刘邦；揭竿而起——陈胜、吴广；人人自危——胡亥；指鹿为马——赵高

一败涂地

基本信息

历史事件

刘邦起义反秦，百姓合谋杀死县令，将刘邦迎接入城，并让刘邦担任沛县县令。刘邦一再谦虚，担心自己会一败涂地。

事件主角

刘邦

历史坐标

秦朝时期

成语出处

《史记·高祖本纪》：“今置将不善，壹（亦作“一”）败涂地。吾非敢自爱，恐能薄，不能完父兄子弟，此大事，愿更相推择可者。”

成语释义

原指一旦失败肝脑遍地，表示惨败；后用来形容彻底的失败，一败而不可收拾。

成语故事

秦二世元年，农民领袖陈胜在大泽乡发动了起义，建立“张楚”政权，各地对秦朝不满的势力纷纷响应。刘邦也积极响应起义，在芒山、砀山交界的山泽中组织武装，成立了一支队伍。慢慢地，刘邦的威望越来越高，兵力也开始日益壮大。

当地沛县县令见局势不稳，心中无比担忧，于是召集部下萧何和曹参前来商议计策。他们二人为县令献计，说刘邦在百姓中威信颇高，建议县令想办法笼络刘邦，意图借助刘邦的力量保住自己的权势。沛县县令觉得他们所言颇有道理，就让樊哙邀请刘邦前来。

然而，当刘邦带着一百多人马到达城下时，沛县县令突然改变了主意。他向来胆小怕事，担心刘邦等人不服从指挥，引狼入室。因此，他下令关闭城门，阻止刘邦的人马进入城内。沛县县令的这一举动，惹得刘邦一行人心中十分不悦。

于是，刘邦给城里的父老乡亲写了一封信，信中说：“秦朝的暴政已经施行很久了，如今，诸侯纷纷起兵反秦，你们却还在替县令守城，沛县恐怕马上就会遭到屠戮。如果你们能杀掉县令，响应诸侯，或许还能够保住全家人性命，不然全城老少都会被杀光。”百姓们为了不被屠杀，便合谋杀死了县令，然后打开城门迎接刘邦，并拥戴他当沛县县令。

尽管刘邦心中暗喜，但嘴上却表现得十分谦虚，他说：“现在天下大乱，各地纷纷起兵，我并不是害怕因此丢了性命，而是怕自己没有能力保护好大家。选举县令可是头等大事，如果选得不妥当，就会一败涂地，请你们另外再选高人吧！”可是，百姓选来选去，还是认为刘邦最合适。刘邦依然推辞不受。城中老百姓又说：“平时我们听说了很多有关你的奇闻，你日后必是显贵之人。”刘邦再三推让，众人还是没有人敢当沛县县令，刘邦见推辞不过，便答应做了沛县县令，百姓们都亲切地称呼他为“沛公”。成为沛公的刘邦顺从民意，设立祭坛，竖起赤旗。没过多久，刘邦手下的兵力就达到了三千人，此队伍成为反秦队伍中的一支重要力量。经过数年的打拼，刘邦建立了大汉王朝，成了汉朝的开国皇帝。

文化卡片

关于刘邦的诗词

1.大风起兮云飞扬，威加海内兮归故乡，安得猛士兮守四方！

——汉·刘邦《大风歌》

2.鸿鹄高飞，一举千里。羽翮已就，横绝四海。横绝四海，当可奈何？虽有缯缴，尚安所施？

——汉·刘邦《鸿鹄歌》

3.秦帝始皇太暴虐，位传二世而已矣。汉室龙兴灭秦项，高祖刘邦赤帝子。

——宋·陈普《历代传授歌》

4.汉高辛苦事干戈，帝业兴隆俊杰多。犹恨四方无壮士，还乡悲唱大风歌。

——唐·胡曾《沛宫》

有问必答

从字面来看，“一败涂地”与“一败如水”只有两个字的区别。但在含义方面，它们却有着不同之处。请试着说一说它们各自的侧重点。

虽然“一败涂地”与“一败如水”的意义相近，两者都可以用来形容“败得很惨，不可收拾”。它们的区别在于：“一败涂地”的“涂地”有“肝脑涂地”之意，侧重于“败得很惨”；“一败如水”则侧重于“败得不可收拾”，主要用来形容个人的事业、家庭的衰败发展到了无法挽救的地步。

国学大闯关

在下面的方框中分别填上一个字，使它横竖都能组成一个成语。填完之后分别读一读，看填的是否准确无误。

一									
□	军	之	将						
涂			□						
地			就						
			计	功	受	□			
						心			
						悦			
						目	不	□	接

答案 一败涂地；败军之将；将计就计；计功受赏；赏心悦目；目不暇接

秦朝
西汉
东汉

胯下之辱

基本信息

历史事件

有一个屠夫见韩信软弱可欺，便聚众欺辱他，要求他从自己胯下钻过。韩信见寡不敌众，只好从屠夫胯下爬过。

事件主角

韩信

历史坐标

西汉时期

成语出处

《史记·淮阴侯列传》：“淮阴屠中少年有侮信者，曰：‘若虽长大，好带刀剑，中情怯耳。’众辱之曰：‘信能死，刺我；不能死，出我袴下’。于是信孰视之，俛出袴下，蒲伏。一市人皆笑信，以为怯。”

成语释义

原指从别人胯下钻过去的耻辱；后用来比喻有才能的人在未显达时能够暂时忍受耻辱。

成语故事

韩信是淮阴（今江苏淮安市淮阴区西南）人，出生在一个贫寒的家庭。他自小就失去了双亲，无依无靠，每天过着吊儿郎当的生活。他成年后，虽然心中也有志向，但也只是空想，并没有任何实际行动。他每天在大街上游来荡去，不务正业，连基本的温饱都无法解决，总是吃了上顿愁下顿。

有时候，为了填饱肚子，韩信无奈只能去亲戚、朋友家混口饭吃。当时，周围的人都刻意躲着他，不与他交往。只有当地的一名小官与他有些交情，他就经常到小官家蹭饭吃。一开始，小官的妻子会热情地招待他。时间一长，小官的妻子也开始反感他了。于是，小官的妻子便故意提前开饭。等韩信来吃饭时，小官家的饭早已吃得所剩无几了。一气之下，韩信就与小官断绝了来往。

从这以后，韩信就没有地方蹭饭了。这天，饥肠辘辘的他只好来到河边钓鱼。在河边，韩信遇见了一位心地善良的老婆婆，她正在河边洗衣服。当老婆婆看到韩信衣不遮体、食不果腹的样子，顿时起了怜悯之心。于是，老婆婆便主动把自己的饭菜分给韩信吃。韩信捧起饭菜狼吞虎咽地吃起来。

就这样一连几十天，每次肚子饿的时候，韩信都会来河边。而那个老婆婆也总是每天都为他准备好饭菜。韩信感动极了，便对老婆婆说："总有一天，我会好好报答您的。"老婆婆听后，非但没有表现得很开心，而是责备韩信说："你一个堂堂男子汉，却连自己都养活不了。我是看你一个人挺可怜，才每天给你准备饭菜的。我从来没指望你报答我，只希望你好自为之。"韩信感到无地自容，发誓一定要做出一番事业来。

无论是幼年时期的韩信，还是成年后的韩信，身边连一个真正的朋友都没有。乡邻及当地的年轻人都看不起他，有时候还故意羞辱他。一天，韩信闲来无事去集市游逛，有个身强体壮的屠夫在人群中发现了韩信，看到他身上竟然佩戴着一把宝剑，于是就想戏弄他一番，屠夫挑衅说："你虽长得高大，还带刀佩剑，但你骨子里就是一个胆小鬼。"

很快，围观的人越来越多。他们见韩信半天不作声，也跟着嘲笑韩信。年轻屠夫径直走到韩信身边，侮辱他说："如果你是男子汉，就用你手中的剑刺我；如果你是懦夫，就从我的裤裆下钻过去。"说完，屠夫便张开了双腿，用手指着，催促韩信从自己的裤裆下爬过去。围观的人都知道屠夫是在故意羞辱韩信，认为韩信肯定会拔剑刺屠夫。

就在这时，韩信竟然在众目睽睽之下弯了腰，从屠夫的裤裆下钻了过去。周围的人先是一愣，随后发出一阵刺耳的哄笑声。从那以后，周围的人更加看不起韩信，都认为他是一个胆小怕死、没有志气的人。

韩信闷闷不乐地来到河边，含泪告别了帮助过他的老婆婆，他决定到外面去拜师求学，闯荡天下。功夫不负有心人，曾经忍受胯下之辱的韩信后来投到了刘邦的帐下，帮刘邦夺得了天下，成了西汉的一代名将。

文化卡片

韩信参与指挥的战役

安邑之战 此战发生于公元前205年，是楚汉战争中的一场战役。在此战中，韩信巧妙地采用声东击西的战术，从夏阳渡河，奇袭安邑，成功俘虏了魏王豹。此战不仅为汉军形成了对楚军的战略优势，也为后续韩信开辟北方战场创造了条件。

井陉之战 此战发生于公元前204年，由韩信指挥，在井陉口一带对赵军进行的一次出奇制胜的进攻战。在此战中，韩信采用背水列阵、拔帜易帜等策略，以少胜多，展现了其灵活用兵的作战能力，成为中国古代战争史上以少胜多的典型战例。

潍水之战 此战发生于公元前204年，是楚汉时期的一场转折性战役。在此战中，韩信不但消灭了齐、楚仅余的一支有生力量，还斩断了西楚的右臂，并且占领三齐之地，展现了其出色的军事才能。

垓下之战 此战发生于公元前202年，是楚、汉两军在垓下进行的一场战略决战。这一战是韩信功成名就的终点，具有很重要的意义。在此战中，韩信充分地发挥了自己的指挥才能,成功地战胜了项羽。

有问必答

从古至今，“胯下之辱”被人们认为是奇耻大辱。韩信忍受的“胯下之辱”对他日后的作为有什么实质性的帮助？同时，该成语给了人们什么启发？

韩信在遭受了“胯下之辱”的耻辱时，表现出了非凡的忍耐和智慧，最终为他未来的事业奠定了基础，这是他人生的一次重要历练。韩信的忍让并非软弱可欺，相反，他在遭受侮辱时依然保持冷静，展现出了高度的智慧。正是这种沉着冷静的应对，让他赢得了成功的机会。这也是在告诉人们，不要因短暂的困境而气馁，而应以智慧和毅力来化解困境。

国学大闯关

将“胯”作为入口处，“安”作为出口处，沿着横向或纵向的路线，分别组成四字成语，完成下面的迷宫。

→ 胯	下	之	辱	弁
马	天	因	国	即
要	过	我	殃	乌
生	聊	不	民	龙
不	逢	时	来	运
←	安	为	危	转

答案 胯下之辱国殃民不聊生不逢时来运转危为安。

运筹帷幄

基本信息

历史事件

楚汉战争时期，刘邦手下的谋士张良为其出谋划策，帮他争夺天下。刘邦夸赞张良有运筹帷幄、决胜千里的才能。

事件主角

刘邦

历史坐标

西汉时期

成语出处

《史记·高祖本纪》：“夫运筹策帷帐之中，决胜于千里之外，吾不如子房；镇国家，抚百姓，给馈饷，不绝粮道，吾不如萧何；连百万之众，战必胜，攻必取，吾不如韩信。”

成语释义

原指在帐幕中谋划军机，拟定作战策略；后来人们将其义引申为筹划、指挥。

成语故事

当张良得知韩国被灭的消息后，发誓一定要报仇雪恨。于是，张良变卖了所有家产，过上了流亡的生活。为了能够暗杀秦始皇，张良四处结交英雄好汉，一心只为给韩国报仇雪恨。张良耗费了大量的时间和精力，终于找到了一位比较中意的勇士，并为他铸造了一把足有一百二十斤重的大铁锤。

当时，秦始皇一行人正在东游。经过一番追踪之后，张良决定在一个叫博浪沙的地方进行伏击。可是，那位勇士只砸中了秦始皇的副车，并没有如张良所愿击中秦始皇。这一次暗杀，最终以失败而收场。张良心中知晓，秦始皇肯定不会善罢甘休，所以他选择隐姓埋名，逃亡到了下邳。来到下邳后，张良更是一刻也不闲着。他一面刻苦钻研兵法，一面又在等候更好的暗杀时机。

陈胜、吴广等人揭竿起义，张良也趁机聚集了一支一百多人的小队伍，准备前去追随义军。半路上，张良有幸遇见了沛公刘邦，便决定追随刘邦。刘邦惜才如命，见张良足智多谋，更是对他十分器重。所以，只要是张良提出的计谋，刘邦都会一一听从，从不反驳。

等刘邦当了汉王，夺取巴、蜀两地之后，他立即赏了张良百镒黄金以及二斗珍珠。可是，张良却将给自己的赏赐转手送给了项伯，并让他帮忙向项羽请求汉中之地。很快，刘邦就如愿得到了汉中。汉中被群山包围，只能靠山间栈道与外界通行。在送刘邦去汉中的途中，张良劝刘邦烧毁栈道，表明自己无意向东发展，以稳住项羽。刘邦立即采纳了张良的意见，烧毁了栈道。

自那之后，虽然张良在刘邦那里做事，心里却从来没有忘记韩国。一次偶然的机会，张良离开刘邦，准备回到韩国。当项羽得知张良跟随过刘邦，便下令不让他回国。张良只好再次回到刘邦身边，并为他出谋划策，先后攻下了三秦、燕、代、齐、赵等地。最后，刘邦大破楚军。

刘邦顺利取得天下后，便在洛阳南宫大摆宴席，招待朝中官员。席间，刘邦问："我为何能够取得天下？项羽又为何会失去天下？"

这时，有一位大臣站出来说："项羽待人轻慢且好侮辱人，而陛下仁厚且爱护别人。陛下攻打城池、夺取土地后，会把这些地方分封给有功之人。而项羽嫉贤妒能，总是妒忌有功者，怀疑有才能者，打了胜仗也不肯为有功之人授功，夺了土地也不肯分封给有功之人，这就是他失去天下的主要原因。"

刘邦听后，笑着说："真是只知其一，不知其二。在运筹帷幄之中，使前方在决战中取胜，我不如张良；安定国家，安抚百姓，按时供给粮饷，我不如萧何；统领大军，战必胜，攻必克，我不如韩信。他们三个都是人中俊杰，却都为我所用，所以我可以得天下。项羽虽然有一位了不起的谋士范增，但他总是疑心重重，这就是他失败的关键所在。"群臣听后纷纷点头，对他的见解心悦诚服。

文化卡片

描写张良的诗词

1.博浪挥椎处，惓惓报国仇。如何销印事，独不为韩谋。

——宋·黎廷瑞《张良》

2.六国亿万人，谁是报雠（chóu）者。壮哉博浪沙，一击震天下。

——宋·胡宏《张良》

3.汉业存亡俯仰中，留侯当此每从容。固陵始议韩彭地，复道方图雍齿封。

——宋·王安石《张良》

4.博浪椎挥四海惊，虎狼虽暴已无秦。兴刘灭项犹余事，岂是萧韩行辈人。

——宋·徐钧《张良》

有问必答

“运筹帷幄”是刘邦对谁的称赞？如何才能拥有把握全局的胸怀和长远的眼光？

“运筹帷幄”是刘邦对张良的称赞。首先，要拥有“定心”：你是谁？你能做什么？你想要什么？这就是一种自我认知和自我定位。只有心“定”了，才能做到经得起各种诱惑，顶得住各种压力。其次，要博采众长，用开放的心态拥抱一切新东西和新变化。最后，要讲求实效，杜绝一切浮夸。因此，保持一颗平常心、清净心，静得下来，沉得住气，才能担当重任。

国学大闯关

看看谁能够用自己的火眼金睛，在最短的时间内挑出下列成语中的错别字，并写在后面的方框里。

不落窠臼 ☐	肝脑图地 ☐	前车之见 ☐
如火如荼 ☐	运筹帷握 ☐	掉以轻心 ☐

答案 图→涂；见→鉴；握→幄

鸡犬升天

基本信息

历史事件

在“八公”的帮助下，淮南王刘安顺利修炼成仙后，把剩下的药撒在院子里，鸡、狗吃了仙药后也都跟着升了天。

事件主角

刘安

历史坐标

西汉时期

成语出处

《论衡·道虚》：“淮南王刘安坐反而死，天下并闻，当时并见，儒书尚有言其得道仙去，鸡犬升天者。”

成语释义

原指一个人得道成仙，连家里的鸡、狗也随之升天；现用来比喻一个人得势，他的亲戚、朋友也跟着得势。

成语故事

刘安是汉高祖刘邦之孙，淮南王刘长之子。刘长去世后，刘安便继承了父亲的爵位，成为淮南王。父亲去世后，刘安很快成长起来，洞悉人生世事。刘安袭爵淮南王之后，就爱上了读书。他看了那么多的书，唯独沉迷于道家的书籍。后来，刘安竟然有了炼丹成仙的念头，他还派人四处去寻访有仙方神术的道人。

相传有一天，淮南王府门前来了八位须发苍白的老人。门口的两个侍卫见他们年事已高，定然不是什么高人。于是，侍卫便用讽刺的语气说：“我家王爷一则招揽精通玄妙之道者，二则希望得到博学多才之大儒，三则想要得到勇武之壮士。可是我看几位老先生并不符合我们王爷的要求，所以你们还是请回吧。”

没等侍卫把话说完，这八位老人就齐声大笑起来。之后，一位老人捋了捋胡子，说：“我们早就听闻淮南王有好贤之名，我等虽然鄙陋，但为了能够与淮南王见上一面，特意远道赶来。如今我们都已经来到王府门口了，你们竟然还搪塞我们，这是什么道理呢？”侍卫冷笑了几声后，便不再搭理他们了。

另一位老人也说：“既然你们认定白发老人就是平庸之人，容貌年轻的人才是有道之士。那我们现在就从老人变成年轻人，这也没什么可难的。”说完，还没等侍卫反应过来，八位老人就瞬间变成了八位满头青丝、唇红齿白的年轻人。侍卫见状，不禁大吃一惊，慌忙飞奔至府内将刚才所见之事禀告给了刘安。

刘安听后，就知道他们一定是神仙下凡，于是不敢有丝毫怠慢。他慌忙起身出迎，连靴子都顾不得穿，就光着脚赶到了门口。八位老人见刘安这副模样，对侍卫的怠慢也就一笑而过，不再计较了。刘安慌忙将八位老人请进正殿，随后恭恭敬敬地叩拜。刘安虽然生性愚钝，但是他的求道之心却无比诚挚。

八位老人见刘安如此真诚待人，纷纷面露赞许之色。有一位老人说：“其实，我们在来之前，就已得知你有一颗坚决的道心。我们远道赶来就是要将炼制仙丹的秘方传给你的。只要你静心修炼，等炼好丹药并将它服下后，你一定可以长生不老。”说完，八位老人各自为刘安传授了一套仙术。从那以后，刘安便每天待在丹房炼丹。

一转眼，九九八十一天过去了，刘安终于炼成了九转金丹，只等选个良辰吉日服下。没想到，淮南王在府中炼丹的事情很快就传到了皇帝的耳朵里。皇帝听后，觉得刘安有谋反之心，就命令官员招刘安进京问罪。官员前脚刚离开京城，八位老人就知道了事情的前因后果。他们对刘安说：“大事不妙了，朝廷中有人诬告你谋反，现在皇上已经派人来抓你了。你赶快穿上新衣，等祷告之后服下金丹，方能飞升天界。”

刘安听后，立即从炼丹炉取出炼好的金丹服下。刚一服下，刘安就感觉到身体轻盈，飘飘欲仙。他低头一看，发现自己竟然已经双脚离地，缓缓地朝天空飞去了。刘安成仙后，他家里的鸡和狗因为吃了撒在院子里的灵丹，也跟着刘安飘然升天了。

文化卡片

刘安的写作成就

《淮南子》又被称为《淮南鸿烈》《鸿烈》，是西汉时期的哲学著作。它是刘安在当淮南王时，与数千名门客方士一同收集史料撰写而成的。刘安作为主编，《淮南子》中深刻地反映了他的思想。

《淮南子》著录共分为“内书”21篇、“外书”33篇、“中书”8篇。内篇论道，中篇养生，外篇杂说。全书以道家思想为主，吸收诸子百家学说，融会贯通而成。不过，流传至今的《淮南子》只有“内书”21篇。

《淮南子》在阐明哲理时，涉及奇物异类、鬼神灵怪，保存了一部分神话材料，比如“女娲补天”“后羿射日”“共工怒触不周山”“嫦娥奔月”等古代神话，成为战国至汉初黄老之学理论体系的代表作。

有问必答

“鸡犬升天”的故事中提及的“八公”分别指的是谁？他们各自的下场如何呢？

故事中的“八公”分别是苏非、李尚、田由、雷被、伍被、晋昌、毛被、左吴八位方士。他们八人都是刘安的门客，也是参与编撰《淮南子》的重要成员。所以，他们又被人们称为“八骏”。

公元前122年，刘安谋反的事情泄露后，汉武帝刘彻诏令平叛。刘安畏罪自杀，“八公”中除雷被一人成功逃脱外，其余七人都被汉武帝先后诛杀了。

国学大闯关

在下列选项中，哪一项体现了事物的因果联系（　　）。

A. 读书破万卷，下笔如有神

B. 虚心使人进步，骄傲使人落后

C. 一人得道，鸡犬升天

答案 C

金屋藏娇

基本信息

历史事件

汉武帝刘彻年幼时许诺日后要娶姑母刘嫖的女儿陈阿娇为妻，还要为她建造一座富丽堂皇的宫殿。

事件主角

刘彻

历史坐标

西汉时期

成语出处

《汉武帝故事》：“（胶东王）数岁，长公主嫖抱置膝上，问曰：‘儿欲得妇不？’胶东王（汉武帝刘彻初封为胶东王）曰：‘欲得妇。’长公主指左右长御百余人，皆云不用。末指其女问曰：‘阿娇好不？’于是乃笑对曰：‘好！若得阿娇作妇，当作金屋贮之也。’”

成语释义

原指汉武帝幼时喜爱阿娇，并欲建金屋让她居住一事；后来人们便用“金屋藏娇”指十分宠爱妻子，也指男人纳妾。

成语故事

刘彻是汉景帝刘启的儿子，他的母亲是王夫人，也就是后来的王皇后。刘彻是汉景帝的第十个儿子，亦是王夫人唯一的儿子。虽然汉景帝有十三个儿子，却没有嫡子。他决定要尽早立太子，才能断了其他皇子的念想。

公元前153年，汉景帝遵照“立长”的传统，将宠妃栗姬所生的庶长子刘荣立为皇太子。也是在同一天，汉景帝又将年仅四岁的刘彻封为胶东王。

胶东王刘彻的姑姑是长公主刘嫖，她有一个女儿名叫陈阿娇，小名叫阿娇。阿娇长得水灵又可爱，亲友们都很喜欢她。加之她出身高贵，从小便被周围的人娇惯着长大。一开始，刘嫖决定将阿娇嫁给太子刘荣做太子妃。其实，她最终的目的是想让女儿将来能够当皇后。但是，当刘嫖向太子的母亲栗姬求亲时，却遭到了回绝。

栗姬为什么拒绝刘嫖呢？因为刘嫖曾多次向汉景帝进献美人，这些美人都受到了宠爱。栗姬因此而逐渐失宠了。栗姬向来善妒，她把这笔账记在了刘嫖头上。她心里无比憎恨刘嫖，自然不会答应与刘嫖结亲。刘嫖虽然恼怒异常，但也不好多说什么。于是，她又将目光放在了刘彻身上，她认为将女儿嫁给刘彻也不错。但是，她的这一想法又遭到了汉景帝的拒绝。

刘嫖接连遭到拒绝后，心中闷闷不乐。她不知不觉走到了未

央宫，看到刘彻正在那里玩耍，她便将刘彻抱在膝上说：“彻儿，你长大了想不想娶个媳妇呀？”天真无邪的刘彻说：“我当然想啦。”刘嫖听后忍不住笑起来，指着身边的上百名侍女，说：“那你想要娶哪个呢？现在挑一个吧。”刘彻用那双童真的眼睛扫了一圈，头立即摇得像拨浪鼓，嘴里说着：“这些我都不想娶！”

这时，刘嫖指着自己的女儿阿娇，问：“那我把阿娇嫁给你当媳妇，你觉得怎么样？”刘彻笑着回答说：“好呀，好呀！”刘嫖又问：“如果你娶阿娇做了你的媳妇，你会怎样对待她呢？”刘彻笑着说：“如果我能娶阿娇做我的媳妇，我一定专门为她建造一座金屋子。”刘嫖听后大为高兴，于是苦苦哀求汉景帝能够答应结亲一事。自己的儿子竟然如此说，汉景帝也就不再反对这门亲事了。

为了能够帮助刘彻夺取太子之位，刘嫖便总是找机会在汉景帝面前说栗姬的坏话，她说：“陛下，有件事不知道我能不能跟您说，我看栗姬与其他妃子聚会时，总是让人在她们背后吐口水，诅咒她们。”汉景帝听后十分生气，心里开始憎恶栗姬。

后来，王夫人又借题发挥，让汉景帝更加憎恨栗姬。王夫人暗中派了一位大臣去说服汉景帝，大臣说：“俗话说，子以母贵，母以子贵。如今太子的母亲还没有封号，恳请陛下立她为皇后！”汉景帝听后，大发雷霆，并呵斥他说：“这是你应该管的事吗？”说完，汉景帝便下令杀了这位大臣，还废掉了太子刘荣。太子被废后，栗姬郁郁寡欢。没过多久，她就因忧伤过度而死去。

不久，汉景帝就将王夫人立为皇后，将刘彻立为太子。汉景帝驾崩后，刘彻继承了皇位。他不仅立即迎娶了阿娇，还为她造了一座富丽堂皇的宫殿，并册封阿娇为皇后，兑现了小时候对她的所有承诺。

文化卡片

人物简介

汉武帝刘彻，汉景帝第十子。刘彻初封胶东王，七岁被立为太子，十六岁继承皇位。刘彻继位后，汉朝进入最为强大的时期。

刘彻在位期间，做出以下功绩：第一，政治方面，加强中央集权、设立中朝、建立年号、设立刺史；第二，军事方面，击溃匈奴、开拓西域；第三，经济方面，改革币制、盐铁官营；第四，文化方面，收藏图书、独尊儒术、太初改历、创立太学；第五，外交方面，沟通西域、开辟丝绸之路。

刘彻晚年时期，穷兵黩武，农民起义频繁，宫廷发生“巫蛊之祸”，导致太子刘据自杀。公元前87年，刘彻崩于五柞宫，享年七十岁。

有问必答

或许有人会感到好奇，陈阿娇嫁给汉武帝刘彻后，过得是否幸福呢？她最终的归宿又是什么呢？

起初，陈阿娇备受汉武帝的宠爱，她是十分幸福的。但是，陈阿娇开始恃宠而骄，又因没能为汉武帝诞下子嗣，她便渐渐失宠。失宠后的陈阿娇生了嫉妒之心，用“巫蛊之术”诅咒其他妃子。汉武帝得知后，废除了她的皇后之位。所以，陈阿娇最终的归宿是身居长门宫，每天度日如年。

国学大闯关

以下成语都与西汉时期的历史人物有关，请你试着把左右两边相对应的词语连起来。

肝脑涂地	枚乘
多多益善	刘彻
前车之鉴	娄敬
千钧一发	贾谊
金屋藏娇	韩信

答案 肝脑涂地——娄敬；多多益善——韩信；前车之鉴——贾谊；千钧一发——枚乘；金屋藏娇——刘彻

一丘之貉

基本信息

历史事件

杨恽为官清廉、兢兢业业，只因为人直爽惹怒了汉宣帝，遭遇两次牢狱之灾后被腰斩而死。

事件主角

杨恽

历史坐标

西汉时期

成语出处

《汉书·杨恽传》："古与今如一丘之貉。"

成语释义

原指彼此为同一山丘上的貉；后用来比喻彼此一样都是同类，没有差别。

成语故事

汉宣帝时期，有个叫杨恽的士大夫在当时颇有名气。他的父亲杨敞曾两次出任汉宣帝时的丞相，他的母亲是史学家司马迁的女儿。他出身于书香门第，从小得到了良好的教育。他自幼饱读诗书，年少时便以才学闻名于世。

杨恽与他的外祖父司马迁一样，铁骨铮铮，一身正气。杨恽任职期间，一直以廉洁公正、杜绝行贿的原则为百姓办事。他将所有的心思都放在了为国家效力上。后来，当杨恽得知大将军霍光的儿子意图谋反时，便第一个向汉宣帝大胆告发。之后，他就被封为平通侯，从此在朝廷中崭露头角。

当时，朝中的贿赂之风甚是严重，那些有钱的大臣经常在外玩乐，对国家政事和百姓的疾苦都是一副不在乎的态度，每天只顾着自己享受荣华富贵，不顾百姓的死活；而那些没钱的平民百姓，每天都在不停地埋头苦干，不敢有丝毫的懈怠。杨恽担任中郎将时，采取了一系列措施，才革除了朝廷中的不良风气，得到了满朝官员的称赞。后来，杨恽逐渐变得骄傲自满，目中无人。在朝堂之上，他曾与太仆戴长乐发生了一场争执。

有一次，杨恽听说匈奴的单于被人杀了，他便说：“遇到一个如此不明是非的君王，即使那些忠心的大臣已为他拟好了治国良策，他也只会听信小

人的谗言，杀害忠良之士，让自己丢了性命，亡了国家。就像秦朝时的君王一样，他们总是信任小人、杀害忠臣，最后才落得个亡国的下场。如果当年的秦朝君王不这样做，有可能他们的国家现在还存在呢。自古以来，各朝各代的君王都是如此，容纳不了忠臣，就像从同一个山丘里出产的貉一样，没有任何差别呀！”

没想到，杨恽的这番话被太仆戴长乐听到了，他连忙向汉宣帝汇报。汉宣帝听后十分不爽，心想：杨恽到底是何用意？他是不是认为我也是那种信任小人、迫害忠臣的君主。想到这里，汉宣帝更加气恼。太仆戴长乐又借机在汉宣帝面前说了许多杨恽的坏话。汉宣帝当即下令革去了杨恽的官职，将他贬为平民。

杨恽被贬后，心情异常低落，人也开始堕落。杨恽开始肆意挥霍，花钱大办酒席，每天宾客满堂，饮酒为乐。杨恽的好友孙会宗得知情况后，便写信规劝他，不要整天只顾着借酒浇愁，要好好反省自己。杨恽听不进去，他给好友写了回信，信中都是对汉宣帝的怨恨和不满。显然，好友对杨恽的规劝并无任何作用，他还是一切照旧，每天都喝得烂醉如泥，等酒醒后再继续喝。

后来，那些别有用心的人还向汉宣帝告发，说杨恽虽然已经成为一介平民，但还是一副骄傲自大、不知悔过的样子，整天除了饮酒作乐，别无其他。汉宣帝得知杨恽每天都喝得烂醉如泥，更是心生憎恨：难道他是想用这些举动来表达心中的不满吗？于是，汉宣帝又命人将杨恽抓进了牢里，并在他身上搜到了那封他写给好友的信。

汉宣帝看过信后，才知杨恽对他的怨气和不满比想象中的大。盛怒之下，汉宣帝便治了杨恽大逆不道之罪，并将他处以腰斩。他的好友孙会宗因受杨恽的牵连，也被罢官免职了。

文化卡片

与“杨恽”有关的诗词

1.种豆悲杨恽，投瓜忆卫旌（jīng）。

——唐·陆龟蒙《江南秋怀寄华阳山人》

2.客来空认袁公额，泪尽惭无杨恽书。

——宋·陈与义《跋外祖存诚于帖》

3.东阿初度洛，杨恽旧家秦。

——唐·韩偓《倒押前韵》

4.不种杨恽田，但灌吕安圃。

——宋·陈与义《次韵谢文骥主簿见寄兼示刘宣叔》

5.共疑杨恽非锄豆，谁信刘章解立苗。

——宋·苏轼《自昌化双溪馆下步寻溪源至治平寺，二首其一》

有问必答

成语“一丘之貉”中的貉是一种非常古老的犬科动物。除了貉，你还知道哪些与动物有关的成语呢？

鼠：胆小如鼠、首鼠两端

牛：对牛弹琴、气壮如牛

虎：虎背熊腰、调虎离山

兔：兔死狐悲、狡兔三窟

龙：龙飞凤舞、画龙点睛

蛇：打草惊蛇、杯弓蛇影

马：一马当先、老马识途

猴：猴年马月、尖嘴猴腮

狗：狐朋狗友、狗急跳墙

羊：亡羊补牢、羊入虎口

鸡：鸡鸣狗盗、闻鸡起舞

猪：猪狗不如、一龙一猪

国学大闯关

以“一丘之貉”中的“丘”作为起点，“轻”作为终点。请试着在下面的方框中填入一个字，使它横竖都能组成一个成语。

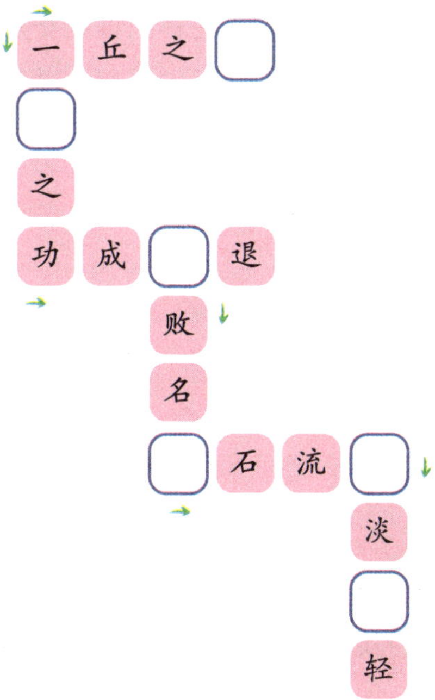

答案 一丘之貉；一得之功；功成身退；身败名裂；裂石流云；云淡风轻

家徒四壁

基本信息

历史事件

司马相如去卓王孙家做客，与卓王孙的寡妇女儿卓文君一见倾心，二人私订终身，卓文君跟着他回到家徒四壁的成都，过上了清苦的生活。

事件主角

司马相如

历史坐标

西汉时期

成语出处

《汉书·司马相如传上》：“文君夜亡奔相如，相如与驰归成都，家居徒四壁立。”

成语释义

原指家里只有四周的墙壁；后用来形容家中贫穷，一无所有。

成语故事

司马相如是西汉时期的大辞赋家、文学家。他博学多才，以文才闻名于天下。他不仅写得一手好文章，而且还善于击剑抚琴，为人风流潇洒。因此，当时有很多人都喜欢与他交往。

年轻时的司马相如曾在汉景帝身边做事，担任侍从官的职位。可是，他喜欢舞文弄墨、抚琴吟诗，汉景帝却只喜欢骑马打猎。于是，司马相如就去梁孝王手下做事。几年后，梁孝王因病去世，司马相如又回到成都。

司马相如的朋友们听说他回来了，都来拜访他。他有个朋友叫王吉，在临邛当县令。有一次，司马相如去拜访王吉，并在临邛县的一个小客店里住下来。王吉得知后，便亲自来到小客店看望他。多年不见的一对好友聚在一起高谈阔论。之后，司马相如就住在了那里，王吉只要一有闲暇，就去小客店找他。没过多久，他们二人结交的事情就被卓王孙知道了。

卓王孙见王吉如此敬重司马相如，也想结识他。于是，卓王孙在府中大设宴席，派人前去邀请王吉和司马相如前来做客。司马相如不愿前来，便以身体不适为由推辞了。之后，卓王孙再次邀请，司马相如只好答应了。

席间，王吉请司马相如抚琴，为在座的诸位助兴。司马相如虽心中有些不情愿，但也不好当众推辞，就顺手弹了一曲。司马相如的曲子弹得如高山流水，听起来悦耳动听，在座的人都拍手叫好，卓王孙也暗自惊叹。

卓王孙有个女儿，名叫卓文君，长相出众，身姿娇美，通音律，也喜欢抚琴。因为死了丈夫，便回到娘家居住。她早就听说过司马相如的大名。那日，她在屏风后面听到司马相如的琴声，如痴如醉。她看到司马相如仪表堂堂、风度翩翩，顿时心生爱慕。后来，司马相如觉察到有人在屏风后偷看，便顺势望去。纵使隔着屏风，司马相如也被卓文君的美貌所吸引，于是乘兴又弹了一曲《凤求凰》。

卓文君听后，立刻明白了司马相如的心意。宴席结束后，司马相如交给卓文君的侍女一封信，让侍女转交给卓文君。在信中，司马相如向卓文君表达了自己的爱意。自那日起，他们二人便频繁来往，私订了终身。

很快，这件事情就被卓王孙发现了。他命人去调查司马相如的家庭背景。当得知司马相如家境贫穷，他坚决反对这门亲事。卓文君却不在乎，坚持要与司马相如在一起。他们商议趁着黑夜偷偷离开临邛，去司马相如家里。卓文君一进家门，看到家里除了四面墙壁之外，其他什么也没有，但她一点儿都没嫌弃。

卓文君先是卖了一些自己的首饰，为家里添置了东西。之后，她又用剩下的钱和司马相如在镇上开了一家小酒馆，夫妻二人过着拮据而恩爱的日子。他们二人的感情后来感动了卓文君的父亲，卓父送给他们诸多仆人和钱财，让他们购买田产、房屋，他们的日子才逐渐好起来。

后来，汉武帝读了司马相如的文章后，大为赞赏，便将司马相如召进了京城，封他为郎。

文化卡片

汉赋四大家

司马相如 被誉为“汉赋第一大家”。司马相如少好读书击剑，景帝时，为武骑常侍。司马相如的文学成就主要表现在辞赋上，其文章有“千金难买相如赋”一说。

扬　雄 字子云，蜀郡成都人。他少时好学，博览多识，酷好辞赋。扬雄一生悉心著述，除辞赋外，又仿《论语》作《法言》，仿《周易》作《太玄》，其作品在思想史上有一定价值。扬雄关于赋的评论，对赋的发展及后世对赋的评价有一定影响。

班　固 东汉名儒，著名学者。他博览群书，诸子百家之言无所不读。他文辞渊雅，叙事详赡，所著的诗、赋、铭、诔、颂、书、文、记、论、议等四十一篇行于世。

张　衡 东汉科学家、文学家。他勤敏好学，博识多能，天文、地理无一不通，无一不精。他在任太史令期间，悉心研究天文、历算，并先后发明和制作了举世闻名的浑天仪和地动仪。

有问必答

大辞赋家司马相如的代表作主要有哪些？每部作品都有什么特点？

代表作有《子虚赋》《上林赋》《大人赋》《长门赋》《美人赋》等。

《子虚赋》有着浓厚的黄老道家色彩，标志着汉大赋的完全成熟；《上林赋》是《子虚赋》的姊妹篇；《大人赋》暗含对汉武帝好神仙之道的讽谏，蕴含着丰富的道家思想；《长门赋》以一个受到冷遇的嫔妃口吻写成，表达了女性极其细腻的感情；《美人赋》调动多种感官来谱写美女，在艺术手法上颇有独到之处。

国学大闯关

以下是一些与司马相如有关的成语，请试着补全这些成语并读一读。

举□齐眉	相敬如□	文君□垆	相如□器	子□乌有
汹涌澎□	计深□远	心存芥□	□不虚发	家徒四□

答案 举案齐眉；相敬如宾；文君当垆；相如涤器；子虚乌有；汹涌澎湃；计深虑远；心存芥蒂；箭不虚发；家徒四壁

励精图治

基本信息

历史事件

汉宣帝将霍氏满门抄斩后，开始亲自处理朝政，力图把国家治理得繁荣富强。经过不断的努力，西汉王朝重新强盛起来。

事件主角

汉宣帝

历史坐标

西汉时期

成语出处

《汉书·魏相丙吉传》：“宣帝始亲万机，厉精为治。”

成语释义

原意为努力振奋精神，千方百计治理好国家；后用来形容一个人通过努力奋斗，设法把事业做好。

成语故事

公元前87年，汉武帝去世，仅八岁的刘弗陵即位，是为汉昭帝。由于刘弗陵年龄尚小，还无法主持朝政。于是，朝中政事交由大司马霍光一人决断。久而久之，霍氏一族的势力日趋强大。霍光的儿子霍禹和霍光哥哥的孙子霍云都官至中郎将；霍云的弟弟霍山则担任奉车都尉、侍中。可以说，当时的霍氏一族权倾朝野，无人敢与他们抗衡。

直到汉昭帝行冠礼以后，霍光仍然一手遮天，朝中大事都由他一人执掌。公元前 74 年，年仅二十一岁的汉昭帝因病去世。由于汉昭帝生前没有儿子，所以手握大权的霍光就将流落在民间的刘询推上了皇位，是为汉宣帝。

刘询的祖父刘据，本来是汉武帝时期的太子，后来因为卷入了一次巫蛊事件，全家都遭到了诛杀。当时，刘询还只是一个婴儿，幸好有一位狱官搭救，他才幸存下来，在民间的外祖母家健康长大。汉宣帝即位时刚刚十七岁，由于他一直在民间生活，对朝政大事知之甚少，霍光便一如既往地独揽大权。汉宣帝尽管贵为一国之君，也不过是个摆设。

公元前68年，霍光病故，汉宣帝才正式亲政。其实，在霍光掌权期间，汉宣帝并没有停滞不前，而是一直在韬光养晦。汉宣帝召御史大夫魏相进宫议事，在魏相的建议下，汉宣帝决定先任命霍禹为右将军，再等待时机除去霍光。

没过多久，汉宣帝封霍光的女儿霍成君为皇后，又任命霍禹为大司马，汉宣帝借授印之机剥夺了霍禹右将军的兵权。之后，汉宣帝又将霍光的女婿邓广汉调任少府，其余一干人等，有的被调往外地，有的被调任虚职，先后都被剥夺了实权。为此，霍氏一族将这一笔笔账都记在了魏相的头上。

霍氏一族私下商议，他们决定假借太后的命令，先斩杀魏相等大臣，然后再废掉汉宣帝，他们翻身就指日可待了。很快，霍氏一族的阴谋就被汉宣帝所知晓。于是，汉宣帝决定先发制人，采取果断的措施，霍禹被腰斩于市，霍成君被废了皇后，霍云、霍山自杀。其他与霍氏有牵连而被诛灭的有数千家。

汉宣帝将霍氏满门抄斩之后，决心振奋精神，力图把国家治理得繁荣富强。因为汉宣帝曾在民间生活了十几年，深知百姓的疾苦。所以，他亲政后一直特别重视吏治，不仅严惩了那些贪赃枉法的大臣，任用了一大批像魏相这样的忠臣良将，还延续了汉昭帝时期提出的“轻徭薄赋、与民休养生息”的政策。

除此之外，汉宣帝还亲自任命和考核官员，询问治国安邦的良策。他还多次下诏对郡守级官员实行“五日一听事”制度。有时候，他还会不定期地巡视郡国。他总是对大臣们说：“如果有功不赏，有罪不罚，就算是尧舜那样有德行的帝王也不能教化天下。”所以，他在位期间，一直以身作则、赏罚分明，整顿吏治，时刻维护法度的公正性和公平性。

后来，汉宣帝将魏相提升为丞相，并封其为高平侯。在魏相的精心辅佐下，汉宣帝治国理政采取了一系列有利于发展生产、减轻百姓负担的有效措施。正是因为汉宣帝励精图治、知人善任，国家很快便强盛起来，呈现出一派繁荣的景象。

文化卡片

拥有庙号的西汉帝王

庙号最早起源于商朝。根据商朝规定，对国家有大功，值得子孙永远祭祀的君王，就可拥有庙号。

秦朝以后有庙号的君王，第一位是刘邦，他是汉朝的开国皇帝。正因有了他，才有了大汉王朝。他即位后，便恢复了庙号制度。他的庙号是汉太祖。

第二位是刘恒，他是刘邦的儿子，但他的皇位来之不易，辗转了四次才轮到他掌权。他在位期间，励精图治，西汉异常繁荣。他的庙号是汉太宗。

第三位是刘彻，也就是汉武帝。他当政期间，恰逢国家面临着内忧外患，他便大举抵御外敌，保卫疆土，打出了大汉的气势。他的庙号是汉世宗。

第四位是刘询，他是汉武帝的曾孙，继承了汉武帝的优良品质。他在位期间，开拓了汉朝的版图，收服了匈奴。他的庙号是汉中宗。

有问必答

成语“励精图治”与“发愤图强”在含义方面有着很大的不同，请问它们各自的侧重点是什么？

虽然“励精图治”与“发愤图强”都含有奋发向上之意，但这两个成语也有一些不同之处：“励精图治”含义偏重于振奋精神，指人做出一番成绩，主要适用于领导者；“发愤图强”意思偏重于坚定决心，争取进步，可以用于领导者，也可以用于普通人。

国学大闯关

在古代，形容一个人努力奋斗的成语有很多。请把下面的成语与其所对应的释义相连。

铁杵磨针	形容尽最大的努力克服困难。
发愤忘食	形容认识一致，共同努力。
齐心协力	努力追赶，形容竭力模仿。
咬紧牙关	做任何事只要有恒心就能成功。
心慕力追	形容工作、学习十分勤奋。

答案 铁杵磨针——做任何事只要有恒心就能成功。发愤忘食——形容工作、学习十分勤奋。齐心协力——形容认识一致，共同努力。咬紧牙关——形容尽最大的努力克服困难。心慕力追——努力追赶，形容竭力模仿。

凿壁偷光

基本信息

历史事件

匡衡自幼酷爱读书，勤奋好学。却因家境贫困，买不起灯烛，便在墙壁上凿孔，借着邻居家的烛光读书。

事件主角

匡衡

历史坐标

西汉时期

成语出处

《西京杂记》卷二："匡衡，勤学而无烛，邻舍有烛而不逮。衡乃穿壁引其光，以书映光而读之。"

成语释义

原指西汉匡衡凿穿墙壁引邻舍家的烛光读书；后用来形容家贫而刻苦读书学习。

成语故事

西汉时期，有一个少年名叫匡衡，字稚圭，东海承（今山东枣庄东南）人。他出生在一个穷困的农民家庭。幼年时期，匡衡就酷爱读书，他盼望

着有一天自己也能像学堂里的那些孩子一样，跟着老师一起读书。他家里一贫如洗，有时候填饱肚子都成问题，更别提去学堂读书了。因此，他只好一个人躲在学堂外面，安静地听着学堂内的读书声。

匡衡的一位亲戚看他如此热爱读书，很受感动，便教他认字。没过多久，匡衡就可以自己读书了。可是匡衡没有钱去买书，思来想去，他决定想办法从别人那里借书来读。到底该去找谁借书呢？古时候，书籍是相当稀有和贵重的。对于没钱的人来说，他们大多数都不识字，家里也不可能有书；对于那些有钱的人来说，他们肯定不会轻易将书借给一个穷小子。

为了能够借到书、读到书，匡衡日思夜想，绞尽脑汁，终于想出了一个好办法。当时，他们村子里有一个叫“文不识”的富豪，家里有很多藏书。于是，匡衡鼓足勇气去富豪家。见到富豪后，匡衡一边作揖，一边恳求说：“请您收留我吧，我不怕苦，更不怕累，我有很大的力气，什么样的活儿我都能干。只要您能把您家里的书借给我看，我每天都会给您家干活，而且我不要一分工钱。我保证，不会耽误白天干活，更不会损坏您的书籍。”

富豪被匡衡的憨厚真诚深深打动了，于是答应收留他。就这样，匡衡终于如愿以偿地读到了书。寒来暑往，匡衡每天很早便去地里干活，直到天黑后才会回家。他只能在中午吃饭和休息的时间，才能腾出空看会儿书。如此一来，他看书的进度就很慢，一本书常常要花近半个月的时间才能读完。

匡衡感到无比焦虑，他心想：我白天在地里干活，没有时间看书。晚上却有大把的时间，我何不把晚上睡觉的时间用来看书。但是，他每天都得天黑才能回到家里，家里经济条件差，哪有多余的钱来买蜡烛。

一天晚上，匡衡拖着疲惫的身体从富豪家干完活回家。只见周围一片漆黑，没有一丝亮光。当他路过邻居家时，偶然看见邻居家的窗户里透出来一点儿亮光。匡衡突然跳起来，猛地拍了一下自己的脑袋，大喊了一句："以前我怎么就没想到呢！"匡衡飞奔着跑回家。

回到家中，匡衡便从家里找出一把小刀。他在自己与邻居家共用的那面墙上盯着看了半天，又摸索了半天，终于找到了一处墙壁有破损的地方。于是，他用小刀沿着破损的墙壁凿了个小孔。果然，一道微弱的光线从墙缝里透了过来。从那以后，匡衡便借着这一线亮光读书，每天直到邻居家熄灯，他才心满意足地去睡觉。

匡衡以如此毅力，博览群书直至下笔成章，终于成为西汉时期一名颇有学识的人。

文化卡片

人物简介

匡衡是西汉经学家，以说《诗》著称。他的仕途并不平坦，汉元帝时期才位至丞相。

汉元帝即位后，匡衡得到器重，担任丞相一职。他任职期间，多次上书陈述自己对朝廷政策的意见，取得了汉元帝的信任。汉元帝后期，由于宦官石显结党营私，怂恿汉元帝加重赋役，匡衡也无计可施。

汉成帝即位后，匡衡立即上疏弹劾石显，列举其以前所犯罪恶，并指出他的党羽。这是匡衡为汉朝廷尽忠所做的最后一件事。不久，匡衡被弹劾贪污，汉成帝将他贬为庶民。几年后，匡衡因病去世。

有问必答

成语“凿壁偷光”出自《西京杂记》。这是一部西汉奇书，它的作者是谁？

《西京杂记》原为两卷，最初被收录于《隋书·经籍志》史部旧事类中。然而，直到宋代陈振孙的著作《直斋书录题解》，该书始被著录为六卷本。现今通行的《西京杂志》亦为六卷，共一百余则，总篇幅达两万余言。这部作品的作者是西汉经学家刘歆，由东晋的葛洪编辑并抄录。《西京杂记》的中的“西京”，指的是西汉的首都长安。

国学大闯关

以“凿壁偷光”作为开头，看看谁能够在最短的时间内完成下面的成语接龙。

凿壁偷光→光宗□祖→祖传秘□→方□已乱→乱□贼子→子虚□有→有□无恐→恐伤□道→道不□谋

答案 耀；方；寸；臣；乌；恃；雅；相。

秦朝
西汉
东汉

投笔从戎

基本信息

历史事件

班超少有大志，利口辩给，博览群书，因不甘于为官府抄写文书，决定投笔从戎，奉命出使西域，加强了西域与中原之间的沟通。

事件主角

班超

历史坐标

东汉时期

成语出处

《后汉书·班超传》：“久劳苦，尝辍业投笔叹曰：‘大丈夫无他志略，犹当效傅介子、张骞立功异域，以取封侯，安能久事笔砚间乎！’”

成语释义

指扔掉笔去参军；比喻文人放弃文化工作参军入伍。

成语故事

东汉初年，有一个名叫班超的人。他出身于文学世家，他的父亲班彪是史学家，他的哥哥班固是《汉书》的作者，他的妹妹班昭是著名的才女。因

为他们家经济并不富裕，为了能够补贴家用，班超只好找了个替官府抄书的差事。

班超原以为抄写工作十分简单，令他没想到的是，抄写工作不仅辛苦，而且每天抄写的内容非常之多。班超总是抄写到后半夜，才能回家歇息。不仅如此，官府对抄写的要求也很严格，不允许抄错一个字。否则，不仅要受到责骂，还要被扣除工钱，严重者甚至会被开除。

对于少年时代的班超来说，这份工作对他至关重要。于是，他每天都在小心翼翼地抄写，即使很累，他也一直在坚持着。班超与他的哥哥、妹妹不同，他向来对文学不感兴趣。日子久了，他不甘心，也不愿意继续做这种乏味的抄写工作了。

有一天，班超像往常一样正在抄写文件。他写着写着，突然心生烦躁，“噌”地一下站起来，将手中的笔狠狠地扔在了地上，愤怒地大喊道：“大丈夫本就应该像昭帝时期的傅介子、武帝时期的张骞那样，在战场上立下赫赫军功，才有机会得以封侯。我年纪轻轻的，怎么可以长期在笔、砚之间忙忙碌碌，白白消耗自己的一生呢！”与他一起抄书的人听到他的这番话后，围坐一团嘲笑他，说他简直是痴人说梦话。班超却感叹道：“小子安知壮士志哉！”

自此之后，班超就扔掉了手中的笔选择参军。他决定学习傅介子、张骞二人，去战场上闯出一番事业。永平十六年，班超投笔从戎的机会终于来到了。汉明帝派遣奉车都尉窦固带兵前去攻打匈奴，班超随军北征。就

这样，班超开启了他的军旅生涯。满腔热血的班超来到军旅之后，很快就展露了自己与众不同的才能。他奉命率兵进击伊吾（今新疆维吾尔自治区东部），在蒲类海（今新疆巴里坤湖）与北方匈奴交战。

在人生的第一战中，班超竟然一举得胜，斩俘了不少敌人。由于班超作战勇敢，很快便立下了赫赫战功，受到窦固的器重，也因此被封了官职。后来，班超奉命出使西域，他以过人的机智和勇敢，克服了重重困难，征服了西域的几十个国家，不仅稳定了汉朝的社会经济，也促进了西域同内地的经济文化交流。在西域的三十多年中，他凭借一己之力，渡过了种种危机，终于实现了立功异域的理想。

班超一生去过五十多个国家，促进了这些地区与汉朝的经济文化交流，大力宣扬了汉朝的国威。后来，班超官至西域都护，被封为定远侯，食邑千户，成为中国历史上的重要人物之一。

文化卡片

班氏三杰

班超 字仲升。班超为人有大志，不甘于为官府抄写文书，因而投笔从戎，奉命出使西域，为西域的回归做出了巨大的贡献。他官至西域都护，封定远侯，世称“班定远”。

班固 字孟坚，是班彪之子，班超之兄。作为史学家，班超修撰的《汉书》，是“前四史”之一；作为辞赋家，班固是“汉赋四大家”之一。他还与司马迁并称“班马”。

班昭 字惠班，是史学家班彪之女，班固、班超之妹，又号“曹大家”。班昭爱好历史，替班固完成了未竟的《汉书》。班昭的《东征赋》《女诫》等著作对后世产生了很大影响。

有问必答

班超在历史上做了哪些贡献？他的哪些精神值得人们借鉴和学习？

第一，班超在面对北方匈奴的威胁时，以国家利益为重，击败了匈奴。我们应学习班超有理想、有抱负的精神。

第二，班超带领三十多人去鄯善国，斩杀了匈奴使者及随从上百人。我们应学习班超的机智、英勇。

第三，班超帮助西域诸国摆脱了匈奴的束缚和奴役，为巩固统一的多民族国家做出了巨大贡献。

第四，班超为中西方交通的发展和经济文化的交流做出了贡献，奠定了基础。我们应学习班超的远见卓识。

国学大闯关

从字面意思来看，“投笔从戎”是指扔掉笔去参加军队，这里指文人弃文从军。那么，“投笔从戎”与下列的哪个人物有关呢？（　　）

A. 班勇　　B. 班彪　　C. 班超

D. 班昭　　E. 班雄　　F. 班固

答案 C

马革裹尸

基本信息

历史事件

东汉时期的功臣马援久经沙场，戎马一生。终因年老体衰，一病不起，最终实现了马革裹尸的豪情壮志。

事件主角

马援

历史坐标

东汉时期

成语出处

《后汉书·马援传》："男儿要当死于边野，以马革裹尸还葬耳，何能卧床上在儿女子手中邪！"

成语释义

原指死于战场后，用马皮把尸体包裹起来，后比喻英勇作战，牺牲在战场上。

成语故事

东汉初年的名将马援，字文渊，本姓马服氏，是马服君赵奢的后裔，后简化为姓马。他的曾祖父马通是西汉武帝时的大臣，他的父亲马仲任职于玄武司马。在马援十二岁时，他的父亲就去世了。

马援自幼喜欢骑马，对马匹有一种特殊的感情。他的几个哥哥曾多次教他学《齐诗》，他却不愿拘泥于章句之间。于是，马援辞别兄长马况，到边郡去耕作放牧。谁知，还没等马援离开，马况便突然发病去世了，马援只好留在家中为哥哥守墓。

新朝末年，天下大乱，王莽任命马援为新城大尹。不久，王莽的新朝就灭亡了。马援便投靠了陇右军阀隗嚣，并深得他的器重，被任命为绥德将军。公元33年，隗嚣因病去世了。马援发现刘秀待人接物颇有帝王风范，便决定归顺刘秀。刘秀也很器重马援，因而任命马援为太中大夫，统领诸军驻守长安。

后来，马援率兵平定了边境的动乱，一时间威震南方。公元41年，西南边境又有叛乱，刘秀又任命马援为伏波将军。这一仗足足打了三年，才把叛军彻底消灭。三年后，马援从西南方打了胜仗回到京城洛阳，刘秀亲自前来迎接。因此，马援名噪一时，得到了很多人的夸赞。

当时，有个名叫孟翼的人以计谋多出名，他也向马援说了几句恭维话。马援听到后，先是皱了下眉头，停顿了片刻，然后才对孟翼说："我本来以为先生能够对我说一些指教的话，没想到您也跟他们一样，只是一味地夸赞我。"孟翼不知如何作答。马援又继续说："如今，匈奴和乌桓还在不断地侵扰北方，我决定向朝廷请战。我认为，好男儿就应该死在战场上，死后不需要用棺材敛尸，只用马革裹着尸体回来埋葬就行。"

孟翼听后，被马援豪迈的报国热情感动了。他对马援说："真不愧是大丈夫啊！"马援果然说到做到，他在洛阳待了不到一个月，匈奴和乌桓又发起了侵袭。他便主动请求出征，前往北方迎战。

公元48年，武陵的少数民族首领发动叛乱，光武帝派兵前去征讨，结果全军覆没。当时已经六十二岁高龄的马援见战事紧张，又主动请战出征武陵。光武帝考虑马援年事已高，婉言拒绝了他的请求。马援知道光武帝的顾虑，便走上前说："我还能披甲骑马，请皇上下令让我带兵去吧。"话音刚落，马援又当场给光武帝表演了骑术。光武帝见他精神矍铄，老当益壮，只好批准了他的请求。

很快，马援便率兵出征武陵。因为武陵地处西南，气候闷热潮湿，大多数士兵水土不服。士兵们先后生病，加之营养不良导致体力大减。到了第二年，马援也因为长期辛劳奔波，患上了重病，在军中去逝，实现了他马革裹尸的夙愿。

文化卡片

后世对马援的评价

刘　秀　矍铄哉，是翁也！

孟　冀　谅为烈士，当如此矣。

吕　种　马将军诚神人也！

葛　洪　邓禹马援田间诸生，而善于用兵；萧何曹参不涉经诰，而优于宰辅，尔则知人果未易也。

朱　勃　惟援得事朝廷二十二年，北出塞漠，南度江海，触冒害气，僵死军事，名灭爵绝，国土不传。

王申礼　二帝已驰声，五溪还总兵。受诏金鞍动，论功铜马成。唯称聚米势，无惭薏苡情。虽谢云台影，犹传千载名。

有问必答

“马革裹尸”这一故事体现出了马援的什么精神？这种精神可以用一句什么名言来形容呢？

“人固有一死，或重于泰山，或轻于鸿毛”。为了国家的安定、人民的幸福，年迈的马援选择战死在疆场。所以，他的死比泰山还重。

“有的人活着，他已经死了；有的人死了，他却还活着”。虽然年事已高的马援牺牲在了战场，但是他却永远活在人民的心中。

国学大闯关

以下成语都与东汉时期的历史人物有关，请你把左右两边相对应的词语连起来。

旗鼓相当	盖勋
乘人之危	马援
盘根错节	太史慈
危在旦夕	虞诩
马革裹尸	刘秀

答案

旗鼓相当	刘秀
乘人之危	盖勋
盘根错节	虞诩
危在旦夕	太史慈
马革裹尸	马援

旗鼓相当

基本信息

历史事件

东汉时期，刘秀率兵起义，实力不断壮大，他希望能够借助隗嚣将军的兵马，以使双方兵力旗鼓相当，势均力敌。

事件主角

光武帝刘秀

历史坐标

东汉时期

成语出处

《后汉书·隗嚣传》：“如令子阳到汉中三辅，愿因将军兵马，鼓旗相当。”

成语释义

原指古代作战时用于指挥进退转移的军旗和战鼓数量相近；后用来比喻交战双方实力、能力不相上下。

成语故事

西汉末年，王莽篡位，改国号为“新”，一时天下大乱，民不聊生。在众多的起义者中，有一个叫隗崔的人，他是陇右大族，知书通经，而且为人豪爽侠义，受到了当地百姓的拥护和爱戴。

公元23年，在农民武装绿林军的拥戴下，刘玄称帝，年号更始。隗崔认为，他才是汉室正统，于是决定起兵援助刘玄。之后，隗崔便被刘玄封了官。当时，在起义军中担任首领的还有一个叫隗嚣的将军，他是隗崔的侄子，也被刘玄封了官职。

公元25年，在赤眉军和刘秀大军的两路夹击下，刘玄被迫向赤眉军投降，最终被赤眉军所杀。后来，刘秀在洛阳建立了东汉政权，是为光武帝。但是，这时全国还没有完全统一。曾经在王莽当权时担任蜀郡太守的公孙述据有益州之地，并在今四川一带自称皇帝。拥有天水、武都、金城等郡的隗嚣也自称为西川大将军。此二人手中都握有重兵，经常为了争夺地盘而发动战争，对东汉王朝构成了严重的威胁。

由于东汉王朝刚刚建立，刘秀还没有足够的兵力和实力去平息叛乱。为了孤立公孙述的势力，进而统一天下，刘秀开始想方设法拉拢隗嚣。而隗嚣

为了寻求政治出路，也借机上书刘秀，表示愿意向东汉投降称臣。随后，刘秀便派大司徒邓禹赶赴四川。凑巧的是，邓禹的一个手下在半路背叛了邓禹，逃往天水。隗嚣得知此事便提前通知了邓禹，以此向刘秀示好。刘秀见时机已到，就默许他自称为“西州上将军”。

不久后，有个叫吕鲔（wěi）的人在陈仓发动了叛乱，拥兵数万。接着，吕鲔又在公孙述的支持下，开始出兵攻打陕西中部一带，进逼长安城，形势万分危急。这时，隗嚣率领大军及时赶来，他的军队与刘秀的部队顽强战斗，将叛军杀得大败而逃。刘秀听说前线告捷的消息后十分高兴，于是亲自给隗嚣写了一封措辞委婉的信。

刘秀在信中这样写：“我现在正忙于东边的战事，实在没有时间和精力与公孙述一比高下。而且，目前主力部队都在我这里，西方的兵力十分薄弱。如果有一天公孙述率兵进入汉中以及长安的三辅一带，我希望能够借助将军的战鼓和军旗，使我们的兵力和他的兵力旗鼓相当，势均力敌。如果真能如此，我就如同得到了上天赐予的福气。”

隗嚣收到刘秀的信后，接受了刘秀的意见。其实，隗嚣是表面上归附刘秀，实际上他心中另有打算。他希望公孙述和刘秀打起来，他就可以渔翁得利。不久，刘秀命他去讨伐公孙述，他便以各种借口推托。刘秀见此情形，就开始逐渐疏远隗嚣。公元 36 年，刘秀顺利攻破了公孙述统治的地区，统一了全国。

文化卡片

描写刘秀的诗词

山蔬药苗满箸香，超然下视太官羊。更凭语与刘文叔，豆鬻从来味最长。

——宋·陆游《舟中作二首　其二》

平生久要刘文叔，不肯为渠作三公。能令汉家重九鼎，桐江波上一丝风。

——宋·黄庭坚《题伯时画严子陵钓滩》

闻道三千惟一心，未应百万怕王寻。可怜千载兴王地，城郭摧颓树草深。

——宋·许景衡《题光武庙》

白水龙飞绍赤精，鸱（chī）枭尽入太官羹。三驱只贷樊崇死，侯印应惭不义名。

——明·刘基《汉世祖》

逃却高名远俗尘，披裘泽畔独垂纶。千秋一个刘文叔，记得微时有故人。

——清·洪昇《钓台》

有问必答

“文景之治”“光武中兴”都是盛世的指代词。为什么同一皇朝会出现两个盛世呢?

“文景之治”是西汉时期的汉文帝和汉景帝统治时出现的盛世局面。西汉时期的政权不稳定，国家内部生产力不足，导致经济脆弱。西汉初期的皇帝不仅重视农业生产发展，还重视农民的力量，所以创造了“文景之治”。

“光武中兴”则是东汉时期的光武帝刘秀统治时出现的治世局面。由于西汉末期王莽篡权自立，光武帝刘秀千辛万苦才夺回江山。所以，他总结了西汉政权被夺的教训，开始注重社会生产力的发展，所以才会产生“光武中兴”。

国学大闯关

看看谁能够在最短的时间内挑出下列成语中的错别字，并写在后面的方框里。

潘根错节□	旗鼓相当□	危在旦兮□
重蹈附辙□	锦囊妙计□	乐不可枝□

答案　潘→盘；兮→夕；附→覆；枝→支

大器晚成

基本信息

历史事件

崔琰二十三岁才开始读书求学，经过不懈的努力，成为一个能文能武之人。他先投在了袁绍麾下，官渡之战后又得到了曹操的器重。

事件主角

崔琰

历史坐标

东汉时期

成语出处

《三国志·魏书》：“琰从弟林，少无名望，虽姻族犹多轻之，而琰常曰：‘此所谓大器晚成者也，终必远至。’”

成语释义

原指大的材料需要很长时间才能做成器具；后用来比喻能担当大事或做出大事业的人成才成名比较晚。

成语故事

东汉时期，有个名叫崔琰的人。他从小就喜欢舞枪弄棒，剑法很好。他还特别喜欢交朋友，身边有数不尽的知己好友。他一直不喜欢读书，到了二十多岁才开始拜师学习。因此，有的人认为他除了会舞刀弄棒，学问方面一窍不通。加之他整天不学无术，别人认为他将来肯定不会有什么出息。

有一次，崔琰去拜访一个颇有学识的人。当主人从管家口中得知是崔琰前来拜见时，主人便让管家出来回话："主人正潜心读书，无暇闲谈。"崔琰这才意识到，这家主人并不是无暇闲谈，而是嫌弃他没文化，不愿意见他而已。想到这里，崔琰感到无比羞愧，他不能这样被人轻视。于是他暗下决心，日后一定好好读书，要成为一个能文能武之人。

之后，崔琰便虚心拜师求学。由于他天资聪慧，加之他学习刻苦，因此进步十分明显。不到几个月的时间，他的学问就增长了许多。后来，崔琰竟然得到了独霸北方的袁绍的赏识，袁绍请他做自己的谋士。

当时，袁绍率领的队伍军纪很差，每攻陷一个地方，士兵们都会争先恐后地掘开当地的坟墓，盗取一些陪葬的财物。因此，袁军所到之处，百姓无不痛恨。崔琰看到这一情形后，便一再劝说袁绍不要这样做，如此只会大失

人心。袁绍认为崔琰说得对，便接受了他的建议。从这以后，袁绍命崔琰严惩此事，并封他为骑都尉。

后来，袁绍不幸被曹操所灭，崔琰也被曹操俘获。曹操早就听闻崔琰颇有才干，因此俘获崔琰后，不仅没有杀他，反而将他留在自己身边任职。崔琰见曹操如此知人善用、爱惜人才，便答应留在他身边做事。在曹操的大本营邺城（今河北省临漳县邺镇），被俘后的崔琰的确出了不少主意。此后，崔琰很受曹操的认可和器重。

在崔琰担任尚书一职时，曹操叫来崔琰一起商量事情。曹操话里话外都想立小儿子曹植为太子。崔琰却说："自古以来，都是立长不立幼，您立曹植，曹丕心里不服，大臣们心里也不服。如果您坚持这样做，就会因此种下祸根。纵观古今，因为废长立幼而引起骨肉相残的例子还少吗？请您三思而后行！"之后，曹操更是对崔琰佩服得五体投地。

不仅如此，崔琰还善于识别人才，他看人有自己独到的见解。崔琰有个堂弟名叫崔林，性格内向，沉默寡言，年轻时既没有成就，也没有名望，所以亲朋好友都看不起他，不愿意与他结交。当时，只有崔琰一人看好他。崔琰常常对别人说："人的发达有迟有早，我只不过是比他早做了几年官，我自认为自己根本比不上崔林。那些有才能的人，需要经过长时间的磨炼才能成器。我相信，以崔林的见识和才干，将来必定能够成大器。"

崔琰的眼光果然独到又尖锐，他并没有因为崔林是他的堂弟而心生私念。崔林不仅刻苦读书，还时刻关注政局的变化。不久后，崔林便受到了重用。他先是在曹操手下担任主簿、御史中丞等官职。到了魏文帝时期，崔林已官至司空，被封为安阳乡侯，成为魏国的重臣之一。

文化卡片

东汉骑都尉

司马防 字建公，颍川太守司马儁之子。年轻时，他历任洛阳令、京兆尹，多次赞扬曹操并举荐他。年老后，他转拜骑都尉，养志自守。司马防生有八子，人称“司马八达”。

崔　琰 字季珪，丞相曹操的谋士。曹操平定河北后，授冀州别驾，迁丞相东曹掾。曹操成为魏公后，担任魏国尚书，迁中尉。后坐罪下狱，被曹操赐死。

沮　授 “少有大志，多权略”。他曾为冀州别驾，举茂才，后被韩馥封为骑都尉。袁绍入主冀州后，沮授监统内外、威震三军，帮助袁绍夺取青州、并州、幽州而统一河北。

马　铁 马腾之子，马超之弟。马腾遭韩遂进攻，乃携马铁等入京受职。马铁被封为骑都尉。后因其兄马超反曹而被曹操夷灭。

有问必答

“大器晚成”中的“大器”原指什么？对于古人来说，到底什么样的人才能够成“大器”呢？

“大器晚成”中的“大器”原指青铜器。

能够成为“大器”者，必是“先苦其心志，劳其筋骨，饿其体肤，空乏其身，行拂乱其所为，所以动心忍性，曾益其所不能”。只要愿意学习，无论何时何地都不会太晚。如果一个人没有学习的毅力，就不可能实现从普通人到“大器”的飞跃。

国学大闯关

请动动你聪明灵活的大脑，将左边的谜语与右边的谜底一一连线吧。

少年不得志	得天独厚
偷嘴的猫儿	千辛万苦
头发里找粉刺	大器晚成
三千宠爱在一身	吹毛求疵
唐僧去西天取经	本性难移

答案

三千宠爱在一身——得天独厚

唐僧去西天取经——千辛万苦

少年不得志——大器晚成

头发里找粉刺——吹毛求疵

偷嘴的猫儿——本性难移

举案齐眉

基本信息

历史事件

东汉时期，梁鸿与妻子孟光相敬如宾。每次梁鸿归家，孟光每为具食，举案齐眉，二人相处和谐，成为夫妻恩爱的楷模。

事件主角

孟光

历史坐标

东汉时期

成语出处

《后汉书·梁鸿传》：“（鸿）为人赁舂，每归，妻（孟光）为具食，不敢于鸿前仰视，举案齐眉。”

成语释义

原指送饭时把托盘举得跟眉毛一样高，以表示尊敬；后用来形容夫妻之间互相尊敬。

成语故事

东汉时期，有一位读书人叫梁鸿。他博学多才，崇尚气节。幼年时丧父，家境贫寒，曾进太学学习。学成之后，他便去上林苑养猪。由于梁鸿品德高尚，当地的许多人都争着想把自己的女儿嫁给他，但都遭到了他的回绝。他说："我一定要娶一个贤良的妻子。"

与梁鸿同县的孟财主有一个女儿，名叫孟光。她容貌欠佳、身材肥胖，没有一点儿大家闺秀的样子。即便如此，每当有人来给她说媒时，她都说："我不嫁！"所以，直到三十岁，她也没能寻到合适的夫君。为此，孟财主十分着急，问她为何不嫁，她说："我要嫁就嫁像梁鸿那样贤德的人。"

无奈之下，孟财主只得托人去梁鸿家说亲。梁鸿早就听说过孟光的为人，知道她虽然相貌不佳，但是勤劳朴素，适合娶回家过日子。于是，梁鸿当即同意娶孟光为妻。孟光听后激动不已，孟财主更是大喜，决定要为女儿大办婚礼。很快，梁鸿也准备好了聘礼，准备迎娶孟光过门。

成亲当天，孟光身穿一身丝绸做的嫁衣，头上戴着颇为精致的钗环，高高兴兴地嫁到了梁家。然而，让孟光感到委屈的是，他们成婚后一连数日，

梁鸿都不与孟光说话。有一天，孟光终于忍不住了，就直接去问梁鸿：“我早就听说夫君很有贤名，所以立誓非你不嫁。我也知晓你曾回绝过许多人家的提亲，最后才选定我成为你的妻子。可是如今夫君却不与我说话，不知道我究竟犯了什么错？”

梁鸿听后，答道：“我一直希望我的妻子是一位能穿麻葛衣，能与我隐居深山一起吃苦的人。而现在的你却穿着精美的丝绸衣服，脸上浓施粉黛，这是我不愿意看到的，所以感到失望，这就是我不想与你说话的原因。”孟氏听后，不但没有生气，反而笑着对梁鸿说：“我这些日子的穿着打扮，只是想试探一下夫君的好恶，观察一下夫君是否真是我理想中的贤士。既然如此，我明天立马换回原装。不瞒你说，在嫁过来之前我就已准备好了隐居的衣服。”

次日早晨，孟光便脱掉了那身丝绸衣服，换上了粗布衣服，头上的钗寰也换成了简单的椎髻，她开始操持家务。梁鸿见状，颇为高兴，连忙对孟光说：“这才是梁鸿的妻子。”婚后不久，夫妻二人舍弃孟财主家的富裕生活，以耕织为业，或咏诗读书，或弹琴自娱，日子虽然平淡，但夫妻二人十分幸福。

很快，梁鸿的德名就传到了京都，朝廷征召他入京。为了躲避征召他们的官吏，他们夫妻二人离开了齐鲁，隐居到霸陵山区皋伯通宅中的廊下小屋打起短工，过起了相敬如宾的俭朴日子。

每当梁鸿回到家时，孟光都会提前准备好食物。她总是把放有饭菜的盘子，托得跟眉毛一样高，然后恭敬地送到梁鸿面前，而梁鸿也十分有礼貌地用双手去接妻子递给他的食物。后来，他们夫妻二人相敬如宾、患难与共便被人们传为佳话。

文化卡片

古代四大丑女

嫫　母　中国古代传说中黄帝的次妃，貌丑而贤德。五千年前，黄帝为了制止部落“抢婚”事件，挑选了面貌丑陋的嫫作为自己的第四妻室。

钟无艳　相传是战国时期齐国无盐邑之女，即无盐娘娘。因外貌丑陋，四十岁不得出嫁，自请见齐宣王，陈述齐国危难四点，为齐宣王采纳，立为王后。

孟　光　肤色黝黑，容貌欠佳，但力气极大。梁鸿进太学学习，学成之后回家务农，与孟光结婚。婚后，他们到山区隐居，后来打短工。每次给梁鸿送饭时，孟光都把托盘举得跟眉毛一样高，以表示对丈夫的敬重。

阮氏女　是指三国时期曹魏名士许允之妻阮氏，陈留尉氏人。她出身士族之家，是卫尉阮共之女、阮侃之妹。后嫁与许允，并生有许奇、许猛二子。

有问必答

成语“举案齐眉”中的“案”指什么？这个成语的近义词有哪些？

“举案齐眉”中的“案”指的是盛放食物的托盘。在古代，“案”一般指的是桌子。比如刘禹锡《陋室铭》中的“无丝竹之乱耳，无案牍之劳形”

句中的“案”指的就是办公桌。

“举案齐眉”的近义成语：相敬如宾、琴瑟和鸣、心心相印、夫唱妇随等。

国学大闯关

下面这些成语都与“眉”有关，请试着将下列成语补充完整，看谁能在最短的时间内完成填空。

举□齐眉	扬□吐气	皱眉□眼	喜眉笑□
□眉怒视	白□齐眉	□眉冷对	迫在眉□

答案　举案齐眉；扬眉吐气；皱眉蹙眼；喜眉笑眼；横眉怒视；白首齐眉；横眉冷对；迫在眉睫。

梁上君子

基本信息

历史事件

东汉时期的陈寔（shí）在半夜时分发现梁上有小偷，并没有立即揭穿他，而是采用仁德的教育方法去感化他，使他改邪归正，重新做人。

事件主角

陈寔

历史坐标

东汉时期

成语出处

《后汉书·陈寔传》："有盗夜入其室，止于梁上。寔阴见，乃起自整拂，呼命子孙，正色训之曰：'夫人不可不自勉，不善之人，未必本恶，习以性成，遂至于此。梁上君子者是矣。'盗大惊，自投于地。"

成语释义

原意是指躲在梁上的人；是窃贼的代称；有时也指脱离实际、脱离群众的人。

成语故事

陈寔是东汉时期的太丘县令，他以为官清廉、品行端正闻名于世。陈寔任职期间，但凡别人遇到纷争，都会请他主持公道。因为人们都知道，陈寔向来判断公正，即使事后被判罚，也没有人埋怨他。所以，当时有人曾感叹说：“宁愿被刑罚处治，也不愿被陈寔批评。”

当然，陈寔不仅对自己要求严格，他对自己的子孙也管教很严。有一年，陈寔的家乡闹饥荒，庄稼干枯，百姓的生活陷入了困境，有很多人都找不到事情做。有的人为了生计，只好选择到其他地方去做事。也有的人为了填饱肚子，被逼无奈做了小偷。这样一来，小偷越来越多。

有一天半夜时分，一个小偷溜进了陈寔的家。小偷原本是想等陈寔睡觉以后再去偷窃。于是，小偷先躲在了陈寔家的房梁上。殊不知，从小偷进入门的那一刻，陈寔就发现了他。可是，陈寔并没有声张，也没有惊动小偷，

而是坐在厅堂喝茶。半小时后，陈寔又将自己的儿孙们叫到了跟前，用严肃的语气对他的儿孙们说："你们知道，人活在这个世界上，只有短短的几十年，如果我们不珍惜时间学习，等老了以后再想学习就太晚了。所以，我们应该从小就养成努力学习的好习惯，长大后才能为社会、为家庭做一些贡献。可是，总有一些人只想着享受，而不去努力学习。到头来，他们只会一无所有。其实，他们的本性并不坏，就是因为没有养成好习惯，才会做出一些荒唐的事情。你们现在往上看，这位在屋梁上的先生就是这样的人。"

小偷听到这里，吓得赶紧从屋梁上跳下来，满脸羞愧地跪在陈寔面前请罪说："陈老爷，对不起！我知道错了，请您原谅我！"陈寔看了一眼小偷，认为他并不像一个惯偷，于是十分和气地对他说："我看你根本不像是个坏人，肯定是由于生活所迫，才做小偷的。但是，人再穷也要有志气，日后不要再当小偷了。只要你好好努力，终有一天你也会成为一个有用之人的！"

说完之后，陈寔便吩咐家里人取来两匹绢，递到了小偷的手里，让他拿着去做些正当生意。小偷做梦也没想到，陈寔竟然如此大度，一时间竟感动得哭了起来，他带着哭腔对陈寔说："谢谢陈老爷！日后我一定会好好努力的，绝对不会辜负您的！"随后，小偷千恩万谢地离开了陈家。

小偷回去之后，就把陈寔训导儿孙们的一番话告诉了其他小偷。这样一传十，十传百，没过多久，那一带的小偷都知道了这件事，都感到无地自容，纷纷表示会改过自新，重新做人。从此，县里再也没有出现小偷。

文化卡片

陈氏“三君”

陈寔 字仲躬，东汉时期官员、名士。他虽然出身寒微，但以清高有德行闻名于世。陈寔与钟皓、荀淑、韩韶合称为“颍川四长”。

陈纪 字元方，陈寔之子。早年遭受党锢之祸，屡次拒绝朝廷选拔。得到大将军何进征辟，拜五官中郎将，迁侍中，出任平原相，累迁尚书令。后拒绝出任太尉，拜大鸿胪。

陈谌 一作陈淑，字季方，陈寔第四子。与父亲陈寔、长兄陈纪齐德并称“三君”。他多次受到朝廷的征召，同时旌命，辟为司空掾，早逝。

有问必答

读了“梁上君子”的故事，可以看出陈寔是个什么样的人？这个故事告诉人们一个怎样的道理？

不难看出，陈寔是一个为人随和、宽容大度的人。正是因为他的宽容大度，使得梁上君子能够改过自新，重新做人。这个故事强调了宽容与教导的不可或缺性。陈寔的为人之道是在呼吁人们，对待他人的错误时，不仅要给予适度的惩戒，还要提供改正的机会。而小偷的做法则是在提醒人们，无论何时都要正视自己的问题，积极改正，并警示人的本性并非一成不变。

国学大闯关

用“梁上君子”中的“子”做一个以“子”开头，并以“子”结束的成语接龙。

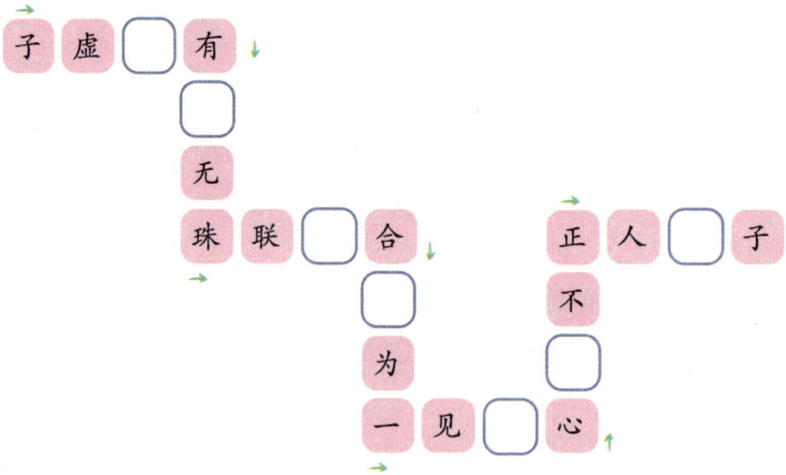

答案 子虚乌有，有眼无珠，珠联璧合，合二为一，一见倾心，心术不正，正人君子。

推心置腹

基本信息

历史事件

王莽篡权后，各地爆发了起义。光武帝刘秀平定战乱后，收降了数名将领，并采用安抚之计，对众将领推心置腹，让他们甘心为自己所用。

事件主角

光武帝刘秀

历史坐标

东汉时期

成语出处

《后汉书·光武帝纪上》："萧王推赤心置人腹中，安得不投死乎？"

成语释义

原意是把赤诚的心交给人家；后用来比喻真心诚意地待人。

成语故事

西汉末年，王莽篡夺政权，建立新朝，并自封为开国皇帝。可是，王莽并没有治国才能，他所下达的政令全凭他一时的兴致，朝令夕改，让百姓的生活困苦不堪。正是由于他混乱的统治，引起了天下大乱，各地农民领袖纷纷组织队伍起义，群雄竞相讨伐王莽。

公元17年，在今湖北荆州一带发生了严重的灾害，饥民们举起了起义的大旗，反对王莽政权的黑暗统治。他们以绿林山（今湖北钟祥东北一带）为根据地，故称绿林军，是当时声势最大的一支起义军。绿林农民起义爆发后，汉朝宗室刘玄、刘秀也先后参加了绿林军，准备夺取政权，恢复刘氏的天下。他们拥立汉室的刘玄为天子，建元更始，刘玄恢复汉朝国号，自称玄汉王朝。刘秀被任命为偏将军。

刘玄称帝后，王莽先后多次派兵攻打刘玄，但每次都以失败而告终。后来，王莽听说昆阳失陷，便派遣四十二万大军前往镇压，结果刘秀以少胜多，击败王莽军队主力。在刘秀的指挥下，绿林军成功占领了长安，并一举杀死了王莽。

从名义上来说，当时的刘秀只不过是刘玄手下的一名将领。而刘玄虽然已经称帝，但是帝位并不牢固，他手下的将领们并不全听他的。为此，刘玄想通过大封宗室来收揽人心。由于刘秀屡立战功，又是刘玄的族人，所以被刘玄

封为萧王。

刘秀被封为萧王之时，他正与另一位草莽英雄王郎交战。王郎原来只是个算命的，看到周边的人都举旗造反，他也乘机拉了一帮宗室豪强盘踞河北，定都邯郸，并自称为汉帝。刘秀被封萧王以后，便主动要求去河北安抚各州郡。之后，刘秀又派出大批兵马，去攻打另一支起义军——铜马起义军于鄡（今河北辛集市东南）。双方相持一个多月后，铜马军因缺乏粮草而被迫撤退。后来，刘秀又乘胜继续进攻，经过多次激战，彻底击溃了铜马起义军，数十万人向他投降。为了壮大自己的队伍，刘秀决定收编这一大批人马，同时把投降的起义军首领封为列侯。但是，这些首领仍不放心，担心刘秀最终还是会杀害自己。

刘秀获悉这一情况后，决定采用安抚之计。于是，刘秀下令让所有投降的人都回到自己原来的部队中。而刘秀只带着几名随从到一个个军营去慰问他们，表现得毫无戒备之心，显示出对投降者的信任。这样一来，降者信以为真，只听他们私下议论说："萧王推己之红心，置他人之腹中，我们还担心什么呢？还不为他打天下吗？"

刘秀见他们都已从心里服了自己，就将他们分别安排为自己手下将领的部下。这样一来，刘秀增加了数十万人马。关西一带原来只知道铜马，刘秀军队实力大增后，大家把刘秀叫作"铜马皇帝"。刘秀最终统一了中国，建立了东汉王朝，成为历史上有名的光武帝。

文化卡片

刘秀的"云台二十八将"

所谓"云台二十八将"，是指在光武帝刘秀麾下，助其一统天下、重兴汉室江山、建立东汉政权的过程中，功劳最大、能力最强的二十八员大将。他们分别是：高密侯邓禹、广平侯吴汉、胶东侯贾复、好畤侯耿弇（yǎn）、雍奴侯寇恂、舞阳侯岑彭、阳夏侯冯异、鬲侯朱祐、颍阳侯祭遵、栎阳侯景丹、安平侯盖延、安成侯铫期、东光侯耿纯、朗陵侯臧宫、杨虚侯马武、慎侯刘隆、全椒侯马成、阜成侯王梁、祝阿侯陈俊、昆阳侯傅俊、参蘧（qú）侯杜茂、合肥侯坚镡、淮陵侯王霸、阿陵侯任光、中水侯李忠、槐里侯万脩、灵寿侯邳彤、昌成侯刘植。

有问必答

刘秀立国之初，为何会发生南阳之乱？他是如何平定的呢？

建武二年，南阳郡堵阳县人董欣聚众作乱，刘秀命大司马吴汉率领十余万汉军南下平叛。吴汉虽在军事上节节胜利，却纵容军队抢掠南阳乡民物资。破虏将军邓奉看到他们的暴行后，振臂一呼，带着当地乡民奋起反抗。

同年十一月，刘秀接连派征南大将军岑彭率领朱祐、贾复、耿弇等数路大军共击邓奉，却惨败而归。第二年，刘秀亲率大军与岑彭一起攻打邓奉，邓奉兵少，不久后战败投降。事后，刘秀听从岑彭等人的意见，杀了邓奉。当时刘秀并没有采取怀柔政策，及时劝降邓奉，这导致了叛乱的扩大。

国学大闯关

下面的这些成语都带有“心”字，请你试着在下面的方框里填出合适的汉字。

□质兰心　□力同心　居心□测　推心置□

碧血□心　心□意懒　心有鸿□　革心□行

答案　蕙质兰心；戮力同心；居心叵测；推心置腹；碧血丹心；心慵意懒；心有鸿鹄；革心易行。

成语串起中国史

五代十国—北宋

安中玉　林雅萍　张宇静　著

H.P.H 哈尔滨出版社
HARBIN PUBLISHING HOUSE

图书在版编目（CIP）数据

成语串起中国史. 五代十国—北宋 / 安中玉, 林雅萍, 张宇静著. -- 哈尔滨 : 哈尔滨出版社, 2024. 12.

ISBN 978-7-5484-8343-4

Ⅰ. H136.31-49；K209

中国国家版本馆CIP数据核字第202450MZ18号

书　　名： **成语串起中国史. 五代十国—北宋**
CHENGYU CHUANQI ZHONGGUOSHI.WUDAISHIGUO—BEISONG

作　　者： 安中玉　林雅萍　张宇静　著

责任编辑： 李金秋

装帧设计： 李东杰

出版发行： 哈尔滨出版社（Harbin Publishing House）

社　　址： 哈尔滨市香坊区泰山路82-9号　　**邮编：** 150090

经　　销： 全国新华书店

印　　刷： 德富泰（唐山）印务有限公司

网　　址： www.hrbcbs.com

E-mail： hrbcbs@yeah.net

编辑版权热线：（0451）87900271　87900272

销售热线：（0451）87900202　87900203

开　　本： 787mm × 1092mm　1/16　**印张：** 48　**字数：** 634千字

版　　次： 2024年12月第1版

印　　次： 2024年12月第1次印刷

书　　号： ISBN 978-7-5484-8343-4

定　　价： 168.00元（全6册）

目录

五代十国

北宋

五代十国
北宋

人死留名

基本信息

历史事件

后梁名将王彦章奉梁末帝朱友贞之命，抵御进攻后梁的晋军。因寡不敌众被俘。晋王李存勖劝王彦章归降。王彦章宁死不降，不久被杀害。

事件主角

王彦章　梁末帝朱友贞

历史坐标

五代十国时期

成语出处

《新五代史·王彦章传》："彦章武人不知书，常为俚语谓人曰：'豹死留皮，人死留名。'其于忠义，盖天性也。"

成语释义

指人生前建立了功绩，死后可以传名于后世；在句中常与"豹死留皮"连用。

成语故事

五代十国时期，后梁有一个著名的武将叫王彦章，作战时常为先锋，爱使用一杆铁枪，跃马沙场，疾驰如飞，如入无人之地，被誉为“王铁枪”。他年轻的时候跟随梁太祖朱温转战各地，屡建奇功，历任刺史、防御使、节度使，深得朱温的赏识和器重。

当时与后梁为敌的晋国，更是猛将如云。李克用、李存孝、李存勖、李存审等，都是勇冠三军的著名将领。而王彦章却看不起他们。“善骑射，胆勇过人”的晋王李存勖，在王彦章眼中，也不过是个“何足惧”的“斗鸡小儿”。

在朱温死后，他又为即位的皇帝朱友贞立下了汗马功劳。当时，梁晋之间战事频繁。有一次，晋军攻破了道州，俘虏了王彦章的妻子和儿女，把他

们带到太原。为了诱降王彦章，晋军并没有杀害他的亲人，而是专门给他的亲人建了宅院，负责照顾饮食起居，待遇相当优厚，以此来要挟王彦章。之后，晋军便派出使者秘密地和王彦章接触，进行劝降活动。王彦章拒不投降，毅然杀掉了晋军使者，断了自己的后路。在之后的作战中，王彦章命人设下埋伏，三天之内打败了前来挑衅的晋军。

然而，梁末帝朱友贞昏庸无能，朝政大事把持在一伙奸臣手里。一次，晋军攻破梁的郓州城，深入梁的腹地。后梁举国上下惊恐万分。这时，梁末帝听取了宰相敬翔的建议，任命王彦章为招讨使，率军迎敌。王彦章带领精锐兵马，很快就攻克了滑州、南州。可是梁军的后援不继，王彦章终因寡不敌众而失利。梁末帝听信了谗言，下令剥夺了王彦章的兵权。

不到半年，晋军又发兵攻打后梁重地兖州，眼看江山不保，梁末帝只好再度起用王彦章，还把京城中的五百名御林军拨给他调遣。然而，由于御林军平日就缺乏训练，毫无作战能力，兖州一战王彦章再次失利，他身负重伤，最终被晋军活捉了。

晋王李存勖很赏识他，想让他投降为己所用，王彦章却说："哪有当将领的人，早上替这个国家效力，晚上又为另一个国家做事的？梁人常说：'豹死留皮，人死留名。'就请大王给我一刀，我没有任何的怨言，只会感到荣幸。"不久，他就被杀。虽然他死了，但是却留下了很好的名声。他的确用自己的实际行动践行了这句话：宁肯丢掉性命，也要保留美名。

文化卡片

五代十国时期的名将（一）

李存孝 他是晋王李克用的养子，力大无比，很少有人能和他打过三个回合。他带兵镇压黄巢起义，亲率十八骑杀得黄巢军片甲不留。

高思继 与王彦章并列五代十国第一名枪。在与王彦章的战斗中，两人大战三百回合仍未分胜负。最后，王彦章使计佯败，引诱高思继追来，遂使回马枪杀之。

王彦童 王彦章的弟弟，与其兄一样勇猛。在与晋王李克用的会战中连杀李家六名太保。单枪匹马追击李克用时，周德威用计，使人装扮成李存孝，扯出飞虎旗。王彦童以为李存孝复生，惊恐气愤交加，竟然吐血身亡。

刘知远 他擅长使用一口金刀，号称“金刀王”，文武双全，勇冠三军。早年在李嗣源的手下当兵，由于作战勇敢，被升为偏将，与石敬瑭一起共事。他曾舍命救过石敬瑭，所以石敬瑭在担任河东节度使后，便将刘知远调到自己手下任职，刘知远由此做了石敬瑭的亲信。

李嗣源 他是李克用的养子，能征善战，后辅佐李存勖建立后唐。他在后唐灭后梁的战争中屡立战功。后来，他奉命镇压兵变，却与之合流，率军攻打洛阳，结束了李存勖的统治，不久即位为帝。

有问必答

在冷兵器时代，枪作为一种重要的武器，它经历了怎样的演化过程？

枪由古代的矛演变而来。因为长矛在战争中使用不便，晋代开始逐渐流行用枪。当时所用的青铜矛头，形式较以前略小，与后来的铁枪头类似。到了唐代，用枪的人数就多了。而宋代以后，矛基本上就被枪代替了，宋曾公亮就在《武经总要》中列举了若干种宋代长杆铁枪，例如，捣马突枪、双钩枪、环子枪、单勾枪、拐枪、拐突枪、锥枪等。南宋的抗金名将岳飞就极善使枪，岳家枪法至今尚存于世。

国学大闯关

下列这些成语都与历史上的著名人物有关，请你将成语与其对应的人物连接起来。

负荆请罪	荆　轲
图穷匕见	韩　信
卧薪尝胆	廉　颇
一饭千金	钟子期
高山流水	勾　践

答案 负荆请罪——廉颇；图穷匕见——荆轲；卧薪尝胆——勾践；一饭千金——韩信；高山流水——钟子期

驷马难追

基本信息

历史事件

五代十国时期，石敬瑭起兵反后唐，被契丹君主耶律德光册立为“儿皇帝”，建立晋朝，史称后晋。石敬瑭死后，其养子石重贵继位，即出帝。947 年，契丹进攻后晋，晋军抵抗失败，皇太后李氏写降书请求耶律德光放他们一条生路，表示自己说过的话驷马难追。

事件主角

石重贵、耶律德光

历史坐标

五代十国时期

成语出处

《新五代史·晋高祖皇后李氏传》：“不幸先帝厌代，嗣子承祧，不能继好息民，而反亏恩辜义。兵戈屡动，驷马难追，戚实自贻，咎将谁执！”

成语释义

一句话一旦说出了口，就是四匹马拉的车也难追上。形容话说出口，就不能再收回，一定要算数。

成语故事

五代十国时期，后唐末帝李从珂猜忌石敬瑭，于 936 年命石敬瑭镇压天平军。石敬瑭（后唐明宗李嗣源的女婿）遂与桑维翰、刘知远等人在晋阳（今山西太原）起兵谋反，自知军事实力不足的他派遣使者去契丹求援。此时，契丹贵族建立的政权势力逐渐强大起来。

于是，石敬瑭向契丹君主耶律德光称臣，并愿意事以父礼，乞求耶律德光发兵援助。他们约定，打败李从珂后，石敬瑭愿意割让幽云十六州并每年献帛三十万匹作为答谢。耶律德光见到此表后大喜过望，遂亲自率领五万骑兵与石敬瑭会师于太原北门外的柳林，并册立石敬瑭为皇帝，国号为“晋”，历史上称“后晋”。就这样，时年四十五岁的“儿皇帝”石敬瑭，穿着契丹人的服装，出城叩见了三十四岁的“父皇”耶律德光，当面确立了父子君臣关系。

942 年 6 月，因吐谷浑活动于河东，对契丹造成威胁，石敬瑭因此受到责问，最终忧郁成疾而死，而他与李氏所生的儿子石重睿年龄尚小，于是便由石敬瑭的养子——齐王石重贵继位，史称后晋出帝。第二年，李氏被尊奉为皇太后。由于她与石重贵是叔母与侄儿的关系，所以李氏不再过问政事。石重贵即位后，虽然上表辽国称孙，但不愿称臣，他只承认亲属关系，不承认君臣关系，所以耶律德光十分恼火。加之当时又遇到蝗虫等自然灾害，后晋的老百姓生活困苦不堪。

从 943 年冬季开始，耶律德光屡次大举南侵，晋出帝一边命人抵抗，一边派人致书耶律德光，请求重修旧好，却被耶律德光拒绝。双方又发生了多次战争，互有胜负。947 年，晋军主力投降，耶律德光派降将张彦泽率领先锋骑兵进入后晋京城，屯兵于明德门外，后晋的京城陷入一片混乱之中。

迫于无奈，李太后命范质帮助起草降表，自称“晋室皇太后新妇李氏妾”，上面写道：“张彦泽率军进城，承蒙皇帝阿翁降书安抚，先皇当年处于危时，皇帝阿翁亲自征战，挽救了石氏，立了我晋朝社稷。不幸先帝去世，子

继位，没有好好治理国家，兵连祸结，终于落到今天这个地步。事情已经发生，驷马难追。今蒙皇帝阿翁的抚慰，对我们有再生之恩，上表请罪。”

耶律德光看到这封降表后，立即令人回信：“你们不必担心，我保证有你们吃饭的地方。”于是，耶律德光命人将李太后和石重贵驱出皇宫，封石重贵为“负义侯”，囚禁在封禅寺内由重兵看守。至此，存在了仅仅十一年的后晋就这样灭亡了。

文化卡片

契丹的起源

“契丹”之名，最早见于《魏书·契丹传》（成书时间大约在北齐时期）。

根据《辽史》记载，契丹族发源于今西拉木伦河（潢水）和老哈河流域（土河）。契丹有“镔铁”和“奇首之地”等意思。《后汉书》曾记载，契丹源于鲜卑或鲜卑宇文部，而宋人则认为契丹为“匈奴之种”。契丹人认为自己是神的后代，相传一位久居天宫的天女因为寂寞赶着青牛车沿潢水顺流而下，恰巧碰见了一位身骑白马的仙人，两人迎面走来，接着就相爱了，于是繁衍出契丹一族。

有问必答

为什么驷马难追中的“驷”是由“马”和“四”构成的“驷”，此成语不是用“四”这个字呢?

这里说的“驷”指的是用四匹马拉的车，也叫“一乘”。“驷马”指的不单单是马，而是套四匹马拉的车，而拉车的四匹马都是公马，《诗经》里叫“牡”。比如《小雅·采薇》描写周王朝攻伐狁狁，这是一场车战，“驾彼四牡，四牡骙骙”，驾驶战车的是四匹强壮的公马。不只作战的兵车，平时贵族用于远游出猎的车也都是这种四匹公马拉的车。如果用“四”，那就成了单一的四匹马了。因此，“驷马难追”不能写成“四马难追”。

国学大闯关

下列哪个成语与“驷马难追”的意思相反?

A.覆水难收　　B.一诺千金　　C.言而无信　　D.一言九鼎

答案 C

相顾失色

基本信息

历史事件

段希尧在一次去吴越办事的途中，船队遭遇狂风，当船上的人都被这样的景象吓得不知所措、相顾失色时，只有段希尧镇定自若，安慰其他人。他安慰的话音刚落，大风就停了，海面也平静下来，他们顺利到达了目的地。

事件主角

段希尧

历史坐标

五代十国时期

成语出处

《旧五代史·周书·段希尧传》："使于吴越，及乘舟泛海，风涛暴起，楫师仆从皆相顾失色。"

成语释义

原指你看我，我看你，吓得脸色都变了。后指因恐惧而变了脸色。

成语故事

段希尧为政勤勉，做人勤恳，吃苦耐劳，德行很好。石敬瑭对他的话总是言听计从。

后唐末年，石敬瑭带兵攻打代北（今山西北部及河北西北部一带）。走到半路，部队在一个地方安营扎寨进行休整。正当大家都在收拾东西的时候，人群中突然有人呼喊“万岁”，这下，士兵们骚动起来，大家纷纷猜测发生了什么大事。听到呼喊的声音，石敬瑭也疑惑起来，竟然不知所措。他急忙把段希尧召进帐中，问段希尧该怎么办？段希尧直言回答：“士兵们这是在造反啊！这力量如同熊熊燃烧的大火，若不及时制止，就会在军队中蔓延开来，这将会毁掉我们整个军队啊。”于是，段希尧亲自带人砍了带头作乱的人的首级。这场风波才得以平息。

第二年，石敬瑭想在太原起兵，推翻后唐的统治，便召集几个心腹将领商量对策，当大家异口同声表示赞成石敬瑭起兵、准备行动之时，段希尧却站出来反对，并说：“谋反为大逆之罪，万万不可。”其他谋士纷纷指责段希尧不识时务，胆敢直言犯上，应该将其治罪。而石敬瑭却认为，段希尧的表述完全是出于真诚的劝谏，并非犯上，所以没有治他的罪。等到石敬瑭当了后晋皇帝后，以前他的幕僚都做了朝廷的大官，只有段希尧被授予录事参军这样一个小官。

后来，段希尧从录事参军升为右谏议大夫，被派到吴越地区办事。出发那天，天气晴朗，段希尧带领士兵们乘船在大海中航行，忽然天色大变，狂风骤起，掌舵的船夫以及随行人员你看我，我看你，吓得脸色都变了，只有段希尧面不改色，镇定自若。随从问他为何如此淡定坦然，段希尧面对滔天海水以及随从的紧张情绪，镇定地说："我这个人平时做事总是小心谨慎，对人总是坦诚相待，从不搞什么阴谋诡计来欺骗人，老天爷在天上清清楚楚地看到我这颗纯洁的心，难道会不保佑我们吗？你们用不着害怕，有我在，就把我当作你们的依靠吧。"说来也奇怪，段希尧话音刚落，狂风便停下来了，海面也恢复了平静。最终，他们顺利地到达了目的地。

等到他们一行人顺利办完事回到京城后，段希尧又被任命为莱州刺史、检校尚书右仆射，还没等到赴任，又被改派为怀州刺史。

文化卡片

五代十国时期的名将（二）

史建瑭 史建瑭擅使花刀。在与王彦章大战多个回合之后，用铁鞭猛击王彦章的后背，将其打得抱鞍吐血，落荒而逃。

高行周 他出身于行伍之间，是“白马银枪”高思继之子，继承了家传的高家枪，英勇无敌。历经后唐、后晋、后汉、后周四朝。其子高怀德、高怀亮，也是子承父志，作战勇猛，为北宋开国功臣。

庞师古 庞师古是唐末的著名将领，曹州南华人，使一对流星锤，勇猛过人。成为后梁朱温的护卫将军后，立下了诸多战功。有一次，朱温被刘知远围困，庞师古单人独骑杀入重围，将朱温救出。

周德威 周德威曾辅佐李克用、李存勖两代晋王。他不但勇猛过人，谋略和胆识也优于常人。他通过观察烟尘便可以判断出来犯者的人数。

石敬瑭 据说，石敬瑭是汉景帝时石奋的后代。他曾跟随李嗣源转战各地，成为李存勖的一员骁将。在李存勖与后梁将领刘鄩对阵交战时，李存勖被突袭，石敬瑭掩护李存勖突出重围因而名声远扬。除此之外，他还多次营救过他的岳父李嗣源。

有问必答

为什么石敬瑭没有把皇位传给他的儿子，而是传给他的养子？

石重贵原本是石敬瑭的侄子，此人文武双全且屡立战功，所以石敬瑭对他特别喜爱，后收为养子。石重贵成年后，石敬瑭还派他去镇守太原，开始掌管河东地区的势力。为什么他继承了皇位呢？

石敬瑭膝下原有一子——石重睿，但是托孤宰相冯道和侍卫亲军都指挥使景延广认为，当今天下大乱，石重睿少不更事，难堪大任，故而转拥石重贵为帝，是为晋出帝。

国学大闯关

下面这些词语都是与颜色有关的，请你动动脑筋，把正确的颜色填入括号内。

名垂（ ）史	一清二（ ）	花（ ）柳绿
（ ）红皂白	姹（ ）嫣红	（ ）草如茵
面红耳（ ）	青山（ ）水	（ ）璧微瑕

答案 青；白；红；青；紫；绿；赤；绿；白。

束手就擒

基本信息

历史事件

面对契丹军队的围困和风向不利于作战的劣势，符彦卿提出，与其在这里束手被擒，还不如趁着狂风大作的时候与契丹军队决一死战。于是，全军将士一鼓作气冲出了契丹军队的围困，杀得契丹军队丢盔弃甲、仓皇而逃。

事件主角

符彦卿、耶律德光

历史坐标

五代十国时期

成语出处

《宋史·符彦卿传》：“与其束手就擒，曷若死战，然未必死。”

成语释义

意思是捆住双手让人捉住。指毫不抵抗，乖乖地让人捉住。

成语故事

符彦卿出身名门，是后唐名将符存审的第四子。虎父无犬子，他在十三岁的时候便能骑射。

后晋出帝天福八年（943年）十二月，契丹君主耶律德光率军大举南侵。后晋出帝石重贵急召朝中大臣商议，命令符彦卿率领人马，在澶渊一地对契丹进行阻击。当时，高行周被数万契丹骑兵围困在铁丘，后晋的将领们没有一个人敢出来救援，都在静静地观望。此时，符彦卿亲率数百骑兵去袭击契丹军队，契丹军败走，高行周得救。

后晋开运二年（945 年），符彦卿与杜重威、李守贞趁着契丹北撤的机会，谋划攻打契丹。契丹人闻讯后，派八万余人马在阳城包围晋军。契丹军队一边放火威胁晋军，一边派精兵强将骚扰晋军。晋军的军需和粮草供应被契丹军队切断，军营内缺水严重，根本喝不到干净的水。士兵们纷纷请求与契丹军队决一死战。

当时晋军逆风作战，弓箭无法施展。其中，杜重威将军主张等风势小一点的时候再开战，而符彦卿与另外几位将领则认为，与其大家在这里束手就

擒，坐以待毙，还不如奋力拼死一战，说不定能杀出一条生路来。张彦泽等人也认为这是上策。于是他们趁着狂风大作的时候暗中派兵出击，绕到契丹军队的背后实施出其不意的袭击，天昏地暗，经过一番激烈战斗，契丹军大败，契丹主帅毫无办法，只得骑着骆驼逃走了。后晋军缴获了数万件契丹的兵器、铠甲、旗仗等物品凯旋。出帝嘉奖符彦卿，任命其为武宁军节度使、同中书门下平章事。

文化卡片

符存审以镞诫子

符存审是符彦卿的父亲，是后唐著名的军事将领。符存审曾辅佐李克用、李存勖两代晋王。符存审一生经历百余次战役而未有败绩，曾经多次与后梁交战、驱逐北方契丹，与周德威齐名。因为功勋卓著，李克用赐国姓“李”给他，因此部分史册将符存审记为李存审。

符存审在晚年时召集他的儿子在厅堂训话：“我出身贫寒之家，年轻时带一把剑离开家乡，四十年的时间过去了，位极人臣、出将入相。在这期间，九死一生，上百次剖开皮肉从伤口中取出箭头。”于是，他把所取出的箭头拿出给孩子们看，并嘱咐孩子们收藏起来，说：“你们出生在富贵之家，应该知道你们的父亲是怎样起家的。这份家业来得多么不容易。”他的儿子们点头谨记教诲。

有问必答

符彦卿为何被人称为五代十国中最完美的名将？

首先是出身好。他出身于武将世家，他的祖父和父亲都是当时的名将，尤其是他的父亲还被李克用收为义子，是李存勖的义兄。

其次，他本身也是一名骁勇善战的武将。他曾率领军队抵御契丹和党项等的入侵，战功赫赫。

第三，他的三个女儿分别成了皇后，可谓千古少有。宣懿符皇后，后周世宗柴荣的第一任皇后；宣慈符皇后，周世宗柴荣的第二任皇后；懿德符皇后，后周显德年间，嫁给赵光义为继室，在976年赵光义登基成为北宋第二任皇帝后成为皇后。

国学大闯关

请完成下面的成语接龙吧！

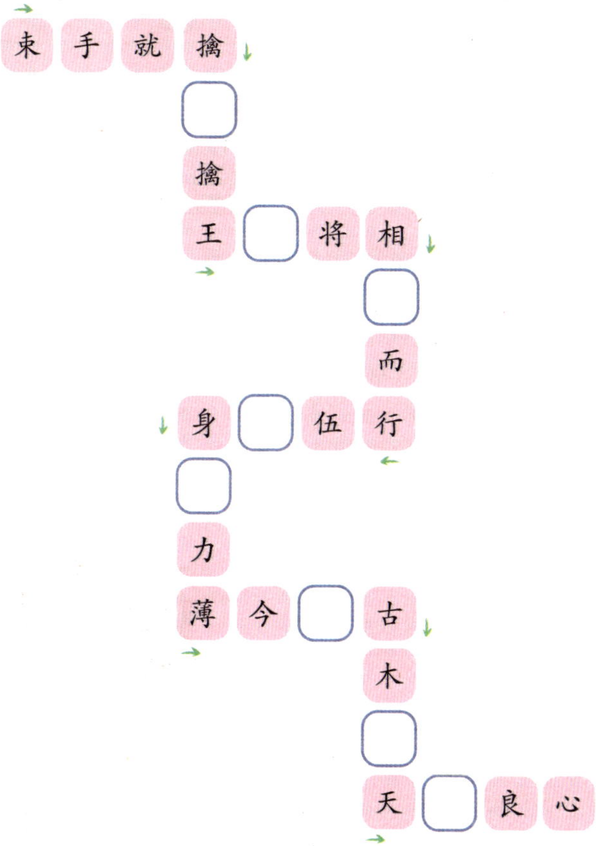

答案 贼；侯；辅；出；单；厚；参；地

五代十国

梁唐晋汉周朱李石刘郭

	五代（907-960）					
唐	后梁	后唐	后晋	后汉	后周	宋
	朱	李	石	刘	郭	
618-907	（907-923）	（923-936）	（936-947）	（947-950）	（951-960）	960-1279

十国									
前蜀	吴	吴越	闽	楚	南汉	南平	后蜀	南唐	北汉
成都	江都	杭州	长乐	长沙	兴王	江陵	成都	江宁	太原
907-925	902-937	907-978	909-945	907-951	917-971	924-963	934-965	937-975	951-979

五代十国是中国历史上的一段大分裂时期。这一称谓出自《新五代史》，是对五代（907 年—960 年）与十国（902 年—979 年）的合称。

五代是指 907 年唐朝灭亡后依次定都于中原地区的五个政权，即后梁、后唐、后晋、后汉和后周。唐天祐四年（907 年），梁王朱温接受唐哀帝禅让，建立后梁，定都东京开封府（今河南开封），五代十国开始。960 年，赵匡胤发动陈桥兵变，黄袍加身，篡后周建立北宋，五代结束。

白马驿之祸

白马驿之祸又称“白马之祸”，是唐末权臣朱温为篡夺唐朝统治大权而诛杀朝官的重大历史事件。该事件发生在唐朝天祐二年（905），始作俑者、权臣朱温在谋臣李振鼓动下，在滑州白马驿一夕间杀死被贬大臣三十余人，就地抛尸黄河，这就是“白马驿之祸”。

唐天祐四年（907 年）三月，唐哀帝李柷被迫禅位，朱温称帝，改名朱晃，改国号为梁，史称后梁，改当年为开平元年，定都汴州（今河南开封）。立国将近二百九十年的唐朝至此彻底灭亡。

探囊取物

基本信息

历史事件

因为后唐明宗李嗣源杀害了韩熙载的父亲，所以韩熙载决定离开中原去南唐。他的好友李穀成了后周的大将，屡建奇功，深受后周皇帝的赏识。而韩熙载没有那么幸运，由于南唐奸臣当道，他一直未受南唐重用。

事件主角

韩熙载、李穀

历史坐标

五代十国时期

成语出处

《新五代史·南唐世家》："中国用吾为相，取江南如探囊中物尔。"

成语释义

原意是伸手进入口袋中拿取物品。后来比喻办成事情轻而易举。

成语故事

韩熙载，字叔言，是五代时期南唐著名的才子，文章书画样样精通，名震一时。因为后唐明宗李嗣源杀害了他的父亲，因此他一气之下，决定离开中原，去投靠位于江南的南唐。临走前，韩熙载的好友李穀前去为他送行。韩熙载告诉李穀："地处江南的南唐如果肯重用我，让我当宰相，那我一定要率军北上，迅速收复中原。"而李穀听后则说："如果我担任中原国家的宰相，那我就能率军轻而易举地夺取南方各国，如同探囊取物一般容易。"

在韩熙载投奔南唐后不久，南唐就吞并了吴国。然而，南唐由于皇帝昏庸无能，奸臣当道，对来自北方的官员很是猜忌，因此整个南唐朝廷斗争非常激烈，国家危在旦夕。由此，身居高位的韩熙载看到了国家灭亡的苗头，为了保护自己，他假装不问世事，醉生梦死，好让南唐君主李煜不觉得他是个有政治野心的人。即便是这样，李煜仍对他放心不下。于是，就派画院的待诏到他家里去，暗地里窥探韩熙载的日常活动和言行，命令他们把所看到

的一切都如实地画下来，并交给他看。

大智若愚的韩熙载当然明白这些待诏的来意。韩熙载故意不问世事，沉湎歌舞，与歌舞伎厮混在一起。画院的待诏顾闳中凭借他那敏锐的洞察力和惊人的记忆力将韩熙载在家中夜宴宾客的过程记在心里，回家后即刻作画。

这幅画呈给李煜，李煜看到韩熙载竟然醉生梦死到这个地步，便放下了戒备心，暂时放过了韩熙载等人。令人没想到的是，就是这样一幅靠着记忆画出的《韩熙载夜宴图》流传了下来，成为传世精品。

之后，韩熙载一直未能受到皇帝的重用，始终没当上宰相，而他的好友李榖却做了后周的大将。李榖奉命征讨南唐，屡建奇功，夺取了南唐的很多座城池，深受后周皇帝的赏识。

文化卡片

百万军中取上将首级如探囊取物的五大猛将

项　羽　历史上骁勇无敌的猛将之一。在人生的最后一场战役——垓下之战中，他单枪匹马手刃百余名汉军。

张　飞　因为关羽在曹营斩杀了袁绍的大将颜良，曹操既惊又喜，夸赞了关羽，而关羽这样回复曹操：“何足道也？我的弟弟张飞在百万军中取上将首级，如探囊取物一样。”足见张飞的勇猛。

赵 云 与关羽、张飞并称“燕南三士”。长坂坡一战，让曹操记住了赵云。汉中大战中，赵云救出了黄忠，这让曹操后悔当时放过了赵云。他被后人认为是三国时期完美的儒将。

李存孝 五代十国时期的猛将，民间有“王不过项，力不过霸，将不过李，拳不过金”的说法。“将不过李”就是赞誉李存孝，他曾把后梁大将、号称“王铁枪”的王彦章打得落花流水，望风而逃。只可惜李存孝最终遭奸臣诬陷，身首异处。

夏鲁奇 原为后梁将军，后归附后唐，成为庄宗的护卫指挥使。曾在护卫庄宗时独杀百余人，后随庄宗攻灭后梁，生擒王彦章。

有问必答

中国十大名画之一的《韩熙载夜宴图》中的主人公韩熙载于画中一共出现了几次?

画中一共出现了五次。

第一次，听乐。韩熙载与宾客正在聆听琵琶弹奏，韩熙载手自然下垂。

第二次，观舞。韩熙载脱去外衣，挽起袖子亲自上前击鼓。

第三次，休憩。宴会中间的休息场。韩熙载坐在卧榻上，侍女为他洗手擦脸。

第四次，合奏。宴会重新开始，韩熙载穿着内衫，袒胸露腹盘腿而坐，挥动着扇子欣赏乐使演奏音乐。

第五次，送客。宴会结束了，宾客们表现出依依不舍的样子，韩熙载左手呈摆手状，好似不想结束这次宴会。

国学大闯关

下列词语与探囊取物意思相反的是哪一个？

A. **海底捞针**　　B. **轻而易举**

C. **十拿九稳**　　D. **手到擒来**

答案 A

打草惊蛇

基本信息

历史事件

当涂县令王鲁是个大贪官，见钱眼开，总是为了钱而颠倒黑白。他手下的主簿等人也仿效他做一些贪赃枉法的事情。老百姓实在忍无可忍，便联名状告主簿等人的罪行，将一纸诉状递到了王鲁手中。王鲁看后，心惊肉跳，他深知这些事情都是他指使别人干的。于是写下了“汝虽打草，吾已惊蛇”这句话。

事件主角

王鲁

历史坐标

五代十国时期

成语出处

《南唐近事》：“鲁乃判曰：‘汝虽打草，吾已惊蛇。’”

成语释义

打草惊到了蛇。原来比喻惩罚了甲而使乙有所察觉。现多比喻做法不谨慎，反而使对方有所戒备。

成语故事

南唐时期，在当涂县有个名叫王鲁的县令，他是远近闻名的大贪官，一见到钱就两眼放光，只要是有利可图的事情，他就可以不分是非曲直，颠倒黑白。由此可知，他一定干了许多贪赃枉法的坏事。

俗话说，上梁不正下梁歪。王鲁下面的大小官吏，见自己的上级贪赃枉法，便也明目张胆干坏事。他们变着法子敲诈勒索、贪污受贿，巧立名目搜刮老百姓的钱财。因此，当涂县的老百姓过着非常困苦的生活，常常吃了上顿没下顿，整天种地干活还要忍饥挨饿，日子过得苦不堪言。老百姓从心底里恨透了这些鱼肉百姓的贪官，总盼望能有机会好好惩治他们一番，让他们得到应有的惩罚。

为了警告这些官吏，大家找个读书人，联名写了状子，内容便是控告主簿等人营私舞弊、贪赃枉法，状子上写的事情事实清楚，证据充分，桩桩件件都触目惊心。

结果，这张状子首先递到了县令王鲁手上。王鲁把状子从头到尾看了一遍，这一看不打紧，把县令王鲁吓得心惊肉跳，浑身上下直打哆嗦，头上直冒冷汗。原来，状子中列举的许多犯罪事实，都是王鲁暗地里指使主簿等人干的，而且还有许多事和自己有直接牵连。状子虽是状告主簿等人，但王鲁觉得这简直就是在告自己。他感到事态的严重性，越想越觉得后怕。如果老百姓继续控告下去，马上就会告到自己头上了。

王鲁想着想着，心情怎么也平静不下来。于是，他不由自主地用颤抖的手在案卷上写下了他此刻的真实感受：“汝虽打草，吾已惊蛇。”写罢，他手一松，瘫坐在椅子上，面如土色。

文化卡片

古代四大贪官

和珅 是当之无愧的“第一大贪”。乾隆年间，和珅借修建十公主府之名，为自己修建了一座顶级豪华的宅第，他将自己搜刮来的奇珍异宝全都放在里面。等到嘉庆皇帝抄和珅家的时候，发现他敛财的数量超过了清朝十五年的财政收入总和。

梁冀 是东汉有名的外戚，外号“跋扈将军”，足见他的名声有多坏。他过着非常奢靡的生活，宅院方圆千里。在被汉桓帝抄家时，直接查抄出相当于东汉半年财政收入的钱财。

刘瑾 是明朝著名的宦官，他在朱厚照登上帝位后，成了司礼监掌印太监，权倾朝野。在被抄家时，抄出黄金250万两，白银5000万两，比当时朝廷一年的财政收入都多。

严嵩 是中国历史上有名的权臣之一。被抄家后，抄没其家产的登记簿《天水冰山录》保留下来，上面记载着大量的田产和金银珠宝，数量最多的是名人字画，如王维的《圆光小景》、宋徽宗的《秋鹰》和张择端的《清明上河图》等。

有问必答

蛇这种动物，作为一种意象，在东西方文化中分别象征着什么？

在中国古代，人们认为蛇象征着神明，传说中的上古之神——伏羲和女娲，都是人首蛇身的形态。此外，蛇的形态与人们想象中的龙相似，由于龙在我国古代是权力的象征，而现实中没有龙，人们便将蛇作为龙的化身，因此蛇在古代有时也代表龙。

与中国截然相反，在古代的西方国家，蛇是狡猾邪恶的象征。传说夏娃和亚当在驻守伊甸园的时候，蛇诱骗夏娃将树上的禁果吃掉，导致人类被惩罚，需要承受生活带来的苦难，而且还要经历生老病死。因此在西方国家，蛇是一种不吉利的象征，也代表再生，或作为护身符等。

国学大闯关

关于蛇的成语故事有很多，请你将下面的成语与其所代表的寓意连一连。

杯弓蛇影	形容书法风格洒脱
画蛇添足	比喻做事声势浩大，有始无终
笔走龙蛇	比喻因疑神疑鬼而引起恐惧
虎头蛇尾	无中生有，多此一举

答案

杯弓蛇影：比喻因疑神疑鬼而引起恐惧。

画蛇添足：无中生有，多此一举。

笔走龙蛇：形容书法风格洒脱。

虎头蛇尾：比喻做事声势浩大，有始无终。

纸衣瓦棺

基本信息

历史事件

后周皇帝郭威提倡“德化为先”，对老百姓采取轻徭薄赋的政策，还提倡节俭的生活作风。在他临终的时候，对于自己的葬礼安排，他嘱托柴荣等心腹大臣，让他们用纸衣代替寿衣，用瓦棺来代替棺木，不建造石人和石兽，不要守陵宫人。

事件主角

郭威

历史坐标

五代十国时期

成语出处

《旧五代史·周书·太祖记四》：“陵寝不须用石柱，费人工，只以砖代之。用瓦棺纸衣……”

成语释义

原意为后周天子遗令用纸衣、瓦棺殓己，后指薄葬。

成语故事

郭威是后周的开国皇帝，在他只有几岁的时候，父亲就被人杀了，母亲也在逃亡的路上病死了。他由姨母抚养长大，后投靠后汉大将刘知远。刘知远知郭威忠厚老实，遂视为心腹，委以重任。后来，李守贞等人在刘知远死后造反，郭威率军平定了叛乱，立下大功。他平易近人，并不因为自己立了赫赫战功而摆架子。因此，他受到将士们的拥护和爱戴，声望与日俱增。

此时，郭威非但没有向皇帝邀功请赏，反而把平叛的功劳全都归于自己下面的将士，请求皇帝犒赏自己的部下。即便如此，他仍旧没有摆脱被皇帝猜忌的命运。这时的皇帝动了杀死他的念头，郭威被逼无奈只好起兵造反。

951年，郭威黄袍加身，自立为帝，因为他的家族是姬姓的分支，因此“建国宜以大周为号”，这就是五代时期的最后一个王朝——后周。因为郭威年幼时长期生活在民间，深知民众疾苦，所以他在登基的诏书中明确指出：“帝王之道，德化为先，崇饰虚名，朕所不取。”这里明确提出了“德化为先”的治国纲领。郭威是这样说的，也是这样做的。郭威对于那些有才能的贤臣特别重视，经常让他们上书谏言，指出国家治理方面的不足，或者直接指出自己的不足。除此之外，他还大力减轻老百姓的赋税徭役，不准官员进贡奇珍异宝。有一次，为了让臣子更好地执行这项措施，他还命人把皇宫里的各种珍宝故意打碎，并告诫伺候他的人说：“帝王怎么能用这么奢华的东西呢？”

他还采用了儒家“仁爱”的思想治理国家，废除了许多不合理的酷刑。为使老百姓可以专心进行农业生产，他还颁布了一系列发展农耕的政策，“悉罢户部营田务，以其民隶州县，其田、庐、牛、农器，并赐见佃者为永业”，农民有了自己的田地、耕牛、房产，还有什么可担心的呢？

郭威在位期间所颁布的这些政策都是值得称道的，史称“期月而弊政

皆除，逾岁而群情大服”，“勤俭之美，终始可称”。

四年后，郭威病重，病逝前他曾经嘱托柴荣等心腹大臣，让他们在主持自己丧事的时候一定不能铺张浪费，越简单越好。郭威让他们用纸衣代替寿衣，不要求有多么的奢华，棺木就用瓦棺来代替。他要求官员们不要修建地下的寝宫、不立石人石兽，也不要让宫里的人专门过来守陵，就让附近的百姓来守，并且在他们守陵的时候要免除他们的各种赋税和徭役……如果每年能来扫墓就扫吧，不能来的话，遥遥一拜也行。可见，他一生都崇尚节俭，遵从简单的生活方式。

后来，其养子柴荣（周世宗）继承和发展了他的事业，为宋王朝的创建奠定了坚实的物质基础。

文化卡片

中国历史上崇尚节俭的皇帝（一）

汉文帝刘　恒　刘恒在位期间，勤政爱民，仁厚平和。他平日的生活比较节俭。他因担心国家财政赤字而放弃了修建露台的计划；因为怜惜小吏护送之苦，就让诸侯自行前往封国。

陈武帝陈霸先　陈霸先是南北朝时期南方陈朝的开国皇帝。他出身于贫苦之家，深知老百姓生活不易，于是在自己当上皇帝之后，积极倡导节俭朴素的生活，反对奢侈堕落。他平时吃的东西只有几种，宴会上盛食物的器具都是瓦做的，他的衣服上没有特殊的刺绣，后宫的嫔妃们也不戴金银珠翠的装饰品。

隋文帝杨　坚　杨坚是隋朝的开国皇帝，他结束了中国数百年的分裂。他也是出了名的节俭：杨坚从不接受臣下送的贵重的物品；衣服破了也不扔掉，而是补补继续穿；吃的饭菜比较简单，每顿饭仅有一个荤菜，绝对不会再有第二种肉。

有问必答

郭威为什么把皇位传给了跟他没有血缘关系的柴荣？

首先，郭威起兵反叛后汉时，后汉隐帝一怒之下将郭威留在京师的妻子和两个儿子一起杀害了。等到郭威当上皇帝的时候年事已高，再也无法生育子嗣。

其次，柴荣是郭威妻子柴氏的侄子。他本人不仅非常孝顺，而且文韬武略样样精通，因此深得郭威的欣赏，便将他收为养子。因为郭威自己没有子嗣，并且念及与妻子柴氏的感情，所以郭威决定把皇位传给柴荣。

最后，当时柴荣并不是皇帝的不二人选，还有两个人和郭威的关系也是非常近的，他们就是郭威的外甥李重进和女婿张永德，他们继位的呼声也很高，但是郭威思虑再三还是将皇位传给了柴荣。

历史证明郭威的选择是正确的，柴荣当上皇帝以后，在政策上进行了一系列的改革，减轻了老百姓的负担，经济也在逐步恢复当中，人民安居乐业。后世称柴荣为“五代第一明君”。

国学大闯关

请将下列成语补充完整。

（ ）制（ ）造　　货（ ）价（ ）　　精（ ）求（ ）　　（ ）工（ ）料

朝（ ）暮（ ）　　物（ ）价（ ）　　（ ）衣（ ）棺　　材（ ）质（ ）

答案 粗制滥造；货真价实；精益求精；偷工减料；朝新暮敝；物美价廉；纸衣瓦棺；材薄质衰。

黄袍加身

基本信息

历史事件

赵匡胤在出征途中发动了陈桥兵变，诸将拥戴他为天子，给他披上黄袍。于是他没有继续北上，又回到了汴京城，后周恭帝将皇位禅让给了赵匡胤，建立了北宋王朝。

事件主角

赵匡胤

历史坐标

五代十国时期

成语出处

《宋史·太祖本纪》：“诸校露刃列于庭，曰：‘诸军无主，愿策太尉为天子。’未及对，有以黄衣加太祖身，众皆罗拜，呼万岁。”

成语释义

指被拥立为皇帝。后比喻发动政变获得成功。

成语故事

周世宗柴荣在位时，赵匡胤是他手下的得力大将，跟随他南征北战，战功卓著。周世宗非常信任赵匡胤，提拔他做殿前都点检，统率禁军。要知道，禁军可是后周最精锐的一支部队。

公元959年，周世宗柴荣驾崩，周恭帝柴宗训即位，由宰相范质、王溥辅政。

公元960年，正当后周朝廷举行典礼的时候，忽然接到边境送来的紧急战报，上面说：北汉国主和辽朝联合出兵，正在攻打后周边境。朝中大臣们听后慌作一团，经过一番商议，决定让赵匡胤率兵北上抵御入侵。之后，赵匡胤立刻调兵遣将，带领大军出发了。他的弟弟赵匡义和亲信谋士赵普也一同出征。

当天晚上，大军来到距离京城二十里的陈桥驿后，赵匡胤命令将士们就地安营休息。这时候，一些军中的将领聚集在一起闲聊，有人就说："现在的皇上只有7岁，年纪那么小，我们拼死拼活为他去打仗，也不知道他会不会记住我们的功劳，倒不如拥护赵点检做皇帝，再出发北征！"大伙一听，都赞成这个意见。没过多久，这个消息就传遍了军营。将士们走到赵匡胤住的驿馆，一直等到天亮。

赵匡胤睡醒起床后，还没来得及说话，几个人在赵匡义和赵普的授意下，就把早已准备好的一件黄袍披在他的身上。大伙趁机跪倒在地，嘴里高呼"万岁"。就这样赵匡胤"被迫"坐上了皇帝的宝座。然后，他们临时决定先不北上讨伐，而是打道回府。回到汴京，汴京城里有石守信、王审琦等赵匡胤的"结社弟兄"作为内应，不费吹灰之力就控制了汴京城。

随后，将领们把范质、王溥召到了赵匡胤的住处，赵匡胤一见到他俩，便表现出非常为难的样子说："世宗对我恩重如山，现在我被将士们逼成这个样子，你们说我该怎么办呢？"

范质等人这时不知该如何回答，半天没有说出话。双方僵持在那里，这时有个将领声色俱厉地喊道：“我们没有了主人，大家请赵点检当天子。”一听这话，范质和王溥吓得赶快给赵匡胤下拜磕头。随后，后周恭帝将皇位禅让给了赵匡胤，赵匡胤正式登基称帝，改国号为“宋”，定都东京（今河南开封），历史上称为北宋。

赵匡胤即位后，先后灭掉了南平、后蜀、南汉及南唐等地方割据政权，完成了全国大部分地区的统一，结束了五代时期持续五十多年的混战，国家再次稳定下来，人民的生活也有所好转。

文化卡片

中国历史上著名的兵变

镐京之变

镐京之变是中国历史上有记载的最早的兵变。申后与儿子姬宜臼经过周密商议后决定发动兵变，废除周幽王并且诛杀褒姒母子，于是申国的申侯引导西戎入侵都城镐京。西戎军队在骊山之下杀死了周幽王与姬伯服，同时掠夺走了周王室的金银财宝。而这次兵变也开启了春秋战国时代。

七国之乱

七国之乱发生在西汉景帝当政时期，当时由于中央朝廷与诸侯国之间的矛盾日益严重，于是御史大夫晁错建议削藩。削藩的举动使各地诸侯心生不安，于是吴王刘濞联合楚王刘戊、赵王刘遂、济南王刘辟光、淄川王刘贤、胶西王刘昂、胶东王刘雄渠六王，以“清君侧”的名义公开反叛。此叛乱三个月内被平定。

玄武门之变

唐朝刚建国不久，唐高祖李渊立李建成为太子，封李世民为秦王、李元吉为齐王。这三个人当中，李世民的功劳最大，在军中的威望也最高。太子李建成自知自己比不上李世民，产生了嫉妒的心理，想要设计陷害李世民。而以李世民为首的功臣集团为求自保，便在长安城太极宫的北宫门——玄武门附近发动了兵变，杀死了李建成、李元吉。之后，李渊立李世民为太子。

有问必答

“黄袍加身”是偶然事件，还是赵匡胤精心策划的?

第一，赵匡胤当时带兵出征是为了抵御契丹和北汉的入侵，但是契丹的史料中没有这次出兵的记载，当时的契丹国出现内乱，本身就自顾不暇，怎么会出兵攻打后周？显然这次出征的理由是假的。

第二，赵匡胤“被迫”披上黄袍的时候，是醉酒的状态。按照常理来说，将军带兵出征是不会醉酒的。而且私带黄袍这样的违禁品也是要诛九族的，有谁会冒这么大的风险把黄袍带在身边？显然是有人授意的。

第三，在赵匡胤未出汴京城之前，城内就传“出师之日，策点检为天子”了。这明显就是在给兵变造舆论。

由此可见，“黄袍加身”绝非偶然，此事件应该是赵匡胤和他的属下精心策划的一次兵变。

国学大闯关

下列成语与历史上的著名人物有关，请你将成语与其对应的人物连接起来。

黄袍加身	项　羽
望梅止渴	曹　操
四面楚歌	刘　备
三顾茅庐	赵　高
指鹿为马	赵匡胤

答案　黄袍加身——赵匡胤；望梅止渴——曹操；四面楚歌——项羽；三顾茅庐——刘备；指鹿为马——赵高。

不堪回首

基本信息

历史事件

南唐后主李煜在文学方面很有造诣，在政治和军事上却昏庸无能。南唐都城被北宋军队攻破后，李煜成了阶下囚，他被囚禁到开封的一处院子里。在一个月圆之夜，他回想起了曾经的宫廷生活，便作了一首《虞美人》词，没想到，这首词成了宋太宗毒死他的原因。

事件主角

李煜

历史坐标

五代十国时期

成语出处

《虞美人》词："小楼昨夜又东风，故国不堪回首月明中。"

成语释义

指过去的事情想起来就痛苦，因而不忍再去回忆；形容境遇或思想发生巨大变化后对往昔的感慨。

成语故事

960年，赵匡胤建立宋朝，这时周边还有好几个割据政权存在。为了完成统一大业，他先后灭了南平、后蜀、南汉等割据政权，接着把攻击的目标对准了南唐。

此时，南唐的国力日渐衰微，因为后周曾三次征讨南唐，已经把南唐打垮了。李煜登基时，北宋已经取代了后周。作为一国之君，李煜在政治和军事上昏庸无能，但他在文学艺术方面很有天赋，音乐、诗词、书画样样精通。李煜的妻子周后，擅长书画、歌舞，但不幸早逝。后来，李煜又与周后的妹妹小周后相爱，二人花前月下，李煜早已把国家大事抛诸脑后。

面对北宋的威胁，李煜并没有想方设法增强国家的军事力量，以抵御外敌的入侵，而是沉迷于歌舞，贪图眼前的富贵生活。后来，北宋作战胜利或是举办一些喜庆的活动时，他都会派人去北宋进献一些奇珍异宝。他还主动

对北宋称臣以求自保，取消了南唐国号，目的是仿效越王勾践的做法，与北宋划江而治，保存实力。

974年9月，宋太祖赵匡胤两次派使者通知他到开封朝见。李煜担心赵匡胤欲借此机会杀掉他，便称病不去。于是赵匡胤以此为借口，派十万大军水陆并进，征伐南唐。

面对突如其来的进攻，李煜亲自披甲上阵，在军中鼓舞士气。他还写信给吴越国求援，希望其能明白唇亡齿寒的道理，但吴越畏惧北宋的军事力量，并未出兵援救。他还派人去联络契丹，希望契丹从北边给北宋施压，缓解南唐的压力。但向契丹求援因路途遥远，亦未成功。

两军的拉锯战打了一年多，北宋将领甚至有了撤军休整的想法。975年，在皖口之战中，南唐本想用火烧宋军战船，但运气不好。忽然到来的北风，让南唐的军队措手不及，不但未能烧毁北宋的战船，反而火烧了自家的战船。经此一战，南唐亡国已成定局。

李煜被押到北宋的都城汴梁。李煜原本以为赵匡胤会杀了他，提心吊胆地接受赵匡胤的召见。而赵匡胤并没有杀他，只是将他封为违命侯，把他安置在城里。名义上李煜还是侯，而实际上他过着像囚犯一样的生活。赵匡胤这样侮辱性极强的做法，使原本就多愁善感的李煜更加痛苦不堪。

不久之后，赵匡胤去世，他的弟弟赵光义即位。赵光义撤销了李煜违命侯的封号，封他为陇西郡公。可是，赵光义比他哥哥更爱猜忌。一天夜里，李煜独自在院子里散步，看到天上的圆月，他想起当皇帝时锦衣玉食、无忧无虑的生活，而现在却成了阶下囚，每天过得朝不保夕，强烈的对比让他难过不已，于是便写下了流传千古的《虞美人》。特别是词中“小楼昨夜又东风，故国不堪回首月明中”这句，表达了他怀念故土、怀念往日生活的情感。这首词传到赵光义那里，赵光义对他恋念故国非常忌恨，于是派人将李煜毒死了。

文化卡片

李煜所作经典词句

独自莫凭栏，无限江山，别时容易见时难。

——《浪淘沙令·帘外雨潺潺》

剪不断，理还乱，是离愁。别是一般滋味在心头。

——《相见欢·无言独上西楼》

胭脂泪，相留醉，几时重。自是人生长恨水长东。

——《相见欢·林花谢了春红》

最是仓皇辞庙日，教坊犹奏别离歌，垂泪对宫娥。

——《破阵子·四十年来家国》

多少恨，昨夜梦魂中。还似旧时游上苑，车如流水马如龙。花月正春风。

——《望江南·多少恨》

有问必答

宋太祖赵匡胤为什么不杀李煜?

北宋灭掉南唐后，宋太祖赵匡胤并没有杀死李煜，而是囚禁了他。赵匡胤不杀李煜的原因之一就是做给其他君主看的，只要向赵匡胤屈服，他就能善待亡国之君，以此来表现他的仁慈。原因之二是赵匡胤比较欣赏李煜的文学才能，也不怕李煜东山再起。让李煜活着，可以让他写诗作词，给当时的文武百官做个反面教材，时时刻刻提醒他们不要学李煜亡了国。原因之三是李煜没有治理国家的才能，他性格敏感软弱，即使他活着，也不会对宋朝产生威胁。而这个原因应该是赵匡胤能容忍李煜活着的主要原因。

国学大闯关

请动用你的诗词储备，在下面诗句空白处填上适当的人名。

1. （　　）乘舟将欲行，忽闻岸上踏歌声。
2. 东风不与（　　）便，铜雀春深锁（　　）。
3. 至今思（　　），不肯过江东。
4. 欲把西湖比（　　），淡妆浓抹总相宜。
5. （　　）宅里寻常见，（　　）堂前几度闻。

答案 1.李白；2.周郎，二乔；3.项羽；4.西子；5.岐王，崔九。

花蕊夫人

五代十国时期，被称为花蕊夫人者，一共有三人。

其一为前蜀主王建淑妃徐氏（约 883 年—926 年），成都人，宫中号为花蕊夫人，因其姐也为王建妃，故亦称小徐妃，姐妹皆受宠爱。花蕊夫人与其姐交结幸臣，纳贿干政，导致后主荒淫失政，后与王衍皆被后唐庄宗所杀。

其二为后蜀主孟昶的妃子，也姓徐（一说姓费），封为慧妃，青城（今四川都江堰）人，貌美如花蕊故称为“花蕊夫人”。孟昶降宋后，被掳入宋宫。

其三是在清代学者赵翼所著《陔余丛考》中出现的，说这位花蕊夫人是南唐后主李煜的宫人，闽人之女，雅好赋诗，人称“小花蕊”。她于南唐亡后，被俘入宋宫，后为晋王赵光义所杀。

五代十国
北宋

开卷有益

基本信息

历史事件

宋太宗赵光义非常喜爱读书。当臣子给他递上《太平御览》时，他表示每天要读三卷，如果遇到有政事延误，第二天也要再补回来。身边大臣劝他不要这么辛苦地读书，他却表示读书能让他快乐，他从不觉得疲劳。

事件主角

赵光义

历史坐标

北宋时期

成语出处

《渑水燕谈录·文儒》：“太宗日阅《御览》三卷，因事有阙，暇日追补之，尝曰：‘开卷有益，朕不以为劳也。’”

成语释义

读书总有益处。常用以勉励人们勤奋好学，多读书就会受益。

成语故事

宋太宗赵光义是宋太祖赵匡胤的弟弟，本名为“匡义”，因避其兄名讳改名为“光义”。少年时代，曾随其兄一同打江山。由于经历了频繁的战事，了解民间疾苦，继位后，他整顿朝纲，励精图治，使得人民安居乐业。登基后，赵光义亲自征讨太原，灭掉了北汉，彻底结束了五代十国分裂割据的局面。

太平兴国二年（公元977年），赵光义命宰相李昉等十四人编纂了一部规模宏大的分类百科全书。当时李昉等人花了七年时间，摘录上千种古籍，终于编成了共一千卷的《太平总类》。成书后献给赵光义审阅。

赵光义看到成书后，非常高兴。他对身边的大臣说：“从今天起，我每天要读三卷《太平总类》，争取一年之内把这部书读完。”他规定自己每天要看三卷书，即便因政务耽误了看书的进度，他也会在第二天补上之前欠下的内容。这足以看出赵光义对书的热爱程度。

有的大臣看皇上日理万机，还要抽出时间刻苦读书，太过辛苦，就劝道："陛下好学不倦，以读书为乐事，这自然是好事。但每天读三卷书，这也太伤神了，陛下要注意身体呀！"赵光义却笑着说："我喜欢读书，只要打开书就能从中收获很大的快乐，我一点儿也不觉得辛苦啊！"之后，赵光义下令将《太平总类》的名字改为《太平御览》，因为这部书是太平兴国年间皇帝亲自阅读的书。赵光义用了大概一年的时间，看完了全书。从这部书中，赵光义学到了许多治国方略，他也经常和身边的大臣讨论这部书里关于帝王得失的论述。当时的人得知皇帝如此爱读书，一时之间北宋读书之风盛行。

文化卡片

古人关于读书的诗句

黑发不知勤学早，白首方悔读书迟。——《劝学》（颜真卿）

问渠那得清如许？为有源头活水来。——《观书有感》（朱熹）

读书破万卷，下笔如有神。——《奉赠韦左丞丈二十二韵》（杜甫）

发奋识遍天下字，立志读尽人间书。——苏轼

粗缯大布裹生涯，腹有诗书气自华。——《和董传留别》（苏轼）

读书百遍，而义自见。——《三国志》（陈寿）

有问必答

赵光义是怎么当上皇帝的？

有一个成语专门用来形容赵光义是如何登上皇位的，这个成语就是"烛

影斧声”。据传，宋太祖时期，太后在生病的时候，与太祖、赵普立下了“金匮之盟”，大概意思就是在太祖百年之后，由其弟赵光义继位。赵普也因为一直反对赵光义继位而被罢相。此外，宋太祖赵匡胤的两个儿子也从未参与过任何国家大事。

公元976年的一天夜里，赵匡胤召他的弟弟赵光义进宫议事，伺候他的人都不在身边。其间有人看到寝殿里烛影摇动，赵光义似乎是在退避。又过了一会儿，侍奉在外的人听到斧子戳地击物的声音。就在那天晚上，宋太祖驾崩了。此时，皇后让王继恩叫太祖的儿子赵德芳进宫。这时，王继恩忽然说：“晋王来了！”皇后大吃一惊，对赵光义说道：“吾母子之命，皆托于官家。”赵光义哭着回答道：“共保富贵，勿忧也！”就这样赵光义登上了皇位，赵光义就是宋太宗。

国学大闯关

下面八个成语中，其中七个含有错别字，请用你的火眼金睛把它们找出来吧。

成群结对□	披星带月□	群英汇萃□	破斧沉舟□
卑恭屈膝□	纵横捭阖□	扬常而去□	趁心如意□

答案 对→队；带→戴；汇→荟；斧→釜；恭→躬；常→长；趁→称。

天子门生

基本信息

历史事件

开宝六年的秋试由李昉主持，宋太祖对考试的结果有所怀疑，结果发现李昉徇私舞弊，他的同乡武济川是走后门进来的。正巧这时，落榜的三百多人联名告御状，说李昉作弊。于是宋太祖便对这些人进行了复试，考试结果令宋太祖很满意。从那以后，由殿试选拔出来的人才被称为“天子门生”。

事件主角

宋太祖、李昉

历史坐标

北宋时期

成语出处

《文献通考·选举五》：“惟临轩亲试，谓之天子门生，虽父兄为考官，亦不避。”

成语释义

指由皇帝亲自考试录取的或参加殿试被录取的进士，后世指杰出的人才。

成语故事

唐代后期，国家经历了数十年的党争，这与当时的主考官利用科举考试的便利培养自己的势力有很大的关系，那时候的进士都称主考官为恩师。除此之外，唐朝还流行“公荐”的做法，即主考官在主持考试之前，宰相或一些臣子可以向其推荐人，所以这样的科举考试有失公平。

宋太祖深知科举的弊端，因此，他制定了一系列措施来防止科举考试中的舞弊行为，如废除“公荐”，限制主考官的权力，同时每逢考试改为临时派遣主考官，增设副职，录取不由一人做主。开宝五年（972 年），宋太祖亲自召对进士，将科举考试的大权握到了自己的手中。

开宝六年（973 年）科举考试，宋太祖决定利用这次机会大做“文

章”。当时的秋试由翰林学士李昉主持贡举，一共录取了十一人。而宋太祖不太放心，就对这十一个人进行了面试。结果，他发现其中有两个人不合格，其中武济川、刘睿，宋太祖问这两人基本的知识时，他们根本答不上来，宋太祖一气之下“黜之”。调查发现，这个武济川是李昉的同乡，其“材质最陋”，明显就是走后门进来的。与此同时，落第的三百多人联名告御状，状告主考官李昉作弊，录取结果不公平。宋太祖马上召见了这三百多人，并选取其中的一百九十五人，再加上原先被录取的十一人，进行了严格的复试，“乃御殿给纸笔，别试诗赋”。结果中进士的有二十六人，五经科的有四人，开元礼科的有七人，三礼科的有三十八人，三传科的有二十六人，三史科的有三人，学究科的十八人，明法科的五人，这些人皆被赐进士及第，又赐钱二十万。宋太祖非常高兴。“自此殿试遂为常制。帝尝语近臣曰：‘昔者，科名多为势家所取。朕亲临试，尽革其弊矣！’”从此之后，宋太祖彻底革除了自唐以来科举取士的弊病，这对于北宋的社会发展是大有好处的。

宋太祖使科举殿试成为“常制”，三年一京考，京考必由皇帝亲自主持，这样解决了主考官徇私舞弊的问题。纵观我国历史一千多年的科举考试，宋代的科考是最公平的。另外，科考的最终录取权归皇帝所有，强化了君主对科举考试结果的控制。这样一来，每科的进士除了与天子有君臣关系外，又有了一层新的关系——师生关系。科举时代，皇帝亲试录取之士称为“天子门生”。后世以“天子门生”称誉优秀生。

文化卡片

与天子门生有关的诗句

玉皇案吏今烟客,天子门生更故人。

——《赐沈德潜》

天子门生知有分,细君年几未应亡。

——《麟哀十首 其四》

天子门生果负心,熏馀国老共呜喑。

——《昭宗》

握兵定策擅朝权,天子门生任劫迁。

——《唐阉宦》

有问必答

何为“殿试”?

殿试，又称“御试”“廷试”“廷对”等，是唐、宋、元、明、清时期科举考试的最后一级考试，也是通过省试之后的复试。殿试的时间在解试次年的春季。殿试的内容一开始为诗赋，到了宋太宗时加论，此后以“诗一赋一论”三题为准，至宋神宗熙宁三年(公元 1070 年)罢诗、赋、论三题，专以策定为考题，限千字以下。而北宋初年的殿试考试是一种淘汰性的考试，因此出现了好多殿试失利的考生跑去投奔西夏的局面，后来，到了宋仁宗时期，颁布法令，殿试不再淘汰考生。只要是参加殿试的考生将一律得到朝廷的录用，只是需按考试成绩的高低排名来为其定官职。明、清时期，殿试的考试结果分为三甲，一甲三名赐进士及第，分别为状元、榜眼、探花；二甲赐进士出身；三甲赐同进士出身。

国学大闯关

请你以“天子门生”为开端，进行下面的成语接龙吧！

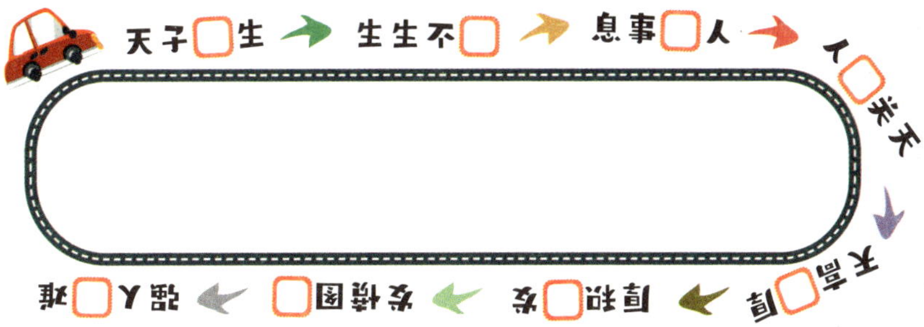

答案 门；息；宁；命；地；薄；强；所。

熟能生巧

基本信息

历史事件

陈尧咨在靶场练习射箭的时候，十发九中，众人都为他的高超技艺鼓掌叫好，只有一个卖油的老翁平静地看着眼前发生的事情。陈尧咨上前质问老翁为什么不鼓掌，老翁回答说：“这不过是熟练而已。”于是就向他展示了自己倒油的技艺。看到眼前的一幕，陈尧咨感到惭愧，之后便更加刻苦地练习射箭的技艺。

事件主角

陈尧咨、卖油翁

历史坐标

北宋时期

成语出处

《归田录·卖油翁》：“乃取一葫芦置于地，以钱覆其口，徐以杓酌油沥之，自钱孔入而钱不湿。因曰：‘我亦无他，惟手熟尔。’康肃笑而遣之。”

成语释义

熟练了，就能找到窍门，干起事来得心应手。

成语故事

北宋时期，康肃公陈尧咨自幼擅长射箭，长大后，几乎没有人能跟他的箭术相媲美，他也自夸说："我的箭术无人能及，你们有谁愿意和我比试比试呢？"徒弟恭维他说："师父，您的箭术实在是太厉害了，我们根本就不是您的对手！我们还要向您学习呢！您能不能再给我们表演一下，让我们弟兄几个长长见识啊！"

于是，陈尧咨兴冲冲地站到靶场上，他熟练地搭弓，一连射出了十支箭，其中有八九支箭都射中了靶心。他的徒弟们看到师父如此精彩的表现，都瞪大了眼睛拍手叫好。

正在陈尧咨得意扬扬的时候，他看到了一个卖油的老翁放下担子，站在那里，斜着眼睛看了很久都没有离开。老翁的脸上不但没有任何震惊的表情，反而是一脸的不屑。陈尧咨心里很不高兴，于是就去质问那个老人："你也懂得

射箭吗？我的箭法难道不精湛吗？”老翁说：“没有别的奥妙，只不过是手法熟练而已。”陈尧咨听了老人的话，气愤地说：“你怎么敢轻视我射箭的本领！”老翁接着说：“凭我倒油的经验就可以知道这个道理。”

老翁顺手拿出一个装油的葫芦放在地上，把一枚铜钱盖在葫芦口上，然后慢慢地用勺子将油注入葫芦里，油从铜钱孔里注入，就像一根金丝线穿过铜钱孔一样，铜钱一点儿没有湿，周围的人看到这样的情景都很吃惊，大家纷纷议论，世上竟然有这样的高人，而陈尧咨也呆呆地望着油葫芦发呆，他心里想：这个老人娴熟的倒油技艺比我射箭还要厉害！围观的人群中传出一个声音问老翁：“您是怎么做到铜钱不湿的？”老翁还是那句话：“没有别的奥妙，只不过是手法熟练而已。”

陈尧咨听了老人的话之后，一脸惭愧。从这以后，他更加刻苦地练习射箭，再也不卖弄自己的技艺了。后来他成了文武双全的人才，书法也写得很好。

文化卡片

历史上著名的神箭手

后　羿　这样的神箭手恐怕是无敌了，根据传说，他竟然把太阳射下来了而且还射死了很多上古时代的神兽。

养由基　是春秋时期楚国的将领。他可以称得上是古代最杰出的箭神。他的箭术有三个特点：准、狠、威力大。成语“百步穿杨”“百发百中”都是与他有关的，相传，他射进石头的箭，留在外面的仅剩箭羽。

更赢 是战国时期魏国的神射手，“惊弓之鸟”这个成语讲的就是他用虚弓射下一只病雁的故事。

李广 是西汉时抵御匈奴人入侵的大功臣，被称为“飞将军”。相传，他在行军打仗的路上，看见草丛中有一只老虎，便拉弓射箭，等走近一看，原来只是一块石头，而射出去的箭已经深深扎在了石头里。

黄忠 民间有两句歇后语可以说明黄忠射箭的技艺有多么高超：“黄忠射箭——百发百中”“黄忠射关公——手下留情”。据说，黄忠能开二石力之弓，百发百中，且百步穿杨。

有问必答

陈尧咨对卖油翁的态度前后有着怎样的变化，这种变化说明了什么？

一开始，看到卖油翁不钦佩自己射箭的技艺，陈尧咨非常不满并反感卖油翁；随后，当卖油翁对他的问题进行回答时，他看到卖油翁平淡从容的表情，更加生气，以至于恼怒。接着，当他看到卖油翁从铜钱孔中倒油，而没有沾湿铜钱孔时，不由得佩服卖油翁的娴熟技艺，并为他此前的傲慢而感到惭愧。

陈尧咨的态度之所以发生巨大的变化，是因为他看到了卖油翁技艺娴熟却并不骄傲，他应向卖油翁学习做人不能自大、自满。

国学大闯关

请将左边的成语与右边相对应的释义连起来。

得心应手	赶着轻载的车走在熟路上，比喻对事情熟悉，做起来容易。
驾轻就熟	把书或文章倒过来背，背得像流水一样流利。
手到擒来	心里怎么想，手就能怎么做，比喻技艺纯熟。
游刃有余	指作战一下子就能擒住敌人。
倒背如流	刀刃游走在骨节的空隙之中，还有回旋的余地。

答案

得心应手——心里怎么想，手就能怎么做，比喻技艺纯熟。
驾轻就熟——赶着轻载的车走在熟路上，比喻对事情熟悉，做起来容易。
手到擒来——指作战一下子就能擒住敌人。
游刃有余——刀刃游走在骨节的空隙之中，还有回旋的余地。
倒背如流——把书或文章倒过来背，背得像流水一样流畅。

断齑画粥

基本信息

历史事件

范仲淹小的时候，到醴泉寺求学苦读，为了节省粮食，常常把煮好的粥晾凉了，用刀子在上面划上十字，分成四份，上午吃两份，晚上吃两份。与粥搭配的菜也是从山上采的野菜。由此可见，即便是在如此艰苦的条件下，范仲淹仍能刻苦学习，终成一代大家。

事件主角

范仲淹

历史坐标

北宋时期

成语出处

《湘山野录》："范仲淹少贫，读书长白山僧舍，作粥一器，经宿遂凝，以刀画为四块，早晚取两块，断齑数十茎啖之，如此者三年。"

成语释义

原指食物粗简微薄，形容贫苦力学。

成语故事

范仲淹是北宋著名的政治家、文学家。他两岁的时候，父亲就去世了，母亲无法维持生计，便带着他改嫁了。母亲历经坎坷，饱尝辛酸，吃了很多苦头，便把希望寄托在儿子身上。小范仲淹以颜回为榜样，自律勤勉，发奋读书。

一天，小范仲淹在砍柴回家的路上，看见一群小朋友拿着书高高兴兴地在学堂里学习，很羡慕。回到家后，懂事的范仲淹便问母亲："有没有不要钱的学堂啊？我太想读书了！"母亲便建议他住到醴泉寺，帮着寺里做些事情，顺便跟寺里的住持学习知识。

于是，他就来到了醴泉寺，主持对他说："天下凡是能成大事的人，只有刻苦勤奋这一条路可以走，没有其他的捷径。"此后，小范仲淹白天做活，有空闲时间，便用来读书，到了晚上，他就将自己关在屋子里，手不释卷地读书。困了就趴在桌子上睡。

每次回家的时候，母亲都让他多带些粮食，可范仲淹知道母亲生活不易，从不多拿。他还总是对母亲说："我心里有数，不用担心我。"回到寺庙后，他便把这些粮食交给寺院的厨房代为烹制。他从早到晚地学习，经常忘记吃饭，寺院里的人给他送饭，他又觉得不好意思。他便想出了一个主意，晚上一边看书，一边煮粥，等到睡觉的时候，粥也煮好了。第二天，煮的粥凝固成一整块，他便拿小刀在上面划个十字，将粥平均分成四块，早上吃两块，晚上吃两块，一日两次。这便是"画粥"。

喝粥时的配菜从哪里来呢？原来，在醴泉寺周围的大山里生长着许多可以食用的野菜，有野葱、野韭菜、蒲公英、苋菜等。范仲淹把这些野菜剁碎，吃饭的时候，放到粥里食用。这便是"断齑"。

尽管范仲淹在寺庙里的生活过得很艰苦，但他毫无怨言，仍然刻苦学

习。醴泉寺的住持被范仲淹刻苦学习的精神所感动，便推荐他到应天府上学。当范仲淹来到这个学校学习的时候，他依然过着断齑画粥的日子。同学中有一个富家公子，当看到范仲淹吃得如此不好却还埋头苦读时，便命人给范仲淹送来了好菜好饭。范仲淹表示了感谢，并收下了饭菜。

过了几天，这位富家子弟看到送给范仲淹的食物还在那里放着，感到非常惊讶。范仲淹对这位同学说：“我很感激你给我送来如此好吃的饭菜，但我平时喝粥吃野菜都习惯了，并没觉得不好，现在你让我突然去吃这些美味佳肴，我以后还怎么心情平静地喝粥吃野菜呢？”这个同学回到家后，将这个故事讲给了他的父亲，他的父亲便说：“这个孩子将来会有大出息，你看他学习的毅力就知道了。”

凭着这股不服输的韧劲，范仲淹学成，成为北宋的名臣。他提倡的“先天下之忧而忧，后天下之乐而乐”的思想影响了一代又一代的仁人志士。

文化卡片

范仲淹的经典名句

愁肠已断无由醉，酒未到，先成泪。

——《御街行·秋日怀旧》

不以物喜，不以己悲。

——《岳阳楼记》

碧云天，黄叶地，秋色连波，波上寒烟翠。

——《苏幕遮·怀旧》

江上往来人，但爱鲈鱼美。君看一叶舟，出没风波里。

——《江上渔者》

先天下之忧而忧，后天下之乐而乐。

——《岳阳楼记》

有问必答

范仲淹为什么被称为“大宋第一人”？

范仲淹作为政治家、文学家、军事家，他立德、立言、立功，取得了世人难以企及的成就。

在政治上，他最突出的成就是“庆历新政”，此政推出，虽然改革的时间很短，却做了许多利国利民的好事，如重新修堰、制定新的边防策略等。在大旱之年，赈济百姓，开仓救民，抑制粮价飞涨。

在文学上，从他留下来的一系列诗作中可以看出，他有着很高的文学造诣，其中最具代表性的是《岳阳楼记》，此文体现了他忧国忧民的爱国情操。

“一世之师，由初迄终，名节无疵”，这句话很好地概括了他的一生。

国学大闯关

下列成语都与古代的名人刻苦学习相关，请你将人物名字与相关成语连起来。

铁杵成针	范仲淹
断齑画粥	孔　子
牛角挂书	李　白
韦编三绝	匡　衡
凿壁偷光	李　密

答案　铁杵成针——李白；断齑画粥——范仲淹；牛角挂书——李密；韦编三绝——孔子；凿壁偷光——匡衡。

出人头地

基本信息

历史事件

年轻的苏轼进京赶考，当时的主考官是欧阳修，当他看到苏轼的《刑赏忠厚之至论》时，被苏轼清新洒脱的文风所折服。欧阳修以为这是他的弟子曾巩所做，因此为了避嫌，给了此文第二的名次。后来，当他得知这篇文章是苏轼所写的时候，他在给梅尧臣的信中写道："苏轼的文章实在好，我应当让路，使他高出我一头。"

事件主角

苏轼

历史坐标

北宋时期

成语出处

《宋史·苏轼传》："修语梅圣俞曰：'吾当避此人，出一头地。'"

成语释义

原意为高人一等，超出一般人。形容德才超众或成就突出比其他人优秀。

成语故事

苏轼，字子瞻，北宋文学家、书画家，号东坡居士，眉山（今属四川省）人。

北宋仁宗嘉祐二年（公元1057年），苏轼和他的弟弟苏辙跟随父亲苏洵千里迢迢从四川的眉山赶到北宋的都城汴梁，参加科举考试。当时主持科举考试的是翰林学士欧阳修。那时的欧阳修已经是北宋家喻户晓的人物。考生中间流传着一句话："殿试时得到皇帝的夸赞都不如欧阳修的肯定好。"

欧阳修对当时文坛崇尚诡怪奇涩的文风很反感，凡是写成这种文章的考生一律不予录取。当他看到一篇《刑赏忠厚之至论》时，内心十分高兴，因为这篇文章的语言清新畅达，立论雄强，不容辩驳，是不同流俗的好文章。他一口气读完后，便准备取这篇文章为第一名。由于北宋礼部试卷当时是封

上考生姓名的，欧阳修便以为此文是自己的学生曾巩写的。为了避嫌，欧阳修忍痛把这篇文章排在了第二的位置上，其实，这篇文章是苏轼写的。紧接着，欧阳修又用《春秋》的义理作为复试的题目考查应试的考生。结果，苏轼在这次考试中获得了第一名的好成绩。

按照当时的规定，考中的学生都要去拜谢当时的主考官。当第二名的学生苏轼来到欧阳修面前时，欧阳修才知道《刑赏忠厚之至论》并非其学生曾巩写的，而是这位初出茅庐的苏轼写的。欧阳修觉得心里过意不去，竟让苏轼屈居第二。没过多久，苏轼再一次拜见了欧阳修，向他呈送了自己写的几篇文章。看过文章之后，欧阳修更加欣赏苏轼的才华。他很快写信给当时颇有名气的梅尧臣说："苏轼的文章实在好，我应当让路，使他高出我一头。"

听到这件事的人都说，这是欧阳修的谦虚之词。但当这些人看过了苏轼的文章后，才觉得苏轼的文章的确是写得好啊！

欧阳修临终之前，苏轼和苏辙来颍州的西湖看望他，欧阳修嘱咐苏轼要接过文坛盟主的旗帜，继续引领北宋的文坛。苏轼终成一代大家，与欧阳修并称"欧苏"，为唐宋八大家之一。苏轼与辛弃疾同为宋词豪放派的代表人物，二人并称"苏辛"。

文化卡片

与苏轼有关的成语

河东狮吼 苏轼曾在一首诗里调侃自己的好友陈季常，"龙丘居士亦可怜，谈空说有夜不眠。忽闻河东狮子吼，拄杖落手心茫然"。后来"河东狮吼"就用来形容自己的妻子很厉害，自己很怕老婆。

雪泥鸿爪 苏轼在担任凤翔府的判官时，曾写下《和子由渑池怀旧》：“人生到处知何似？应似飞鸿踏雪泥。泥上偶然留指爪，鸿飞那复计东西……”因此，“雪泥鸿爪”用来表示往事留下的痕迹。

安步当车 根据资料记载，苏轼在杭州担任地方官的时候，用自己的工资建起了一座医院，三年间救治了不少病人。由于他是个大书法家，有些人假装生病，求他开药方来获取他的字。苏轼也不拒绝，有一次开了一个药方：“主要有四味药：一曰无事以当贵；二曰早寝以当富；三曰安步以当车；四曰晚食以当肉。”

有问必答

苏轼为什么叫“东坡先生”？

“东坡先生”的由来与苏轼被贬黄州有关。北宋元丰年间，苏轼遭人陷害，因为“乌台诗案”差点丢掉性命。在众人的帮助下，他得以出狱，但被贬为黄州团练副使。当他和家人来到黄州之后，他的第一个落脚点就是城南的定慧院。虽然这里并不是理想的住所，但对于备受政治打击的苏轼来说，定慧院却是一个修身养性的好地方。

在这里，苏轼微薄的收入根本无法养活他的家人。于是，他便在黄州城东找了一块坡地，耕地种田来补贴家用。他想到了唐代诗人白居易在忠州东坡种花种树的故事，由此便将这块耕作之地命名为“东坡”，他遂自号“东坡居士”。此后大家便称呼苏轼为“东坡先生”。

国学大闯关

请你以“出人头地”为开端，完成下面的成语接龙。

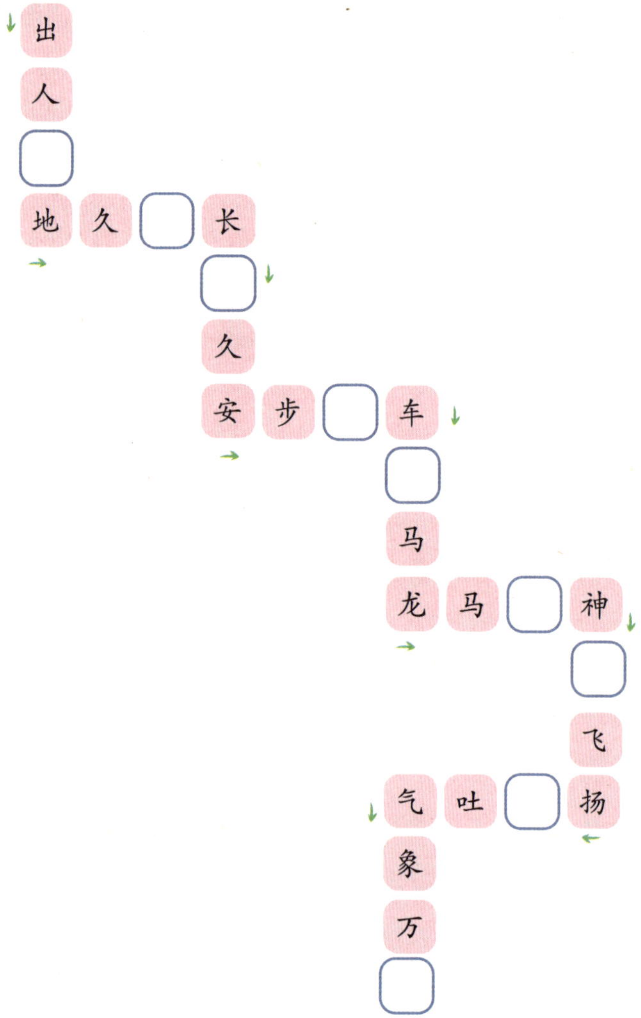

答案 头；天；治；当；水；精；采；眉；千。

著作等身

基本信息

历史事件

贾黄中小时候，他的父亲对他要求非常严格，每天早晨让他端正地站着，展开书卷，量取与他的身高一样长的篇幅，要求他在一天之内读完这些篇幅。由于贾黄中的记忆力非常好，他经常在读完之后就可以背诵下来书中内容。

事件主角

贾黄中

历史坐标

北宋时期

成语出处

《宋史·贾黄中传》："黄中幼聪悟，方五岁，玭每旦令正立，展书卷比之，谓之'等身书'，课其诵读。"

成语释义

形容作者的著作极多，叠起来能跟作者的身高相等。

成语故事

贾黄中，字娲民，北宋名臣，唐朝宰相贾耽八世孙，贾玭之子。他曾担任翰林学士、给事中、参知政事、秘书监等职。

贾黄中小的时候被称为“神童”，悟性极高。他的父亲贾玭进士出身，严厉坚毅，擅于教育子女。经常有士大夫的子弟前来求见，他一定会谆谆教诲。贾玭教育自己的孩子也有一套办法。他每天早晨让贾黄中端正地站着，然后展开书卷，量取与黄中身高一样长的篇幅，要求贾黄中一天之内读完这些篇幅，这被称为“等身书”。贾黄中的记忆力非常好，每每读完之后就可以背诵。就这样，他 6 岁的时候参加童子科考试，7 岁就能写文章了，遇到事物还能赋诗吟咏一番。在家学习取得了一定的成绩后，父亲贾玭又鼓励他走出家门，到各地的书院去“游学”，因此贾黄中成为各个书院的知名弟子。而贾黄中从读“等身书”，到后来精于著述，成为“著作等身”的饱学之士。贾黄中在 15 岁时考中了进士，被授为校书郎和集贤校理，后又被提升为著作佐郎、直史馆。

贾黄中为官清廉，也十分称职。在平定了岭南地区的叛乱之后，朝廷任命他为采访使。他担任采访使期间，办事合理公正、待人宽厚，等到回朝复命的时候，他向皇帝奏禀了许多兴利除害的事情，皇帝对他的工作感到非常满意。

后来，贾黄中因病去世，终年五十六岁，他的母亲还活着，便马上上报了皇帝。皇帝知道他为官清廉，便特意赏赐了他家人三十万钱，还另外给他的老母亲白银三百两，用来赞赏他母亲教子有方。

文化卡片

北宋文坛四大家

欧阳修 字永叔，号醉翁、六一居士，吉州永丰(今属江西)人。北宋政治家、文学家、史学家。欧阳修是“唐宋八大家”之一，北宋古文运动的代表之一。代表作有《醉翁亭记》《秋声赋》等。欧阳修可谓是“千古伯乐”“桃李满天下”，他对有真才实学的晚辈总是竭力推荐，极尽赞美之词。

王安石 字介甫，号半山，抚州临川(今江西抚州)人，北宋著名思想家、政治家、文学家、改革家。在文学方面，其散文论点鲜明，逻辑严密，有很强的说服力；其诗作擅长说理与修辞，在北宋诗坛独树一帜，世称“王荆公体”，因此，他位列“唐宋八大家”之一。在政治上，他主导了“王安石变法”，目的是要改变北宋积贫积弱的局面，增强对外防御力，巩固和加强封建统治。虽然变法最终失败了，但是变法在一定程度上促进了社会经济的发展。

苏　轼　字子瞻，号东坡居士，世称苏东坡、苏仙，眉州眉山（今四川眉山市）人，北宋著名文学家、书法家、画家。宋神宗时期，曾在杭州、密州、徐州、湖州等多地任职。元丰三年(公元1080年)，因“乌台诗案”被贬至黄州任团练副使。宋哲宗即位后，曾出知杭州、颍州、扬州、定州等地，晚年因新党执政被贬惠州、儋州。苏轼一生颠沛流离，可他始终保持积极乐观的人生态度，值得后人学习。苏轼是北宋中期的文坛领袖，在诗、词、散文、书、画等方面取得了很高的成就。其文纵横恣肆；其诗题材广泛，清新豪健；其词开豪放一派；其散文著述宏富，豪放自如，为“唐宋八大家”之一。著有《东坡七集》《东坡易传》《东坡乐府》等。

黄庭坚　字鲁直，号山谷道人，晚号涪翁，宋江南西路洪州府分宁（今江西省九江市修水县）人，北宋诗人黄庶之子，英宗治平四年(公元1067年)进士。历官叶县尉、北京国子监教授、校书郎、著作佐郎、秘书丞、涪州别驾等。黄庭坚笃信佛教，事亲颇孝。他曾游学于苏轼门下，与张耒、晁补之、秦观合称“苏门四学士”。他的书法自成一家，为“宋四家”之一。文学方面，与苏轼齐名，并称“苏黄”。作品有《山谷词》《豫章黄先生文集》传世。

有问必答

北宋为什么会有“著作等身”的士子出现呢?

北宋初年，书院兴起。当时，书院是集藏书、读书、教书、讲书、校书、著书、刻书于一体的文化机构。北宋初年是我国历史上书院发展最繁盛的时期，著名的四大书院——白鹿洞书院、岳麓书院、应天书院、嵩阳书院，就是在那时兴盛起来的。这些书院虽然都是私学性质的，但书院的开办深受当时政府的重视，例如，宋太祖就下令奖励过白鹿洞书院，还亲自为之题了名。

除了比较知名的四大书院之外，当时还有很多私人创办的小书院。粗略统计，北宋初年大大小小的书院有 7000 余所。书院的老师和学生可以在书院之间自由调换，这对当时文化教育的繁荣和发展大有好处。正是在这样的文化背景下，北宋涌现出了许多像贾黄中这样的饱学之士。

国学大闯关

请将下列成语与其所对应的释义用线连一连吧。

成语	释义
学富五车	书堆满了屋子，形容藏书之多
汗牛充栋	形容读书多，学识渊博
焚膏继晷	比喻读书多学识广的人
立地书橱	广泛地阅读各种书籍
博览群书	形容勤奋地读书或工作

答案 学富五车——形容读书多，学识渊博；汗牛充栋——书堆满了屋子，形容藏书之多；焚膏继晷——形容勤奋地读书或工作；立地书橱——比喻读书多学识广的人；博览群书——广泛地阅读各种书籍。

玉汝于成

基本信息

历史事件

张载由于直言当时北宋朝廷的政事，触犯了贵族阶级的一些利益，便被贬到老家横渠。在老家，虽然生活艰苦，所得的收入仅能满足他的日常所需，但他没有被眼前的困难打倒，反而专心读书，研究学问，教书育人，终成一代大家。他认为上天爱你就像爱玉一样，只有让你被打磨之后，才能成功。

事件主角

张载

历史坐标

北宋时期

成语出处

《西铭》："富贵福泽，将厚吾之生也；贫贱忧戚，庸玉汝于成也。"

成语释义

像打磨璞玉一样磨炼你，使你成功。现多指逆境可以帮助一个人取得成功。

成语故事

张载，北宋时期著名哲学家、思想家、教育家，理学创始人之一，字子厚，凤翔府郿县（今陕西眉县）横渠镇人，世称“横渠先生”，人们尊称他为“张子”“封先贤”。他有一句非常著名的话：“为天地立心，为生民立命，为往圣继绝学，为万世开太平。”经久传颂，历代不衰。

北宋景祐二年（1035年），张载的父亲张迪在涪州知州任上去世，张载和他的弟弟张戬、母亲陆氏，护送他父亲的灵柩北归。路过横渠，看到这里风景很好，便在这里安家落户了。由于早年丧父，张载很早就懂事了，他认真读书，从不懈怠，才华被邻里乡绅所知。他喜欢谈论军事，时年21岁的张载看到北宋朝廷软弱无能，上书主持西北防务的范仲淹，建议朝廷组织军事力量夺回被西夏侵占的土地，可见，他是一个志向远大之人。

范仲淹非常欣赏他的才学，但是奇怪他为什么放着好好的学问不去做，而去研究兵法。于是，劝他说：“读书人有自己的事业可做，何必非要谈论军事呢？”范仲淹认为张载作为读书人会有更好的前程。张载听从了范仲淹的教诲，专心致志地攻读《中庸》一书。经过长时间的学习，他慢慢地根据儒、佛、道互补的关系，建立起自己的一套理论。

后来，张载中了进士，先后当过几任地方官。但因为他敢于直言，触犯了当权者的利益，49岁的他被贬官回家，在家读书治学。他的家乡横渠偏僻贫穷，张载虽有一些田地，但收入仅够维持生计，还必须省吃俭用。他根本就不把这些放在心上，每天早晨起床后，他便跑到书房，关起门来，整日苦读，经常忘记吃饭和休息。深夜来临，妻儿早已酣然入睡，他还在床上思考问题。如有所得，便披着外衣下床，欣然记录。有许多青年慕名而来，拜师求学。其中，有一些学生家境贫寒，连学费都交不起，他就补贴他们茶饭，与他们同甘共苦。

张载除了讲学之外还潜心著书。他在一篇文章中说：“富贵福泽，将厚吾之生也；贫贱忧戚，庸玉汝于成也。”这句话的意思就是富贵福泽是上天的恩赐，它们使我的人生丰富精彩；贫贱忧戚也是上天的恩赐，上天爱你就如爱玉一般，璞玉需打磨，人在经历了艰难困苦之后才能成功。于是，后人就用“玉汝于成”来形容逆境可以帮助一个人取得成功。

文化卡片

张载的名言名句

1.天大无外，故有外之心不足以合天心。

2.由象识心,徇象丧心。知象者心,存象之心,亦象而已,谓之心可乎?

3.有不知则有知，无不知则无知。

4.以心求道，正犹以己知人，终不若彼自立彼为不思而得也。

5.人若志趣不远，心不在焉，虽学无成。

有问必答

想成为军事家的张载为什么见了范仲淹就成了思想家?

首先，范仲淹是北宋时期杰出的政治家、文学家。他文武兼备、智谋过人，在当时很有影响力，所以他的建议得到了张载的认可。

其次，与当时北宋社会盛行的重文轻武的思想有很大的关系。北宋实施重文抑武的治国方略，朝廷对文官的任用和提拔给予了更多的机会和福利。

最后，张载自身的努力也很重要。他广泛阅读百家书籍，从而发现儒家学说对他来说是非常重要的，并逐步建立起了自己的一套学说。

国学大闯关

在下面的空格内分别填入一个字，使横竖四个字都能组成一个成语，然后再读一读吧！

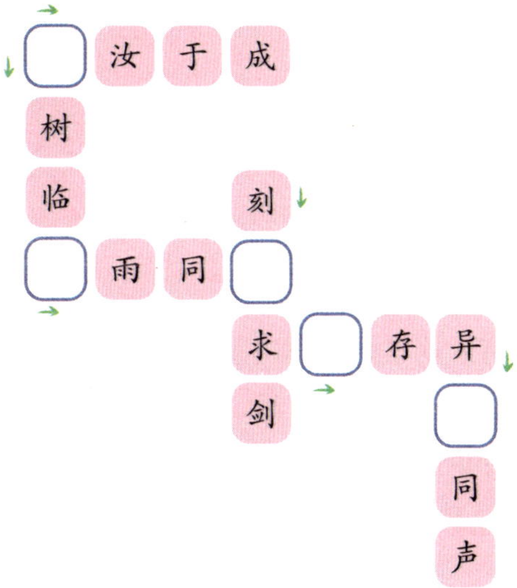

答案 玉汝于成，玉树临风，风雨同舟，刻舟求剑，求同存异，异口同声。

趋炎附势

基本信息

历史事件

宋真宗时期，有人劝李垂去拜访宰相丁谓，他不但没有去，反而抨击丁谓，结果被贬出京。宋仁宗登基之后，丁谓倒台，李垂又被召回京城做官，这时又有人劝他去拜见新的宰相，他还是不去，说：“如果我三十年前拜见了丁谓，早就当上翰林学士了。但我并没有那么做，现在就更不可能那么做了！”

事件主角

李垂、丁谓

历史坐标

北宋时期

成语出处

《宋史·李垂传》：“今已老大，见大臣不公，常欲面折之。焉能趋炎附势，看人眉睫，以冀推挽乎？”

成语释义

形容奉承和依附有权势的人。

成语故事

宋真宗咸平年间，李垂考中了进士，先后担任著作郎、馆阁校理等官职。李垂本人很有才学，曾著三卷《导河形胜书》，对治理黄河旧道提出了许多有用的建议。他为人正直，对当时官场中盛行的溜须拍马的作风非常反感，不愿意与人同流合污，因此得罪了朝中的很多权贵，得不到重用。

当时的宰相丁谓，深得宋真宗信任，他表面上对宋真宗唯命是从，背地里却独揽朝政大权，打压异己，常常对那些不听他话的官员加以陷害。所以，许多想升官发财的人都巴结讨好他。而李垂却不这样做。有个人对李垂的做法非常不解，便问他："为什么不去拜谒丁谓？"李垂说："丁谓身为宰相，不但不秉公处理国家事务，反而仗势欺人，排除异己，实在是有负于朝廷对他的重托和百姓对他的期望。他这样做，必定会走到灭亡的悬崖边上，我才不要成为他的党羽呢？"这话后来传到了丁谓耳朵里，他非常恼

火，因此借故把李垂先后贬到亳州、颍州、晋州、绛州等地去当地方官。

等到宋仁宗即位后，丁谓被贬到崖州，做了那里的司户参军，这可真是应了李垂的话。明道年间，李垂被召回都城。一些关心他的朋友对他说："阁门祗候李康伯曾说，你（李垂）的才学渊博，想推举你当给皇帝起草诏书的官员。不过，当今宰相还不认识你，你为何不去拜见一下他呢？"李垂听后，认真地回答说："如果我三十年前就去拜谒当时的宰相丁谓，可能在乾兴初年就当上翰林学士了。如今我的年纪大了，见到有的大臣处事不公正，常常当面指责他。我怎么能在这个时候趋炎附势，看别人的眼色行事，借此换取他们的引荐和提拔呢？"

他的这番话再一次传到了当朝宰相的耳朵里。于是，他再次被排挤出京城，到均州当了地方官。没过多久，他就去世了，终年 68 岁。

文化卡片

北宋四大奸臣

蔡　京　字元长，北宋四大奸臣之首，兴化军仙游县人。他先后四次担任宰相之职，任期长达17年。公元1083年，蔡京出使辽国后还朝，被拜为中书舍人，不久改为龙图阁待制，知开封府。宋钦宗即位后，蔡京被贬岭南，途中死于潭州。他的书法非常了得，有人认为，北宋四大书法家"苏、黄、米、蔡"中的"蔡"原本就是蔡京，但因为他人品不好，便改成了他的堂兄蔡襄。

童　贯　字道夫，开封人，北宋宦官，为“六贼”之一。他初任供奉官，在杭州为宋徽宗搜刮民间的书画奇巧，帮助蔡京成为宰相。后来，蔡京推荐他为西北监军，领枢密院事，执掌兵权二十年，权倾朝野。当时的人称蔡京为“公相”，称他为“媪相”。后来金兵南下，他随宋徽宗逃难，后被钦宗处死。

梁师成　字守道，北宋末年宦官。经常仿照皇帝的笔迹伪造圣旨，权势很大，贪污受贿、独断专行、揽权怙势，无恶不作。就连蔡京父子都要依附于他，时人称为“隐相”。宋钦宗即位后，他被贬为彰化军节度副使，赴任途中被缢杀。

高　俅　他一开始是苏轼的书童，后来侍奉枢密都承旨王铣。因为擅长蹴鞠，而得到端王赵佶（即徽宗）的喜爱。等到徽宗即位后，官至开府仪同三司。于靖康初年病死。在小说《水浒传》中，施耐庵对他有详细的描写。

有问必答

为什么说李垂的《导河形胜书》直接导致了北宋的灭亡？

《导河形胜书》的作者李垂认为，当时的黄河有极大的可能会改道，如果不加人为的干涉，任黄河自由发展，河水几年之后就会流到辽国。到那个时候，辽国的军队就可以沿着黄河南下，这样北宋的都城汴梁就危险了。朝中众人都觉得李垂说得很有道理，便想出了把黄河改回旧道的办法。结果却适得其反，“三易黄河”使得北宋陷入了前所未有的危机，河北军事城镇崩溃，金军南下变得畅通无阻；同时导致山东、江苏、河南等地区洪水经常泛滥，百姓流离失所。朝廷要拿出大量的人力和财力去解决这个问题，直接加重了北宋政府的财政负担。

在内忧外患的情况下，北宋灭亡了。

国学大闯关

下面八个成语中，其中七个含有错别字，请用你的火眼金睛把它们找出来吧。

趋炎复势□　暗然失色□　出奇不意□　黄梁美梦□

金碧辉煌□　苦心孤意□　立杆见影□　良晨美景□

答案　复→附；暗→黯；奇→其；梁→粱；意→诣；杆→竿；晨→辰。

近水楼台

基本信息

历史事件

范仲淹在担任杭州知州时，常常推荐手下的人，不少人都得到了提拔。但有一个叫苏麟的人，因为常年在外，被范仲淹遗忘了。于是，他写了一首诗寄给范仲淹，其中有一句是："近水楼台先得月，向阳花木易为春。"范仲淹看后，便猜到了诗文隐含的意思。不久之后，苏麟就得到了提拔。

事件主角

范仲淹、苏麟

历史坐标

北宋

成语出处

《清夜录》："范文正公镇钱塘，兵官皆被荐，独巡检苏麟不见录，乃献诗云：'近水楼台先得月，向阳花木易为春。'"

成语释义

原指靠近水边的楼台。后用来比喻由于接近某人或者事物，而抢先得到某种利益或便利。含贬义。

成语故事

范仲淹，字希文，是北宋的政治家、文学家、思想家。范仲淹自幼丧父，与母亲相依为命。少时苦读及第，被授予广德军司理参军，迎母归养，历任兴化县令、陈州通判、苏州知州等职。后来出任参知政事，主持“庆历新政”，提出了十项改革措施。新政失败后，被贬出京，历任青州、杭州等地知州。他在《岳阳楼记》中的“先天下之忧而忧，后天下之乐而乐”的名句，至今仍被人们传诵。

他身为朝廷的大臣，为人正直，待人温和，尤其喜欢提拔人才。在担任杭州知州期间，他对手下的人都有所推荐，其中不少人得到了提拔或晋升，因此大家对他都十分感激。

百密一疏，有一个叫苏麟的官员，因担任巡检，常年在外，一直没有得到提拔。他见自己周围的同事都已升迁，唯独自己没有被提拔，心里很不是滋味。思来想去，原因只有一个，那就是他离杭州城太远了，根本没有机会见到范仲淹，范仲淹把他给遗忘了。这可怎么办呢？

有一天，他写了一首诗向范仲淹请教。当范仲淹看到苏麟的诗后，会意地笑了。范仲淹反复吟诵诗中的“近水楼台先得月，向阳花木易为春”这一句，明白了苏麟的言外之意。是呀！靠近水边的楼台可以最先看到月光的投影，向阳的花草树木容易发芽生长，显现出春天的景象。我怎么把他给忘了呢？苏麟这是醉翁之意不在酒啊！没过多久，范仲淹就为苏麟谋到了一个职位，苏麟得到了提拔。

文化卡片

《岳阳楼记》中的成语

百废俱兴 指许多废止的事情都兴办起来，形容建设事业恢复与兴旺景象。

春和景明 指春天气候暖和，阳光普照。

气象万千 指景象宏伟绚丽，非常壮观。形容景色和事物多种多样，壮丽而多变化。

心旷神怡 指心情开阔舒畅，精神愉悦。

政通人和 政事通达，人心和顺。形容国家稳定，人民安乐。

去国怀乡 离开自己的国都，怀念自己的家乡。

有问必答

范仲淹是在什么背景下写的《岳阳楼记》？他写这篇散文的时候，是在岳阳楼吗？

庆历新政失败后，范仲淹被贬出京城，去邓州担任知州一职，从参知政事到知州，这巨大的落差让范仲淹非常难过。恰巧，这时因受人诬告而被贬到岳州巴陵郡的滕子京在重修了当地的岳阳楼之后，想找好友范仲淹作记，他在信中说：“山水非有楼观登览者不为显，楼观非有文字称记者不为久。”并随信附送了一幅《洞庭秋晚图》，供范仲淹欣赏。收到信后，范仲淹于庆历六年（公元1046年）九月十四日的晚上，在邓州花洲书院内，看着挂在那里的《洞庭秋晚图》开始了创作。他回想起幼时看到的洞庭湖，他对那里的景色非常熟悉。

于是，一篇洋洋洒洒的《岳阳楼记》就诞生了。当范仲淹派人把文章送到滕子京手里时，滕子京非常激动，便命人把这篇文章刻在石碑上，以传后世。

国学大闯关

下面有四个成语，其中一个与范仲淹没有关系，请你用火眼金睛把它找出来吧！

A.断齑画粥　B.忧国忧民　C.韦编三绝　D.除恶务尽

答案 C

胸有成竹

基本信息

历史事件

北宋的画家文同自幼就喜欢竹子。他常常外出观察竹子，无论春夏秋冬，还是阴晴雨雪，他都会仔细地观察各种环境下竹子的姿态和竹叶的颜色、样子等，回到家后，便在书桌前开始构思竹子。他将记忆中的竹子画得栩栩如生，画竹技艺到了炉火纯青的地步。他被后世称为“竹圣”。

事件主角

文同、苏轼

历史坐标

北宋时期

成语出处

《文与可画筼筜谷偃竹记》：“故画竹，必先得成竹于胸中，执笔熟视，乃见其所欲画者，急起从之，振笔直遂，以追其所见，如兔起鹘落，少纵则逝矣。与可之教予如此，予不能然也，而心识其所以然。”

成语释义

指画竹前竹子的完美形象已在心中。比喻处理事情之前已有完整的谋划打算。

成语故事

北宋著名画家文同，字与可，号笑笑居士、笑笑先生，是北宋画竹子的高手，今有《墨竹图》传世。

文同为了将竹子画好，不论是艳阳高照，还是阴雨绵绵，他都去观察竹子。他观察竹子常常一待就是大半天，从不感到厌烦。每当看到竹子有新的变化时，他就回到书房，铺纸研墨，赶紧画在纸上。可以这样说，他对竹子的喜爱已经到了痴迷的程度。

一年夏天，天空忽然刮起了狂风，电闪雷鸣，眼看一场暴雨就要来了。此时，人们纷纷往家跑。文同却急急忙忙戴上一顶草帽，直奔竹林了。他刚走出家门，大雨就倾盆而下。

文同一心要看风雨中的竹子，哪里还管得了那么多。他撩起衣衫，爬上山坡，奔向那片竹林。他气喘吁吁地跑进竹林，观察起竹子来。只见竹子在风雨中，点头弯腰，还左晃右摆的，样子与晴天时迥然不同。在这个过程中，文同连脸上的雨水都没顾得上擦一擦，他只是默默地把竹子在风雨中的姿态记了下来。回到家后，他就把竹子生动的姿态画在了纸上。

经过多年的观察，文同对竹子的样子了如指掌，画画的技艺也进步了不少。于是，他画的竹子就有了一年四季的区别，阴晴雨雪各种天气时的竹子也各不相同，这些早已深深地印到了他的脑海中。他只要凝神提笔，往画纸前一站，平日观察到的各种形态的竹子立刻就浮现在眼前。每次画竹的时

候，他都非常自信，而画出的竹子也逼真传神。当人们夸奖他画的竹子时，他总是谦虚地说："我只是把心中琢磨成熟的竹子画下来罢了。"

文同的表哥苏轼写了《文与可画筼筜谷偃竹记》，后人根据"画竹必先得成竹于胸中"这一句，演化出了"胸有成竹"这个成语，用来比喻做事之前就已经有了完整的计划和打算。

文化卡片

与竹子有关的诗句

竹外桃花三两枝，春江水暖鸭先知。

——苏轼《惠崇春江晚景》

东岩富松竹，岁暮幸同归。

——王勃《送卢主簿》

咬定青山不放松，立根原在破岩中。

——郑燮《竹石》

青林翠竹，四时俱备。

——陶弘景《答谢中书书》

独坐幽篁里，弹琴复长啸。

——王维《竹里馆》

有问必答

文同为什么痴迷画竹子，而不是其他的植物?

因为当时的文人已经把竹子人格化了，他们借竹子寄托自己的感情，言说自己高洁的志向。文同也一样。他出神入化的画法淋漓尽致地表现了竹子的特点和姿态。苏轼曾经赞扬文同画的竹子，乃是“诗不能尽，溢而为书，变而为画”。文同将书法巧妙地融入了画竹的笔法之中，使笔下的竹子更富有内涵。不仅如此，他最大程度地发挥了墨的作用，赋予竹子以人的性格和神韵，因此，他笔下的竹子更像是高尚的君子。而其他植物是不具有竹子所象征的正直谦虚、坚韧不拔的品质特征的。

国学大闯关

下面是一些含有植物名称的四字成语，请你动用自己的知识储备，将方框中的内容补充完整吧！

□断丝连	囫囵吞□	披□斩棘	苍□翠柏
移花接□	指桑骂□	青□竹马	世外□源

答案 藕；枣；荆；松；木；槐；梅；桃。

水滴石穿

基本信息

历史事件

张咏在担任崇阳县县令的时候，有一天发现一个看府库的小吏监守自盗，小吏在自己的头巾里藏了一枚铜钱。张咏怀疑这个小吏是惯犯，他认为这个小吏之前肯定也有偷钱的行为。但小吏死活不承认，还扬言无论张咏怎么怀疑，也只能打他，而不敢杀他。结果，张咏在写完了判词之后，就将小吏斩了。

事件主角

张咏

历史坐标

北宋时期

成语出处

《鹤林玉露·一钱斩吏》：“一日一钱，千日千钱，绳锯木断，水滴石穿！”

成语释义

本意是指水不断向下滴，可以穿透石头。后比喻坚持不懈，集细微的力量也能成就不凡的功劳。

成语故事

张咏，濮州鄄城（今山东省菏泽市鄄城县）人，字复之，自号乖崖。他认为“乖”便与众不同，“崖”就不利于事物。

他早年间不拘小节，常为朋友打抱不平，颇有几分侠义。他的剑术高超，袖子里常藏着一把短剑。据传他有一天走到一棵枣树边，只是做了一个探手入袖的动作，就将枣树一分为二了，周围的人看得目瞪口呆。

后来，在家人的劝说下，他开始刻苦读书，考取功名。他家里的条件不好，就向别人借书读，每当将书借来，他都是先把书抄写下来，然后再去读。家里没有桌椅板凳，他就靠着院子里的大树读书，书没有读完，他就不回屋休息。凭着这种刻苦的学习精神，太平兴国年间，他考中了进士，当上了崇阳县的县令。

当时的崇阳县，社会风气不正，有的士兵蔑视将领，有的小官无视上级，有令不行，贼人当道。张咏上任后，决心治理一下当地混乱的局面，惩治一批为非作歹的人。

一天，他在衙门周围巡视，忽然

看见一个小吏慌慌张张地从府库中溜出来。张咏喊住了那个小吏，他看见小吏神色慌张，觉得小吏肯定有问题。于是他命人检查小吏的衣服和头巾，结果在小吏的头巾里发现了一枚铜钱。经过追问，小吏实在找不到借口，便承认这钱是从府库中偷的。因为府库经常丢失钱财，据此推断，很可能就是看守府库的小吏监守自盗，小吏肯定是惯偷。于是，张咏开始审问小吏。

小吏一开始并不承认他之前还偷过钱，他怒气冲冲地嚷道：“一个钱有什么了不起的，你竟然这样拷打我！你也只能打我，难道还敢把我杀了吗？”张咏见小吏如此张狂，于是毫不犹豫地拿起笔在纸上写道：“一日一钱，千日千钱，绳锯木断，水滴石穿！”这句话的意思是说，你是负责看管府库的人，一天偷一枚铜钱，一千天就要偷一千枚铜钱。日子久了，绳子都能把木头锯断，水滴都能把石头滴穿，这种罪过还不大吗？写完以后，张咏二话不说，直接命人把小吏斩首示众。他这样做，不仅惩治了坏人，还起到了威慑众人的目的。从此以后，崇阳县的社会风气明显好转，老百姓也过上了安居乐业的生活。

后来，张咏的官越做越大，他深受皇帝的赏识，成了宋太宗、宋真宗两朝的名臣。

文化卡片

纸币的出现与发展

北宋初年，商品贸易非常发达，导致对货币的需求量也变大了。当时流通的货币大多非常重，携带和使用都不方便，不利于当时商品经济的发展。宋真宗初年，四川成都地区的富商一起印发了一种比金属货币携带方便的纸币——“交子”。“交子”是四川方言，“子”是那里惯用的尾音，“交”是相会、相合的意思，指两张券合起来，可兑换现钱。交子的出现是我国使用纸币的开端，也是世界上最早的纸币。

至北宋仁宗天圣元年（公元1023年），交子改由政府统一发行，每次发行的数量有限。元朝时政府将纸币作为主要货币推行，直到元朝的中统元年（公元1260年），第一次出现了不用兑换的纸币，并可长期使用。意大利的旅行家马可·波罗在他的日记中详细介绍了中国的纸币，并将纸币引入欧洲。至明朝时，政府大力推行“钞”这种纸币。直到近现代，纸币逐渐替代了金属货币。

有问必答

“水滴”为何会“石穿”？

首先，水滴从空中落下来，由于内聚力、分子吸引力、摩擦力和空气动力等多种力量的综合作用，会形成一个倒扣的碗形，产生很大的爆发力。水滴落下来的时候，会让下面的石块受到巨大的冲击。滴落的位置越高，冲击力就越大，这就相当于一个高压炮打到石头上面。石头如果长时间受这样的压力，被穿透是很有可能的。

其次，空气中含有的二氧化碳溶于水，从而形成碳酸。当这种含有碳酸的水滴落到石灰石、大理石一类的石块上时，就会与石块中的钙产生化学反应，生成可溶性的碳酸钙，使石块局部渐渐溶解。诸如许多形态各异的溶洞，就是流水经过上万年的雕琢形成的。

国学大闯关

下面这几个成语都是在讲坚持不懈的道理的，请你对号入座，将它们与相关的人物连起来。

精卫填海	韩愈
愚公移山	女娃
铁杵磨针	张咏
水滴石穿	愚公
焚膏继晷	李白

答案 精卫填海——女娃；愚公移山——愚公；铁杵磨针——李白；水滴石穿——张咏；焚膏继晷——韩愈。

兴利除弊

基本信息

历史事件

宋神宗熙宁二年，神宗为了改变国家积贫积弱的局面，便提拔了王安石，让他担任参知政事，主持新法事宜。新法实施，虽然对国家的经济和军事起到了一定的促进作用，但是也触犯了大地主集团的利益，于是以司马光为代表的旧势力指责新法“生事扰民”。对此，王安石写了一篇文章来批驳这种观点，提出新法“兴利除弊，不为生事”。

事件主角

王安石、司马光

历史坐标

北宋时期

成语出处

《答司马谏议书》：“举先王之政，以兴利除弊，不为生事；为天下理财，不为征利。”

成语释义

兴办对国家和人民有益有利的事业，除去各种弊端。

成语故事

王安石（1021～1086），字介甫，北宋抚州临川（今属江西）人，年少的时候特别喜欢读书，能做到过目不忘。他的父亲王益常年在南北各地做州县官，因此他跟随父亲到过很多地方，增长了很多见识。他写的文章，看见的人都叹服立意精辟、文笔奇妙。他的朋友曾巩将他的文章拿给当时的文坛泰斗欧阳修看，欧阳修看后称他为“天下奇才”。正因为如此，王安石的名声更大了。

二十二岁那年，王安石到京师汴梁参加进士科考试。他的文章排名第一，考官已把他列为状元，后因发现文中有句触犯忌讳的话，因此将他改为第四名。他历任扬州签判、鄞县知县、舒州通判等职，政绩显著。宋神宗赵顼继位，由于年轻气盛，锐气十足，皇帝一心要扭转国家积贫积弱的局面，使老百姓安居乐业。从众多的人才中，他挑选了王安石，认为他能担此重任，便召他回朝。

1069年，王安石出任参知政事（副宰相）。他信心百倍，决心打破因循敷衍的积习，全面改革政治。根据他的建议，北宋政府成立了“制置三司条例司”。“制置”就是受皇命设置，“三司”是户部、度支、盐铁三个部的合称。王安石自任这个机关的领导。他挑选吕惠卿、程颢、苏辙、刘彝、曾布、章惇等人为他的下属官员，很快便创立了一套新法，经宋神宗批准，颁布施行。经过一段时间的实施，他制定的《均输法》和《青苗法》减轻了农民的负担，《农田水利法》使得国家大兴水利建设，大量的农田得到了充分的灌溉。为了加强国防建设，他还创立了《保甲法》和《保马法》。

这些改革措施在一定程度上扭转了北宋积贫积弱的经济形势，加强了国家的军事实力。但当时朝中的大地主大官僚集团因新法妨碍他们的特权利益而坚决反对，代表人物有司马光、吕公著、韩琦等。在这些保守派中，司马光的反对态度最为激烈，当时他任右谏议大夫。1070年春，正当王安石的新法不断深入推行时，司马光三次给王安石写信，要求罢新法、复旧制，并指责王安石推行的新法是“生事扰民”。恰巧，三朝元老韩琦也再三上奏攻击王安石的变法，使得宋神宗受到极大影响。于是，王安石自请辞职，宋神宗命司马光草诏挽留。司马光正盼望王安石早日下台，便在诏书中写了许多斥责王安石的话。而宋神宗并未仔细查看诏书的内容，便下发了。王安石接到诏书后，非常生气，于是他立即上奏自辩，称他的变法是“兴利除弊，不为生事”，宋神宗这才察觉到司马光在诏书中一定是写了一些对王安石不客气的话，于是急忙亲自给王安石写信，表示失于详察，甚觉惭愧，特恳切挽留，以利继续推行新法。一场风波，总算平息下来。

文化卡片

王安石的诗词名句

春风又绿江南岸，明月何时照我还？

——《泊船瓜洲》

墙角数枝梅，凌寒独自开。

——《梅花》

不畏浮云遮望眼，自缘身在最高层。

——《登飞来峰》

爆竹声中一岁除，春风送暖入屠苏。

——《元日》

一水护田将绿绕，两山排闼送青来。

——《书湖阴先生壁》

六朝旧事随流水，但寒烟衰草凝绿。

——《桂枝香·金陵怀古》

有问必答

《答司马谏议书》是在什么样的背景下创作出来的?

《答司马谏议书》的创作背景是王安石在实施新法的过程中，司马光代表保守派，于熙宁三年，写了一封长达三千多字的信给王安石，全面反对新法。这篇驳论针对司马光指责新法为“侵官”“生事”“征利”“拒谏”四事，严加剖辨，指出司马光的指责都是一些谬论。文章言简意赅，措辞精妙，体现了王安石刚毅果断和坚持原则的政治家风度。

国学大闯关

下面八个成语中，其中六个含有错别字，请用你的火眼金睛把它们找出来吧。

兴利除闭	短小精干	多多易善	方兴未艾
风光旅旎	复庸风雅	呱呱坠地	含辛如苦

答案 闭→弊；干→悍；易→益；旅→旖；复→附；如→茹。

立地书橱

基本信息

历史事件

宋徽宗时期，有个叫吴时的人，他因为头脑灵活，见识广博，在担任华州郑县县令的时候，常常能解决一些棘手的问题。此外，他还建议朝廷不要特别重视奏章的格式，以免耽误政事的传达。后来，当他调到京城做官的时候，国子监和太学的人都称他为“立地书橱”，可见他读书之多。

事件主角

吴时

历史坐标

北宋时期

成语出处

《宋史·吴时传》：“时敏于为文，未尝属稿，落笔已就，两学目之曰‘立地成橱’”。

成语释义

比喻读书多学识广的人。

成语故事

吴时，字伸道，邛州人，他是北宋徽宗时期华州郑县县令。相传，他学识渊博，头脑灵活，总能解决一些棘手的问题。

有一次，他接到了朝廷转运使发来的一道公文，要郑县运三万斛大米到长安。吴时根据当时郑县的人力条件核算了一下，运送这些大米，如果用车拉，大概需要一千五百辆车；如果用人来挑的话，大概需要五万名挑夫。但是郑县可以服徭役的人家总共只有一百五十多户，这么少的人，肯定承担不了。经过商量，他提出了一个“移兵就食”的建议，意思是将士兵都迁移到郑县来，这样就可以把当地的大米供给士兵们吃了。朝廷采纳了他的建议，结果这样做不仅节约了大量人力和物力，也减轻了百姓的负担。

后来，宋徽宗要各地官员向朝廷建言献策。当时地方官员向朝廷送奏章时，在书写的格式方面都有很严格的要求。但是一些边远地区的官吏对此并不太熟悉，奏章经常不符合格式方面的要求，以至于朝廷经常将这些奏章退回来，耽误了政事的传达。因此，吴时建议，向朝廷送报的奏章主要是看它的内容是否有价值，不必过分在意它的格式。这个建议被朝廷采纳后，不少有益的进言得以畅通无阻上达朝廷。

吴时的家乡有一个读书人写文章时犯了忌讳，学官认为，这篇文章中的话语是做臣子不忍心听到的，于是要上告惩罚那个读书人。吴时听说了这件事后，便命人把那篇文章取来，当场将它投入火炉中烧毁，并且当着那个学官的面说："既然当臣子的都不忍心听到这种话，难道就忍心让皇上听到这种话吗？"那个读书人因此得救了，学官在意的问题也得到了解决。

吴时除了处理事情非常得当外，他写文章的速度也令人佩服，这与他平时看书多、勤于思考有很大的关系。等到吴时调到京城做官，国子监与太学里的人与他接触后，都觉得他见识广博，称他为"立地书橱"。

文化卡片

吟咏才华的诗句

文章本天成，妙手偶得之。

——陆游《文章》

江山代有才人出，各领风骚数百年。

——赵翼《论诗五首·其二》

笔落惊风雨，诗成泣鬼神。

——杜甫《寄李十二白二十韵》

韵拈风絮，录成金石，不是舞裙歌袖。

——纳兰性德《踏莎行·月华如水》

裴生信英迈，屈起多才华。

——李白《早秋赠裴十七仲堪》

有问必答

宋徽宗是怎样一个人?

后世对宋徽宗赵佶有个最为精辟的评价：“宋徽宗诸事皆能，独不能为君耳。”从这句话中，我们就可以看出，宋徽宗不适合当一国之君，但是他在其他方面的才能是有目共睹的。相传，在宋徽宗出生的时候，他的父亲宋神宗梦见南唐后主李煜前来拜见，而宋徽宗身上的确有着李煜的影子。他擅长画竹子、翎毛，所画的花鸟也有独特的气质，他把它们看作是天地的精髓。此外，他还独创了“瘦金体”的书法字体。就是这样一位才子，在治理国家方面却是一团糟。宋徽宗在位期间，农民起义掀起了一个高潮，宋江起义和方腊起义先后爆发，接着金军入侵，到宋钦宗靖康二年，由于与金人的战争失败，他被金人掳去，死在五国城。

国学大闯关

将下列成语与相对应的释义用线连起来。

学富五车	见闻广博，记忆力强。
博古通今	赞扬人读书多，五车也装不下这些书。
汗牛充栋	古代的事知道得很多，并且通晓现代的事。形容知识渊博。
学贯古今	学识渊博，通晓古今知识。
博闻强识	形容家里藏书非常多，牛运输的时候都累得出汗。

答案 学富五车——赞扬人读书多，五车也装不下这些书；博古通今——古代的事知道得很多，并且通晓现代的事。形容知识渊博；汗牛充栋——形容家里藏书非常多，牛运输的时候都累得出汗；学贯古今——学识渊博，通晓古今知识；博闻强识——见闻广博，记忆力强。

脚踏实地

基本信息

历史事件

北宋著名史学家司马光被调离京师后，来到洛阳专心致志地编写《资治通鉴》，在大约二十年的时间里，他查阅了大量的历史资料和书籍，经常熬夜到很晚的时候，清晨又很早起来继续写作。司马光废寝忘食地编撰这本书，他这种脚踏实地、认认真真的治学精神值得我们学习。

事件主角

司马光

历史坐标

北宋时期

成语出处

《邵氏闻见录》："公尝问康节曰：'某何如人？'曰：'君实脚踏实地人也。'"

成语释义

原意指脚踏在坚实的土地上。后比喻做事踏实、认真。

成语故事

司马光，字君实，号迂叟，陕州夏县涑水乡（今山西省夏县）人。他是北宋著名的政治家、史学家、文学家。他从小勤奋好学，博学多识，深得父亲司马池的喜爱。每次外出游历或与好友聚会，父亲都把司马光带在身边。这不仅增长了司马光的知识，也开阔了他的眼界。当时父亲身边的名士都非常欣赏司马光。后来，由于工作的原因，他的父亲辗转到过河南、山东等地，因此司马光在十五岁之前就已经游历了很多地方，这也丰富了他的人生阅历。

熙宁年间，他因为反对王安石变法，上书请求调离京城。来到洛阳之后，他不问政事，开始了《资治通鉴》的编撰工作。为此，他翻阅了大量的历史资料和书籍。为了写好这部书，宋神宗允许他借阅集贤院、昭文馆、史馆此三馆所藏的所有书籍，宋神宗还将自己私人珍藏的二千四百余卷书全部拿了出来，供司马光参考。除此之外，司马光还搜集了大量的野史、正集、别集等资料，共 222 种。这些都为《资治通鉴》的编写，提供了丰富的素材。

为了编写这本书，司马光对自己要求极为严格。他常常废寝忘食、不分昼夜地工作。他自己规定，每三天修改一卷。一卷史稿四丈长，平均每天修改一丈多。若遇事耽误了，事后必须补上。每天晚上他总让仆人先睡，自己阅读至深夜，第二天凌晨又起身工作，天天如此。夜里他怕睡过头，便让人用圆木做了个枕头，木枕光滑，稍稍一动，头就从木枕上落下来，人就醒了。后人称圆木枕为“警枕”。此外，司马光的住处夏天闷热，无法工作，他便让人在屋子里挖一个大坑，砌成一间地下室，地下室冬暖夏凉，成了他编书的好地方。总之，他想尽一切办法来为编书创造条件。有一次，司马光

问邵伯温的父亲邵雍说：“您认为我是怎样的一个人呢？”邵雍捋了捋胡子，笑着说：“你是一个踏踏实实做学问，不骄躁、不浮夸的人。”

《资治通鉴》编写完成时，司马光已经是一位六十多岁的老人了。长期熬夜工作，让他视力下降、牙齿脱落、面容憔悴，还没等到书籍出版，他就去世了。为了悼念这位伟大的史学家，宋哲宗下旨，为他举行了隆重的葬礼。为了纪念他，家乡的人为他立碑，文学家苏轼还为他题写了碑文。足见人们对他的敬仰。

文化卡片

司马光的名言

用人如器，各取所长。

天之生人，各有偏长。国家之用人，备有众长。然而投之所向，辄不济事者，所用非所长，所长非所用也。

众人皆以奢靡为荣，吾心独以俭素为美。

与其得小人，不如交愚人。

读重要之书，不可不背诵。

人不可以求备，必舍其所短，取其所长。

有问必答

《资治通鉴》是一部怎样的书？

司马光花了大约二十年的时间，研究很多历史书籍，广泛收集材料，按照年代的先后顺序完成了长达 294 卷的《资治通鉴》。这本书上起战国初期韩、赵、魏三家分晋，下至五代后周显德六年征淮南，内容前后贯穿一千三百六十二年。全书按照朝代可分为十六纪，即《周纪》五卷、《秦纪》三卷、《汉纪》六十卷、《魏纪》十卷、《晋纪》四十卷、《宋纪》十六卷、《齐纪》十卷、《梁纪》二十二卷、《陈纪》十卷、《隋纪》八卷、《唐纪》八十一卷、《后梁纪》六卷、《后唐纪》八卷、《后晋纪》六卷、《后汉纪》四卷、《后周纪》五卷，共三百多万字，是一部内容丰富、有极高价值的著作。宋神宗认为这本书“鉴于往事，有资于治道”，因而钦赐书名为“资治通鉴”。

国学大闯关

在下面的空格内分别填入一个字，使横竖四个字都能组成一个成语，然后再读一读吧！

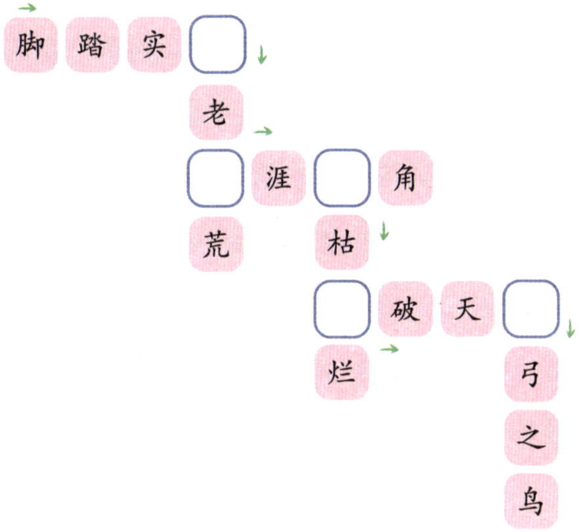

答案 脚踏实地，地老天荒，天涯海角，海枯石烂，石破天惊，惊弓之鸟。

程门立雪

基本信息

历史事件

杨时为了向自己的老师程颐请教问题，便约上游酢一起去程颐家拜见老师。到了老师家门口时，发现老师程颐还在午休，就没进去打扰。不巧这时，天上下起了鹅毛大雪，杨时和游酢就在风雪中等了好久。程颐醒来之后，便叫他们进来，这时发现门外的雪已经很深了。老师深受感动，便竭尽所能向他们传授知识。

事件主角

杨时、游酢、程颐

历史坐标

北宋时期

成语出处

《宋史·杨时传》："见程颐于洛，时盖年四十矣。一日见颐，颐偶瞑坐，时与游酢侍立不去。颐既觉，则门外雪深一尺矣。"

成语释义

指学生恭敬受教，比喻尊师重教，虔诚求学。

成语故事

程颢和程颐两兄弟是北宋著名的理学奠基人，他们两个人自幼就非常聪明，被认为是“神童”。后来，程颢因为反对王安石变法，受朝中众人的排挤。而弟弟程颐则因为考试失利回到了老家洛阳。他上书文彦博，希望将洛阳城外的一处“荒芜无用之地”拨给他，用来讲学和著书。文彦博同意了他的请求，将自己在伊川的一处庄园赠予了他。他利用这处庄园建立了伊皋书院。到这个书院求学的人络绎不绝，“学者出其门最多，渊源所渐，皆为名士”，足见二程在当时的影响力有多大。除了教书育人，他们还著书立说，在老师周敦颐思想的基础上，创立了“洛学”，为日后理学的发展奠定了基础。

在程颢、程颐二人的众多学生中，有一个叫杨时的人，不仅勤奋刻苦，还谦虚谨慎。杨时通过自己的努力高中了进士，但为了继续求学，他放弃了做官的机会，来到河南洛阳拜访老师。此时的程颢、程颐已经成了远近闻名的理学家，他先是拜程颢为师学习知识。四年之后，程颢去世了，他又拜程颐为老师。这时的杨时已经四十多岁了，但他对程颐还是十分恭敬、尊重。

一年冬天，杨时想请教老师一个问题，就约上同学游酢一起去程颐家里。眼看天上乌云密布，马上就要下雪了，他们还是决定登门拜访老师。等到了程颐家，守门的仆人告诉他，程颐正在屋里睡觉。他们不想打扰老师休息，便一声不响地站在门外等着程颐醒来。

这时，天上下起了鹅毛大雪，并且越下越大。他们站在门外，寒风刺骨，冻得瑟瑟发抖，即便是这样，他们仍旧恭恭敬敬地站在门外。过了一段时间，程颐终于醒了，他才知道杨时和游酢在门外雪地里已经等了好久，便叫他们进来。而这个时候，门外的雪已经有一尺多深了。程颐被杨时和游酢这种虚心求教的精神感动了，竭尽全力传授他们知识。杨时也不负老师的期望，学业上的进步非常快。后来，宋朝南迁后，杨时把“洛学”带到了南方并发扬光大。他自己也成了全国知名的学者，来向他求教的人也络绎不绝，大家称他为“龟山先生”。

后人用“程门立雪”这个成语来形容学生虚心求教、尊师重道的行为。

文化卡片

程颢、程颐的名言

君子之学贵一，一则明，明则有功。

学莫大于知本末始终。

善为政者，必重民力。

学不贵博，贵于正而已。

诚无不动者，修身则身正，治事则事理。

善学者，当求其所以然之故，不当诵其文过目而已也。

有问必答

何为“程朱理学”？

程朱理学，亦被称为“程朱道学”，是宋、明时期理学的主要派别之一，也是理学各派中对后世影响最大的学派之一。此学派代表人物为程颢、程颐和朱熹。程朱理学是与心学相对的，程朱理学主张“理”是宇宙万物的起源，并且它是善的，它将善赋予人便成为人的本性，将善赋予社会便成为“礼”，而人在世界万物纷扰交错之中，很容易迷失自己禀赋自“理”的本性，从而使社会失去“礼”；“理”是万物的起源，万物“之所以然”，必定有一个“理”，推究事物的道理，可以达到认识真理的目的。

程朱理学是一种系统化的哲学观，此学派理论思想的产生，是中国及世界哲学思想的一次巨大的飞跃。

国学大闯关

下列成语都是与人虚心求教有关的，请你对号入座，将人物名字与成语连起来。

三顾茅庐	鲁　迅
程门立雪	孔　圉
不耻下问	刘　备
祛衣请业	杨　时
不吝赐教	孟尝君

答案 三顾茅庐——刘备；程门立雪——杨时；不耻下问——孔圉；祛衣请业——孟尝君；不吝赐教——鲁迅。

成语串起中国史

传说时代—西周

安中玉 林雅萍 张宇静 著

哈尔滨出版社
HARBIN PUBLISHING HOUSE

图书在版编目（CIP）数据

成语串起中国史. 传说时代—西周 / 安中玉, 林雅萍, 张宇静著. -- 哈尔滨 : 哈尔滨出版社, 2024. 12.

ISBN 978-7-5484-8343-4

Ⅰ. H136.31-49；K209

中国国家版本馆CIP数据核字第2024U7M618号

书　　名：成语串起中国史. 传说时代—西周
CHENGYU CHUANQI ZHONGGUOSHI.CHUANSHUO SHIDAI—XIZHOU

作　　者：安中玉　林雅萍　张宇静　著

责任编辑：李金秋

装帧设计：李东杰

出版发行：哈尔滨出版社（Harbin Publishing House）

社　　址：哈尔滨市香坊区泰山路82-9号　　邮编：150090

经　　销：全国新华书店

印　　刷：德富泰（唐山）印务有限公司

网　　址：www.hrbcbs.com

E-mail：hrbcbs@yeah.net

编辑版权热线：（0451）87900271　87900272

销售热线：（0451）87900202　87900203

开　　本：787mm×1092mm　1/16　印张：48　字数：634千字

版　　次：2024年12月第1版

印　　次：2024年12月第1次印刷

书　　号：ISBN 978-7-5484-8343-4

定　　价：168.00元（全6册）

目录

传说时代

夏朝

商朝

西周

传说时代
夏朝
商朝
西周

开天辟地

基本信息

历史事件

盘古用斧头劈开混沌，分开天地，最后身体化为万物。

事件主角

盘古

历史坐标

传说时代

成语出处

《三五历纪》：“天地混沌如鸡子，盘古生在其中，万八千岁，天地开辟，阳清为天，阴浊为地，盘古在其中。”

成语释义

原意是盘古开辟天地，开始有人类世界。后比喻空前的、自古以来没有过的，现在常用来比喻开创前所未有的伟大事业。

成语故事

很久很久以前，没有天也没有地，世界就像一个巨大的鸡蛋，里面一片混沌。盘古在里面睡了一万八千年，终于睡醒了。他睁开眼，周围黑乎乎的什么也看不见。他翻身而起，只听“咔嚓”一声，蛋裂开了，一丝光亮透了进来。盘古拿起身边的神斧顺着裂纹狠狠一劈，巨响传来，“大鸡蛋”碎了。透明且轻盈的气体渐渐上升，变成了天；浑浊而沉重的东西逐渐下沉，变成了地。

天地刚刚分开，距离很近。盘古担心天和地再次合在一起，就支撑在天地中间，头顶着天，脚踏着地，天每日升高一丈，地每日加厚一丈，盘古每日长高一丈。这样过了一万八千年，天变得极高，地变得极厚，盘古的身体也已经高达九万里，就像一根擎天之柱。盘古精疲力竭，他放下擎天的手，天没有落下来；他踩了踩地，地也很结实。盘古放心了，看了一眼自己开辟的新世界，呼出最后一口气，像倾颓的大山一般倒在

了大地上。

盘古的身体发生了变化。他呼出的气息变成了风云，他的声音变成了惊雷，他的左眼变成了太阳，右眼变成了月亮，他的头发变成了星辰，他的皮肤变成了大地，四肢和躯干变成了东西南北四极和五岳，他的血液变成了江河，他的筋脉变成了道路，他的牙齿和骨骼变成了玉石金属，他的汗毛变成了花草树木，连他的汗水也变成了雨露……盘古不仅开辟了新世界，还用自己的身体赋予了这个世界勃勃生机。

盘古开天辟地之后，身体化作世间万物，其后才出现“三皇五帝”。

文化卡片

上古十大正神

1.盘古 传说中开天辟地的创世始祖，最后用身体演化出生机勃勃的大千世界。

2.帝俊 传说中的天帝，他与两个妻子生了十个太阳和十二个月亮，是日月之父。

3.伏羲 传说中的人文始祖，他创立八卦，创造文字，教民渔猎，发明乐器，创作乐曲。

4.女娲 传说中的女神，开世造物，抟土造人，被称为大地之母。

5.炎帝 传说中的神农氏，亲尝百草治病，发明刀耕火种，教民垦荒种粮，制造炊具。

6.黄帝 传说中与炎帝并称华夏始祖。播百谷草木，制衣冠、建舟车、制音律。

7.蚩尤 传说中主兵之神，会制造兵器，骁勇善战，曾与黄帝大战，兵败被杀。

8.东皇太一 传说中的天神，原为先秦时期代表星宿的神祇。

9.共工 传说中的水神，与火神祝融大战，共工败，怒撞不周山。

10.祝融 传说中的火神，昭显天地之光明，为民造福。

有问必答

开天辟地的盘古为何会得到人们几千年的敬仰?

盘古是中国古代神话传说中宇宙的缔造者，所以被尊称为天地始祖。他的故事流传了几千年，被多方演绎，是中国传统文化中不可或缺的一部分。创世神盘古代表一种精神，即为创造人类世界殚精竭虑、倾尽一切的奉献精神，这种精神为千秋万代所景仰，是几千年来有志之士追求的最高境界。盘古已成为中华文化的代表性人物，代表着创造力、毅力和坚韧不拔的精神。

国学大闯关

成语中有很多对偶的词，试着在括号里填上一组这样的词，补全成语。

开（ ）辟（ ）

取（ ）补（ ）

翻（ ）覆（ ）

喜（ ）厌（ ）

轻（ ）轻（ ）

欺（ ）怕（ ）

答案 开天辟地，翻云覆雨，轻手轻脚，取长补短，喜新厌旧，欺软怕硬。

女娲补天

基本信息

历史事件

传说水神共工与火神祝融大战失败，怒撞不周山，不周山倒，天塌地陷，女娲炼五彩石补天。

事件主角

女娲

历史坐标

传说时代

成语出处

《史记·补三皇本纪》：“水神共工造反，与火神祝融交战。共工被祝融打败了，气得用头去撞世界的支柱不周山，导致天塌地陷，天河之水注入人间。女娲不忍生灵受灾，于是炼出五色石补好天空，斩神鳖之足撑四极，平洪水杀猛兽，万灵始得以安居。”

成语释义

原意是女娲炼五色石补天。形容改造天地的雄伟气魄和大无畏的斗争精神。

成语故事

女娲创造了人类之后，人类在大地上繁衍生息，一切欣欣向荣。这天忽然地动山摇、海水翻涌，原来是水神共工与火神祝融打了起来。他们从天上打到地下，打得天昏地暗、日月无光，一路打到了不周山山下。共工不敌祝融，败下阵来。共工恼羞成怒，一头撞向不周山。不周山发出一声巨响，山体崩塌。不周山本就是擎天之柱，天柱折断，霎时间天塌地陷。天塌了个大窟窿，天河之水倾泻而下，人间洪水泛滥；九州大地裂毁，烈焰从地下窜出，山火蔓延不熄；凶猛的野兽吃掉了善良的百姓，庞大的猛禽抓走了老人和孩子……

女娲看到自己创造的人类奔走呼号、东躲西藏，心中痛楚不已，决定终止这场灾难。她先寻来五色石熔炼成浆，把天上的窟窿补好；随后她捉住一

只东海神鳌，斩下神鳌的四足作为四方天柱，撑起了倾斜的天穹；接着女娲又擒杀了作恶多端的黑龙，斩灭了各种恶禽猛兽；最后女娲收集了大量芦草，烧成草灰堵住了四处泛滥的洪水。苍天修复了，烈焰熄灭，洪水退去，大地上终于恢复了平静。因为补天的石头是五色的，所以天空中经常会出现彩虹和彩霞。人类忙碌着重建家园，生活安稳而快乐。

这场灾难还是给世界留下了痕迹，从此天穹向西北倾斜，所以太阳、月亮、星星都会向西方滑落。大地向东南塌陷，所以江河日夜不停地东流入海。女娲为人类能永远生活安然，她背靠辽阔大地、怀抱湛蓝青天，让春天明媚而温暖，让夏天洒满炽热的阳光，让秋天结出硕果后变得肃杀，让冬天白雪皑皑带来寒冷，从此人间四季鲜明、五光十色。

文化卡片

女娲造人

在古代神话传说中，女娲是人类之母，又称娲皇。相传女娲神通广大，一天能变化七十次。这天，她忽然觉得世间太过冷清，就用黄泥仿造自己的样子抟土造人，捏好的泥人刚一落地，就活了过来，蹦蹦跳跳、欢呼雀跃。女娲很高兴，捏了很多泥人。后来，她累了，就用藤条沾上泥浆甩到地上，泥点溅落也变成了人。女娲把人类分成男女，让他们结成夫妻，繁衍生息。女娲创造了人，赋予人生命，所以被人们世世代代崇拜，她被称为“创世神”和“始母神”。

有问必答

上古的人们为何会创作出“女娲补天”的故事？故事的原型又是什么呢？

上古时期，人们最害怕的灾难都来自大自然。中国地震局第一监测中心研究员提出，“女娲补天”神话的原型很可能是远古时代的一次陨石雨灾害。大量陨石砸落地面，造成环境迅速恶化，人口大量死亡，侥幸存活下来的人也迁移到外地，不仅当地繁荣的古文化戛然而止，还给外迁的先民造成了心理创伤。灾害过后若干年，新的古代文明逐渐形成。由于认知问题，先民对之前的陨石雨灾害无法进行科学合理的解释，于是慢慢演绎成了美丽的神话传说——女娲补天。

国学大闯关

下面的词语中，有三个不是成语，请你把它们圈出来吧。

女娲补天	女娲造人	羲和浴日
牛郎织女	大禹治水	天衣无缝

答案 女娲造人 羲和浴日 大禹治水

夸父逐日

基本信息

历史事件

夸父追逐太阳，又渴又累，死在了路上。

事件主角

夸父

历史坐标

传说时代

成语出处

《山海经·海外北经》：“夸父与日逐走，入日。渴，欲得饮，饮于河、渭；河、渭不足，北饮大泽。未至，道渴而死。弃其杖，化为邓林。”

成语释义

原意是夸父拼命追赶太阳。形容人们征服自然的决心，也比喻不自量力。

成语故事

在北方大荒中有一座巍峨的大山，叫“成都载天”，山中生活着巨人族，他们各个都是身材高大、力大无穷的巨人。他们喜欢在耳朵上挂两条黄蛇，手中握着两条黄蛇，虽然样子很吓人，但其实他们性情很温顺，性格也很善良。巨人族的族长叫夸父，他是幽冥神后土娘娘的孙子。

成都载天山的冬季漫长而寒冷，夏季却短暂易逝。太阳每日刚刚升起就匆匆落下，大家才暖和了一点就又要迎接冰冷的夜晚，大家多么希望太阳能一直挂在天上，为巨人族驱走寒冷。作为巨人族的首领，夸父准备去追赶太阳，捉住太阳，把它带回家乡，让族人一直生活在温暖的阳光下。

夸父迈开大步，翻越一座座高山，跨过一条条大河，风驰电掣般向太阳追去，一口气追了九天九夜，跑了几万里。夸父离太阳越近，气温就越热，终于在太阳快要落山之前追到

了禺谷。又大又红的太阳就在眼前，夸父只要伸出手臂就能抓住太阳，可是夸父又热又渴，太阳的热浪灼烤着他，他实在受不了了。夸父俯下身体，一口气喝干了黄河的水，依然口渴难耐，他几步走到渭河边，又喝干了渭河的水，还是没解渴，他向北跑去，那里有纵横千里的大泽，夸父准备去北方的大泽喝水。可是大泽太远了，夸父还没等跑到大泽，就支撑不住倒下了。

夸父心中牵挂那些仍然忍受着寒冷的族人，不甘心地用最后一丝力气向着太阳扔出手杖。手杖落地，化作大片郁郁葱葱的桃林，桃林终年繁茂，每年都会结出甘甜多汁的桃子，供行人解渴，助他们继续踏上旅程。

文化卡片

上古奇书《山海经》

《山海经》成书于战国至汉初，与《易经》《黄帝内经》并称为“上古三大奇书”。

《山海经》讲述的是远古生活，记录了大荒时期的人类文明和生活状况，其内容包罗万象，有地理、历史、神话、天文、动物、植物、医学、宗教以及人类学、民族学、海洋学和科技史等诸多方面的内容，是一部上古社会的百科全书。

从汉至唐，人们一直认为《山海经》记载的山川、河流、异物都是真实的，它是一本地理书。从明至清，随着人们认识的提高，《山海经》的可信度逐步降低，被归入小说。明代学者胡应麟称其为“古今语怪之祖”。

有问必答

除了“夸父逐日”，你还知道哪些关于太阳的神话故事？

1. 太阳之母：羲和是中国的太阳女神，她是帝俊的妻子，生了十个太阳。

2. 羿射九日：天上同时出现十个太阳，天气燥热，大地干裂。羿射下九个太阳，只留一个。大地恢复生机，风调雨顺。

3. 日主传说：日主乃先秦时期的太阳神。日主的神祠在齐国东北的成山上，据说是日出的地方。

4. 太阳星君：道教尊奉的太阳神，主掌太阳，又称“大明之神”“太阳帝君”。

国学大闯关

很多成语中会出现人物，下面的成语缺少的人物分别是谁？请你连一连吧。

□□三迁	愚公
□□失马	江郎
□□移山	塞翁
□□逐日	孟母
□□才尽	庄周
□□梦蝶	夸父

答案 孟母三迁 塞翁失马 愚公移山 夸父逐日 江郎才尽 庄周梦蝶

精卫填海

基本信息

历史事件

炎帝的小女儿女娃到东海游玩，溺水而死，化为精卫鸟，每日衔木石填海，为的是使众人不再受到伤害。

事件主角

精卫

历史坐标

传说时代

成语出处

《山海经·北山经》：“炎帝之少女，名曰女娃，女娃游于东海，溺而不返，故为精卫。常衔西山之木石，以堙于东海。”

成语释义

原意是精卫衔来木石，决心填平大海。比喻仇恨极深，立志报复。后比喻意志坚决，不畏艰难。

成语故事

上古时期有一座发鸠山，山上生长着茂密的柘树，柘树林中住着一种特别的鸟，因为它的叫声像在说“精卫、精卫”，所以大家就叫它精卫鸟。精卫鸟的大小形状跟乌鸦相似，不过它比乌鸦好看，它脑袋上有花纹，嘴巴是白色的，爪子是红色的。

传说精卫鸟是炎帝神农氏小女儿的精魂所化，原名叫女娃。女娃聪明伶俐、活泼可爱，炎帝很喜欢她。这天，女娃到东海游玩，湛蓝的海水上撒满碎金般的阳光，女娃兴高采烈地跳进大海，向远处游去。女娃玩得太高兴了，没注意到远处的海浪正向她扑来……女娃拼命向岸边游，最终还是力气用尽，慢慢沉入了海底。女娃的身体归于大海，但是她精魂不灭，化作精卫鸟冲出海面，直上云霄，仰天悲鸣，心中对东海充满了恨意。想到今后还会有很多人像自己一样被大海夺去生命，精卫鸟振翅飞向西边的发鸠山，用嘴衔起一块石头，转身飞向大海，把石头丢进海中，她要把海填平，让它再也无法危害其他人。就这样日复一日、年复一年，精卫鸟一趟又一趟从发鸠山衔来树枝、石块填海，永无休止。

精卫鸟的举动终于惊动了东海龙王，龙王探身出海，问精卫鸟："你在做什么？"精卫鸟又扔下一块石子说："我要把东海填平。"龙王哈哈大笑，不屑地说道："小鸟儿，算了吧，就算你衔一千年的石子，也别想填平我的东海！"精卫鸟坚定地回答："不管多久，就算一万年，我也要将东海填成平地！"

精卫鸟就这样往复飞翔，风雨无阻，直到今天它还在衔石填海。

文化卡片

炎帝的女儿们

相传炎帝有四个倾城倾国的女儿，除了小女儿精卫之外，另外三个女儿分别是：

1.炎帝少女 书中没有记载她的名字，相传她热衷于修行，拜雨师赤松子为师，最后得道成仙，追随师父而去。

2.赤帝女 赤帝女，亦称帝女桑，也痴迷于修仙。学成之后，在南阳崿山的一棵桑树上搭一个巢，住在树上。炎帝想方设法让女儿下来，赤帝女都不听。于是炎帝让人在树下放火，逼女儿下来，炎帝女居然在大火中得道成仙。

3.瑶姬 瑶姬美丽年轻，对爱情充满向往，可惜还未到出嫁的年纪就病死了。瑶姬安葬在巫山，化为一棵瑶草。传说只要吃一颗瑶草上的果子，就能被人喜爱。天帝知道后，封瑶姬做了巫山的云雨之神。

有问必答

“精卫填海”真的是徒劳的抗争吗?

精卫填海的故事，就是在表明人类面对灾难的态度。虽然在大自然面前，人类非常弱小，但人们依然在用自己的方式与自然灾害进行顽强的抗争。面对浩渺的大海，精卫似乎弱小得可笑，但它展现出来的撼人心魄的力量，就是中华民族的精神——面对强敌从不屈服、顽强抗争、锲而不舍的精神。

人们用神话来歌颂不自量力的精卫，就是在表现人类想要凭借自己的力量去征服自然的强烈渴望。

国学大闯关

成语接龙小火车要开车啦，请把少字的成语补全吧。

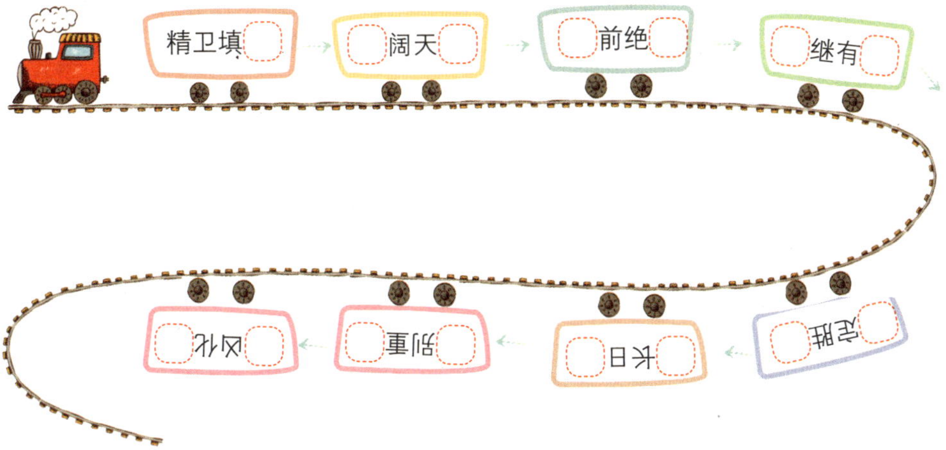

答案 海、海、空、空、后、后、人、人、天、天、久、久、逢、逢、吉

害群之马

基本信息

历史事件

黄帝去拜访大隗，半途迷路，遇到放马的小孩，向其问路并问及治理天下之法。

事件主角

黄帝

历史坐标

传说时代

成语出处

《庄子·杂篇·徐无鬼》：“夫为天下者，亦奚以异乎牧马者哉？亦去其害马者而已矣。”

成语释义

原意是危害马群的劣马。现比喻危害社会或集体的人。

成语故事

黄帝驾车到具茨去拜见贤者大隗，方明、昌寓等六人陪他一起。七人走到襄城郊外迷路了，附近人烟稀少，想找个人问路都不容易。七人继续向前走，走了半晌，这才看到前面有一个放马的少年，连忙过去向放马的少年问路：“小孩，你知道具茨山在哪吗？”少年点头回答：“知道。”几人大喜，继续问：“那你知道大隗住在什么地方吗？”少年依旧点头，回答：“知道。”

黄帝又惊又喜，说：“这小孩真令人惊奇，你不仅知道具茨山在哪，还知道大隗住在哪。既然你知道这么多事，那你知道怎么治理天下吗？”

少年看了看黄帝，说：“天下有什么好治理的，就像你们今天在野外一样，只要向前走就好，不要想那么多。我以前在尘世游历，经常感觉头昏眼花，一位长者教导我说：‘你还是晒着阳光去襄城郊外玩吧。’现在我的病已经好了，我要去尘世之外游玩了。治理天下也是这样，哪有什么事要做。”

黄帝听得云里雾里，只得继续问道：“治理天下确实不是

你应该操心的事。可是我还是想向你请教怎样治理天下。”少年见黄帝没听懂自己的话，摇着头叹了口气。

黄帝见少年只是摇头，并不回答，又问了一遍。少年无奈，只得换了一种说法：“治理天下跟放马有什么不同？只要除去妨碍马儿自由生长、繁衍的东西就行了。”黄帝恍然大悟，眼前少年惊为天人，黄帝称少年为天师，连连拜谢少年点拨之恩，然后才离开。

文化卡片

炎黄子孙

“炎黄子孙”，“炎黄”指炎帝神农氏和黄帝轩辕氏，是我国古代传说中的两个帝王。相传在阪泉之战中，黄帝打败了炎帝，两个部落渐渐融合，成为华夏族（后来改称为汉族）。炎帝和黄帝便成为中华民族的共同祖先，中国人也被称为炎黄子孙。

有问必答

在群体中，为什么“害群之马”比“庸庸碌碌”危害更大？

害群之马对于群体有惊人的破坏力。一个害群之马很快就能将一个高效的群体变成一盘散沙。人与人之间相互协作，都是建立在相互理解、相互包容的基础上的，一旦有人破坏了这个环境，甚至恶意侵害他人，出于自保，整个群体很可能会被迅速同化，甚至毒化。如果不能快速剔除一个群体的害群之马，将直接关系到该群体的生死存亡。

“庸庸碌碌”只是群体中的个人平凡无奇，虽然庸碌的个人不能成为群体的领袖，引领群体前进的方向，但却可以做好本职工作，保证群体的正常运行，没有明显的危害性。

国学大闯关

下面的词，有的是“害群之马”的近义词，有的是反义词，请你写一写吧。

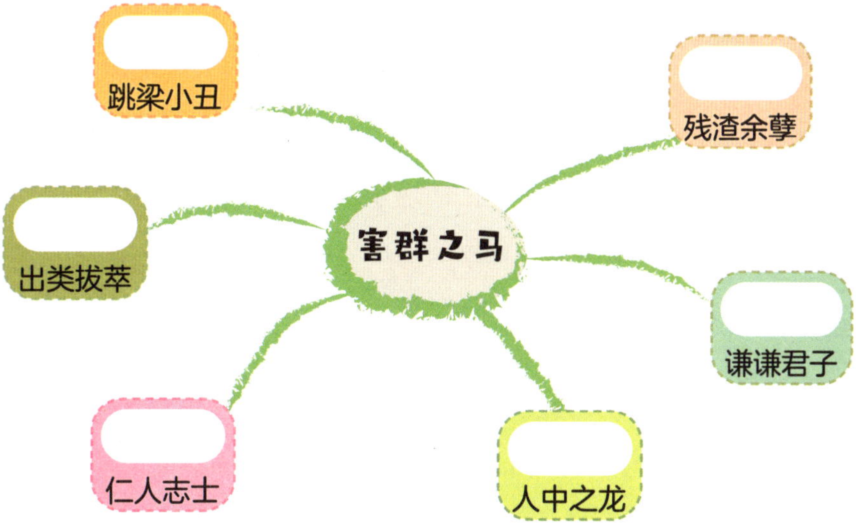

答案 （近义词）跳梁小丑；（反义词）出类拔萃；（反义词）谦谦君子；（反义词）仁人志士；残渣余孽（近义词）；人中之龙（反义词）

羿射九日

基本信息

历史事件

天上同时出现十个太阳，大地干裂，生灵涂炭，羿射下九个太阳，只留下一个太阳。

事件主角

羿

历史坐标

传说时代

成语出处

《淮南子·本经训》：逮至尧之时，十日并出，焦禾稼，杀草木，而民无所食。猰貐、凿齿、九婴、大风、封豨、修蛇皆为民害。尧乃使羿诛凿齿于畴华之野，杀九婴于凶水之上，缴大风于青丘之泽，上射十日而下杀猰貐，断修蛇于洞庭，禽封豨于桑林。

成语释义

形容为民除害的英勇行为。

成语故事

传说上古天帝帝俊与他的妻子羲和生了十个儿子，也就是十个太阳。一家人住在东海边，羲和经常带儿子们到东海洗澡，每次洗完澡就把他们放在高大的扶桑树上，十个太阳就像鸟儿一样栖息在树枝上。十个太阳每天轮流值班，把温暖的阳光洒向人间。人们日出而作日落而息，享受着太阳与大地赐予的丰收与喜悦。

幸福的生活一直持续到尧帝的时候。这天，天空中突然出现了十个太阳，顿时大地热浪滚滚，草木凋敝，山火爆发。江河里的水都干涸了，人们干渴难耐，各种怪兽都趁天灾跑了出来，吃人害命。

为什么会同时出现十个太阳呢？原来是因为太阳们觉得每天一个人当值太无聊了，就想一起出来玩。看着地上大火肆虐，人们为躲避烈焰和怪兽东奔西跑、痛苦呼号，太阳们觉得很有意思，玩得更欢快了。天气更热了，大地上的树木和庄稼都被大火烧成了灰烬，人们奄奄一息，眼看就要活不下去了。尧帝为了解除人们的苦难，每天向天帝祷告。天帝震怒，找来了神箭手羿，赐给他一把红色的神弓，一袋白色的神箭，说："去射杀为祸人间的妖魔怪兽，再教训一下我那十个儿子，让他们谨守秩序，不得再胡闹！"羿领命而去。

羿来到人间，看到大地上悲惨的景象，惊怒交加。他翻过高山，穿过荒漠，射杀了无数怪兽，终于来到东海边。羿大声让天帝的十个儿子回到扶桑树上去，可十个太阳玩得正开心，根本不理睬羿。羿怒不可遏，弯弓搭箭，"嗖"一箭就射了出去，一个太阳应声爆裂，流火飞溅，一只中箭的三足乌跌落在大地上。太阳们没想到羿真的敢射杀他们，顿时躁动起来，大地瞬间好似落入油锅之中，人类大量死去。羿愤怒至极，一箭接一箭地射向太阳，每一箭射出，都会跌落一只三足乌。每熄灭一个太阳，人们就感到一阵清凉爽快，众人欢呼雀跃。顷刻间，天上只剩下一个太阳，他害怕极了。羿令他每天早上从东方升起，晚上到西边落下，他老老实实照做。万物在阳光的照耀下蓬勃生长，人们安居乐业。

天帝得知羿射杀了自己的九个儿子，大发雷霆，不准羿再回天庭。从此以后，羿便留在了人间。

文化卡片

三星堆青铜神树

在古代的神话传说中，人们经常将鸟作为太阳的象征。三星堆青铜神树上所铸的神鸟就是神话中的“金乌”，代表着太阳。三星堆神树，三层九枝，九枝各立一鸟，或许原顶部也有一鸟，也可能特意空置，以表示一鸟（太阳）在天上当值。这与《山海经·海外东经》中“有大木，九日居下枝，一日居上枝”的记载完全吻合。

因此，有学者认为，三星堆神树就是古代传说中扶桑、建木等神树的复合型产物。青铜神树体现了古蜀先民对太阳及太阳神的崇拜。神树在古蜀人的神话中具有通灵、通神、通天的特殊功能。

有问必答

古代人为何称太阳为“三足乌”？

三足乌，也叫“金乌”“太阳鸟”，三足乌是古代神话传说中驾驭日车的神鸟。早在唐代就有学者认为，“日”的象形文字，圆形代表太阳的形状，中间的一点就是乌鸦。考古学家认为，这种看法来自古人对太阳黑子的观测。我国是历史上最早发现并记载太阳黑子的国家，黑子出现在太阳中被古人想象为乌鸦。在陕西出土的仰韶文化的彩陶上，就发现了鸟背负太阳的组合图案。而湖南马王堆汉墓的帛画中，已出现用乌鸦象征太阳的图案。

国学大闯关

选一选，下面哪两个成语与太阳无关?

A.日复一日

B.夸父逐日

C.羿射九日

D.日上三竿

E.日理万机

答案 AE

洗耳恭听

基本信息

历史事件

尧帝想禅位给许由，许由听后连忙去洗耳朵，认为尧帝的话玷污了他的耳朵。

事件主角

许由

历史坐标

传说时代

成语出处

《高士传·许由》：尧又召为九州长，由不欲闻之，洗耳于颍水滨。

成语释义

意为恭恭敬敬听别人讲话，是请人讲话时的敬辞。又指专心地听。

成语历史

许由做人非常遵循道义，不坐不规整的席子，不吃不标准的膳食。尧听说许由品行高尚，就想把天下之主的位置禅让给他，说：“有太阳和月亮的光辉，又何须燃烧火把，它难道还能跟太阳和月亮相比吗？上天降下及时雨，还用浪费人力浇水灌地吗？先生的光辉如日月，如果能成为国君，一定会天下安定；我不过是一束火把，莹莹之光，能力根本不够。所以请允许我把天下交给先生。”许由连连摇头说：“现在天下安定，都是你的功绩，我可不想妄担虚名。鸟儿在树上筑巢，只要树枝就够了；鼹鼠到河边喝水，喝饱就行了。我跟它们一样，只想过好自己的生活，不想做天下之主，你快打消这个念头，回去吧！”许由没有接受禅让，撵走尧之后，连夜搬家，隐居到了箕山。

尧求贤若渴，回去之后思量许久，还是不死心，于是派使者去找许由。使者找到许由，对许由说：“尧帝召您，想让您做九州长。”许由不由分说撵走了使者，随后连忙跑到箕山脚下的颍水边洗耳朵，他再也不想听到这种话了。

这时，许由的好友巢父牵着牛来到河边喝水，见许由不停地清洗耳朵，很是奇怪，于是问道：“你在做什么？”许由气愤地说：“尧之前想把天下禅让给我，我拒绝了，今天居然又派人来说，简直是玷污我的耳朵，我来洗一洗耳朵。”巢父听完，脸色瞬间难看起来，连忙拉过正准备喝水的牛，起身就走，边走边不屑地说：“还不是你故意显示自己的作为，追名求誉，才招来了这些人。如果你隐居深山幽谷，不与他人往来，怎么会发生这种事！你洗耳朵把河水都弄脏了，可别污了我家牛的口。”巢父说完，就拉着牛到河上游喝水去了。

许由觉得巢父的话说得很有道理，此后一心隐居在箕山，耕地种田，再也不过问天下之事。许由去世后，就葬在箕山山顶，因此箕山又叫许由山。相传尧还去拜过许由的墓。

文化卡片

最理想的君主——尧帝

尧，又称唐尧，传说是黄帝的后裔，父亲为帝喾。尧代兄长帝挚成为部落联盟的首领，他团结亲族，联合各个部落，征讨四方，统一了华夏各族，被推举为部落联盟首领。

帝尧开创了禅让制，将天子位禅让给了舜；擅于纳贤听谏，特意设立了诽谤木；治理水患，派鲧治水；制定历法，颁授农耕时令，推广农耕；发明了围棋和酿酒之法。

儒家将尧奉为上古黄金时代最高道德水平的代表。司马迁将尧看作是“最理想的君主”。

有问必答

与人沟通，为什么要先学会洗耳恭听?

苏格拉底说过，上天赋予我们一个舌头，却给了我们一对耳朵，所以我们听到的话比我们说的话多两倍。

倾听是有效沟通的重要组成部分，认真听取他人的想法，才能达成信息共享、感情共鸣。我们倾听长者的教诲，可以感受智慧和温暖；我们倾听朋友的诉说，可以感受友谊的可贵。善于倾听的人，更容易打动对方，得到对方的喜欢。

在倾听的过程中，不要轻易打断别人说话，别人说话时，要适当给予回应，证明你在认真听对方说话。要适当提一些问题，鼓励对方说下去，这样你才能得到更多有用的信息。

国学大闯关

从“洗”字进入，沿着横向或纵向组成四字成语，再从“例”字走出迷宫吧。

道	听	天	由	命
途	恭	敬	献	在
→ 洗	耳	濡	目	旦
← 例	为	封	阳	夕
行	不	下	西	祸

答案 洗耳恭听，听天由命，命在旦夕，夕阳西下，下不为例

羹墙见尧

基本信息

历史事件

相传尧去世后，舜思念了三年，无论吃饭还是坐卧都会看到尧的身影。

事件主角

舜

历史坐标

传说时代

成语出处

《后汉书·李杜列传》：“昔尧殂之后，舜仰慕三年，坐则见尧于墙，食则睹尧于羹，斯所谓聿追来孝，不失臣子之节者。”

成语释义

原意是吃饭时在羹汤中看见尧的影子；坐下时在墙上看到尧的影子。比喻追思敬仰先贤。

成语历史

尧年事已高，让舜代他摄政，这也是为了考察他。舜主持各类重大的祭礼，祭祀天地、名山、大川，从无错漏。舜召集各个部落首领会盟，奖罚有序，从不偏私。

二月，舜东巡泰山，举行祭天大礼，一切做得井井有条。舜会见各部落首领，制定礼仪，规定礼器和祭品的等级。五月南巡，八月西巡，十一月北巡……舜工作勤勤恳恳。舜规定，自己每五年去各地巡视一次，其间的四年，各个部落的首领按时入朝，舜会根据他们的政绩，赏赐他们车马和服饰。舜还制定了各种刑罚，但是用刑十分慎重，小过失并不处罚，只有那些屡教不改的才会动刑。当时有四个部族首领：驩兜、共工、鲧、三苗，合称四凶。舜向尧请示过后，把四凶流放到偏远之地，天下终于安定下来。

虽然尧很赞赏舜的工作能力，可是尧的儿子丹朱也想承袭父亲的帝位，大家都以为尧会把帝位传给儿子，尧却说：“丹朱没什么本事，传位给丹朱，只对他一个人好，天下人就遭殃了；传位给舜，天下人都能安稳生活，

只有丹朱一个人不快乐。我实在不能只为了让我儿子快乐，而让天下人受苦啊！”最终，尧为了天下苍生，舍弃了儿子，把帝位禅让给了舜。

又过了二十八年，尧去世了，舜悲痛不已。舜感念尧对自己的知遇之恩、提携之义，每天都会追念尧的功绩，时时把他当作自己的榜样。尧去世后三年，他的身影还一直在舜的脑海中挥之不去，每次坐下，就能在墙上看到尧的身影；吃饭时，就能在羹汤中看到尧的影子。舜继承了尧的贤德圣明，任用大禹治水，造福人民，最后将帝位禅让给了禹。

文化卡片

三皇五帝

关于“三皇五帝”的构成，众说纷纭，并无定论，我们这里主要介绍认可度较高的一组。

成书于汉朝的《尚书大传》列燧人、伏羲、神农为三皇。司马迁的《史记·五帝本纪》列黄帝、颛顼、帝喾、尧、舜为五帝。

三皇中，燧人氏被尊称为“燧皇”。燧人氏发明钻木取火，成为人工取火的发明者，结束了人类茹毛饮血的历史，被奉为“火祖”。

五帝中，其他四帝都是黄帝的后裔：颛顼，黄帝的孙子；帝喾，黄帝的曾孙；尧，黄帝的四世孙；舜，黄帝的八世孙。

有问必答

清代名将年羹尧的“羹尧”二字就出自成语“羹墙见尧”，你还知道哪些名字或词语出自成语呢？

1. “鹏程”出自“鹏程万里”。
2. “任重”出自“任重道远”。
3. “海粟”出自“沧海一粟”。
4. “慧中”出自“秀外慧中”。
5. “若愚”出自“大智若愚”。
6. “如饴”出自“甘之如饴”。

国学大闯关

下面哪些句子表达的意思与“羹墙见尧”的本义相近呢？

A. 晓看天色暮看云，行也思君，坐也思君。

B. 春赏百花冬观雪，醒亦念卿，梦亦念卿。

C. 我在时间尽头等你，开头是你，结尾也是你。

D. 愿你出走半生，归来仍是少年。

答案 AB

过门不入

基本信息

历史事件

大禹治水十数年，三次经过家门口都没有回家，一直到治理好水患。

事件主角

大禹

历史坐标

传说时代

成语出处

《孟子·离娄下》：“禹、稷当平世，三过其门而不入。”

成语释义

原意是路过家门却不回家。形容恪尽职守、公而忘私。

成语历史

上古时期，黄河经常泛滥成灾，人民苦不堪言。尧帝时期，黄河又发了大洪水，冲毁了房屋、田地，人们只能逃到山上。尧帝到处求访能治理洪水的人，他的臣下说鲧有这方面的才能，便建议让鲧治水。尧起初并不同意，但众人极力推举他，尧只好同意让鲧治理洪水。

鲧采用水来土掩的办法，率领大家建堤坝堵水，却没想到水位越堵越高，遇到天降暴雨，大水溃堤，良田尽毁、房屋倒塌，还有很多人丧生于洪水之中。舜巡视四方之时，见鲧治水九年，居然搞得一团糟，大怒，把鲧流放到羽山，后来鲧死在了那里。

舜任命鲧的儿子大禹继续治水。大禹带着伯益、后稷实地勘察河水走势，依着山势树立标记，规划水道。大禹费尽脑筋、苦思冥想，发现父亲鲧的方法行不通，水不能堵只能疏。于是他带领人们开始疏通水道，排水入海。

大禹治水十三年，三次经过自己的家门口，却没回家看一看。第一次大禹经过门口时，妻子正在分娩，痛苦地大声呻吟，大家都劝他回家看一眼，大禹却怕耽误治水，没有进家门。他刚走出不远，就听到儿子呱呱落地的声音，但他还是离开了。第二次路过家门，儿子已经咿呀学语，挥着小手叫父亲，大禹跟妻儿远远地打了个招呼，含着热泪离开了。第三次经过家门口，儿子已经十多岁了，跑上前拉着父亲的手让他回家。大禹挥了挥手，

说等治理好洪水就回家团聚，说完又匆匆离开了。

大禹十三年来节衣缩食、风餐露宿，带领人们辛苦劳作，治水终于取得成功，消除了中原洪水的灾祸 。因为大禹治洪水有功，舜把帝位禅让给了他。

文化卡片

中国第一个奴隶制国家——夏

夏（约公元前2070年—约公元前1600年），一般认为夏朝共传14代，17帝，建立者为大禹，终于桀。大禹去世后，由他的儿子启继位，中国历史从“公天下”变成了“家天下”。从此，禅让制被世袭制所取代，这标志着中国经过漫长的原始社会，开始进入奴隶制社会。

夏朝之所以能够建立，主要原因是大禹治水大大促进了农业生产，夏部落势力增强，社会生产力显著提高，为世袭制国家的建立提供了必要的经济基础。同时，大禹带领人们展开了十余年的治水工作，不仅团结了华夏先民，还极大地提升了自己的声望，为统一王权的产生奠定了基础。

有问必答

“大禹治水”是中国的神话传说，其他国家还有哪些关于大洪水的神话故事呢?

大洪水传说是世界多个民族的共同传说，除了中国，美索不达米亚文明、古希腊文明、古印度文明、玛雅文明等文明都有不同时间出现的关于洪水灭世的传说。

1.《圣经》大洪水

由于人类作恶，上帝决定毁灭世界的文明。上帝命令诺亚建造巨型的方舟，每一种生物都带一对进入方舟。随后天降暴雨，大水涌来，地上所有生物都没有了。洪水退去，诺亚一家和动物们回到大地上，开始新的生活。

2. 苏美尔神话

风之神与众神之王嫌人类太吵，于是放出洪水、干旱和瘟疫消灭人类。善良的水神教会人们贮存谷物以及医药知识，人类得以存活。

3. 玛雅文明

天神用木头雕成人像，并让他们开口说话。木头人后来忘记了造物主的存在，失去了天神的欢心，于是天神决定发起一场洪水，毁灭人类。

国学大闯关

连连看，下面有三个“过”字开头的成语，把它们连起来吧。

过

街	不	鼠
眼	黄	改
而	花	春
门	老	入
错	能	候

答案 过街老鼠，过而能改，过门不入

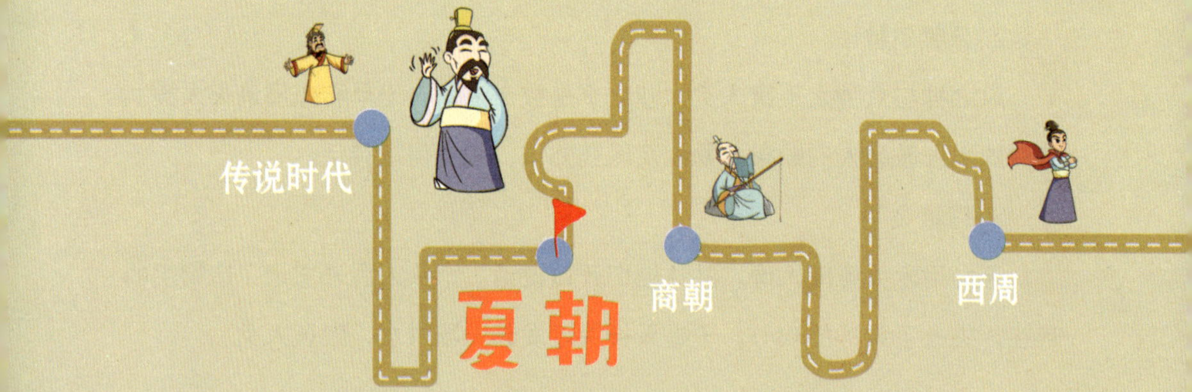

传说时代
夏朝
商朝
西周

克勤克俭

历史事件

大禹治水非常勤劳，生活却非常节俭。

事件主角

大禹

历史坐标

夏朝

成语出处

《尚书·大禹谟》：克勤于邦，克俭于家。

成语释义

既勤劳，又节俭。

成语历史

大禹治水吸取了父亲失败的教训，用疏通河道的方法将洪水引入大海。他翻山越岭、涉水过河，从西向东带领百姓清理河道、开山挖渠，日日夜夜辛苦劳作，腿上的汗毛都磨没了。自始至终大禹都没有一句怨言。在十三年治理洪水的过程中，他节衣缩食，与百姓同吃同住；他自己住最简陋的房子，把所有的财物都花在治水工程上。

经过十三年的艰苦奋斗，大禹治水取得成功，人们终于安定下来，建房造屋，开荒垦田，种植庄稼。大家都安居乐业，日子越过越富足。舜把一切看在眼里，心中对大禹非常满意，他说："大禹是个贤能的人，既勤勤恳恳地为国家治理洪水，又朴素节俭，他一定会成为一个好君主。"禹再三辞让，舜最终还是把帝位禅让给了他。

大禹正式成为君主之后，平时衣着依然十分简朴，但是祭祀时穿的礼服和佩戴的饰品却非常讲究；他自己住的房子依然简陋，但是修理河道却精益求精，半点都不马虎。大禹划分了九州的疆域，疏通了九条河的水道，修筑了九个湖泊的堤坝，勘测了九座山的形势。交通方便了，各路诸侯都能来都城朝见了。

大禹规定，都城以外五百里的地区叫甸服，再往外五百里叫侯服，侯服再往外五百里叫绥服。三服每年都要进贡不同的物品，或者承担劳务。大禹是让大家知道，每个人都有为国家效力的义务。大禹还会亲自带着众人去巡视河道，带着百姓修理、维护河堤，以确保农业生产的顺利进行。

文化卡片

夏朝的百年混乱：太康失国到少康复国

大禹的孙子太康，也就是夏朝的第三代帝王，不理政事，酷爱打猎，离开都城出去打猎一百多天，被有穷氏乘虚而入，占领了都城，夺取了政权。有穷氏立太康的弟弟仲康做傀儡帝王，仲康死后，仲康的儿子相逃出了都城，但最终还是被杀死了。不过相的妻子逃回了娘家，生下了相的儿子少康。少康长大之后，被各路人马追杀，在受过夏朝恩泽的各个诸侯国的庇护下，最终少康趁篡权者内讧之机，发起了复国之战，打败有穷氏，恢复了夏朝的统治。

有问必答

现在科技发达了，人民生活富裕了，是不是就不用再提倡“克勤克俭”了呢?

勤俭节约是中国人的传统美德，是中华民族的优良传统。小到一个人、一个家庭，大到一个国家、整个世界，要想生存发展，都离不开“勤”与“俭”。

无论社会如何发展，懒惰的人都会被淘汰，只有勤劳的人才能获得更多物质资源，而且精神富足，生活快乐。我们今天便捷而富裕的生活来之不易，是多年的发展积累及各行各业的劳动者共同创造的，所以我们每个人都要回报社会，珍惜每一分劳动果实，不奢靡不挥霍，才能可持续发展。

因此，无论是物资匮乏的年代，还是生活优渥的时候，艰苦奋斗、勤俭节约的思想永远不能丢。

国学大闯关

下面的每个成语，都有一个字出现了两次，请填空。

津□有味	□生不息	硕果累□	白雪□皑
十全□美	多姿□彩	□发百中	□勤克俭

答案 津 生 累 皑 十 多 百 克

反求诸己

基本信息

历史事件

有扈氏攻打夏朝，夏启战败，反思自己哪里做得不好。

事件主角

启

历史坐标

夏朝

成语出处

《孟子·离娄上》：“行有不得者，皆反求诸己，其身正而天下归之。”

成语释义

反过来追究自己，指从自己身上找原因。

成语历史

大禹执政之时，强大的部族有扈氏生出不臣之心，不遵守联盟制定的律令，于是大禹发兵攻打有扈氏。大战之前，大禹昭告上天，说：“这次战争，不是为了抢占有扈氏的土地、人民、财货，而是代天行罚。”大禹率军与有扈氏大战三场，有扈氏依然不服。后来在大禹行政和教化双重施压之下，才甘心称臣。

大禹死后，原定的继承人伯益并没有继位，而是由大禹的儿子启承袭了帝位。一直觊觎帝位的有扈氏又跳了出来，公然反对启，指责他篡夺帝位。启再次发兵攻打有扈氏，宣告有扈氏的罪状是：上不敬天，下不敬臣，引得天怒人怨，夏代天行罚。并且严令夏朝的兵将奉令行事，努力战斗。承诺奉令者会受到奖赏，违令者斩首。

启带领大军与有扈氏决战于甘，这一战被称为“甘之战”。甘之战，启大败，跟随启一起讨伐有扈氏的将领很不服气，纷纷要求整顿大军，再战一场，没想到启却摇了摇头，说：“不必再战了。”众人都很不解，追问原因。启叹了口气说：“我管理的土地范围比他大，兵将比他多，结果却吃了败仗，可见是我的德行不够，带兵的方法不如他。我应该先反思自己，努力改正自己的问题才对。”

从此以后，启严于律己，亲善百姓，

敬奉长辈；与将士同吃同住，共同操练，事事以身作则；大量选用有才能的人治理国家，亲近品德高尚的人。启经过几年的艰辛治理，夏朝的百姓安居乐业，国家蒸蒸日上。有扈氏见启把国家治理得井井有条，知道自己不是启的对手，不仅不敢再公然挑衅，还心甘情愿地归顺了夏朝。

文化卡片

夏启帝位的由来

根据《竹书纪年》记载，大禹并未把帝位传给儿子启，而是启发动政变夺得了帝位。

最初，大禹通过一系列考察，决定立掌五刑、负责狱讼的皋陶为继任者，不承想皋陶先大禹而死。大禹召集各位大臣商议，大家又推举了伯益。伯益也是黄帝的后裔，曾经协助大禹治水，因有功而得到大家的拥护。

大禹死后，启立刻联络追随自己的部族，对伯益发起进攻。双方斗争非常激烈，几经波折。起初启战败，被伯益抓住并囚禁起来，后来那些曾经追随大禹的人想方设法救出了启。启依靠实力强大的夏部族，在拥护者的支持下，最终杀死了伯益，夺得了帝位。

有问必答

为什么说人生最难的就是“反求诸己”？时常反省自己又有什么好处呢？

很多人遇到问题总喜欢从外界找原因，这样的人不仅无法解决问题，更认不清自己。很多时候，我们缺乏的不是向前冲的劲头，而是反思自己的能力。遇到挫折，先不要急着推卸责任、怨天尤人，而是要先在自己身上找原因，这样才能第一时间发现自己的缺点、劣势，及时改正、提升，这才是让自己取得进步的途径。不自省，不足以辨是非；不自省，不足以得教训；不自省，不足以长经验；不自省，不足以获成长。

我们不仅要自省，还要经常自省，定期自省。正所谓“吾日三省吾身”，这样才能及时发现自己做得好不好，离目标还有多远，保证自己不偏离正确的方向。

国学大闯关

选择恰当的成语，让句子更加完整吧。

1. 小明作为班长，最大的特点就是（　　），要求同学们上课不能说话，他就会首先做到。

2. 工作出了差错，应该（　　），不要一味地（　　）。

3. 我们做事不仅要（　　），更要宽以待人。

A. 怨天尤人　　B. 以身作则　　C. 严于律己

D. 闭门思过　　E. 反求诸己

答案 1.B 2.E、A 3.C

勠力同心

基本信息

历史事件

夏桀暴虐，商汤带领大家齐心合力，共同灭夏。

事件主角

汤

历史坐标

夏朝

成语出处

《左传·成公十三年》：“昔逮我献公，及穆公相好，勠力同心，申之以盟誓，重之以昏姻。”

成语释义

原意是思想一致，共同努力。形容齐心合力，团结一致。

成语历史

夏桀是夏王朝的末代君主。他文才出众，武艺超群，能赤手空拳格杀虎豹，能把铁钩拉直，可惜他生性凶狠残暴。作为君主，他不问政事，骄奢淫逸，国家内忧外患，民不聊生。

太史令终古不想夏朝亡在夏桀的手中，痛哭流涕地向夏桀进谏说：“帝王勤俭，爱惜民力，才能得到人民的爱戴。您这样奢靡无度，夏很快就要亡国了！”夏桀很不耐烦，当面叱骂终古多管闲事，终古见状，心灰意冷，知道夏朝必亡于夏桀之手，为保全自身，他带领全家投奔商汤。大臣关龙逄不想放弃，数次直谏夏桀。夏桀恼羞成怒，居然下令处死了关龙逄。夏朝的栋梁之臣或逃或死，致使朝政更加腐败，夏桀众叛亲离了。

随着夏王朝的急剧衰落，各诸侯国已经不再到都城朝贺，夏桀也没有办法。没过多久，商汤的部族壮大起来，隐隐对夏王朝构成了威胁。夏桀大发雷霆，强令商汤入朝，否则就发兵征伐他。商汤自知当时部族的实力还不足以打败夏朝，只好去了夏朝都城。夏桀把商汤囚禁在夏台，一直想找机会除掉他。商汤一边向夏桀表示自己从无谋反之心，一边搜集了许多珍宝和美女献给夏桀。夏桀贪财好色，非常高兴，很快便下令放了商汤。

商汤部族实力最强，尚且被夏桀囚禁，其他诸侯国更加恐慌了，纷纷投奔商汤，愿意与商汤共同灭夏。众人的支持坚定了商汤灭夏的决心，他遍访贤士，帮助自己讨伐夏桀。

一次，有人对商汤说，莘国的郊外有个叫伊尹的人，此人乃贤士，有雄才大略，得到他一定能壮大商部族。商汤大喜过望，立刻派人带重金前去邀请，可惜去了两次，伊尹都没有理会。最后，商汤亲自上门，谦逊地向伊尹请教治国方略，听了伊尹的回答之后，商汤更加确信他是治国良才，更加诚恳地请求伊尹辅佐自己，灭夏立商，让百姓能脱离苦海、安居乐业。他的诚意打动了伊尹，伊尹决定辅佐商汤。

有了伊尹的帮助，商在商汤的治理下，国力强盛，军容整肃，国威大振，商汤终于有了推翻夏朝的实力。于是，商汤发布的誓师文告，写道：“我起兵反夏不是作乱，而是因为夏氏失德。夏桀罪恶滔天，天将亡夏，所以派了贤者伊尹助我，要我和他齐心合力治理天下。我们要奋勇向前，推翻夏桀，替天行道。”商军作战勇猛，夏军溃不成军，商汤和伊尹齐心合力，推翻了夏桀政权，夏朝灭亡。

文化卡片

奴隶社会的三大阶级

奴隶社会分成三大阶级：奴隶主阶级、奴隶阶级和平民阶级。

奴隶主大多是贵族和部落首领，他们生活奢靡腐败，整天饮酒取乐、打猎游玩，不事生产，不劳而获。

奴隶大部分是部落战争中的俘虏，也有贫苦的平民沦为奴隶的。在奴隶主眼里，奴隶就是“会说话的工具”。他们要种地、放牧，从事各种繁重的体力劳动。奴隶主可以随意把奴隶关进监狱，打骂买卖，甚至杀害。

平民阶级是由普通奴隶主分化而来，他们与奴隶主贵族阶层的血脉关系已经很疏远了，没有土地、没有财产，但他们自由且地位高于奴隶。

有问必答

为何“勠力同心”的商汤能由弱变强，推翻夏桀，而占据天时地利的夏桀却因“离心离德”而灭亡？

“勠力”即合力，“勠力同心”也就是齐心合力。商人在商汤的带领下，朝着一个共同方向——壮大商部族、推翻夏桀的暴政而努力，虽然每个人的力量很小，但是大家团结一致，相互协作，就能发挥出最大的潜力，以最快的速度让商部族强大起来。商汤把所有反对夏桀的力量凝聚到一起，这才迸发出惊人的力量，一举覆灭夏朝。

夏桀身边的忠诚之士，不是失望逃离，就是被他所杀，剩下的人早已离心离德。朝廷上下没有共同的信念，不能通力合作，军队更是人心涣散，上了战场毫无斗志，自然一触即溃。夏朝倾覆也就成了必然。

国学大闯关

把下面的成语与相关的历史人物连起来吧。

勠力同心	许由
离心离德	黄帝
洗耳恭听	纣王
害群之马	商汤

答案 勠力同心—商汤；离心离德—纣王；洗耳恭听—许由；害群之马—黄帝

时日曷丧

基本信息

历史事件

夏朝百姓痛恨夏桀，说他如果是太阳，愿意与他一同毁灭。

事件主角

桀

历史坐标

夏桀时期

成语出处

《尚书·汤誓》：“有众率怠，弗协，曰：‘时日曷丧，予及汝皆亡！’”

成语释义

表示誓不与其共存，形容痛恨到极点。

成语历史

夏桀荒淫无度、奢靡成性，攻伐诸国，大肆搜罗美女，大兴土木，建造豪华的宫殿。为此不惜滥用民力，调集成千上万的奴隶和平民日夜劳作，很多人因劳累过度死亡。到了晚年，夏桀更是荒废朝政，甚至一个月都不上朝。忠臣敢怒不敢言，奸臣大行其道，其中一个叫赵梁的奸臣，为了哄夏桀高兴，无所不用其极，竟命人把饿虎放在集市上，让夏桀看饿虎扑杀百姓，

百姓看到饿虎纷纷惊惶逃命，夏桀以此取乐。

夏朝百姓生活在水深火热之中，对夏桀恨之入骨。夏桀却觉得自己恩泽天下，就像天上的太阳，他骄横地说道：“这天下都是我的，夏朝的国民就像天上的月亮，而我就像天上的太阳，只要月亮还在，太阳就不会灭亡！”百姓们听说之后，义愤填膺，指着天上的太阳诅咒夏桀道：“太阳啊！你什么时候灭亡，我们愿与你同归于尽！”

商汤见百姓对夏桀的怨恨已经达到了顶点，于是誓师讨伐夏桀，双方战于鸣条。百姓纷纷响应，商军同心协力、气势如虹，以排山倒海之势杀向夏军。夏军早已人心涣散，在商军的攻势下溃不成军，夏桀也被商军抓住了。商汤没有杀掉他，而是把他流放到了南巢，三年后，夏桀在屈辱中死去。

文化卡片

亡国之妃——妹喜

夏桀好战，哪个诸侯国不服从他，他就以武力征服。一次，夏桀攻打有施国，有施国连连败退，献出牛羊、马匹、美女求和，妹喜就在其中。妹喜身材袅娜，长相清丽，是绝世佳人，夏桀十分宠爱她，为她建倾宫、瑶台。妹喜喜欢听撕裂绢帛的声音，夏桀就令人进贡昂贵的绢帛，命人撕给她听。

后来夏桀攻打岷山国，岷山国非常害怕，效法有施国，献出两位美女琬和琰。夏桀如获至宝，把两人的名字刻在美玉上，以示珍爱。夏桀喜新厌旧，把妹喜丢在洛水附近，妹喜嫉恨交加，为泄愤与伊尹里应外合，加速了夏朝的灭亡。

有问必答

夏桀是中国历史上第一位亡国暴君，人们痛恨地诅咒他“时日曷丧”，还有哪些国君同样被人们痛恨呢？

商纣王

纣王是商朝的最后一个帝王，贪图享乐，宠信奸臣，残害忠臣，大造宫室，搞得民不聊生。因此天下诸侯反叛。最后周武王联合诸侯灭商。

周厉王

西周第十位君主。他专横暴虐、聚敛民财，听说百姓议论他的过失，就让巫师监视国人，听到谁有怨言就处以极刑，致使国人走在路上都不敢说话。

周幽王

西周的最后的一个君主周幽王，昏庸无道，为了博美人一笑，烽火戏诸侯。后外敌入侵，再也没有诸侯来救援了，因此导致西周灭亡。

国学大闯关

猜成语，下面是成语的直译，你能猜出对应的成语吗?

1. 四面都响起了楚国的歌声。
2. 贪恋活着，惧怕死亡。
3. 太阳啊！你什么时候灭亡。
4. 可以在大门前面张网捉鸟。

答案 1.四面楚歌 2.贪生怕死 3.时日曷丧 4.门可罗雀

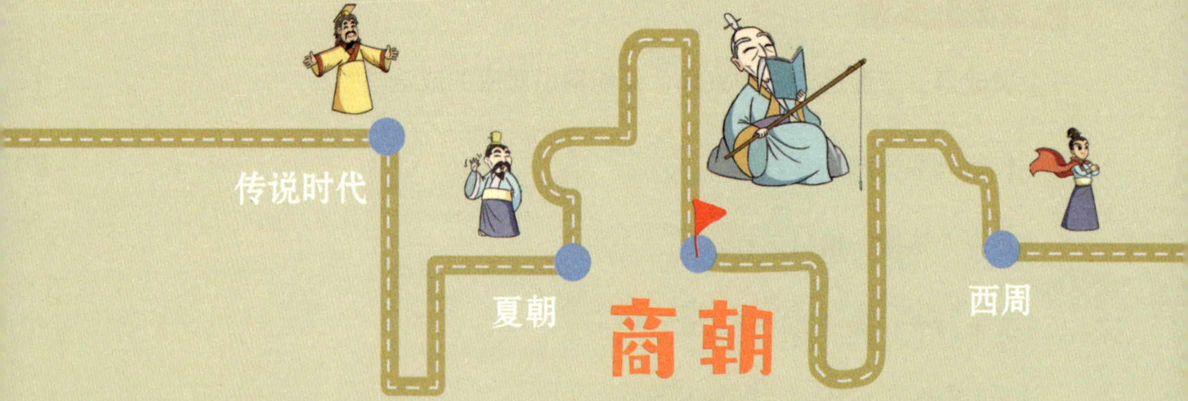

商朝

网开一面

基本信息

历史事件

汤看到猎人在四面都张了网，上前打开了三面，只留一面网。

事件主角

汤

历史坐标

商朝

成语出处

《史记·殷本纪》：“汤出，见野张网四面，祝曰：‘自天下四方皆入吾网。’汤曰：‘嘻，尽之矣！’乃去其三面。”

成语释义

原意是把捕鸟的网撤去三面，只留一面。比喻采取宽大态度，给人一条出路。

成语历史

夏朝自天子孔甲之后，国力就开始日渐衰落。至夏朝末年，商国已经成为实力最强大的诸侯国，不仅农业和畜牧业发展很快，向外扩张也很迅速。商汤继位时，商国已经成为诸侯之长，拥有不经夏朝天子批准，而自行征伐诸侯国的权利。商汤首先征伐的是葛国，因为葛国不祭祀鬼神，商汤对葛伯说："你们不能敬顺天命，虔诚地祭祀祖先，我要重重地惩罚你。"很快，商汤就灭了葛国。

商汤灭葛，葛国人民不仅不怨恨他，反而都愿意归顺商，只因葛国人民在葛伯的统治下，食不果腹，衣不蔽体，生活非常困苦，之前商国人就经常接济他们。所以商汤说："人，照一照水，就能看到自己的身形样貌；国家，看一看百姓，就知道治理得好不好。"伊尹听了汤的话，大为

感慨："汤才是英明的君主，能听进善言，他的德行才会越来越好。就要用德行高尚、为人们做好事的人治理国家，抚育万民。"

一天，商汤到郊外打猎，来到一片茂密的树林，看到四面都张着罗网，走到近前，听到张网的猎人向上天祷告说："求上天保佑，无论是天上的、地下的，还是四面八方的，都到我的网里来。"汤听了猎人的话，摇了摇头说

道："哎，你这样做太过分了！你这样张网，所有的鸟儿都要被你捕光了，实在太残忍了！"商汤一边说，一边砍断了三面的网，然后对着最后一张网，向上天祷告说："鸟儿啊，想往左边飞的，就向左边飞；想往右边飞的，就往右边飞；不听话的，就向网里钻吧。"汤说完，才对猎人说："抓鸟也不能捕尽捉绝，只捉那些不听天命的。"

诸侯和百姓们听说了这件事，都感叹说："汤真是仁德善良到了极点，连禽兽都得到了他的恩惠。"商汤正是凭借仁行善举得到各路诸侯的拥戴，最终灭夏立商，成为商朝的开国之君。

文化卡片

汤武革命

"汤武革命，顺乎天而应乎人"是说汤伐桀，灭夏立商，是上天的意志，是得人心的举动。"革"原是指把兽皮上的毛去掉，这里引申为改变，而革命也就是改变天命。古代人认为天子受天命统治百姓，所以改换朝代，被称为革命。

汤武革命是中国奴隶社会中一个奴隶主的代表革去另一个奴隶主代表的命，虽然夏朝灭亡了，但商朝仍然是奴隶社会，所以后世又称这次改朝换代为"贵族革命"。商朝是我国历史上第二个奴隶制王朝。

有问必答

为什么说“人不可做绝，事不可做尽”，要学会“网开一面”？

《朱子家训》写道：“凡事当留余地，得意不宜再往；处事须留余地，责善切戒尽言。”就是在说，做人得意时不可太过分，不懂得给别人留余地，那样就会让人退避三舍，再也不愿意和你打交道。把事情做绝，不给对手留一点后路，把人逼到死角，对手很可能狗急跳墙，给自己造成损失。所以说，做事太绝，看着是在把对手往悬崖上逼，其实自己离悬崖也已经很近了。

生活中，网开一面看似是给别人留有余地，其实是给自己留后路。今后在你遇到困难、需要帮忙时，别人也会伸出援手，这样自己的路才会越走越宽，越走越远。

国学大闯关

很多成语中都有数字，下面的成语中缺少哪些数字，想一想并填一填吧。

□手遮天	□谷丰登	网开□面	半斤□两
□头□臂	□钧□发	□奇□怪	□死□生

答案 一；五；一；八；三、六；千、一；千、百；九、一

自怨自艾

基本信息

历史事件

太甲成为商王之后，恣意妄为，伊尹将他放逐。三年后，太甲悔过自新，伊尹又将他迎回国都。

事件主角

伊尹、太甲

历史坐标

商朝

成语出处

《孟子·万章上》：“三年，太甲悔过，自怨自艾，于桐处仁迁义。三年，以听伊尹之训己也，复归于亳。”

成语释义

原意是悔恨自己的过失，自己改正错误。现在指悔恨自己的错误。

成语历史

公元前16世纪初，伊尹辅佐商汤推翻了暴虐的夏桀，夏朝灭亡，建立商朝，伊尹立下了不朽的功勋。商汤拜伊尹为卿，治理政务。商汤在位三十年去世了，商朝的继承制是兄终弟及，商汤没有弟弟，长子太丁又死在商汤之前，所以太丁的弟弟外丙、仲壬先后继位，然而两人都在位不久就相继去世了。商朝初建，连丧三王，朝野震荡。伊尹作为统管政务的重臣，力排众议立商汤的嫡长孙、太丁的儿子太甲继承王位。

太甲自幼丧父，性情顽劣，继位之后不修德政，为所欲为，屡次违反商朝的法度。伊尹忧心忡忡，多次规劝，反而引起了太甲的反感，认为伊尹想篡位。太甲当政三年，越发昏庸暴虐，甚至滥杀无辜，百姓怨声载道，眼看就要激起民愤。伊尹受商汤重托，实在不忍商朝就这样毁在太甲手中，果断采取措施。他令人在商汤墓旁建了一座宫室，也就是桐宫，随后将太甲放逐到桐宫，为商汤守墓，除了守墓人，其他人皆不得进入。

伊尹放逐太甲之后，自己代行天子之职，治理国家三年，商朝一派繁荣。这三年期间，伊尹著《伊训》《肆命》《徂后》，命太甲修习，里面详细讲述了哪些事情应当做，哪些事情不能做；帝王的为政之道；商汤制定的法律制度。除此之外，守墓人也是伊尹精心挑选的，他陪太甲一边打扫陵墓，一边读书，给太甲讲述商汤披荆斩棘、克服重重艰险，开国立商的故事，让他明白祖上的艰辛，进而认识到自己之前行为的恶劣，认识到自己被放逐的根本原因。

太甲慢慢收起了身上的戾气，认真反思自己曾经的过错，懊悔不已，他决心改正错误，以祖父为榜样。三年之后，太甲变得谦逊温和、行动谨慎、思想沉稳。伊尹大喜，亲自率领文武百官，郑重其事地将太甲迎回都城，复归天子之位，归还权柄。前事不忘，后事之师，太甲勤政爱民、纳谏如流，国家在他的治理下井然有序、诸侯归附、百姓安乐。

伊尹退居，身为辅臣，他连作三篇《太甲训》赞扬太甲。商王室对伊尹也是恭敬有加。伊尹死后，以天子之礼厚葬。伊尹被后人奉祀为“商元圣”。

文化卡片

治大国若烹小鲜

传说伊尹从小被一对奴隶父母收养，养父是厨师，养母采桑养蚕，两人住在伊水边，所以给他取姓为伊。伊尹跟着养父学了一身厨艺，以陪嫁奴隶的身份被商汤发现，备重礼三番五次聘请他。

传说伊尹常常给商汤烹饪美食，用烹饪之道喻治国之道，告诉商汤，治国要像烹饪掌握火候一样注意尺度的把握，要像调五味一样注重平衡。伊尹也因此被称为“中华厨祖”“厨圣”。

有问必答

“自怨自艾”古义和今义有什么不同呢?

自怨自艾：“怨”的意思是怨恨、悔恨；“艾”的意思是割草，比喻改正错误。所以自怨自艾的古义是指悔恨自己的错误，进而改正错误。今义则是悔恨自己的错误，消极地埋怨自责，已不包含改正错误这层意思。

人难免会犯错，但知错能改，善莫大焉，悔改才是人生进步最好的阶梯。首先，知错就改能获得经验，取长补短；其次还能避免二次损失。正所谓改小错，避大祸。有些过失尚能容许你改过自新，有些错却是连改过的机会都没有，所以防微杜渐，规避潜在的风险才是正确的。

自怨自艾的今义没有了“改过”的义项，仅有消极地埋怨自己，悔恨过错的意思。人若有过错，仅是悔恨、埋怨自己，而不改过，久而久之，很可能会自我怀疑、自我否定，遇事畏缩不前，最后生出自卑的心理，甚至会影响学习和生活。所以我们犯错切不可一味自怨自艾，而要勇于改正过错，砥砺前行。

国学大闯关

在下面的空格中填上缺少的文字，使横竖四个字都能组成成语。

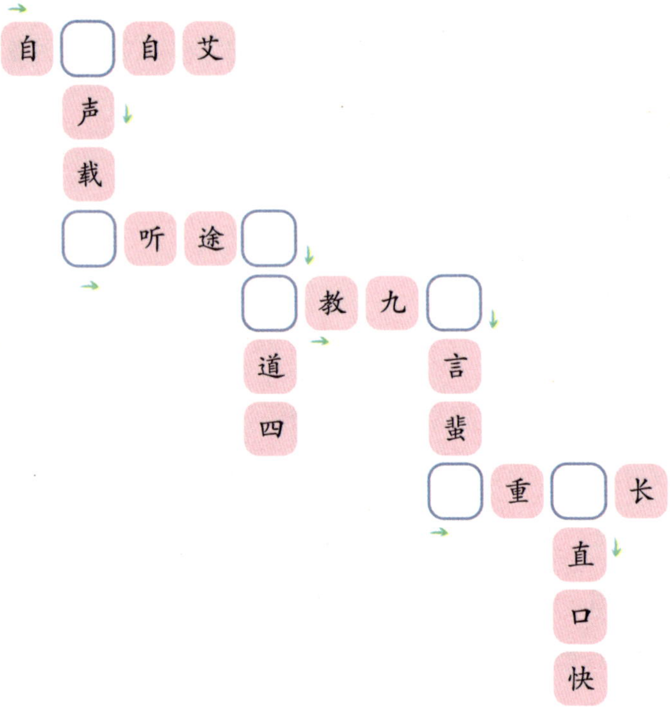

答案：怨、道、说、三、流、语、心

星火燎原

基本信息

历史事件

盘庚准备迁都，举国反对，盘庚力排众议，迁都到殷地。

事件主角

盘庚

历史坐标

商朝

成语出处

《尚书·盘庚上》：“汝曷弗告朕，而胥动以浮言，恐沈于众？若火之燎于原，不可向迩，其犹可扑灭。则惟汝众自作弗靖，非予有咎。”

成语释义

原意是一点儿小火星可以烧遍整个原野。比喻新生事物开始时力量虽然很小，但有旺盛的生命力，前途无限。

成语历史

商汤建立商朝时，定都于亳，在其后三百多年中，商朝迁都五次。为何商朝会如此频繁地迁都呢？归结原因就是天灾人祸。那时候黄河经常发生水灾，都城处在洪水威胁之下，还曾被水淹全城。而且商朝王室斗争非常激烈，为争夺王位数次发生内乱。

一直到盘庚成为君主，为了解决内忧水患，决定迁都到殷。搬到殷地不仅能摆脱黄河水患，而且那里土地肥沃，更适合农业生产。此外，迁都之后，一切从头开始，能够大幅削弱王室和贵族的权力，使君主的统治更加稳固。然而盘庚迁殷的决定遭到举国上下的反对，其中王室贵族们反对最为激烈，他们一方面贪恋安逸，另一方面不想放弃手中的权力和财物，所以不愿意搬迁。他们四处散播谣言，刻意煽动平民闹事，以此给盘庚施压，想让他放弃迁都的计划。盘庚明知他们的意图，面对所有人的反对，他迁都之心异常坚决，毫不动摇，并且他还特意发布诏告，警告那些兴风作浪的人："你们之所以不想迁都，全都是因为你们的私心，你们贪图安逸、傲慢放肆、自以为是。不是我不像先王那样任用世家旧臣，而是你们欺上瞒下，从不为我

着想。你们做的一切，我像是看火一样，看得一清二楚。做人做事要像把网结在纲上，才会有条理不紊乱；要像农民努力耕种，秋天才会有好收成。你们如果能没有私心，真正给予百姓好处，百姓才会记住你们的恩德。可如今你们四处传播谣言，就像草原上的星星之火一样，若不及时扑灭，必将成燎原之势。现在我命令你们马上浇灭即将燃烧的火星，否则，我将用重刑惩罚你们。”

盘庚挫败了所有反对势力的气焰，带着全城百姓迁都到殷，软硬兼施地稳定了局面。历史证明，盘庚迁都是正确的，这是商朝最后一次迁都，直到200余年后，纣王当政，商朝为周所灭。商朝也因此被称作“殷商”。

文化卡片

天命玄鸟，降而生商

每一个民族的源头都是神话，上古神话的起源大多来自母系氏族时代，大家知母不知父，这是一种常见的现象。

传说简狄和姊妹在玄丘洗澡，一只玄鸟飞了过来，生下一枚鸟蛋，简狄误把鸟蛋吃掉，有了身孕，生下了契。契长大之后，帮大禹一起治水，因有功而被舜帝任为司徒，受封于商地。契就是商族的始祖。

因此，商部族的图腾也是玄鸟。根据古籍的记载，最初玄鸟的形象酷似燕子，后来随着氏族部落的不断发展与融合，玄鸟逐渐变成了鸡冠、鹤足、孔雀尾的凤凰。

有问必答

在“盘庚迁殷”的故事中，除了成语“星火燎原”之外，还有两个成语，你知道是什么吗？

1. 洞若观火：形容看事物或事情非常清楚，就像看火一样。

这个成语化用于盘庚诏告中的“予若观火”，是说王室贵族们私下煽动百姓反对迁都的事，盘庚都看得清清楚楚，他们拙劣的计谋，早已被盘庚洞察。诏告所言旨在威慑王室贵族们，让他们老老实实同意迁都。

2. 有条不紊：形容做事、说话有条有理，丝毫不乱。

这个成语化用于盘庚诏告中的“若网在纲，有条而不紊”，意思是，结网看起来很复杂，但只要在做的时候顺着总绳扎，把每个结扎好，就非常有条理，不会混乱。这是盘庚教育王室贵族们，应遵从法度，服从君主，克服私心。

国学大闯关

成语大接龙，把下面成语中缺少的文字补全吧。

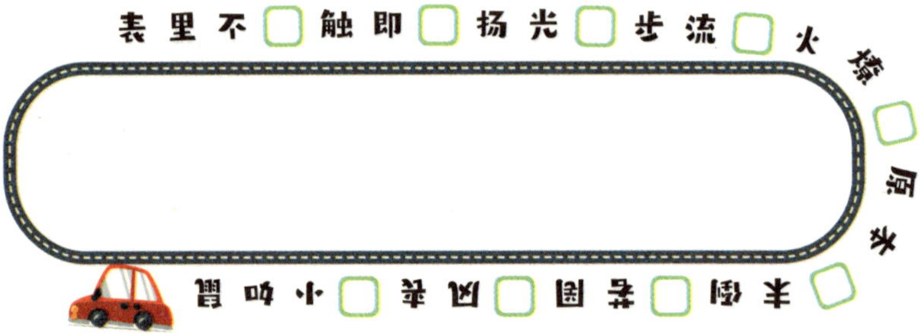

答案 一、发、大、星、原、本、置、闻、胆

知易行难

基本信息

历史事件

武丁是一位明君，找到傅说做宰相，傅说帮助武丁中兴商朝。

事件主角

傅说、武丁

历史坐标

商朝

成语出处

《尚书·商书·说命中》：“非知之艰，行之惟艰。”

成语释义

意思是认识事情的道理容易，真正做起来却很难。

成语历史

武丁是盘庚的侄子，他的父亲商王小乙为了让武丁成为一个好君主，让他与平民一同劳作，因此武丁非常了解耕作的辛苦和百姓的艰难，且从不蔑视底层劳动人民。武丁继位后，一心想要复兴商朝，他勤于政事，求贤若渴。

当时有个叫傅说的人，贤德而有才能，但他是个奴隶，在傅岩修土墙。傅说被举荐给武丁，武丁大喜，亲自去见傅说，与之畅谈一番后，发现他果

然谈吐不凡，是经世济民的奇才。当时是奴隶社会，等级森严，贵族阶级不可能让奴隶出身的傅说执掌相印。武丁就想了一个办法，他三年不管政事，三年之后，忽然说自己梦见了圣人，命人画出傅说的样貌，令百官依照画像去找人。古人都非常信奉鬼神之说，等众人找到傅说，见他与画像里的样貌一致，即便他是奴隶，也不敢有任何异议。武丁终于顺利拜傅说为相。

傅说对武丁说："国家是治还是乱，在于众官，官职不可授予近亲，而当授予那些能者；爵位不可赐给坏人，而当赐给那些贤能之人。万事考虑好之后再行动，还要抓住时机。做事要有准备，有准备才没有后患。"武丁连连点头："你说得非常对，我要按此实行。"傅说当即跪拜武丁，说道："知道并不难，实行起来却很艰难。大王如果真的能实行，就符合先王的盛德了。”

自此以后，傅说一心一意辅佐武丁，帮助武丁整饬朝纲、整治腐败，大力推行新政；同时发展生产、改善民生、富国强兵。武丁对傅说言听计从，商朝朝廷内外秩序井然，国家实力大增。武丁率军征伐经常侵扰商朝边境的方国，包括羌方、土方、人方、鬼方、虎方、荆楚等，不仅让国家获得了安定的发展环境，同时扩大了疆土，令四方臣服，商朝进入历史最强盛时期，这就是著名的“武丁中兴”。

文化卡片

中国第一位女将军——妇好

1976年，河南安阳殷墟发现了妇好墓。妇好是商朝君主武丁的妻子，是中国历史上有据可查的第一位女将军。她带领商军东征西讨，将商朝的版图扩大了数倍。

妇好不仅是武丁的王后，还经常与武丁并肩作战，是武丁的左膀右臂。妇好拥有自己的封地和军队，同时还是国家的主祭司和占卜之官，经常主持祭天、祭祖、祭神和占卜等活动。

妇好死后，武丁悲痛不已，不忍心与她分离，所以将妇好的墓建在议事殿旁边。武丁厚葬妇好，所以妇好墓中出土了大量的青铜器、玉器。

有问必答

为什么说万事“知易行难”“坐而言不如起而行”？

大道至简，知道道理并不难，真正实行起来才难。想做成一件事，其中的艰难困苦、重重阻碍常常令人备受打击、心灰意懒，甚至放弃最初的目标。所以知道不等于做到，没有行动，一切只是空谈。要想取得成就，就必须要去实践。

古今中外，能实现理想的人少之又少。那些实现理想的人，都是行动派，他们用行动达成一个又一个目标，拉近自己与理想的距离。所以那些成功的人都把少说话、多做事奉为行动的准则，通过脚踏实地的行动，达成自己的目标。毕竟路虽远，行则将至；事虽难，做则必成。

国学大闯关

下列成语，颠倒其中两个字的位置，它的意思就会完全改变，来试一试吧。

1. 知易行难
2. 事半功倍
3. 重文轻武
4. 外柔内刚
5. 重利轻义
6. 屡战屡败

答案 1.知难行易 2.事倍功半 3.重武轻文 4.外刚内柔 5.重义轻利 6.屡败屡战

酒池肉林

基本信息

历史事件

传说商纣王以酒为池，以肉为林，彻夜饮酒作乐，生活奢靡至极。

事件主角

纣王

历史坐标

商朝

成语出处

《史记·殷本纪》：“以酒为池，悬肉为林。”

成语释义

以酒为池，以肉为林。指荒淫腐化、极端奢侈的生活；也形容酒肉非常多。

成语历史

帝辛是商朝最后一位君主，世称“纣王”。他在位三十年，直到商朝灭亡。纣王力气很大，能徒手与猛兽搏斗，而且人也很聪明，口才极好，但同时也穷兵黩武、不听谏言、自以为是。纣王常年征伐，多次攻打夷方，讨伐有苏氏。有苏氏兵败，连忙将女儿苏妲己献给纣王求和。妲己美艳绝伦、倾国倾城，纣王原本就嗜酒放荡，贪图美色，得到妲己之后顿时迷失于她的美色，自此以后与妲己夜夜笙歌，荒废朝政。

纣王大兴土木营建朝歌，修琼室、鹿台、玉门，耗费大量人力、物力、财力，致使国库紧张。纣王重用奸臣飞廉、恶来等人，加重赋税，大肆敛财、搜刮百姓，致使百姓生活越发困苦，百姓怨声载道。纣王的生活却越来越奢靡无度，鹿台的钱库里堆满了钱；钜桥的粮仓堆满粮食；到处搜集珍奇异宝，装饰自己的宫殿；令人寻得猎狗和宝马，供自己赏玩。

为了讨妲己欢心，纣王令乐师创作靡靡之乐，在宫中彻夜演奏，命歌姬舞蹈，哄妲己开心。纣王还让人在鹿台上挖了一个十丈长、五丈宽、两丈深的大池子，池中倒满酒；令人捕捉大量野兽，割下它们身上的肉精心烤炙，然后悬挂起来，远远看去，就像是一片树林。纣王令年轻男女赤身裸体，在酒池肉林之间追逐嬉戏，饮酒寻欢，通宵达旦。

纣王的纵欲无度、奢侈无道终于激起了人民的反抗。最终纣王国破家亡，穿着缀满珠宝的彩衣，自焚于鹿台之上，妲己也被杀。

文化卡片

中国第二个朝代——商

商朝（约公元前1600年—公元前1046年），是中国历史上第二个朝代，又称“殷”或“殷商”。

商的始祖是契，从契到汤历时五百余年，传承十四代，迁都八次。商汤灭夏立商之后，商朝又迁都五次，至盘庚迁殷，国都才稳定下来，此后的二百多年，再未迁都。

商朝的王位是世袭制，刚开始是兄终弟及，后变为父死子继，到商朝后期，又改为嫡长子继承制。商朝是中国奴隶社会的鼎盛时期，国家权力确立，奴隶制社会秩序稳固。商朝的甲骨文和金文是迄今为止，我国发现的最早的成系统的文字符号。商朝人迷信占卜之术，现存的甲骨文大多都是占卜记录。

有问必答

除了商纣王过着酒池肉林、穷奢极欲的生活外，你还知道哪个帝王也是这样？哪个帝王正好与他们相反？

荒淫无度的夏桀

夏朝的最后一个君主桀奢靡无度，他在宫中造了一个可供3000人同时饮酒的酒池，酒池大得可以行船，很多人因为喝醉而溺死在酒池之中，夏桀看到就会开怀大笑。

克勤克俭的大禹

夏朝的开国之君大禹被舜帝赞扬克勤克俭。大禹治水期间，不仅任劳任怨，生活用度也十分节俭。正因为他治水能力卓越，再加上他克勤克俭的品格，才使得舜帝把帝位禅让给他。

国学大闯关

很多成语是经过精简提炼而成的，看一看下面的原句，你能写出提炼后的成语吗？

1. 车如流水，马如游龙
2. 一日暴之，十日寒之
3. 星星之火，可以燎原
4. 其为书，处则充栋宇，出则汗牛马
5. 谁言寸草心，报得三春晖
6. 投我以桃，报之以李
7. 瓜田不纳履，李下不整冠
8. 以酒为池，悬肉为林

答案 1.车水马龙 2.一曝十寒 3.星火燎原 4.汗牛充栋 5.寸草春晖 6.投桃报李 7.瓜田李下 8.酒池肉林

一窍不通

基本信息

历史事件

比干当面直谏纣王之错，纣王大怒，剖出比干的心。

事件主角

比干、纣王

历史坐标

商朝

成语出处

《吕氏春秋·过理》："纣杀比干而视其心，不适也。孔子闻之，曰：'其窍通，则比干不死矣。'"

成语释义

原意是没有一窍是贯通的。比喻什么都不懂。常用于讽刺他人愚蠢和糊涂。

成语历史

比干是商王室重臣，辅佐了商朝末年两代君王，是商王帝乙的托孤重臣，真正的贤才良相。更难能可贵的是，比干不仅对国家忠心耿耿，他还敢于为民请命。所以看到纣王昏庸无道、胡作非为，整日与妲己饮酒作乐，荒淫无度，根本不理朝政，比干心急如焚，三番五次直言劝谏纣王要勤修内政、修身养性，不可沉迷于女色，更不能听信妲己的谗言。

纣王被比干念叨得恼怒不已，妲己对比干更是恨之入骨，但比干毕竟是两朝元老，在朝中威望甚高，妲己有所忌惮，所以妲己给纣王出了一个主意，发明了一种令人胆寒的刑罚：把粗大的铜柱放倒，下面架起炭火烧烤铜柱，然后让人光脚在上面走。铜柱被炭火烤得炙热难当，人在上面走不了几步就会掉进下面的炭火之中，被活活烧死。这就是“炮烙之刑”。很多劝谏纣王的忠臣，都死于炮烙之刑。纣王和妲己看着那些整日指责他们的人在炭火里挣扎惨叫，大笑不已。

纣王和妲己认为这样就能吓退比干，不承想比干为国家社稷、为百姓安康，早已将生死置之度外，比干曾说：“为人臣子，君主有过错不谏非忠，畏死非勇。”意思是，臣子看到国君暴虐成这个样子不去劝谏，那就是不忠；为了怕死而不敢说话，那就是不勇敢。比干为阻止纣王的倒行逆施，长跪摘星楼强谏，三日不

饮不食。纣王大怒，面目狰狞地道：“你真以为我不敢杀你吗？”比干从容地说：“我秉承一颗为国之心，请求陛下行仁义之举。大王切不可再听信妇人的胡言乱语，否则就要大祸临头了！”纣王怒不可遏，妲己见状，趁机在旁边煽风点火道：“比干不是一直觉得自己是圣人吗？我听说圣人的心有七窍，不如我们剖开他的心，看看是不是真的有七窍。”听了妲己的话，纣王居然真的让人活活挖出了比干的心。比干一生赤胆忠心、大公无私，就这样丧命于残暴的纣王之手。

比干之死，引发了群臣和百姓强烈的反抗，山河震荡。纣王自毁长城，不久之后，商朝就灭亡了。

文化卡片

殷末三仁

“殷末三仁”是指殷商末年齐名的箕子、微子、比干三人，亦称“殷末三贤”。

微子 微子是纣王的兄长，多次向纣王谏言，纣王都没有采纳，微子就离开了。后周朝灭商，周成王封微子于商朝发源地、旧都商丘。微子建立宋国，成为周朝宋国的始祖，所以微子又被称为“宋微子”。

箕子 箕子是纣王的伯父，苦心谏阻，纣王不听，后装疯被纣王囚禁。商为周灭之后被释放。

比干 比干是纣王的叔叔，殷商王室重臣，历经两朝，忠君爱国。他主张减轻赋税徭役，鼓励发展农牧业生产，提倡冶炼铸造，富国强兵，成为“亘古忠臣”。武王灭商后，封比干为“国神”。

有问必答

孔子看了比干被剖心而死的故事后，说道：“其窍通，则比干不死矣。”孔子为何这么说呢？

孔子这句话的意思是：如果纣王的心通了一窍，就不会做出糊涂事，把比干杀了。后来，人们就从这句话中引申出成语“一窍不通”。

高诱注解孔子的话时，做了进一步解释：纣王性情不仁义，心智不开明，做如此恶毒的事情都做得心安理得，所以他杀了忠心为国的比干。但凡他有一点心智，或仁德，或分辨善恶的能力，那么比干都不会死，可惜他什么都没有，这就是一窍不通。

国学大闯关

歇后语由前后两部分组成：前面像谜面，后面像谜底。把下面歇后语的“谜面”和“谜底”连起来吧。

铁公鸡	远走高飞
实心竹	一毛不拔
叶公好龙	一窍不通
纵虎归山	口是心非
包公断案	铁面无私
断线的风筝	后患无穷

答案 铁公鸡——一毛不拔；实心竹子——一窍不通；叶公好龙——口是心非；纵虎归山——后患无穷；包公断案——铁面无私；断线的风筝——远走高飞

倒戈相向

基本信息

历史事件

周军与商军在牧野决战，商军自知不敌，无心作战，前面的士兵纷纷调转兵戈转而攻打己方军队。

事件主角

周武王、纣王

历史坐标

商朝

成语出处

《尚书·武成》："会于牧野，罔有敌于我师，前徒倒戈，攻于后以北，血流漂杵。"

成语释义

调转兵戈，攻打自己人。比喻帮助敌人反对自己。

成语历史

公元前1046年，商朝的方国之一，周国的首领武王姬发为拯救生活于水深火热之中的百姓，起兵讨伐暴虐的商纣王。被纣王欺压过的小方国纷纷

率军响应。大军会师于孟津，一路势如破竹，来到距商朝都城朝歌七十里的牧野。

周武王在牧野召开誓师大会，他说："母鸡不报晓，如果母鸡代替雄鸡打鸣，国家就要灭亡。如今纣王听信妇人之言，不祭祀祖先，不理国政，任用小人为非作歹，残害亲族兄弟……他罪恶滔天，我上承天意，惩罚纣王的倒行逆施。希望大家像猛虎、像熊罴、像豺狼、像蛟龙一样冲杀。但不要杀害那些投降的士兵，要让他们帮助我们一起进攻！"牧野之战自此拉开序幕。

纣王猛然听说大军已经到了牧野，一时间慌了手脚，放眼望去，朝中已无可用之人，大部分被他杀害，剩下的也逃离了朝歌；再清点军队，发现主力部队还在东夷作战，紧急调动大军也是远水解不了近渴。纣王再三思量，只好把战俘、奴隶和囚犯拼凑成七十万兵马，自己亲率大军急忙开赴牧野战场。

武王的军队是周国训练多年的精锐，有战车三百五十辆，士卒四万五千人，精锐士兵三千人。联军虽然人数少，但都是训练有素、身经百战的将士。纣王的人马虽多，却军心涣散，战斗力极差。两军对比，高下立现。

甲子日的清晨，随着战鼓之声响彻云霄，牧野之战正式开启。以周军为首的联盟军群情激昂，如猛虎般冲入商军大阵。商军的士兵本就是俘虏和奴隶，他们内心憎恨纣王，此时见敌人来势汹汹，顿时调转兵戈，与联盟军一同冲向商军的大部队。七十万商军自相残杀，尸横遍野；联盟军刀兵挥落，血流成河，连杵都漂起来了。牧野一战，战事惨烈，商军战死十八万，被俘三十三万，其他人四散而逃了。

纣王知道大势已去，逃回朝歌，引火自焚。由商汤建国，传承了五百多年的商朝自此灭亡。

文化卡片

灿烂的殷商文明

1.甲骨文 刻在兽骨和龟甲上的文字，主要指殷墟甲骨文。它是我国已发现的最早的、体系较为完整的文字。

2.青铜文化 殷墟出土大量青铜器，代表作就是后母戊大方鼎，商朝因此成为世界古代青铜文明的中心之一。

3.天文历法 在夏历的基础上调整阴阳合历，使其趋于完备，为中国传统历法奠定了基础。其多次记录日食月食情况，其中还有世界上最早的新星观测记录。

4.数学成就 明确十进制，出现了奇数、偶数和倍数的概念，具备了基础计算能力。

5.音乐方面 分为民间音乐和宫廷音乐，出现青铜乐器、乐舞和专业乐人。

有问必答

除了“倒戈相向”之外，你还知道哪些出自“牧野之战”的成语?

1. 恶贯满盈：意思是罪恶之多，就像把一根穿钱的绳子穿满了。形容罪恶极多，已经到了受惩罚的时候。

成语出自周武王讨伐纣王的誓词“商罪贯盈，天命诛之”，是说商纣王罪恶滔天，上天让我惩罚他。

2. 牝鸡司晨：意思是母鸡报晓。比喻女人窃权乱政。

成语出自周武王讨伐纣王的誓词“牝鸡无晨。牝鸡之晨，惟家之索。”是说母鸡报晓，家就要毁了。这里比喻纣王听信妲己的话，女人祸乱朝政，商朝就要灭亡。

3. 血流漂杵：原意是血流成河，连木杵都漂起来了。形容战死的人很多，也泛指流血很多。

成语出自“前徒倒戈，攻于后以北，血流漂杵”，是说牧野之战，战况惨烈，死伤众多，血流成河。这是一种夸张的说法，极力渲染流血之多。

国学大闯关

对下面表示战争含义的词语进行涂色。

以子之矛，攻子之盾　　枕戈待旦

倒戈相向　　短兵相接

马放南山　　天昏地暗

一夫当关，万夫莫开

答案　倒戈相向；短兵相接；一夫当关，万夫莫开；枕戈待旦

太公钓鱼，愿者上钩

基本信息

历史事件

姜尚在河边用直钩钓鱼，周文王见了很奇怪，交谈之后知道姜乃贤者，拜为太师。姜尚谋略过人，辅佐周王灭商立周。

事件主角

姜尚

历史坐标

商朝

成语出处

《武王伐纣平话》卷下:“姜尚因命守时，直钩钓渭水之鱼，不用香饵之食，离水面三尺，尚自言曰:‘负命者上钩来!’”

成语释义

比喻心甘情愿地上当。

成语历史

姜尚的先祖曾随大禹治水，因功被封于吕地，到姜尚这一代，已然穷困潦倒。姜尚为维持生计，做过宰牛卖肉的屠夫、干过帮工、当过小贩。即便如此，姜尚依然苦学不辍，几十年如一日。待到他上知天文地理，下能治国安邦之时，他首先来到了朝歌，成为商朝的官员。在亲眼看到纣王的穷奢极欲、昏庸无道之后，他知道商朝必亡，所以毅然离开朝歌，几经辗转来到渭水之滨，这里是商朝强大的方国之一——周国的领地。

姜尚日日坐在磻溪边钓鱼，可是他的钓钩却是直的，上面不仅没挂鱼饵，鱼钩还离水面三尺高。姜尚悠闲地坐在岸边，自言自语：“不想活的鱼

儿，自己上钩来吧！”樵夫路过溪边，见姜尚如此钓鱼，大笑着说道：“你如此钓鱼，就是钓100年也钓不到啊！”姜尚却说：“我宁愿在直中取，也不向曲中求。我钓的也不是鱼，而是王侯。”原来姜尚早就听说周国国势日强、人心所向，君主西伯侯姬昌仁政治国、广纳贤士，这才来到周国想一展所学，实现心中的抱负。

这天，姬昌乘车到渭水边打猎，姜尚奇特的钓鱼方式吸引了姬昌的注意，姬昌于是上前问姜尚为何不用饵钓鱼，姜尚说：“用饵钓鱼就像用人才，有三种：用丰厚的薪水收买人才，用大量的赏金收买死士，用官职招揽人才。凡是垂钓的人，目的都是为了得到鱼，其中的道理十分深奥。”姜尚的话立时引起了姬昌的兴趣，继续追问，姜尚又说道：“用香饵钓鱼，可以吃到鱼；用爵禄网罗人才，人才就能为己所用。圣人考虑的是如何争取人心。”姬昌连忙问道：“有什么办法能使天下归心呢？”姜尚回答：“天下不是一个人的天下，而是所有人的天下。能与天下人共享利益，就是仁爱；能消弭天下人的苦难，就是恩德；能与天下人同忧乐共好恶，就是道义；能为天下人谋求利益，就是王道。仁爱、恩德、道义、王道在谁身上，天下人心就会归附到他那里。”姬昌听了姜尚的见解，知道他是一个目光远大、学问渊博的人，非常高兴，说道：“先生讲得太好了。我祖父曾对我说，将来会有个了不起的人帮我们兴盛周国，说的就是您啊。我们已经盼您很久了。”

于是，姬昌把姜尚请上马车，一起回到国都，拜他为太师，委以重任。姜尚果然辅佐姬昌和他的儿子姬发推翻了商朝，建立了周朝。姜尚也因功勋卓著，被封于齐地，实现了自己建功立业的愿望。

文化卡片

兵家鼻祖——姜尚

姜尚，姜姓，吕氏，名尚，字子牙，号飞熊，所以又称姜尚、吕尚，俗称姜太公。他是周朝的开国元勋，政治家、军事家、韬略家，中国兵学的奠基人，被尊为兵家鼻祖、武圣、百家宗师。

姜尚被周文王所聘，成为周国的首席智囊，后辅佐周武王灭商，建立周朝。周武王大封天下，姜尚被封于齐，成为齐国的开国之君，不过他一直没有回封地，而是辅佐周王室平定内乱、开疆扩土，辅佐成王、康王，促成成康之治。

据说姜尚著有《六韬》，又称《太公六韬》，对后代的治国思想有很大的影响。《六韬》被列为《武经七书》之一，为武学必读之书。

有问必答

太公钓鱼是愿者上钩，还是有备而来?

姜尚身负开疆拓土、安邦定国之能，他去过朝歌，本想在商朝一展抱负，但是纣王暴虐无道，他知道商朝行将灭亡。通过多方考察对比，姜尚才选定了周国。因为周国的国君非常仁义，而且善待贤才，周国的实力强大，具备推翻商朝的能力。姜尚这才来到周国，在磻溪边直钩垂钓，静待明主。

周文王能够“上钩”，是文王慧眼识珠、求贤心切；姜尚磻溪垂钓，一方面是他早已确定周国国政清明，国君胸怀天下，另一方面则是他身负绝学，能够助周国国君一统天下，所以姜尚有备而来，最后功成名就。

国学大闯关

后人经常用“姜太公钓鱼”这个典故来写贤才待用以及贤能辅国大业兴隆，下面的词语，哪些是后人化用这个典故创作的？把它们圈出来吧。

太公钓

子牙垂钩

钓周

吕钓

钓鱼城

直钩钓国

大钓无钩

垂钓诸天

答案 太公钓 吕钓 子牙垂钩 钓周 大钓无钩 直钩钓国

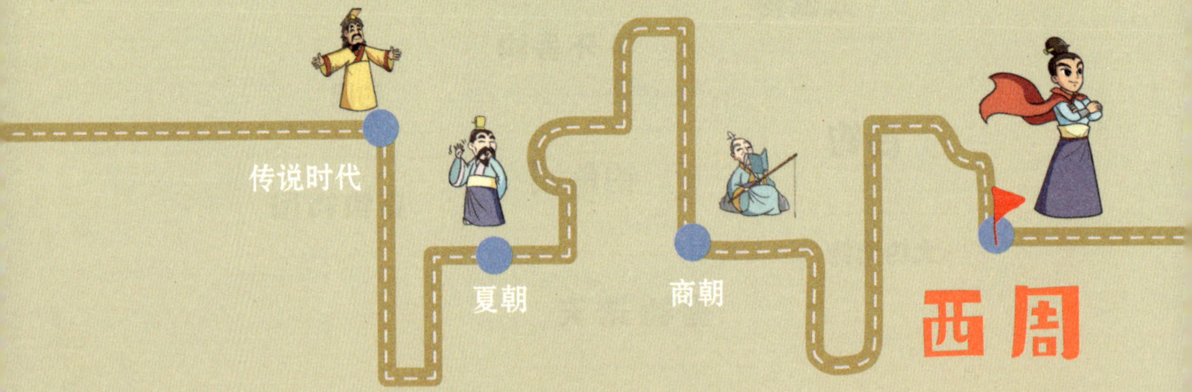
传说时代
夏朝
商朝
西周

玩物丧志

基本信息

历史事件

周武王很喜欢进贡的狗，经常赏玩，召公进谏说大王不能沉迷于玩物，武王幡然醒悟，遂把所有贡品都赏赐给功臣了。

事件主角

周武王

历史坐标

西周

成语出处

《尚书·周书·旅獒》：“玩人丧德，玩物丧志。”

成语释义

指迷恋于所玩赏的事物而消磨了积极进取的志气。

成语历史

周武王联合庸、蜀、羌、濮等部族共伐商纣王，灭殷商之后，建立了周朝，定都镐京。周朝在姜太公、周公旦、召公奭等人的治理下国泰民安，万国来朝，连许多地处偏远的国家都争先恐后地派人到镐京，向周武王称臣纳贡。一时间，镐京涌入大量珍禽异兽、天材地宝。

这天，西方旅国的使臣拜见武王，向他献上一只威风凛凛的大狗，并说

它是獒，十分凶猛、善于搏斗，连狼都怕它。这只獒灵性十足，虽然长得高大威猛，但看到武王却匍匐下身体，就像是在行跪拜礼。武王见了，满脸欣喜，一边命人收下獒犬，一边重赏了使者。随后，武王每天都去喂獒犬，并且越来越喜欢它。

太保召公奭把武王的一举一动看在眼里，感觉武王的做法不妥，于是他写了一篇《旅獒》劝谏武王。文中写道："德行高尚的人不会侮辱、轻慢别人。轻慢、侮辱别人，别人就不会尽心为您做事；轻慢、侮辱百姓，百姓就不会尽力建设国家。不沉迷女色，就能及时处理国家大事。如果把人当作玩物，就会失掉德行；如果把珍奇之物当作宝贝，就会丧失志气。您要坚定意志，善于听取别人的谏言，才能成就功业。不是土生土长的狗和马，就不要养了；珍禽异兽也不要收归国家；那些进贡的珍宝奇玩也没什么实用，不用那么稀罕；最主要的还是要重视贤才，有贤才国家才能安定。四方诸侯纳贡的东西，还是赏赐给功臣，以表达您的心意。君王一定要勤政，不可懈怠，一旦懈怠就像堆一座山，已经堆了九仞高，就差最后一筐土了，结果失败了。如果您能做到，百姓就能安居乐业，姬姓也可世代为王。”

武王读了《旅獒》，想到纣王自焚、商朝灭亡的惨痛教训，感觉召公奭说得有道理，于是听从他的建议，把贡品分赐有功之臣，连自己最喜爱的獒犬都赏给了臣属，他自己则兢兢业业治理国家。此后国家政通人和、国泰民安。

文化卡片

国祚时间最长的国家——周朝

周朝（前1046年—前256年），我国第三个奴隶制王朝，也是奴隶制鼎盛的时期，传国32代37王，享国790年，分为西周和东周两个时期，是中国历史上存在时间最长的朝代。

周朝开国国君是周武王姬发，定都镐京（今陕西西安）。历经三监之乱、成康之治，公元前771年镐京陷落，西周灭亡。公元前770年，周平王东迁洛邑（今河南洛阳），称为东周。东周分为春秋和战国两个时期。在东周时期，中国的社会制度发生剧烈变化，奴隶社会逐渐瓦解。

有问必答

现代社会科技发达，各种游戏层出不穷，面对越来越多的诱惑，我们怎么才能自我克制，不玩物丧志呢？

首先，我们要知道虚拟的游戏不是真实的生活，沉迷于游戏会让我们更加孤独。要想有真正的朋友，过丰富多彩的生活，可以多与朋友一起出去旅行、吃饭、聊天。

其次，玩游戏的快乐都是暂时的，沉迷其中不仅浪费时间，还会消磨我们的意志，让我们在现实中失去责任感、使命感。所以，要给自己树立目标，为了实现理想努力提升自己。

最后，长时间打游戏会伤害身体。要学会转移注意力，培养更多的兴趣，合理规划时间，把精力花费在有意义的事情上。

国学大闯关

下面哪些词与“玩物丧志”意思相近，把它与“玩物丧志”连起来吧。

志大才疏　　不求上进

玩物丧志

业精于勤

不务正业　　超然物外

游手好闲

答案　不务正业、不求上进、游手好闲

爱屋及乌

基本信息

历史事件

商朝灭亡后，周武王决定不杀商朝遗民，放他们回家。

事件主角

周武王

历史坐标

西周

成语出处

《尚书大传·大战》：“爱人者，兼其屋上之乌；不爱人者，及其胥余。”

成语释义

爱一个人连他屋顶上的乌鸦都一起爱。比喻爱一个人连带关心与他有关的人或物。

成语历史

周武王带领联盟大军在牧野打败纣王之后，乘胜追击，一路攻入朝歌。纣王自焚而亡，立国五百余年的商朝宣告灭亡。周武王带领大军入驻朝歌之后，商朝百姓人心惶惶，天下并未安定，周武王深感不安，于是招来最信任的三位臣属姜太公、召公奭和周公旦共同商议对策。

周武王忧心忡忡地问姜太公："现如今，我们已经进了殷都，商朝已亡，我们应该怎样处置商朝遗留下来的平民、贵族和官吏呢？"姜太公答道："我听说一个人如果喜爱另一个人，会连他屋顶上的乌鸦一同喜爱；如果不喜欢那个人，则会连他家的墙壁、篱笆都厌恶。大王您觉得如何？"姜太公的意思是，斩草除根，把商朝遗民全部杀掉，一个不留。周武王听了连连摆手，说："不行，不行。"

召公奭见周武王不想杀尽商朝遗民，于是想了一个折中的办法："大

王，有罪杀，无罪活。我们应当把有罪的人都杀死，一个不留。那些没犯过大错的人，就留下，以显示您的恩德。您看怎么样？”周武王思索了半晌，还是摇了摇头，说道：“不可。还有更好的办法吗？”

周公旦见二人的提议都被否定了，便已知晓了周武王的心意，于是上前说道：“既然商朝已灭，他们就已是我周朝的百姓了，应当让他们回到自己的家乡，耕种田地，自食其力。这样也能显示大王既不偏爱自己的朋友、亲属，也不苛责商朝的遗民。如此，大王便可用仁政来感化天下百姓。”周武王听了，非常高兴，周公旦的提议正合他意，于是传令下去，照此而行。

政令一颁布，商朝遗民果然感激涕零；传到其他诸侯国，大家也纷纷赞扬周武王仁爱天下，是一代明君。自此，周朝民心归附，天下很快安定下来。

文化卡片

周朝始祖，五谷之神

后稷，周人的始祖，姓姬，名弃。后稷被尊为稷王、农神、耕神、谷神，是我国的农耕始祖，五谷之神。

相传，后稷的母亲是姜嫄，姜嫄因为踩了巨人脚印而怀有身孕，生下了后稷。也有史书记载，后稷是黄帝的玄孙、帝喾的儿子。

传说，后稷小时候就喜欢种麻和菽，长大后，擅长种谷物，还教大家耕种。后稷是我国第一个建立粮食储备库和畎亩法的人。他还曾放粮救灾，送给百姓种子。他被尧帝发现并举荐，遂做了农师。后来，他又成为大禹最倚重的“三公”之一。

有问必答

“爱屋及乌”在心理学上属于一种“晕轮效应”。我们在生活中，怎样才能更好地运用这种心理呢?

“晕轮效应”是指一个人对另一个人的认知，往往是从局部出发得出整体印象。也就是说，人们对新朋友的第一印象非常重要，很多人都是凭借第一印象推论出这个人的整体情况。所以，我们在与新朋友第一次见面时，要得体大方、亲和友善，这将在很长一段时间内影响对方对你的整体认知。

人们对一个人的认知和判断如果被标明是好的，他就会被肯定的光环笼罩，并被主观地赋予好的品质；如果一个人被标明是坏的，他就会被否定的光环笼罩，并被认为具有坏品质。所以人不可做出有损人格的事，因为只要做过一次，被人知道，就会一辈子留下不好的印象，且很难洗刷掉。

国学大闯关

下列成语中，哪个成语缺少“乌”字，哪个成语缺少“鸟”字，连一连吧。

乌

	鸦	反	哺
惊	弓	之	
	合	之	众
	语	花	香
小		依	人
爱	屋	及	
化	为		有
	尽	弓	藏

鸟

答案 乌鸦反哺、惊弓之鸟、乌合之众、鸟语花香、小鸟依人、爱屋及乌、化为乌有、鸟尽弓藏

未雨绸缪

基本信息

历史事件

周公旦摄政，三监叛乱，周公旦亲率大军东征，三年平乱。

事件主角

周公旦

历史坐标

西周

成语出处

《诗经·豳风·鸱鸮》："迨天之未阴雨，彻彼桑土，绸缪牖户。"

成语释义

天还没有下雨，先把门窗关严。比喻事先做好准备工作。

成语历史

周武王灭商后，建立了周朝。周朝初立，为奖赏有功之臣、加强对各地的控制、巩固统治，周武王大封天下：把焦、祝、蓟、陈、杞这些地方分封给古代帝王的后裔，表示崇敬先德；把鲁、齐、燕、卫、晋、虢等地分封给王族和功臣，以奖掖功臣、拱卫京畿；把殷地封给纣王之子武庚，这是因为当时奉行"灭国不绝祀"的原则，所以周武王采取以殷制殷，一方面保证殷商祭祀不绝，另一方面也是为了安抚殷商遗民、收买人心，展现自己仁政治国。

周武王虽然封赏了武庚，但终究不放心，怕他复国之心不死，因此他在朝歌周围设立了邶、鄘、卫三国，并把他们封给自己的弟弟霍叔、管叔、蔡叔三人，他的意图是令三人就近监督殷商遗民，以防他们造反。历史上称他们为“三监”。

天下初定，但周朝依然强敌环视，立国未稳。周武王为处理国事，稳定天下局面，常常夜不能寐，由于过度辛劳，在灭商的第二年就病倒了。周室大臣们忧心忡忡，担心周武王一旦薨逝，天下会再次大乱。周武王的病情一度好转，众人还没来得及庆贺，又很快恶化了。弥留之际，周武王心知天下尚未安定，儿子姬诵年纪太小，没有能力掌管天下，于是叫来弟弟周公旦，将儿子托孤于他，同时把管理天下的重担一并委托给了周公旦。

周武王驾崩，天下诸侯果然蠢蠢欲动，周公旦临危受命，代替周成王处理政务，主持国家大事。周公旦摄政引起了王室其他成员的不满，其中以“三监”为首。周公旦无奈，对姜太公、召公奭说：“武王早逝，成王年幼，天下惶惶，我只是为了完成武王遗愿，稳定周朝大业，才被迫上位的。”

为表明心迹，周公旦还写了一首诗给成王，名字为《鸱鸮》。诗的大意是：“猫头鹰啊猫头鹰！你已经抓走了我的孩子，不要再毁坏我的家了。我日夜操劳、费尽心血，为了养孩子又累又乏。趁着现在天晴，还没下雨，赶紧取些桑杜的树枝和树皮，把窗子修补好，绑结实。为了筑巢，我累得手都麻了，不仅采芦花铺垫巢穴，还贮存了干草。我的嘴都累痛了，可惜窝还没修好。我的巢穴在又险又高的树上，在风雨中飘摇，我吓得瑟瑟发抖。”这首诗写出了周公旦对“三监之乱”深切的担忧，也写出了他对周成王的忠心，以及在其位的如履薄冰。

不久，周成王派周公旦带兵征讨作乱的“三监”和武庚。周公旦得到姜太公的支持，率军东征。用三年时间彻底平定“三监之乱”，杀了管叔，放逐了蔡叔，贬霍叔为庶民，诛杀了武庚。因为纣王的兄长微子启没有参加“三监之乱”，所以周公旦平叛之后，命微子启继续奉祀殷的先公先王，在宋地立国，史称宋国。

文化卡片

儒学先驱——周公旦

周公，姓姬名旦，也称叔旦，周文王姬昌第四子，周武王姬发的弟弟。他是周朝的开国元勋，也是我国儒学的先驱，被称为“元圣”。因为采邑在周，故称周公。

周公为周朝的立国和巩固立下了汗马功劳。他随周武王东征伐纣，周武王薨逝，他摄政辅佐周成王，平叛“三监之乱”，营建洛邑，最后还政于周成王。在制度上，周公制定了一套完整的典章制度，如宗法制和分封制；文化上，周公提出“明德慎罚”的道德规范，制礼作乐，使天下大治。他的一系列作为为周朝的“成康之治”奠定了基础。

有问必答

古人特别强调做事要“未雨绸缪”，你还知道哪些类似的语句？

1.《左传》：居安思危，思则有备，有备则无患。

释义：处于安全环境时要考虑到可能出现的危险，考虑到危险就会有所准备，事先有了准备就可以避免祸患。

2.《礼记·中庸》：凡事预则立，不预则废。

释义：无论做任何事，事先有准备就可以成功，否则就会失败。

3.《孟子》：生于忧患，死于安乐。

释义：忧患的处境会使人发奋而得以生存；安乐的生活会让人懈怠而导致灭亡。

国学大闯关

“未雨绸缪”中的“绸缪”是什么意思呢？

A.**连绵不断**　B.**情意绵绵**　C.**语言深奥**　D.**紧密缠缚**

答案 D

周公吐哺

基本信息

历史事件

周公旦留在都城辅佐周王，让儿子伯禽去封地就任，临走前叮嘱他一定要尊重贤士。

事件主角

周公旦

历史坐标

西周

成语出处

《韩诗外传·卷三》：“周公诫伯禽曰：‘吾，文王之子，武王之弟，成王之叔父也，又相天子，吾于天下亦不轻矣。然一沐三握发，一饭三吐哺，犹恐失天下之士。’”

成语释义

周公吃饭时，若有贤士登门，周公数次吐出口中食物，迫不及待地接待贤士。后指在位者礼贤下士。

成语历史

周公旦贤能多才，在周文王众多儿子中出类拔萃。周文王在世时，周公旦就以孝行为人赞扬；周文王死后，周武王即位，周公旦尽心竭力辅佐周武王开疆拓土、灭商立周。周武王为了表彰他的功勋，把鲁地分封给周公旦。但是新朝初建，人心不稳，周朝尚未站稳根基，所以周武王并未放周公旦、姜太公、召公奭离开都城镐京，而是把他们留下来，完备礼乐制度，共同治理国家。

两年之后，周武王去世，周成王尚小，周公旦怕周成王无法震慑天下，各诸侯国生出不臣之心，动摇周朝的统治，所以只能代周成王行使天子之责。周公旦为了治理好国家，兼学夏、商、周三代开国君主的贤德与治国方略，如果遇到特殊情况，历代圣贤的方法不适用，他就会反复思考，白天想不清楚，夜里就继续想，一旦想出了好办法，便坐等天明。天一亮，马上就去施行。周公旦夜以继日地工作，任劳任怨、兢兢业业。

周公旦忙于朝政，自己无法回到封地就任，只好让儿子伯禽代替自己去封地鲁国。伯禽临行之前，周公语重心长地对伯禽说："我是文王的儿子，武王的弟弟，成王的叔叔，受先王之命辅政的重臣，算是天下间举足轻重的人物。即便如此，如果有贤者来了，就算我正在洗头，我也会握起头发去迎接；就算是我正在吃饭，我也会吐出正在咀嚼的食物，去接待来访的贤者，生怕错过他们，因为贤能之人才是治国的根本。你到鲁国之后，对待臣民千万不可傲慢，做事一定要谨慎，不能因为你有封国，就不尊重贤士。"伯禽连连答应。

周公摄政七年，事事以周朝的利益为重。周朝在他的治理下政局稳定、国力日盛、万国朝贡。周成王长大成人，周公旦信守诺言，还政于周成王，自己则规规矩矩地退归臣位，全心全意辅佐周成王处理国家大事。

文化卡片

西周"三公"

周武王手下有"三公"，分别是太师姜尚，姜太公；太傅姬旦，周公旦；太保姬奭，召公奭。

召公奭，姓姬名奭，是西周宗室 。召公奭辅佐周武王灭商，受封于蓟，建立燕国，派长子姬克去燕国赴任，自己留在镐京辅佐朝廷，于是周武王将都城附近的召地封给姬奭，故姬奭称召伯、召公。召公与周公分陕而治，陕地以西由召公奭主管，陕地以东由周公旦主管，他们共同拱卫京畿。

召公曾在一棵棠梨树下办公，《诗经·甘棠》就是称颂召公的。召公被认为是中国廉吏的始祖、最早最大的清官。

有问必答

在诗歌中写“周公吐哺，天下归心”的曹操与周公旦有哪些异同?

东汉末年的曹操曾在著名的《短歌行》中写道：“周公吐哺，天下归心。”就是在表达自己也像周公一样，礼敬贤才。曹操雄才大略，几次下达求贤令。孔融向曹操举荐祢衡，说他很有才华。曹操宴请祢衡，祢衡却在宴会上裸身击鼓嘲讽曹操，还经常辱骂曹操。即便如此，曹操也没杀他。还有曹操义放关羽的故事也能看出他爱才惜才之心，与周公的求贤若渴如出一辙。曹操的五大良将，张辽、徐晃、乐进、张郃、于禁都是后来投奔曹操的，可见曹操招贤之心还是很诚恳的。

但是，周公摄政七年最终还政于周成王，与曹氏家族最终废汉献帝自立为帝截然不同。周公是一心为了周朝、大公无私，而曹操的所作所为则是为一己私欲。

国学大闯关

我国有很多八个字的俗语、成语，把下面打乱顺序的词语连起来吧。

一夫当关	天下归心
八仙过海	百战百胜
周公吐哺	万夫莫开
知己知彼	各显神通
一叶障目	败事有余
成事不足	不见泰山

答案 一夫当关，万夫莫开；八仙过海，各显神通；周公吐哺，天下归心；知己知彼，百战百胜；一叶障目，不见泰山；成事不足，败事有余

惩前毖后

基本信息

历史事件

周公摄政遭妒，“三监”诬陷他要篡位。周成王信以为真，周公被迫离开都城。“三监”叛乱，周成王迎回周公，周公平定“三监之乱”，周成王认识到自己的错误。

事件主角

周成王、周公旦

历史坐标

西周

成语出处

《诗经·周颂·小毖》：“予其惩，而毖后患。”

成语释义

指批判以前所犯的错误，吸取教训，使以后谨慎些，不致再犯。

成语历史

周朝刚立国两年，积劳成疾的周武王重病。周武王的弟弟周公旦万分焦虑，一方面担心兄长的身体状况，一方面担心周朝社稷不稳，因此他虔诚地祭告周朝祖先，愿意代替哥哥死去，希望先王保佑周武王恢复健康。祭告完毕，周公旦把祭文祝祷词封存在石室里，严令仆从不得告诉任何人。

第二天，周武王的病果然开始好转，大家都非常高兴。可惜没过多久，周武王还是驾崩了。遵照周武王遗命，众人拥立太子姬诵为王，史称周成王。周公旦作为周武王临终托孤重臣，行摄政之权，代替周成王全权治理朝政。

周武王的弟弟中，管叔年纪最大，按照“兄终弟及”的惯例，管叔最有资格摄政，因此，周公旦摄政引起了管叔的猜忌，他认为周公旦篡改了周武王的遗命。随后，周公旦制定了一系列礼仪制度，加强了中央政权的统治，使得周王室子弟大为不满。管叔等人为了逼走周公旦，四处散布谣言，说周公旦摄政是为了篡

夺王位。这些话果然引起了周成王的怀疑，周成王渐渐疏远了周公旦。周公旦百口莫辩，但又不想因为自己而动摇社稷，于是毅然离开都城。

一直为灭国而耿耿于怀，伺机复国的武庚，见最有谋略的周王室子弟周公旦离开权力中心，周王室内部又矛盾重重，觉得时机成熟了。于是，他偷偷派人联络监管殷地的“三监”：管叔、蔡叔和霍叔，一边挑拨他们与周公旦、周成王的关系，一边串通殷商旧地东夷的徐、奄、薄姑等方国，准备起兵叛乱。

周公旦终于查出了谣言的源头，也知道武庚与“三监”准备叛乱，可惜他已离开镐京，而且周成王也不相信他。武庚联合管叔、蔡叔、霍叔并东夷地区叛乱反周，企图推翻周成王，严重地威胁了刚刚建立的周王朝的安定，局势十分严峻。

周成王紧急召集群臣商议对策，可是大家都被“三监叛乱”打了个措手不及，一时间想不出好办法。这时有人说道：“要想应对这次叛乱，只有请周公还朝，他一定有办法。”周成王听后犹豫不决，便想去询问祖先，结果无意中在石室发现了周公旦当年写的，甘愿代周武王而死的祝祷词。周成王大为感动，深知自己错怪了周公旦，立即派人把他请回镐京。周公旦早已察觉“三监”和武庚的叛乱之心，也想好了应对之法，回朝之后果断出兵，率军东征，历时三年平定了叛乱。

“三监之乱”平息之后，其他的王室成员都受到震慑，再也不敢生出反叛之心。周成王到宗庙祭祀祖先，回想自己过去的所作所为，总结经验教训，说道：“我要在以前所受的惩戒中吸取教训，小心谨慎地办事，以免再遭祸患。”

文化卡片

历史上第一个盛世——成康之治

西周初年，周成王、周康王统治国家期间，国力强盛、经济繁荣、文化昌盛、社会安定，是周朝最强盛的时期。后世将这一时期称为“成康之治”。“成康之治”是我国历史上有记载的最早的太平盛世。

周成王是周武王的儿子，周康王是周武王的孙子，他们继承了周文王、周武王的治国方略，对内兴建洛阳、制定礼仪、修改法令，对外征服淮夷、控制周边地区。周朝太平安定，人民和睦，刑罚搁置四十多年没有使用，到处都是民众对周王室的称颂之声。

有问必答

为什么说一定要“惩前”才能“毖后”？

“惩”的意思是警戒；“毖”的意思是谨慎、小心。“惩前”就是要认识错误，批判错误。人非圣人，孰能无过。犯错不可怕，只怕认识不到错误，甚至不承认错误，那样就会在错误的路上越走越远。只有在认识错误之后才能吸取教训、总结经验、引以为戒，才能“毖后”，此后小心谨慎，不再犯同样的错误，真正做到吃一堑长一智，不断完善自我。

国学大闯关

很多成语中有两个字互为反义词，你能补全下面成语中缺少的反义词吗？

①□腔□调　②□同□异　③举足□□

④口□心□　⑤惩□毖□　⑥□忧□患

答案 1.南腔北调 2.大同小异 3.举足轻重 4.口是心非 5.惩前毖后 6.内忧外患

千金买笑

基本信息

历史事件

周幽王为博褒姒一笑，点燃烽火，看到诸侯前来勤王却被戏耍，褒姒笑了。后犬戎来犯，再燃烽火却无人救援，周幽王被犬戎所杀。

事件主角

周幽王、褒姒

历史坐标

西周

成语出处

《吕氏春秋·慎行论·疑似》：“幽王击鼓，诸侯之兵皆至，褒姒大悦，喜之。幽王欲褒姒之笑也，因数击鼓，诸侯之兵数至而无寇。至于后戎寇真至，幽王击鼓，诸侯兵不至。幽王之身乃死于骊山之下，为天下笑。”

成语释义

原意是花费千金，买得一笑。旧指不惜重金，博取美人欢心。

成语历史

周幽王是周朝的第十二位君主，在位期间，京畿附近发生了大规模地震，可是他不抗震救灾、抚慰百姓，只知吃喝玩乐，整日不思朝政。他还重用狡诈贪婪、媚上欺下的虢石父，压榨百姓；同时派兵攻打西戎，完全不在意国内刚遭受重灾，需要休养生息。

朝中大臣敢怒不敢言，只有褒珦上书劝谏周幽王。周幽王不仅不听劝，还把褒珦关进了大牢，然后继续声色犬马，到处物色美人。褒家见褒珦被抓，急得如热锅上的蚂蚁，一心想把他救出来，只好投其所好，进献美人褒姒给周幽王。周幽王大喜，很快就放了褒珦。

褒姒虽艳若桃李，但却是个冷美人，不爱笑。周幽王专宠褒姒多年，甚至废除王后申后，立褒姒为王后；废除太子姬宜臼，立褒姒的儿子姬伯服为太子，褒姒依然终日不笑。周幽王为博美人一笑，想尽一切办法，最后不惜重金悬赏：谁能引褒姒一笑，重赏千金。

虢石父为讨好周幽王，进献了一条祸国之计，他说："王后不笑，定然是没看到有趣之事，大王不妨用烽火台一试。"在古代，烽火是国家重要的消息传递方式，是为防御敌人入侵而设的，一旦发现敌情，白天施烟，夜间点火，台台相连，传递消息。诸侯看到京畿的烽烟，就会带兵勤王救驾。周幽王明知烽火的重要性，还是带褒姒上了烽火台，点燃了烽火。

诸侯见烽火起，大惊，都以为京畿有敌寇入侵，立刻点齐兵将，星夜前来救援。等到各路勤王之师兼程而至，却看到烽火台上歌舞升平、鼓乐齐鸣，根本没有敌寇的影子。众人四下察看，一脸茫然。褒姒见此情景，果然笑了，这一笑当真是百媚俱生，周幽王看了，惊为天人。

诸侯得知周幽王点燃烽火、劳师动众，不过是为博美人一笑，当即气愤不已，却又无可奈何，纷纷领兵回了封地。此后，周幽王为看褒姒的笑颜，

又数次点燃烽火，诸侯多次率军前来，屡屡被周幽王戏耍。后来，诸侯便不再相信烽火的示警，也不再率兵救援了。

没过多久，犬戎军队大举进攻京畿之地。周幽王惊慌失措，忙命人点燃烽火，可惜诸侯受够了他的戏耍，一个都没来。都城的护卫军本就不多，根本不是敌军的对手，逃往骊山的周幽王、褒姒、姬伯服等人很快就被犬戎军队追上了，周幽王和姬伯服被当场砍杀，褒姒则被掠走。至此，西周灭亡。

等诸侯知道犬戎袭击京畿，带兵赶来时，他们已经把镐京劫掠一空、撤军回去了。申侯出面，立原太子姬宜臼为天子，也就是周平王。镐京已毁，周平王迁都洛邑，史称东周。

文化卡片

“亡国三笑”

妹喜笑裂缯之声

妹喜喜欢听绢帛撕裂的声音，每当听到就会发笑。夏朝，绢帛是十分珍贵的物品，夏桀不惜人力、物力织成绢帛，送到妹喜面前撕裂讨其欢心。最终，成汤率军推翻夏桀的暴政，灭了夏朝。

妲己笑炮烙之刑

铜柱上涂油，底下烧炭，受刑者在柱上行走，因灼烫人会掉入炭中被烧死，妲己看到受刑人垂死挣扎和凄惨死状，就会露出笑容。众叛亲离的纣王被周武王放逐，商朝灭亡。

褒姒笑烽火戏诸侯

周幽王烽火戏诸侯，看到诸侯们气急败坏又无可奈何的样子，冷美人褒姒笑了。失去诸侯信任的周幽王被犬戎所杀，西周灭亡。

有问必答

周幽王为博美人一笑，烽火戏诸侯，最终身死国灭。我们能从中吸取什么教训呢?

人无信不立。周幽王戏弄诸侯取乐，丧失了自己周天子的权威，毁掉了天子与诸侯之间的默契和信任，最终导致西周灭亡，自己也死于非命。可见诚信不可失，国之信义不能拿来开玩笑。

有了权力不可以乱用，更不能将权力当儿戏，永远不能把个人喜好凌驾于国家利益之上。尊重他人，真诚地对待每一个人。这样既是对别人负责，也是对自己负责。

国学大闯关

猜谜语，下面 6 个谜语的谜底都是成语，快来猜一猜吧。

1. 最遥远的地方
2. 最长的一天
3. 最厉害的贼
4. 最昂贵的笑容
5. 最重的话
6. 最快的速度

答案 1.天涯海角 2.一日三秋 3.偷天换日 4.千金买笑 5.一言九鼎 6.风驰电掣